《饶学研究》编委会

地　　址：中国广东省潮州市韩山师范学院东丽 A 区文科楼饶学研究所

邮政编码：521041

电　　话：0768－2318529

电子邮箱：raoxue2011@126. com

饶学研究

云瑞兼题

新版 第一辑

主编 林伦伦

副主编 沈启绵 赵松元 陈海忠

暨南大學出版社
JINAN UNIVERSITY PRESS

中国·广州

图书在版编目（CIP）数据

饶学研究（新版）. 第一辑/林伦伦主编；沈启绵，赵松元，陈海忠副主编. —广州：暨南大学出版社，2014.4
ISBN 978-7-5668-0925-4

Ⅰ. ①饶… Ⅱ. ①林…②沈…③赵…④陈… Ⅲ. ①饶宗颐—人物研究—文集
Ⅳ. ①K825.4-53

中国版本图书馆 CIP 数据核字（2014）第 028955 号

出版发行：暨南大学出版社

地　址：中国广州暨南大学
电　话：总编室（8620）85221601
营销部（8620）85225284　85228291　85228292（邮购）
传　真：（8620）85221583（办公室）　85223774（营销部）
邮　编：510630
网　址：http：//www.jnupress.com　http：//press.jnu.edu.cn

排　版：广州市天河星辰文化发展部照排中心
印　刷：佛山市浩文彩色印刷有限公司

开　本：787mm×960mm　1/16
印　张：18
字　数：324 千
版　次：2014 年 4 月第 1 版
印　次：2014 年 4 月第 1 次

定　价：38.00 元

前　言

2013 年 7 月 28 日，“饶学国际学术研讨会”在韩山师范学院隆重举行，这是国内外首次以“饶学”为研讨会名称的学术会议。韩山师范学院“饶宗颐研究所”也就此更名为“饶学研究所”，《饶宗颐研究》更名为《饶学研究》，此辑为《饶学研究》新版第一辑。

本刊将高扬“饶学”旗帜，一如既往地致力于推进饶宗颐教授学术、文学、艺术、生命精神及其与“饶学”相关学术领域的研究。旨在秉承饶宗颐教授弘扬中国文化的精神，在尽力推动“饶学”研究深入发展的同时，也借此推动其他相关学科的发展。本辑内容设有“饶宗颐学术研究”，以探讨饶宗颐教授在各个门类的学术成就；“饶宗颐交游研究”，以探讨与饶宗颐教授交游密切的同时代学人及其与饶教授的关系；“饶锷研究”，探讨饶宗颐教授尊人饶锷先生的学术与文学成就，以方便读者了解饶宗颐教授之家学渊源；“二十世纪学人研究”，则主要录入 20 世纪其他著名学人之研究文章，借以与“饶学”研究相配合，呼应学界 20 世纪学术史之研究，并为之添砖加瓦。以后本书的内容设置，除了上述内容之外，还将囊括“饶宗颐艺术研究”“敦煌学研究”“台港及域外华学研究”等，在此谨向海内外的专家学者热诚征稿，共襄“饶学”研究盛举。

值此饶宗颐教授期颐大寿将届之际，敬将此辑献予教授，共举春酒，以介眉寿。

编委会

2014 年 3 月 9 日

饶学是一门国际性的学问

——在饶学国际学术研讨会开幕式上的讲话

韩山师范学院院长　林伦伦[①]

内容提要：饶宗颐教授是从潮州走向世界的大学问家，也是从韩师的讲台走向国际学术讲坛的大师。饶学是一门既具有民族性又具有国际性的学问，韩师将与国内外同仁一起，积极开展饶宗颐及其相关科学研究，把饶学推向国际学术舞台。

尊敬的各位专家学者，各位来宾，各位领导，老师们，同学们：

大家好！

值此韩山师范学院建校110周年之际，“饶学国际学术研讨会”在韩师隆重召开。这是饶学研究的一大盛事，也是我校迎接110周年校庆的一大喜事！在此，我谨代表韩山师范学院全体师生，对各位专家学者、各位嘉宾和各位领导，致以深切的问候和热烈的欢迎！

饶宗颐教授实乃巍巍文化珠峰，他一生治学范围广博，学术研究涉及潮州学、敦煌学、甲骨学、考古学、楚辞学等十多个门类，几乎涵盖国学的各个方面，且成就卓著，享誉国际学术界和文化艺术界。2009年饶宗颐被国务院中央文史研究馆聘为馆员，2011年荣任西泠印社第七任社长；2011年12月获得首届“中华艺文奖终身成就奖”，2013年3月在第五届世界中国学论坛上被授予“世界中国学贡献奖”。

最为难能可贵的是，饶公虽已年近期颐，但仍笔耕不辍，在学术和艺术上卓有开创。温家宝总理于2010年8月亲切接见饶宗颐先生时，赞扬他是“学贯中西，集学术与艺术于一身的国学大师”。

饶公与潮州，与韩山师范学院渊源颇深。他是潮州人，也是韩山师范学

---

① 作者简介：林伦伦（1957—　），广东澄海人。中国语言文学学科二级教授，韩山师范学院院长，广东省中国语言学会副会长。出版专著20多种，发表论文100多篇。曾获“中国社会科学院青年语言学家奖”“广东省哲学社会科学优秀成果奖”“广东省高校优秀教学成果奖”等奖项。

院的杰出校友，在“省立韩山师范学校”时期，曾任韩师教员。自1990年韩师聘请饶宗颐先生为名誉教授以来，先生曾多次莅临韩师讲学，为师生们奉献上丰盛的国学大餐。饶公辉煌的学术成就和严谨的治学态度，业已成为韩师宝贵的精神财富，是全体师生的荣耀和学习的楷模！

韩师自办学110年来，始终坚持建设重点特色学科。潮学、饶学是我们举全校之力建设之重中之重的学科。在潮学方面，饶公是筚路蓝缕，以启山林者，他在青少年时期主要做的就是地方志、文献与考古的研究。1934年以后，他编撰出版的著作有《潮州艺文志》《金山志》《广济桥志》《潮州丛著初编》《潮州志》等。据不完全统计，饶公至今已出版有关潮学著作5部，编著8部，论文47篇，其他各类文章68篇。

在20世纪90年代，饶公对潮学的巨大贡献主要是树立起“潮学”大旗。20世纪80年代末至90年代初，他在国内、国际学术会议上，先后作了《潮州学在中国文化史上的重要性——何以要建立“潮州学”》《潮人文化的传统和发扬》等讲演，呼吁尽快建立“潮州学”以及开展潮州文化研究。在饶公的倡导下，《潮学研究》创刊号在1993年11月正式出版了。饶公亲任主编，并在其中发表了《何以要建立“潮州学”?》这一高屋建瓴的指导性宏文。随后，在其亲自关怀下，相继在香港、汕头、潮州、揭阳及马来西亚等地，举办了十届“潮学”国际研讨会，出版了数百部有关潮学研究的著作。潮学这门新兴学科的建立，得到海内外众多学者的支持。20多年来，潮学研究已有众多学术成果问世，也聚成了自己的研究群体，在中国地方历史文化研究领域有一定的影响力。饶宗颐教授不但是潮学研究的倡导者，也是一面领军的大纛。而他所撰写的有关潮学研究的论著，则是这门学科的奠基之作。如今潮学研究风起云涌，蔚为大观，饶公作为领袖，登高一呼，应者云集，功莫大焉。

正是在饶公的号召、指导和支持下，韩师的潮学研究才能有所成就，专门史学科已经成为广东省重点特色学科（教育厅，2012年），潮学研究中心已经成为广东省高校人文社科重点研究基地（教育厅，2010年）、广东省地方特色文化研究基地（省委宣传部，2012年）和广东省非物质文化研究基地（文化厅，2013年）。

在饶学研究方面，我们至今已经召开了四届专门的国际学术研讨会。1996年8月，首届“饶宗颐学术研讨会”在韩师成功举办，来自中国大陆和美国、法国、日本、泰国、荷兰、新加坡等国以及中国港澳台地区的众多专家学者出席了会议。2011年4月，也是在这里，我院隆重举行“饶宗颐国际学术研讨会暨饶宗颐研究所成立大会”，在包括中央文史馆、敦煌研究院、香港大学饶宗颐学术馆、中山大学、广东省博物馆等高校及机构的鼎力支持下，世界上首个饶宗颐研究所宣告成立。饶宗颐教授亲自为研究所揭牌。分别于1996年、2006年和2011年召开的这三次学术会议，使得世界更了解饶宗颐教授，韩师也成为国际上饶学研究的重点基地之一。

自2011年4月饶学研究所成立以来，研究所有目标、有规划、勤勉努力，运行与研究工作之开展井井有条，并初步取得了一些成绩。我们编辑出版了《饶宗颐研究》两辑（这次赠送给大家的是第二辑，第一辑已脱销），设置了饶宗颐研究课题10项，由有志于饶宗颐研究的海内外各界人士根据课题指南及各自学术专长自由申报，现都已正式立项。我们还创建了饶学研究网站，成为国内外目前唯一的饶学研究的专业网站。另外，自2012年春开始，饶学研究所专家在中文系为本科学生开设了"饶宗颐诗学研究"的专业选修课，饶学研究已进入韩山师范学院的教学与人才培养体系。我们还与华中师范大学联合，培养了饶宗颐研究方向的硕士研究生。

这次饶学国际学术研讨会，是在我校召开的第四次饶宗颐研究学术会议，也是首次更名为"饶学研究"的大会。我们学校的"饶宗颐研究所"，也就此更名为"饶学研究所"，本书更名为"饶学研究"。我坚信，在饶宗颐教授的亲切关怀下，通过这次盛会，包括在座诸位各界有识之士的通力合作、共同努力建设之下，"饶学"必将成为21世纪新的显学，不辜负饶公为本次会议题词——"鹅湖重见"所寄托的殷殷期望。

各位来宾、各位专家学者、各位领导，饶学研究所成立、《饶学研究》出版以来，不仅吸引了学术界诸多同仁的慷慨赐稿和关怀关注，还得到社会贤达的关心与支持。香港黄书锐先生在2011年已经慷慨捐资20万元人民币，这次再乐捐10万元作为《饶学研究》出版等费用。我校杰出校友伟南先生为《饶学研究》策划统筹，贡献巨大，这次又乐捐10万元人民币作为研究所之研究费用。在此，我们对两位德高望重的先生表示衷心的感谢！

这次大会的顺利举办，我们得到了潮州市委市政府的大力支持和指导，许光书记曾经亲自和我到香港拜访饶宗颐先生汇报举办会议的计划，今天又亲临大会致辞。香港大学饶宗颐学术馆、饶宗颐基金、学术馆之友会等单位，市委市政府属下各部门也与我校各部门通力合作。广东海利集团有限公司慷慨乐捐80万元和一批礼品作为办会之用。在大家亲密无间的合作之下，这次大会才能够顺利召开。借此机会，我谨代表韩山师范学院，对潮州市委市政府，对合作主办的各单位、合作承办的各单位，对许光书记、陈骏平董事长等领导和社会贤达，表示衷心的感谢！

各位来宾、各位专家学者、各位领导，自1996年韩师首次举办饶宗颐学术研讨会到现在，时隔18年，“饶学国际学术研讨会”第四次在韩师举行。我们希望通过本次研讨会，进一步整合饶学研究资源，吸引、团结更多的海内外有志于饶学研究的学者，促进饶学研究的学术化、系统化、国际化。我们期望，韩山师范学院的师生能够与在座的诸位专家学者一道，在这个国际化的学术论坛上，各抒己见，分享彼此的饶学研究成果和研究心得，共同为阐扬饶公彪炳千秋之学术成就、宏博精湛之学术思想、高贵突出之精神境界，为继承和弘扬中国优秀传统文化，繁荣当代学术文化尽自己的一份心力！我们也坚信，“饶学”必将与“钱（锺书）学”一样，成为21世纪人文社科领域的一门重要学科！

明天就是饶公的97岁华诞。借此机会，我提议，大家用热烈的掌声，祝贺饶宗颐教授健康长寿，学术、艺术之树常青！

祝学术研讨会圆满成功！祝各位生活愉快，家庭幸福！

谢谢大家！

目录

三　饶锷研究

四　二十世纪学人研究

壹

饶宗颐学术研究

略说考古学与饶学

广东省博物馆 杨式挺①

一

饶宗颐教授，字伯濂，又字伯子，号固庵，又号选堂。斋名梨俱室，爱宾室。1917 年 6 月生于广东省潮州市。

饶宗颐教授是海内外著名的史学家、经学家、古文字学家、考古学家、宗教史家、翻译家、文学家和书画家。他学富五车，迄今已出版学术著作 80 余种。他集学术与艺术于一身，是我国当代著名的“学艺兼修”的汉学大师，在海内外享有崇高的威望。

我首次见饶宗颐教授的大名是在 1961 年春。1958 年 7 月我从北京大学历史系考古专业毕业，分配到以杜国庠为所长的中国科学院广州哲学社会科学研究所历史研究室。1959 年成立考古研究组。1961 年，所里要制订开展广东考古工作规划时，首先接触的是饶先生的两部书《潮州志》（1949 年出版）和《韩江流域史前遗址及其文化》（1950 年出版）。《潮州志》是一部百科全书式的地方志，它首开现代科学编纂方志体例。《韩江流域史前遗址及其文化》是当时一部介绍粤东考古的专著，有遗址，有石器、陶器，图文并茂（图一），尤其是其中的“发现史略”，使我第一次知道粤港三四十年代的考古发现概况。所以，饶先生的这两种书籍，对刚踏上南国大地开展考古工作的我，具有启蒙、向导的作用。

从 1961 年秋开始我便到南海西樵山、增城、梅县、大埔、紫金、龙川、曲江、韶关、始兴、海南岛等地进行考古工作。

从 1981 年至 2012 年，我有幸在香港、潮州和广州，先后十次拜会饶先生，聆听他的学术报告，当面向他请教，与他进行学术交流，他的谆谆教导

① 作者简介：杨式挺（1932— ），福建泉州人。广东省博物馆研究馆员、中国考古学会理事。历任文物工作队副队长，文博研究室主任、副馆长等职。

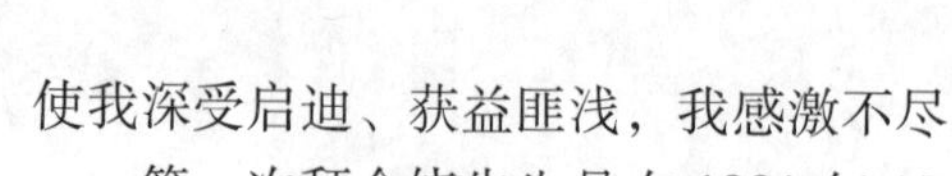

使我深受启迪、获益匪浅，我感激不尽。

第一次拜会饶先生是在1981年10月，我参加由广东省文化局潘燕修副局长率领的广东赴港考古代表团。在香港中文大学拜会了郑德坤教授和饶宗颐教授。饶先生对我们代表团的来访表示欢迎，并说“希望今后加强港粤两地文物考古界的往来”①。

第二次、第三次会见饶先生是在1991年10月间，本人应香港中华文化促进中心和香港中文大学中国文化研究所之邀，作题为“南越王墓的发现及其重要价值”和“从考古发现看香港与广东大陆的历史关系”的演讲。在促进中心演讲《南越王墓的发现及其重要价值》（区家发先生主持）。当我讲到南越王墓除发现年代确切的“文帝行玺”龙钮金印“文帝九年乐府工造”一套八件铜勾鑃乐器等一千多套件珍贵文物外，还发现一件错金铭文铜虎节（图二），虎节背上有“王命=车驿”五个字，我说这个奇字“驿”是饶宗颐教授考证的，他在香港《明报》月刊1991年2月发表的《南越文王墓虎节之奇字——驿的考释》一文中说，不论释为“马土”或释为“纆”，皆可通“徒”，音义皆无不合。这时，我突然看到饶老端坐在学术报告厅的最后一排，便立即下去恭请饶先生上台讲述。饶先生的这种“不露声色，甘当听众”的谦逊学风，使我深受教育，给我留下了深刻印象。随后，我又在中文大学中国文化研究所作演讲，饶老也来了，还有杨建芳、王人聪、张光裕、林业强等。

第四次会面是在1993年前后，我陪同饶先生到广东省博物馆和广州南越王博物馆。省博物馆展出的“广州历史大观”、“南海海上丝绸之路”“历代陶瓷”“古代书画”“紫石凝英——端砚”“潮州金木雕”等陈列以及在南越王墓看到的“岭南考古名副其实的重大发现的各种文物”，引起了饶先生极大的兴趣和关注。2012年，香港饶宗颐学术馆的高敏仪小姐告诉我，饶老念念不忘当年我陪同他参观两馆的美好回忆。

顺便说一下，1990年冬，我参加广州南越王博物馆馆长司徒裕领队的“南越王墓玉器荟萃展”代表团，到香港中文大学文物馆展出，这是南越王墓玉器精华专题首次出境展览，并举行学术研讨会，香港中大文物有屈志仁、高美庆、林业强馆长等出席。我记不得饶先生有没有莅临指导，记此一笔以待后询。

第五次会见饶先生是在1994年2月，我参加香港中文大学举办的“南中国及邻近地区古文化研究——庆祝郑德坤教授从事学术活动60周年国际学术

① 参见杨式挺：《香港与广东大陆的历史关系——赴港考古印象记》，《岭南文史》1983年第2期。

研讨会”。会议的主题是彩陶和牙璋。彩陶是新石器时代的陶器；牙璋是新石器时代末期到夏商周祭祀天地山川的礼器。

饶先生在开幕式上作《由牙璋分布论古史地域扩张问题》的演讲，饶先生说：“这次会议的中心为南中国与邻近地区古文化交流，特别以彩陶和牙璋为焦点。把牙璋作为单独项目研究是古器物学的一桩大事。”他说：“1991 年 12 月我去河内参加远东学院九十周年的庆典，介绍了牙璋在国内外的分布，引起越南考古界的兴趣，遂有今天的盛会。”又说：“从《中国、越南牙璋遗址分布》图表看，国内外共有 23 处，广东地区以前有日本学者林巳奈夫记录一件即增城县红花村出土，杨式挺认为这是广东出土文物之最像牙璋者；又有东莞村头、揭阳仙桥出土的牙璋，香港大湾遗址 6 号墓又发现一件，以往福建漳州漳浦的眉力水库工地也发现过一件。”那次会上，饶先生点名提到湖南博物馆裴安平的《中原商代“牙璋”南下沿海的路线和意义》和我的《浅说“牙璋”及相关器物——夏商周文化南传迹象探微》两文，还具体谈到牙璋的南传问题。这对我们是很大的鼓励。

这次会议的论文集，还收录了饶先生的《由牙璋略论汉土传入越南遗物》一文。饶先生在前一文指出：“由牙璋发现地点观察，东濒黄海，南至交州及闽粤海隅，都有牙璋传播的足迹。”这使他想起了半世纪前顾颉刚先生创办《禹贡》半月刊时，先生写的《古史中地域的扩张》认为：时代愈后，历史传说对地域的知识越加扩大。因此，《尧典》所云的“宅南交”一类的记载乃是出于汉代人的观念。因此谈殷代地理也只限于大河南北。幸而频年以来考古事业的发展，证明商代遗址的分布东至辽宁、内蒙古，西及四川，南及湘赣。饶先生说，现今牙璋的分布又推进一步，更远至南海和交趾了。由于殷人势力已及于西南地区，牙璋从蜀地输入越南与骆越是没有困难的。后一篇文章，饶先生首先肯定越南永富等地已发现 4 件牙璋，形制属龙山文化晚期至早商，应由汉土传去。（图三）可见“殷人的势力已远及东南亚群岛”。中原发现的出自南海的海龟、海贝可作佐证。饶先生又说，如越南发现的一件铜尊戈和一件铜锄，铜戈铭文与湖北包山和湖南常德楚墓的楚戈铭有相近者，可断定其必是楚器无疑。戈铭上的“棘”字，疑是“僰”（音 bó）的异写，拟定棘为僰。《说文》：“僰，犍为郡今蛮夷也，我国古代西南夷名，秦汉时期，僰人大量迁入云南以至越南，故越南青铜器受楚文化濡染甚深。”①

1994 年，饶先生还惠赐行书对联：“读书必秦汉以上，肆志在山水之间。”书法朴茂雄健，自成一格，极富书卷气，亦足见饶老法书之精工。（图四）

---

① 详见杨式挺：《读饶宗颐教授若干考古学论著感怀》，见曾宪通主编：《饶宗颐学术研讨会论文集》，香港：翰墨轩出版有限公司 1997 年版。

第六次会见饶先生是在1995年，在香港大学冯平山博物馆举办的“东南亚考古国际学术研讨会”上，我撰写了一篇题目叫“略论粤、港、海南岛的有肩石器和有段石器”的文章①。

饶先生在闭幕式会议上，荣获了一件特别珍贵的礼物——香港南丫岛大湾遗址20世纪30年代出土的一片夔纹陶片，以有机玻璃盒装潢，用来表彰他在香港、华南和东南亚考古工作中作出的卓著贡献，饶先生作了答谢讲话。

第七次会见饶先生是在1996年1月，我参加广东省博物馆、广州市博物馆和香港历史博物馆三家联合举办的“南海海上交通贸易二千年展览”兼学术研讨会，我写了文章《略论南海早期交通贸易二题》参与。② 饶先生在郭伟川先生陪同下，神采奕奕地参观了展览，并接见了我们筹展人员，饶先生盛赞我们三家通力协作，才能举办出文物展品如此丰富精彩的展览。参观后，饶老对我说：“我会尽快把写好的《岭南文物考古论集》序寄到广州。”回到广州，我无比高兴地收到饶老亲笔写来的两封函件，其中一封是为拙著《岭南文物考古论集》撰写的序言。(图五）这次泉州华侨大学文学院会议发给与会者的资料袋中，我见有饶宗颐教授著的《文化之旅》（插图珍藏版）一书，浏览之时，发现书中第186～189页收录有拙著《岭南文物考古论集》的饶序《岭南考古三题》一文，但略有删节。顺便指出，或因排版原因，文中把汉“武”帝排成了汉“元”帝。为保持饶序原貌，不妨补充如下。

广东省博物馆杨式挺先生近日衮集他若干年来著述、论文汇为一编，以余早岁从事方志工作，不以衰朽冥顽见弃，嘱为喤引，不辞固陋，仅缀数言弁于其端。杨君从事考古专业多年，多所创获，细读此书，其特色有三：①每涉一专题必作综合性的全面考察；②必引征文献史料，故所论皆信而有征；③必原始要终，细加辨析，以求其是。综此之长，信足为来学典范。

另一封函件并赋《夜飞鹊》词一阕，函中饶先生谦逊地写道：“尊著新编有苏老（秉琦）诸位专家序文，弟再撰芜词，言同蛇足。顷文思涌出，成《夜飞鹊》一首，别开新面目。吾粤西汉末叶，有经学家陈钦父子。封开遗物出土，方悟其文化渊源之远，拙句杏花河，因其字面甚雅，用之倚声亦自恰当……”嗣后，饶先生对我说：“为他人作序不少，赋词罕有，我对你还是比较了解。”盖因他将本人在曲江石峡、佛山河宕、封开杏花河畔和广州南越王墓等地的重要考古发现，用词牌韵律形式巧妙地连缀起来成一新作。兹援引

① 杨春棠、李惠玲编：《东南亚考古论文集》，香港：香港大学美术博物馆1955年版。

② 香港博物馆编：《南海海上交通贸易二千年》，香港：市政局1996年版。

如下：

绸缪岭南事，稽古年年。石峡稻粒依然。西樵踯躅贝丘地，拔牙证俗开先。低徊牛围墓葬，更杏花河畔、鹿尾村前。象冈废畹，起嵯峨、南越新阡。

无数新知收获，足锄经订史，苴缀陈编。犹记尉佗踰岭，上书求女，为卒补毡。兰珠余韵、抚铜弩、意极缠绵。愿从君问故，花间量屐，酒后摊笺。

读后感激涕零，思绪万千，愿从师问故，牢记心间，学生奋蹄，严师加鞭。（图六）

第八次拜会饶先生是1996年8月，我参加在潮州举行的“祝贺饶先生八十寿辰暨国际学术研讨会”。我们参观了潮州饶宗颐学术馆和“颐园”及饶先生著述、书画艺术展览，聆听了饶先生的讲话，和饶先生照了相，还参观了饶先生曾经担任教学工作的韩山师范学院图书馆。

大概在2005年之前，饶先生要去法国出席一个学术会议，来函要我提供1984年遂溪县边湾村南朝窖藏出土波斯银器碗上细刻的波斯文字。我通过湛江阮应祺馆长、遂溪陈学爱馆长办好了这件事。边湾村发现的十多枚萨珊王朝波斯银币（383—484），其中有年代早于波斯国及滑国正式入贡南朝建康（今南京）的年代，姜伯勤教授认为，这表明遂溪边湾村波斯币应是从海路贸易传入的。《隋书·食货志》记载：“交广之域，全以金银为货。”（图七）

第九次会见饶先生是在2006年12月，我参加由香港多所大学联合举办的“饶宗颐教授九十华诞国际学术研讨会”，会上学术讨论十分热烈，盛况空前。（图八）我和黄青松提交了一篇名为“概说粤港陶符及其相关问题”的论文，全文5万多字，以报答饶老多年的教导和扶掖及惠赐新作《符号·初文与字母——汉字树》（简称《汉字树》）。该文发表在饶先生主编的《华学》第九、十合辑上。随后参观了香港大屿山释迦牟尼大佛像附近的“心经简林”，饶先生在38根原木上撰写的八分体“心经简林”，即《心经》中的经典句子，气势雄伟，禅义深远。“走近饶宗颐”学术研讨会还移到潮州继续隆重举行，我们又听到了饶先生的亲切话语。

第十次会见饶先生是2007年11月，在香港中文大学中国考古艺术研究中心举办的以玉玦、白陶为主题的国际学术研讨会。晚宴上，我拜会了饶老，中国考古学会原理事长徐苹芳先生在座。（图九）

第十一次会见饶先生是在2011年10月21日，广东省博物馆举办“饶宗颐书画艺术特展暨学术研讨会”。我出席了开幕式，并在2011年10月22日举办的“饶宗颐书画艺术学术座谈会”上作了发言。（图十）这次展览，广

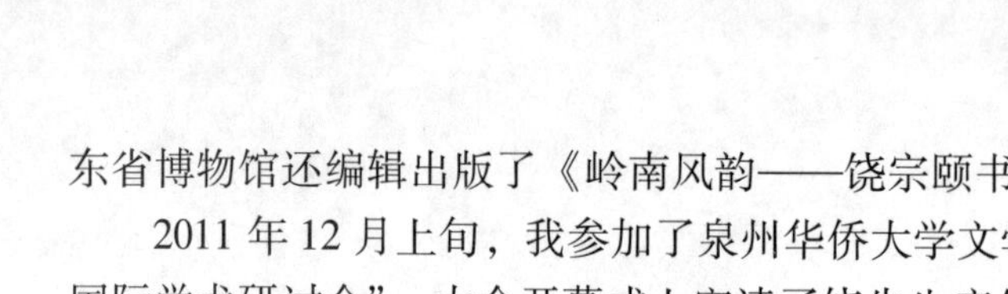

东省博物馆还编辑出版了《岭南风韵——饶宗颐书画艺术特集》。

2011 年 12 月上旬，我参加了泉州华侨大学文学院举办的“饶宗颐与华学国际学术研讨会”。大会开幕式上宣读了饶先生亲笔撰写的贺信，贺信中饶先生阐明他为什么主张提倡“华学”的情怀。

我在大会上作了发言，题目是“‘即之弥近，仰之弥高’——我所认识的饶宗颐教授”，并放映了相关照片。饶宗颐教授的书画艺术展览同时在中国泉州闽台缘博物馆展出，受到了热烈的赞赏。由于这次学术研讨会的论文集迟迟未能面世，我将《“即之弥近，仰之弥高”——我所认识的饶宗颐教授》一文略作修改，寄投泉州学研究所主办的《闽南》2012 年 2 期和《泉州文博》2012 年 2 期发表。盖因饶先生亦是《闽南》刊物的学术顾问。

此外，还应提到，饶宗颐先生曾多次惠赐翰墨及为我专著论文集及编著的《佛山河宕遗址发掘报告》《广东先秦考古》等书题写书签。（图四、十一）。

2012 年 5 月 10 日，广东省广州市学术界在广东省博物馆学术报告厅举办了“杨式挺研究员从事考古文博五十周年暨八十寿辰学术座谈会”。会前饶老题写贺词“寿而康”。（图十二）吴南生老书记题写“老骥伏枥，志在千里”。随后，饶老还为这次学术座谈会的《稽古探源文集》一书题签。（图十三）

二

这次学术研讨会的名称为“饶学国际学术研讨会”，我觉得这比以前召开的“饶宗颐学术研讨会”“饶宗颐与华学国际学术研讨会”等的规格和意义提升了。这次会议的主题是“饶学及相关学科研究”。考虑到自己于 1958 年毕业于北京大学历史系考古专业，后分配到广州，从事考古文博工作 50 多年，对考古学有了一些认识，又与饶先生过往关系甚笃，读过饶先生的一些著作，深受饶先生的启迪和教诲。所以，我提交的文章是《略说考古学与饶学》。

要探讨考古学是饶学的组成部分，首先应当了解什么是饶学。饶学顾名思义就是饶宗颐学，或说以饶宗颐教授和他的父亲饶锷为代表的学派，即将饶锷和饶宗颐先生开辟的、超过一个世纪的学术活动、学术成就作为人文社会科学一个特定的学科，就像“钱（锺书）学”“季（羡林）学”一样。

我国素有上千年的学术思想流派，薪火相传。如春秋有孔孟儒学；战国有老、庄、道、荀、墨、法百家争鸣；汉代董仲舒罢黜百家，独尊儒术；东汉有佛学之传入；唐代有韩愈、张九龄；宋代有程朱学派（北宋周敦颐，程颢、程颐兄弟），南宋朱熹集理学之大成；明代有王守仁、湛若水（增城人）、陈献章（号白沙，新会人）、李贽（温陵即泉州人）；清代有乾嘉学派（代表人物有戴震、惠栋、王念孙、段玉裁，还有钱大昕、大昭兄弟）等。我们从饶先生《文集》卷六史学（上册）的《国史上之正统论》长篇中，可以看到其中的数十位学者的名字。

在饶先生《家学师承与自修》一文中，先生说到他治学之路，除了受先父饶锷的直接提携外，还深受孙诒让、顾炎武的影响，在乾嘉学派中，更偏爱常州派和桐城派，喜欢戴震（东原）肯动脑、会分析的治学方法和常州派的怀疑精神。在作文方面，饶先生主张从韩文入手（韩文有气势），然后由韩入欧。先主曾说："一切治学必以文学植基，否则难以弘深而通要眇。"眇音"秒"，通"妙"，精微之意即是一切学问成就皆根植于深厚弘博的文学。

如上所说，要认识"饶学"、讨论建立"饶学"的必要性，[①] 首先要从研究认识饶先生的学术对我国古代、近代学派的继承和发展这个高度来看，把饶学看成汉学的一个专门的特定的学科来研究。

那么，"饶学"和"潮学"是何时提出的呢？据我所知，正式提出应是在20世纪90年代初期。我们从黄挺编的《饶宗颐潮汕地方史论集》一书、郭伟川的《饶宗颐教授与"潮州学"》（代序）一文及饶先生的《潮州学在中国文化史上重要性——何以要建立"潮州学"》等文可以看出。[②] 郭文指出："有关潮汕历史文献及文化学术之论著，虽为'饶学'之一部分，然已甚具规模，自成系统，足以为'潮州学'奠基。"可见"潮学"与"饶学"密不可分。郭文进一步指出，潮汕历史文化之成为"学"是经历两三千年来的酝酿积聚逐渐形成的（我要补充一句，"潮学"的萌芽可追溯至三千年前，根据是有地方特点的青铜文化——"浮滨文化"之发现）。潮学的形成，其中包括潮汕历代先贤的辛勤创作，就近代而论，饶宗颐堪称是一位杰出的代表人物。

最近，我喜获中山大学古文字学研究所曾宪通教授大作《选堂访古留影与饶学管窥》一书。书中有《"饶学"之根在潮州》一文，该文开头说，人们期待已久的"饶宗颐研究所"，于2011年4月23日在潮州韩山师范学院隆重挂牌成立了。文中回顾1996年8月间，正当饶先生八十华诞之际，在潮州韩山师范学院举办了"饶宗颐国际学术研讨会"。会后有人提到"饶学"的问题，即把"饶学"作为一个专门的学科来研究，但尚未流行开来，究其原因，大概在姓名后缀以"研究"字样的比较常见，如"孙中山研究""鲁迅

---

① 参见林伦伦：《略论成立饶宗颐研究所之必要性和可行性》，见林伦伦主编：《饶宗颐研究》（第一辑），广州：暨南大学出版社2011年版。

② 载黄挺编：《饶宗颐潮汕地方史论集》，汕头：汕头大学出版社1996年版。

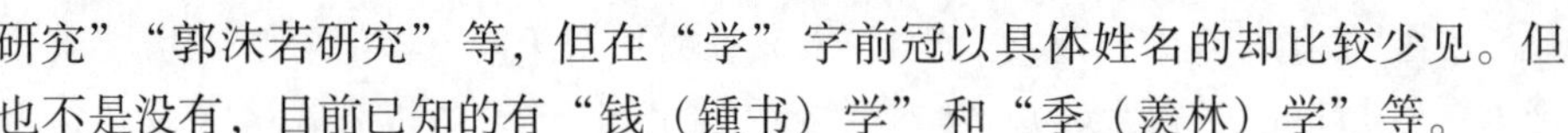

研究”“郭沫若研究”等，但在“学”字前冠以具体姓名的却比较少见。但也不是没有，目前已知的有“钱（锺书）学”和“季（羡林）学”等。

曾宪通（经法）教授认为，把饶宗颐先生作为特定的研究对象，把饶先生所从事和开拓的学科作为特定的研究领域，既可以称为“饶宗颐研究”，也可以简称为“饶学”。如果我们把饶锷和饶宗颐先生超过一个世纪的学术活动和学术成就，看作一个整体来研究，那就非称为“饶学”不可了。总之，所谓“饶学”是指汇通古今东西文化的学艺综合体。应包括饶先生所热心倡导和积极从事的“潮学”“华学”和“东学西渐”三大板块。现在应当在“饶宗颐研究所”和“饶宗颐学术馆”等有关单位公开而鲜明地打出“饶学”的旗号。①

目前，这是关于“饶学”最概括的阐释，对曾教授的阐释和倡议，我表示完全赞成。就我个人的了解，“潮学”已得到广泛的了解和认同，并已走向东亚、东南亚、欧美等华人世界，似乎更具群众性基础。“潮学”有它的研究机构——潮汕历史文化研究中心、汕头大学潮汕文化研究中心等，有它的研究刊物——《潮学研究》。“潮学”和“泉州学”有许多相似的特点和情况。“泉州学”有泉州学研究所（设在泉州市庄府巷24号），有它的研究刊物——《闽南》等。现在“饶宗颐研究所”还出版了饶宗颐研究刊物第一、二辑。我以为，“饶学”的崇高学术威望和人格魅力、学术意义、学术地位及其深远影响，应在“潮学”之上，两者可以相辅相成、相得益彰。这次饶学国际学术研讨会的隆重召开，就是重大举措。

而饶学作为一个学派，作为特定的研究学科，应有它的代表人物、学术著述、学术思想、治学方法及其地位和影响等，通过学习，试归纳如下：

（1）代表人物当然是饶宗颐汉学大师。饶学的特点是“学艺兼修”，文、史、哲、艺集于一身。除学术成就外，饶先生的诗、书、琴、画等艺术成就是许多汉学大师所没有兼备的，这个特点尤为显著。

（2）学术著述，可以《饶宗颐二十世纪学术文集》（以下简称《文集》）十四卷二十册四百余篇、上千万字作为代表。兹将目录抄写如次：卷一：《史溯》；卷二：《甲骨》（上中下册）；卷三：《简帛学》；卷四：《经术，礼乐》；卷五：《宗教学》；卷六：《史学》（上下册）；卷七：《中外关系史》；卷八：《敦煌学》（上下册）；卷九：《潮学》（上下册）；卷十：《目录学》；卷十一：《文学》；卷十二：《诗词学》；卷十三：《艺术》（上下册）；卷十四：《文录，诗词》。

① 曾宪通：《选堂访古留影与饶学管窥》，广州：花城出版社2013年版。

饶先生在《文集》开宗的“小引”中说：“余之生，值 1917 年，实为王静安（国维）考证殷代先公先王之年。”安阳殷墟发现甲骨文已届百年，甲骨、简帛、敦煌等显学研究成就最高，“余皆有幸参与其事”，“余所开拓之新业，如潮学、比较史前文字学与悉昙之学”等。饶先生自喻《文集》相当于一部巨型之《选堂集林》，实乃超越王国维的《观堂集林》。饶先生以精练、言简意赅的六百字“小引”，来概述涉及多个学科、内容宏富的一千万字《文集》，充分显示出一位学坛大师高尚的谦虚品德。

（3）治学方法，先生主张“以考据义理为先”，继承两汉以来的“汉学”考据传统，尤以乾嘉学派的考据之风，又有创新和突破。又从“三重证据法”到“五重证据法”——扩展治学考证方法。饶先生治学，穿越多学科开拓交叉学科的新领域，而且擅长运用国际学术视野和资料成果，提倡研究古史“三重证据法”“五重证据法”。如 1982 年在香港首次提出探索夏文化，必须将田野考古、文献记载和甲骨文的研究三个方面结合起来，即“三重证据法”（比王国维的“二重证据法”多了一重甲骨文字），三者互相发掘和证明，才能在这方面做出成绩。因为文物之器物本身与文物之文字记录，宜分别处理。而出土物品之文字记录为直接史料，其价值更高。饶老说：“甲骨文是考古记录，它担当了一种证据角色。1952 年以前，我主要搞甲骨文，因为殷代的许多东西十分重要，不懂甲骨文便无法迈进研究它的门槛。”饶先生又说：“我发表的《殷代西南部族地理——三星堆文化新证》，就是用甲骨文与文献、考古彼此证明得出结论的。”后来，著名历史学家杨向奎又加了一重“民族学材料”。饶先生还主张再加入“异邦古史资料”（如西亚楔形文字、印度河谷图形文字等），就成为研究古史“五重证据法”。饶先生的重要著作《符号·初文与字母——汉字树》一书，就是饶老“五重证据法”的运用和创新。

再者，饶先生还主张“治学要精”“持论要正”，他指出：“中国文化本来就是文史哲贯通的精神生命，只有博大才能精深”，“求精是清人的治学精神，清代朴学讲究证据周遍”。又说：研究历史，“持论要正”。在《资治通鉴》中，司马光没有称王莽为皇帝是很有见识的，司马光是以道德标准衡量历史人物的价值。[①] 此外，还特别表现在他七十多载学术研究中提出的五十多项“创见”和“第一”。[②]

---

① 饶宗颐：《谈三重证据法——十干与立主》《古史五重证据法》，见饶宗颐：《饶宗颐二十世纪学术文集》（卷一）《史溯》，北京：中国人民大学出版社 2009 年版，第 9 页。直接证据可分实物（考古学资料）和文献材料：甲骨、金文材料和经典材料；间接证据可分民族学资料和异邦古史资料。

② 参见胡晓明：《饶宗颐学记》，香港：香港教育图书公司 1956 年版；郑炜明编：《论饶宗颐》，香港：三联书店（香港）有限公司 1995 年版；陈韩曦：《饶宗颐学艺记》，广州：花城出版社 2011 年版。

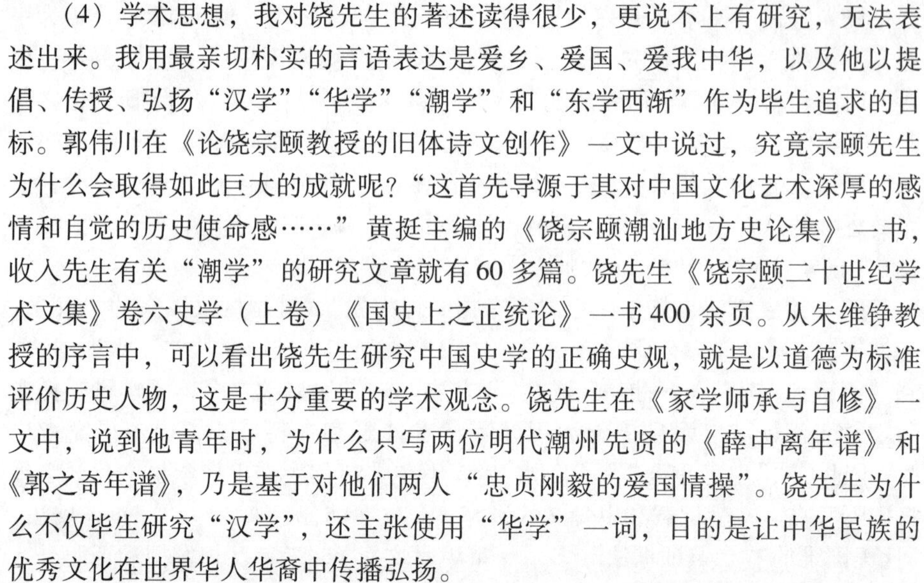

（4）学术思想，我对饶先生的著述读得很少，更说不上有研究，无法表述出来。我用最亲切朴实的言语表达是爱乡、爱国、爱我中华，以及他以提倡、传授、弘扬“汉学”“华学”“潮学”和“东学西渐”作为毕生追求的目标。郭伟川在《论饶宗颐教授的旧体诗文创作》一文中说过，究竟宗颐先生为什么会取得如此巨大的成就呢？“这首先导源于其对中国文化艺术深厚的感情和自觉的历史使命感……”黄挺主编的《饶宗颐潮汕地方史论集》一书，收入先生有关“潮学”的研究文章就有60多篇。饶先生《饶宗颐二十世纪学术文集》卷六史学（上卷）《国史上之正统论》一书400余页。从朱维铮教授的序言中，可以看出饶先生研究中国史学的正确史观，就是以道德为标准评价历史人物，这是十分重要的学术观念。饶先生在《家学师承与自修》一文中，说到他青年时，为什么只写两位明代潮州先贤的《薛中离年谱》和《郭之奇年谱》，乃是基于对他们两人“忠贞刚毅的爱国情操”。饶先生为什么不仅毕生研究“汉学”，还主张使用“华学”一词，目的是让中华民族的优秀文化在世界华人华裔中传播弘扬。

在新的世纪，饶先生继续提出新的寄语：当前（2011年）是科学技术带头的时代，人文科学更增加他的重任，到底操纵物质的还是人；我们应该好好地去认识自己，以求是、求真、求正三大广阔目标去追求，去完成我们的任务。

（5）“饶学”的学术地位和深远影响，我想可以用“学贯中西、誉满四洲、从家乡潮州韩江走向世界”来表达。

三

关于考古学与饶学、考古学是饶学的重要组成部分这个问题，拟分两个小题叙述：在饶先生的著作里究竟哪些著作属于考古学，这是本文要探讨的重点；读饶先生的若干考古学论著。

1. 饶先生的著作，哪些属于考古学的著作

至今似乎尚未见有关专论以及明确的统计数字，因而还有探讨的必要。饶先生的《饶宗颐二十世纪学术文集》所列的十四卷二十册中，也未见有考古学卷。而饶宗颐教授无疑是一位著名的考古学家，不应没有考古学的著作。事实也是如此，我们在卷一《史溯》和卷六《史学》（下册）目录中都发现有属于考古学的文章。又如在季羡林教授《谈饶宗颐史学论著》一文中，季先生说，饶先生的著作涉及面很广，根据饶先生自己的归纳，分为八个门类：①敦煌学；②甲骨学；③诗词学；④史学；⑤目录学；⑥楚辞学；⑦考古学、

金石学；⑧书画。

在考古学、金石学门类中列举了六本书：《韩江流域史前遗址及其文化》《唐宋墓志》《云梦秦简〈日书〉研究》《随县曾侯乙墓钟磬铭辞研究》《楚帛书》《星马华文碑刻系年》。

再如，根据郑炜明编的《饶宗颐教授著作目录》（1994 年香港莲峰书舍出版），更将饶先生的学术著作细分为 15 类。该著作目录分专著单行本和论文两类。

在专著单行本的目录分 17 项，属于考古学的一项计有 10 本：

（1）《海南岛之石器》（1951）；

（2）《明器图录·中国明器略说》（1953）；

（3）《战国楚简笺证》（1954）；

（4）《长沙出土战国楚简初释》（1955）；

（5）《长沙仰天湖战国楚简摹本》（1957）；

（6）《长沙出土战国缯书新释》（1958）；

（7）《云梦秦简〈日书〉研究》（1982）；

（8）《楚帛书》（1985）；

（9）《随县曾侯乙墓钟磬铭辞研究》（1985）；

（10）《楚地出土文献三种研究》（1993）。

论文条目分类属于考古学的计有 59 篇以上：

（1）《长沙楚墓时占神物图卷考释》（1954）；

（2）《华南史前遗存与殷墟文化》（1954）；

（3）《潮瓷说略》（1955）；

（4）《战国楚简笺证》（修订本）（1957）；

（5）《者“沪”编钟铭释》（1957）；

（6）《居延零简》（1957）；

（7）《金匮室藏楚戈图案说略》（1957）；

（8）《楚简续记》（1957）；

（9）《居延汉简目睭耳鸣解》（1957）；

（10）《从考古学上论中国绘画的起源》（1957）；

（11）《长沙楚墓帛画山鬼图跋》（1957）；

（12）（香港）《南佛堂门历史考古的若干问题》（演讲）（1960）；

（13）《楚缯书十二月名覈论》（1965）；

（14）Ch' u Tz' uand Archaelogy(1957)；

（15）《楚缯书疏证》（附陈槃跋）（1965）；

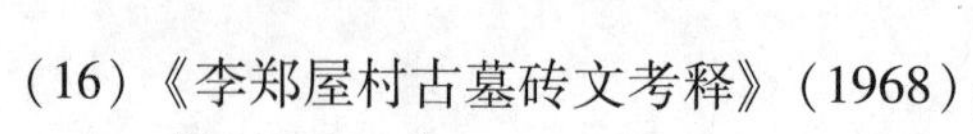

（16）《李郑屋村古墓砖文考释》（1968）；

（17）《铜鼓绪论》（1924）；

（18）The Character in Bronze Inscriptions（1976）；

（19）《越南出土归义叟王印跋》（1980）；

（20）《中山君“譽”（或礜）考略》（1981）；

（21）《港九前代考古杂录》（1983）；

（22）《略论马王堆〈易经〉写本》（1982）；

（23）《广东青铜时代遗物的一些看法》（1984）；

（24）《谈马王堆帛书周易》（1984）；

（25）《曾侯乙墓编钟与中国古代文化》（1985）；

（26）《论盛君簋》（1985）；

（27）《秦简中之五行说及纳音说》（1985）；

（28）《妇好墓铜器玉器所见氏姓方国小考》（1985）；

（29）《南越王墓墓主及相关问题》（1986）；

（30）《苏门答腊北部发现汉钱古物》（1974）；

（31）《从秦戈皋月谈〈尔雅〉月名问题》（1983）；

（32）《盘古图考》（1986）；

（33）Some Notes on the pig in Early Chinese Myths & Art Orientations（1988）；

（34）《隋禅宗三祖塔砖记》（1988）；

（35）《铜鼓三题——蛙鼓、土鼓与军鼓》（1989）；

（36）《未有文字以前表示“方位”与“数理关系”的玉版——含山出土玉版小论》（1989）（收入一卷）；

（37）《红山玉器猪龙与稀韦、陈宝》（1989）；

（38）《潮州展品小识》（载《广东出土五代至清文物》一书）（1989）；

（39）（山东）《大汶口明神记号与后代礼制——论远古之日月崇拜》（1990）；

（40）《说卐——青海柳湾陶符试译之一》（1990）；

（41）《“羊”的联想——青海彩陶，阴山岩画的 + 号与西亚原始计数工具》（1990）［又《说卍（svastika）——从青海陶文试谈远古羌人文化》］；

（42）《楚帛书天象再议》（1990）；

（43）《哈佛大学所藏良渚黑陶上的符号试译》（1990）；

（44）《有翼太阳与古代东方文明——良渚玉器刻符与大汶口陶文的再检讨》（1991）；

(45)《南越文王墓虎节之奇字——[illegible]的考释》(1991);

(46)《楚恭王熊审盂跋》(1991);

(47)《从贾湖遗物谈先民音乐智慧的早熟》(1992);

(48)《李学勤〈比较考古学随笔〉序》(1991);

(49) Forward, Speaking of "Sages": The "Bronze" Figures of San-Hsing-Tui(三星堆)(1991);

(50)《殷上甲微作裼(傩)考》(1993);

(51)《剑珌行气铭与汉简〈引书〉》(1993);

(52)《丁公村龙山文化陶文的试读——试揭开中国四千年前古文字之谜》(1993);

(53)《马王堆〈刑德〉乙本九宫图诸神释——兼论出土文献中的颛顼与摄提》(1993);

(54)《谈银雀山简〈天地八风五行客居五音之居〉》(1993);

(55)《从浮滨遗物论其周遭史地与南海国的问题》(1993);

(56)《周教授龙山陶文考释书后》(1994);

(57)《由牙璋分布略论汉土传入越南的遗物》(1994);

(58)《信阳长台关钟铭の跋》(1980);

(59)《浮滨文化的石璋符号及相关问题》(1999)。

如上统计,截至1999年,属于考古学的论文计有59篇。

但就我所见,饶先生关于考古学的论著,当不止上述10本单行本及59篇论文。一是2010年齐鲁书社出版的郑炜明、林恺欣编《饶宗颐教授著作目录新编》一书手头一时找不到只好暂付阙如;二是饶先生的有些著作,在编目分类上既可归入考古学,也可归入历史学(上古史),如在郑炜明1994年出版的饶先生著作目录中,属于上古史的42篇论文中,就有一半已归考古学,这也不足为奇。因为饶先生的一些论文从内容上看,既可归考古学,也可以归上古史。如《从考古学上论中国绘画的起源》《曾侯乙墓编钟与中国古代文化》《曾侯乙墓漆书文字初释》《战国楚简笺证》等。正如郑炜明博士在该书"编后记"中所说,由于许多论文的发表资料未能查得,因此造成体例上的不一致。我以为,问题的关键是要弄清什么是考古学。我首先赞成考古学属于历史科学。我国考古学的前身是北宋的"金石学",所以20世纪30年代学界称考古学为"古物学",地下出土或收藏传世的甲骨、金文、钟鼎彝器、古文字(以汉学的发展源流为主的古文字学)、古器物、古钱币、古印玺、宗教、神话和美术考古、石刻、摩崖、碑文等,都是传统考古学的分支和研究对象。近百年前欧美传入的现代考古学,以田野调查和科学发掘为基本方法，判断遗址、遗迹和遗物的年代，是一项基本的任务，故考古学亦为“年代学”，但考古学的最终目标是研究并复原人类的古代社会。《中国大百科全书·考古学》卷谓：“考古学是根据古代人类通过各种活动遗留下来的实物以研究人类古代社会历史的一门科学。”

再者，从时间角度看，考古学有史前考古学和历史考古学两大分支。有学者主张在这两者之间增设一个分支——原史考古学。

史前考古学是研究文字出现以前的旧石器时代、新石器时代的人类社会的历史。考古的手段和方法，除基本的田野考古方法以外，还要依靠地质学、古生物学、古地理学、民族民俗学，以及物理学、化学、年代测定方法。

历史考古学，是以文字（汉字为主）出现以后各个时代的考古材料为研究对象。历史考古学必须参考古文献记载的资料，同时要紧密结合古文字学、古器物学、铭刻学、古钱学、古建筑学、民族学等考古学分支，并与历史学（狭义的）分工合作，共同研究历史时期人类社会的历史。

原史考古学，是在文字出现早期，历史文献还比较稀少，考古学研究仍具有重要意义，其研究方法与一般的历史考古学和史前考古学有所不同，故可作为一个相对独立的考古学分支来看待，这就是原史考古学。总之现代考古学是一门主要依靠田野工作，具有实践性和操作性的学科；自然科学的实验方法和工程技术方面的进展也往往给考古学以较大的配合和支持。作为历史科学的考古学，其与狭义的历史学一样，都是时间观念很强的学科，它们追求的目标也基本相同，都是以揭示人类社会的历史为己任，它们的研究成果，往往可以相互借鉴和利用。所以考古学也被当成一门历史科学。只是历史学侧重于从古文献中寻找研究资料，而考古学则强调从田野工作中积累资料。

如上所述，根据我对考古学含义的理解，以及考古学可分史前考古学和历史考古学两大分支，考古学还有传统考古学和现代考古学的研究分支之别，以此来初步比对饶先生的学术论著，我们可以得出这样的论断，饶宗颐教授既是一位著名的历史学家，也是一位名副其实的考古学家。如果要从史前考古学和历史考古学两大分支看，我以为饶宗颐教授更侧重是历史考古学家，当然，饶先生在古史传说、神话、天文历法、史前陶符陶文及史前玉器刻画图文等方面，亦有极其高深的造诣，这一方面，可以从饶先生《文集》的卷一、卷三、卷六等论文中看出。

我还想强调指出，饶先生对考古、考古学的关注重视、研究和指导是长期的、一贯的、多方面的。作为一位方志学家、古文字学家、历史学家、学艺兼修的汉学大师，这是十分难能可贵的。

这方面的事例不胜枚举。例如，20 世纪三四十年代，先生在家乡接手完成其父的《潮州艺文志》，以及编修《潮州志》之时，即参与粤东考古遗址的调查研究，因而有 1950 年《韩江流域史前遗址及其文化》之发表。

继之，1951 年有《海南岛之石器》，1953 年有《中国明器略说》，1954 年有《华南史前遗存与殷墟文化》，1955 年有《潮瓷说略》之发表。六十至七十年代有《战国楚简缯书》，八十至九十年代有《云梦秦简〈日书〉研究》《楚帛书》和《随县曾侯乙墓钟磬铭辞研究》等著作之发表。1980 年以来，饶先生多次回大陆，到过数十个省市博物馆、考古所和学术单位，以至考古发掘现场参观、临摹、交流研究，是时他发表的文章如泉水涌出，与日俱增。饶先生对各地发现陶符陶文发表的意见，对广州南越王墓虎节上的奇字，对浮滨文化陶符“[illegible]”“王”字符号等的创见，让考古学者、历史学者深受启迪，赞叹不已。直至近一二十年来，饶先生不顾年岁已高、旅途劳顿仍不时到家乡潮汕、粤、港、澳考古发现场所考察指导，深受我们考古工作者的尊敬和爱戴。饶老在 2009 年发表的《选堂清谈录》中，谆谆告诫我们：“如果出土文物没有文献媒介作为说明的根据，只有考古学上的数据，无法与当时的人地关系取得和某历史事件的联系与说明，就仅有‘物’的意义，没有‘史’的实证。许多人轻视纸上记载，我认为二者要互相提携，殊途而必同归，百虑务须一致，这才是科学的方法。”

饶老说：“‘治学领域广泛’是我的一个特点……中国文化本来就是文史哲贯通的精神生命，只有博大才能精深。”饶老言简意赅地指出：“决定一切学问的关键有两点：一是材料，二是方法。目前甲骨文材料的问题早已解决（如仅在安阳小屯地下就已挖出 15 万片甲骨），著象也已相当完备，但是在方法上却面临一个更新的问题。必须打破一切旧框框，从新的角度去观察思考问题。”[①] 饶老已年近期颐，思路尚且如此清晰，接受采访时仍侃侃而谈，娓娓动听，深寓哲理教育意义，我等晚辈更应老实认真地向饶老学习。

据我初步查阅，饶先生《文集》卷一《史溯》：①濮阳龙虎蚌塑图像含义蠡测；②论贾湖刻符及相关问题；③良渚、大汶口图文的一二考察；④续论良渚陶器及玉器上之刻划符号；⑤谈高邮龙虬庄陶片的刻符；⑥由牙璋分布论古史地域扩张问题——南中国及邻近地区古文化研究国际研讨会开幕演讲（1994）；⑦浮滨文化的（陶器）符号，均属于考古学论文。再有，《文集》卷六《史学》（下册）的论文中属于考古学的有：①谈盛君簠——随县

① 参见饶宗颐、陈韩曦：《选堂清谈录》，见林伦伦主编：《饶宗颐研究》（第二辑），广州：暨南大学出版社 2012 年版。

播鼓墩文物展侧记；②说“瓦”；③说鑪；④永宁二年傅宣妇士孙松女墓志跋。总之，据不完全统计，饶先生著作中有关考古学的单行本计有17本（含《汉字树》）、论文合计70篇。应该说明的是，这个统计数字并不是饶先生考古学著作的全部。这个统计数字只是我在郑炜明博士编的《饶宗颐教授著作目录》（1994）基础上，作了一些梳理和补充。本文的题目是“略说考古学与饶学”，旨在提出考古学是饶学的重要组成部分，探究饶先生对考古学的卓著贡献，因为在饶学的代表性著述《饶宗颐二十世纪学术文集》十四卷二十册中没有考古学专卷。这是为什么？

2. 读饶先生若干考古学著作

这是一个篇幅可长可短的问题，说短，只需将读过的文章列举一下；说长，就应写读后的收获和体会。1996年8月，我参加在潮州韩山师范学院举办的祝贺饶先生八十华诞暨学术研讨会，写了一篇文章，题目就是“读饶宗颐教授若干考古学论著感怀”①。该文谈了对饶先生6篇著作的读后感。即《韩江流域史前遗址及其文化》《李郑屋村古墓砖文考释》（此书是我1981年首次访港作考古考察，并到九龙李郑屋村参观保存完好东汉砖室墓时所得）《南越文王墓虎节之奇字——䟫的考释》《从浮滨遗物论其周遭史地与南海国的问题》《浮滨文化（陶符）考释》《由牙璋分布略论汉土传入越南的遗物》等。而我2012年在泉州学研究所刊物《闽南》上发表的《“即之弥近，仰之弥高”——我所认识的饶宗颐教授》一文，又有一些增补，主要是增加了图。这里仅谈谈《李郑屋村古墓砖文考释》和《潮汕展品小识》两篇。

1955年8月在香港九龙深水埗李郑屋村，发现一座结构完整的大型砖室墓，一时引起轰动。对于该墓的年代，众说纷纭。有人认为是“外来文化”，有人认为是南宋杨太后衣冠冢。香港博物美术馆屈志仁先生断为东汉中期墓是正确的②。屈志仁先生在《李郑屋汉墓》（1970）一书中说，关于墓砖的文字，饶宗颐先生已有详细考证。③ 又说据考“其墓砖不称‘宝安’，不称‘东官’，而云‘番禺’，可断在吴晋以前”（饶宗颐《九龙与宋季史料》，1965年）。因为在孙吴时代，九龙已归入东莞（东官）郡。“薛师”一类的铭文，在汉砖上已有先例，如清代张燕昌《金石契》、冯氏（清冯云鹏，冯云鹓兄弟辑）《金石索》等书上有“蜀师”“景师”等，论者以为是造砖工匠的名字。

饶先生在《李郑屋村古墓砖文考释》一文中，首先指出：“九龙李郑屋村古墓砖文，除龙形鱼形之图文外，其余文字约有三类。”在第一类“记墓葬所

① 载曾宪通主编：《饶宗颐学术研讨会文集》，香港：翰墨轩出版有限公司1997年版。

② 详见杨式挺：《香港与广东大陆的历史关系》，《岭南文史》1983年第2期。

③ 饶宗颐：《李郑屋村古墓砖文考释》，《中央研究院历史语言研究所集刊》，1969年。

在地县名及吉祥语”一题中，指出大吉番禺和“番禺大治曆（历）”两项砖文墓砖屡见。饶先生引证汉砖汉器，说明“大治曆”三字应与“大吉利”等相类；历字即曆之省体，汉碑“曆”“历”“[illegible]”三字通用。又引证“艾历”“裔历”可训作相、治，证明砖文番禺“大治曆”即谓番禺一地大艾历，犹言“番禺大治”是也。

饶老进而指出：“至于砖文上番禺一地名，亦大有研究价值。”九龙原属宝安（新安），在未置宝安（新安）之前，其地到底属于何县，向有属南海县（《太平寰宇记》引《南越志》）、属博罗县（《元和郡县志》道光《广东通志·沿革》《广州志·古迹等》）、属番禺县（明《东莞志》《一统志》《方舆纪要》等）三说。今观李郑屋古墓不称宝安，不称东官，而云番禺，可推知自吴晋以前，其地实属番禺所辖，则三说之中，以番禺为是。饶文对造砖匠题名“薛师”的考证，饶先生引证汉隶及六朝碑铭，证明[illegible]即“薛师”。师之作[illegible]，习见于东汉碑刻，以此知李郑屋村墓当为东汉墓，从砖铭字体得一有力佐证。进而指出，“薛师”二字当是造砖者题其姓名及职名。文章引证广州西村大刀山晋永嘉六年左侧每见“陈仁篆书二字，为造砖工匠名氏”。唯此砖“薛师”之“师”则为职名，又引证汉扶侯钟（容器）云“雷师作”“都尉师”勾兵等例，得出“薛师”即工师之薛姓者也，并指出“薛师”两字，尤为字体断代关键性之所在。

综上所述，九龙李郑屋村古墓经饶先生的精辟考证，得出九龙汉代时当属番禺县（今广州），不仅为该墓断代作考证，而且由此纠正了有关地方志乘之误，其意义不可谓小。对于“薛师”两字的考证亦超乎一般论者推断的即造砖工匠之姓名，而是进一步指出“薛师”即工师之薛姓者，其意义不言自明。由此一篇，亦足见饶先生对古文献、地方史志、古器物铭文之谙熟及其训诂功力之深厚。

《潮州展品小识》。1989年3月5日，广东省博物馆与香港中文大学文物馆，在香港联合举办《广东出土五代至清代文物展览》，展品计112件，饶先生莅临参观指导并作此文。饶先生在“小识”开头说：“展品中潮汕地区出土文物占相当分量，循览之余，顿引起乡梓之思。”然后“对涉及史迹方面，尚有不少可补充者，略举数事，以供谈助”。

（1）南汉宫砚。广州番禺石马村南汉乾和十六年（即刘鋹大宝元年）墓出土，该墓出有数十件六耳罐、夹耳罐等精美陶瓷。饶先生联想到王渔洋《池北偶谈》记其“故友陆汉东卿孝廉有小砚，是南汉刘鋹宫中物，有刘鋹宫人离非女子篆铭”。“陆卿，饶平人。余家旧藏有其《迦风草堂集》与《吴越百吟》合为一册。”

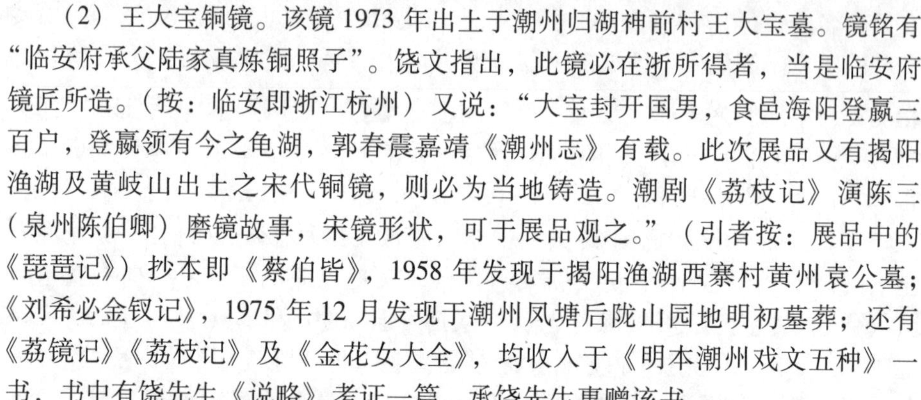

（2）王大宝铜镜。该镜1973年出土于潮州归湖神前村王大宝墓。镜铭有“临安府承父陆家真炼铜照子”。饶文指出，此镜必在浙所得者，当是临安府镜匠所造。（按：临安即浙江杭州）又说：“大宝封开国男，食邑海阳登嬴三百户，登嬴领有今之龟湖，郭春震嘉靖《潮州志》有载。此次展品又有揭阳渔湖及黄岐山出土之宋代铜镜，则必为当地铸造。潮剧《荔枝记》演陈三（泉州陈伯卿）磨镜故事，宋镜形状，可于展品观之。”（引者按：展品中的《琵琶记》）抄本即《蔡伯皆》，1958年发现于揭阳渔湖西寨村黄州袁公墓；《刘希必金钗记》，1975年12月发现于潮州凤塘后陇山园地明初墓葬；还有《荔镜记》《荔枝记》及《金花女大全》，均收入于《明本潮州戏文五种》一书，书中有饶先生《说略》考证一篇，承饶先生惠赠该书。

（3）桃坑刘氏与笔架山宋窑。饶文写道：“广东潮州宋墓有纪年者，以1958年发掘的宋孝宗乾道八年（1172）之刘景墓最受人注目。”省博物馆彭如策有文记之。曾广亿《陶瓷》著文引《广东通志》称“刘景为广东潮阳人”。饶文引嘉靖《潮州志》《桃坑刘氏族谱》等，证明刘允之子刘景为海阳人，作潮阳人非是。又引笔架山出土著名的北宋“治平四年”铭文的白瓷佛像（引者按：共出土4尊，其中“治平四年”和“熙宁二年”两尊收藏于广东省博物馆），像座上刻“潮州水东中窑弟子刘扶……为父刘用……造，匠人周明”。又引潮州开元寺内“政和四年”钟款云：“白瓷窑住弟子刘满颖……舍钱……祈平安。”白瓷窑为地名，在笔架山，刘扶、刘满颖皆刘景之族人。笔架山所在地为桃坑刘氏聚族之区，故有刘姓多人舍钱制造供养。倘以刘景作潮阳人看待，则显违事实。兹就记忆所及，参以旧作《潮州宋瓷小记》。

（4）关于吴六奇与郝尚久。饶文写道：“诸展品以大埔县湖寮圩出土的吴六奇墓志铭最具史料价值。”墓志铭之额泐刻康熙六年“谕祭”，铭辞出福建人进士杨旬瑛手笔，杨任广东巡按御史；书丹者杨钟岳，澄海人；篆额者罗万杰，潮阳人。该墓志铭记吴六奇征讨“功绩”，吴六奇与郝尚久同时降清，此墓志云：“潮将郝尚久据潮以叛……”墓志还记吴六奇一家子女及姻亲关系，足为地方志征献之助，故略为考证，以供参考。此碑（铭）省、州、县均不载，全文收入拙作《固庵文录》中。

（5）1992年11月19日，饶先生专程赴汕头南澳县南澳海防史博物馆考察，陪同者有香港《国际潮讯》总编辑郭伟川先生等。饶先生在看到展柜展品——酱黄釉堆双龙纹带流提梁提壶时说：“这是皇帝用的物品，可以算上一级品，要好好保护。”当看到“猎屿铳城碑记”抄文时，饶先生问：“南澳写志最早的是谁？”答：“据说副总兵黄岗著有12卷，后佚。”饶先生说：“不是黄岗，是安国贤，他当时是把总。”参观考察毕，饶先生为南澳海防史博物馆挥毫题词："海疆文藻。"①

读了饶先生如此丰富生动、如数家珍的《潮州展品小识》，我颇有感触和联想：我们作为历史时期考古研究者尤其是两晋唐宋文物考古研究者，一定要多多阅读地方史志文献资料，注意与地方史志相印证，而不仅是注重研究文物本身。饶先生家中藏书数万，"平生治学，所好迭异，幼嗜文学，寝馈萧选"，经史子集，老、儒、道、释、地文卷帙，诗词歌赋，文学小说，无所不读，勤学多思，博学精通，故能触类旁通，贯通古今；故能见物生情，以物带史、以史证物，相得益彰，令我等后学深受启迪，深为钦佩！这既能引听者、读者爱乡爱国之情怀，又能使文物的教育职能在潜移默化之中实现。②

一年来我陆续学习了饶先生《文集》卷一《史溯》和卷六《史学》的多篇文章，这里再谈读饶先生的几篇考古学著作。

（1）《海南岛之石器》一文，见《文集》卷六《史学》（下册）第602页。文章开宗明义指出，海南岛为中国发现石器最早之地，远在五六世纪已有关于石器之记载。唐人沈既济的《俚民传》、刘恂的《岭表录异》，均有关于雷公斧、霹雳楔、雷公墨的神话。石器来源分两部分，一为海南岛，二为雷州半岛。

饶文说，1950年8月，旅居新加坡的华人韩槐准在文昌县凤鸣村采集得60多件石器。同年9月，韩氏自海南来港，住在西环一小旅馆，邀请饶先生和考古学家郑德坤博士（厦门鼓浪屿人）到旅馆观看并作鉴定，饶先生遂将其整理拍成图片5幅，有双肩石斧、楔形斧、石锛等。初稿于1951年由香港国泰印刷厂印行。

第二部分介绍雷州半岛的石斧、石器之发现，唐人《俚民传》《岭表录异》，宋沈括《梦溪笔谈》等均有记载。因每每于雷雨后在山野出露，故称雷斧、霹雳楔、雷公墨（因其颜色）。李时珍《本草纲目》中说："小儿佩带可辟邪，孕妇磨研可作催生药用。"

饶文最后明确指出，海南岛黎地和雷州半岛，古为骆越的一部分，肩斧、靴形斧之使用，遍及云南、安南及海南一带，使用这种石器的是骆越之先民也。

我自1963年至2008年，多次赴海南及雷州半岛考古。如1983年到陵水大港村遗址发掘，在三亚南宾农场举办文物普查训练班时，曾深入黎寨，考察双肩石斧在黎族居民家中安置的地方用途。80年代初撰写了《从考古发现

① 参见《汕头文博通讯》1993年3月15日。

② 参见杨式挺：《读饶宗颐教授若干考古学论著感怀》，见曾宪通主编：《饶宗颐学术研讨会文集》，香港：翰墨轩出版有限公司1997年版。

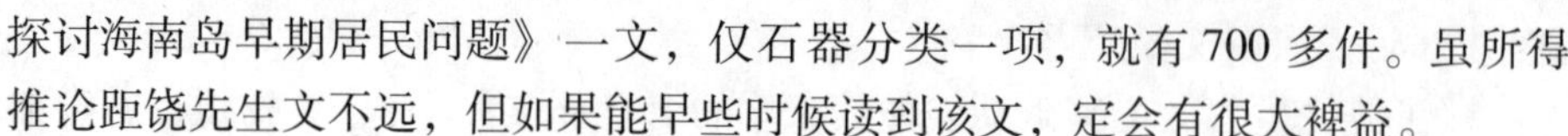

探讨海南岛早期居民问题》一文，仅石器分类一项，就有700多件。虽所得推论距饶先生文不远，但如果能早些时候读到该文，定会有很大裨益。

（2）《说“瓦”》一文，见《文集》卷六《史学》（下册）第427页。饶文首先引《说文》：“瓦，土器已烧之总名，象形。”又《说文》：“土器也，象形，用以盖屋……”土器，今通称陶器，日本书中尚有使用“土器”一名。

我国使用陶瓦，始于何时？饶文引证文献：“古有昆吾作陶及（夏）桀为瓦室之说。”晋代张华《博物志》云：“‘桀作瓦’，盖是昆吾为桀作也。”昆吾为夏代诸侯。目前考古尚未发现夏商宫室建筑使用陶瓦。发现最早用瓦的是陕西客省庄西周遗址，还有扶风黄堆乡及眉县等地。从饶文附图看，岐山早周之瓦为板瓦，客省庄西周瓦为绳纹板瓦，且有圆孔和瓦钉。文章还谈及洛阳东都城、咸阳秦阿房宫、洛阳汉魏故城均使用大量板瓦、筒瓦、瓦钉、瓦当的情况，可见饶先生查阅考古资料之细致。

（3）《中国明器略说》一文，见《文集》卷六《史学》（下册）第596页。文章开宗明义说：“中国明器之兴，可能在殷商之前。”《礼记·檀弓（上）》：“夏后氏用明器”，“明器，鬼器也”。又《檀弓（下）》：“孔子谓为明器者，知丧道矣。”《后汉书·范冉传》注：“礼，送死者，衣曰明衣，器曰明器。”所以，广义的明器，本指陪葬之物；狭义的明器，乃指陶制而小者，若偶人器具、动物瓦像等。

文章接着说，现存之明器，可追溯到殷代。1937年安阳殷墟第十五次发掘，在墓中发现陶囚俑，双手加梏，是为最古之俑。随后，饶文分别叙述汉晋历代明器文献记载以及考古发现。如《续汉书·礼仪志》对汉代明器制度记之甚详。

尤为值得一提的是，饶先生对“广东明器”一节记述甚详。他应该是亲自参观过当时举办的广州出土文物展览，以及根据叶恭绰主编的《广东文物》，所以饶文说：“此次展览出品有寅圃所藏广州茶树岗出土的汉墓陶篙、陶罐、陶屋等。”并说查历次广州汉晋墓出土明器不少。特别是1916年5月，在广州东山龟岗发现的误传为南越国文王墓（按：实为一座西汉早期即南越国时期的大型木椁墓，因为“文王”墓即“文帝”陵墓乃是于1983年发现的象岗山南越王墓，我参加该墓发掘，担任发掘队副队长）。龟岗汉墓出土有一大批拍印花纹的陶鼎、尊、罍、盘、罐等明器以及玉璧、玉舞人、铜镜等，曾经轰动一时，“几何印纹陶”一词便沿于此墓而来。

（4）《南越王墓墓主及相关问题》一文，见《文集》卷六《史学》（下册）第439页。以往只知题名，未读到原文。

1983年8月，在广州市越秀山西侧的象岗山发现南越王墓。主室出土13

枚印玺，最重要一枚是“文帝行玺”龙钮金印，还有“泰子”龟钮金印，以及“帝印”“泰子”“赵眜”玉印等，“眜”字封泥。《辞源》眜音 mò 英拨切，训为“目不明”。

从东耳室出土的“文帝九年乐府工造”第一至第八一套大小铜勾鑃乐器看，墓主为南越国第二代文王无疑。据《史记·南越传》，第二代南越王为赵佗之孙名赵胡，该墓为何出“泰子”“赵眜”印，当时曾经有人撰文推测，墓主应为赵佗之子泰子赵始之墓。

发掘队副队长黄展岳认为，文帝行玺与赵眜印同出，二者应是一人。第二代南越王生前曾效其祖故事，自称为南越文帝。泰子印似为赵佗之子（赵眜之父）的遗物，未及嗣位而亡。印归赵眜，眜死遂以入葬。饶先生认为这个推断极为近理。而发掘队队长麦英豪认为，赵眜身上的两枚泰子印应该本是赵佗之子的，佗子死后归由赵眜接掌。《史记》《汉书》误眜为胡，可能是所据档案有误，或为传抄之误，应据文改正，还其本来面目（麦文见《广州研究》1984 年第 4 期）。

饶文认为：“但《史记》《汉书》作‘胡’是否错误，必欲依据出土文物，改订史文，理由尚嫌不够充足。”饶文指出：“古代人名，史书记载，时时出现不同的异名。”古人往往有名有字，称人每每以字，字与名取义必相关，字可以自证其名。饶文接着作了考证。印文赵眜，其字从目。眜可读为“曼”，“曼”字又从冒声，眜、冒、曼声同可以通用。“曼”字与“胡”字在先秦古语言上意义有若干关涉之处。如“曼胡”一词，“曼”与“胡”同义俱训广大。古兵器铜戈，戈横刃本广，故有“曼胡”之称。《广雅》：“镘胡，戟也。”《考工记·注》作“曼胡”。可见“曼”与“胡”实为一物之异名。如果把眜读作“曼”，看作他的私名，而汉廷称呼其字则为“胡”，正可自证其取名之义。由是可明赵胡何以亦作赵眜之道理。故“不宜轻易曰史书为错误”。饶文还强调，《史记·南越传》提及南越王胡，自“佗孙胡”一句以下，连续共有八次。断不致如此刺谬，更不可随便说是错简。最后，饶先生还引证《日南传》《交州外域记》《交州记》三本古籍的有关记载，说明赵佗确有太子，名曰赵始，曾在安阳王处做过间谍工作。《史记·南越传》但书“佗孙胡为南越王”。泷川资言引王鸣盛《说案》云：“《史》《汉》皆不书佗子，盖外藩事略。”饶先生说，《日南传》记载与广州南越王墓所出“泰子”两印，正可证明。安阳王故城，又名越王城、可缕城，当指赢故城，在今越南平道县。《日南传》《交州外域记》记载赵佗攻安阳王，安阳王有神人名皋通，能制造神弩，一发杀三百人（一说三万人），南越王知不可战胜，乃遣太子赵始降服安阳王，称臣事之，并与安阳王女儿眉珠（一名兰珠）“交通”，

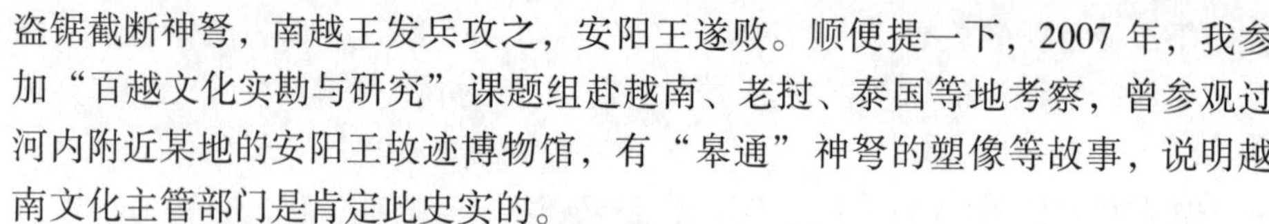

盗锯截断神弩，南越王发兵攻之，安阳王遂败。顺便提一下，2007 年，我参加“百越文化实勘与研究”课题组赴越南、老挝、泰国等地考察，曾参观过河内附近某地的安阳王故迹博物馆，有“皋通”神弩的塑像等故事，说明越南文化主管部门是肯定此史实的。

（5）饶先生著《符号·初文与字母——汉字树》一书，1998 年香港商务印书馆出版。这部重要著作，没有收入饶先生的《文集》中。在这本重要的书中，先生审视与利用了海内外有关陶符、图形文的考古发现，可谓集全国发现的史前先秦陶符陶文之大成，并从世界观点出发，对汉字的成就作了总的考察，探索原始时代汉字结构和演进的历程，说明文字起源的多元性及地区分布的交互关系。首先，这本书的重要论点之一是，指出中国历来统治者施行以文字控制语言的政策即“书同文”，致使语（言）、文（字）分离，文字不随语言而变化；而且汉字结合书、画艺术与文学上的形文、声文的高度美，造成汉字这一枝叶葱茏、风华绝代的大树，卓然兀立于世界文化之林。文字、文学、书法艺术间的连锁关系，构成汉文化的最大特色。其次，揭示汉字未形成初期，陶器上大量的线形符号多与腓尼基字母相似，类似于西亚早期的线形图文，认为反映了古代闪族人使用字母并尝试采择彩陶上符号，以代替借用楔形文的雏形字母之特殊现象，从而提出了具有原创性的字母出自古陶文的“字母学假说”。饶先生把史前陶符与汉字联系起来研究，并与西亚等国线形图文作了比较，把文字、文学、书法艺术结合起来，指出这是构成汉文化的最大特色并兀立于世界文化之林；尤其是更深刻地指出汉字不走上使用字母拼音之路，乃是我们古代先人早已作出的明智选择。在这本新作中，饶先生创立和运用了“五重证据法”。我想，这个创见他也是第一人。（图十四）在 2009 年出版的《选堂清谈录》中饶先生说：“我希望再发掘特别是地下的发掘。”

总之，我学习饶先生的学术著述不过是沧海之一粟，“走近饶宗颐”也才刚刚起步。今后，我将尽自己所能，进一步学习饶先生的原著——《饶宗颐二十世纪学术文集》，尤其是古代史和考古学，共同来探究饶先生在考古学学科方面的成就和贡献。

我们要像许嘉璐副委员长在“饶宗颐研究所”成立大会贺信中要求的那样：“研其学，要在知其人；知其人，要在知其心；知其心，要在效其情。”（2011 年 4 月 19 日贺信）

2013 年 9 月 23 日修订

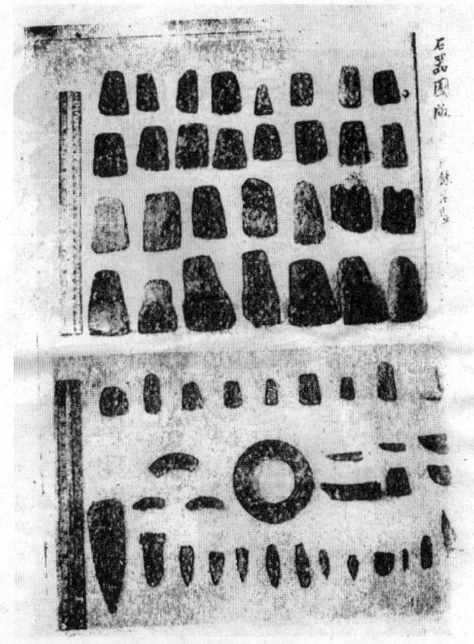

图一 饶宗颐著《韩江流域史前遗址及其文化》

图二 南越王墓错金铭文铜虎节

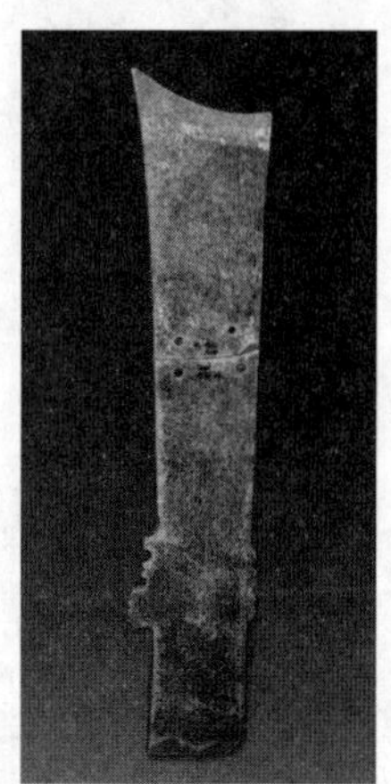

图三　越南牙璋（左）、香港大湾 M6 牙璋（右）

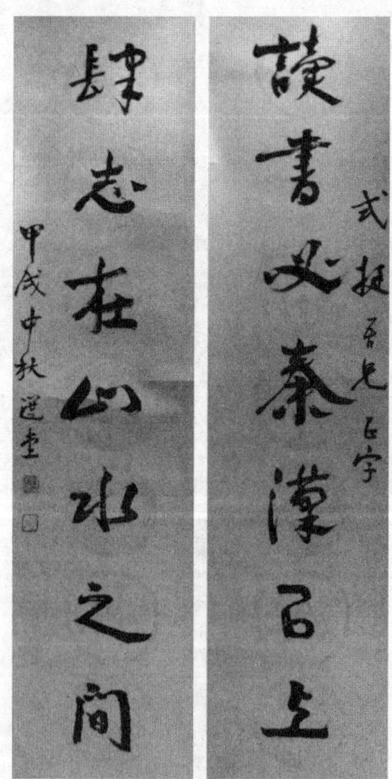

图四　饶宗颐教授赠笔者对联

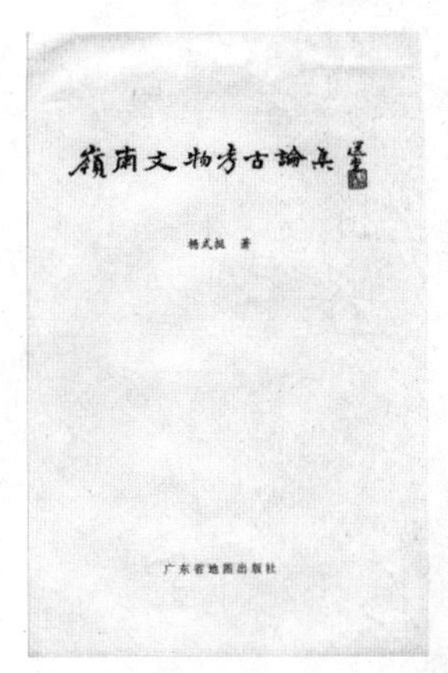

嶺南文物考古論集

杨式挺 著

广东省地图出版社

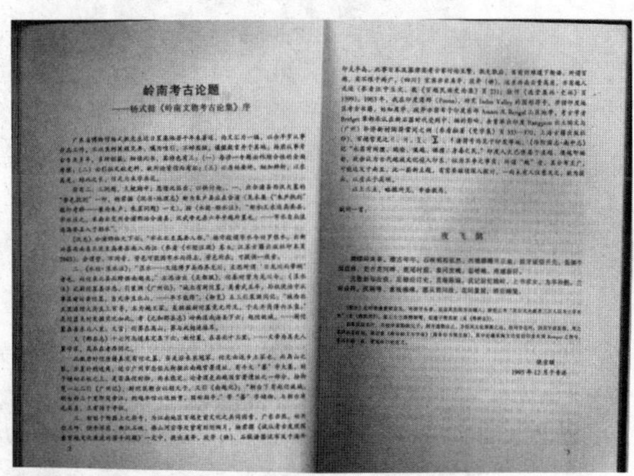

岭南考古论题

——杨式挺《岭南文物考古论集》序

夜飞鹊

图五　拙著《岭南文物考古论集》

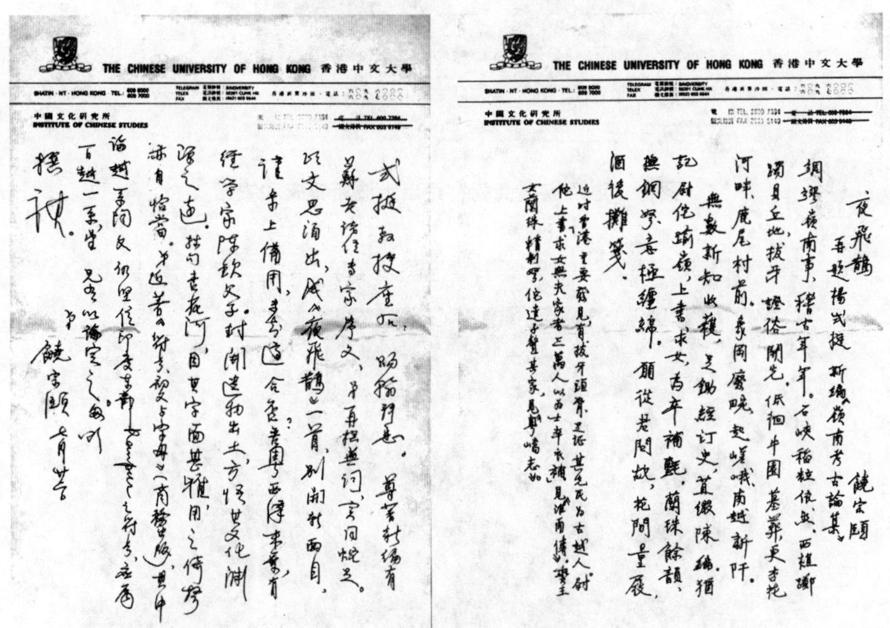

THE CHINESE UNIVERSITY OF HONG KONG 香港中文大學

SHATIN · NT · HONG KONG · TEL.: 609 6000 609 7000

中國文化研究所
INSTITUTE OF CHINESE STUDIES

式挺教授座右：賜稿拜悉。尊著新編有嶺表諸位專家序文，弟再拙無詞，實同蛇足。昨文思湧出，成《夜飛鵲》一首，別開新面目。請[illegible]上備用，[illegible]合否？[illegible]

撰祺。

弟 饒宗頤 [illegible]

THE CHINESE UNIVERSITY OF HONG KONG 香港中文大學

SHATIN · NT · HONG KONG · TEL.: 609 6000 609 7000

中國文化研究所
INSTITUTE OF CHINESE STUDIES

夜飛鵲

吾題楊式挺新編《嶺南考古論集》　饒宗頤

綢繆嶺南事，稽古年年。石峽稻粒依然，西樵[illegible]貝丘地，拔牙證俗開先。低徊牛圍墓葬，更杏花河畔，鹿尾村前。[illegible]岡廢晚，起嵯峨，南越新阡。

無數新知收穫，是鋤經訂史，首綴陳編。猶記尉佗踰嶺，上書求女，為卒補甄。蘭珠餘韻、無銅[illegible]、吾極纏綿。願從君問故，抱[illegible]重展，酒後攤箋。

近日香港[illegible]發見有拔牙頭骨，足證其先民為古越人。尉佗上書求女無夫家者三萬人以為士卒衣補，見《淮南傳》。[illegible]

图六　饶宗颐教授寄笔者信

银碗　南朝（420—589年）。1984年遂溪县附城边湾村窖藏出土。高8、最大口径18厘米。器身作十二瓣花形，圈足。口沿外周刻有波斯文。此器当为波斯制品。

Bowl Silver,h.8, diam. 18cm. Soutern Dynasties(420—589). Bianwancun, Fucheng, Suixi County, 1984. With footring, decorated with twelve petal-flower pattern. The inscription of Persian was carved on the rim. The product from Persia.

波斯银币　南朝（420—589年）。1984年遂溪县附城边湾村和一批金银器在窖藏出土。有二十多枚。直径2.6—2.8，厚0.1厘米。正面为国王像，背面为祭坛、祭司。属波斯萨珊王朝银币，铸造年代大约在沙卜尔三世至卑路斯之间（383—484年）。广东出土的波斯银币，其中钻有孔的，可能是流入当地后用作银饰品。

Sassanian Silver Coins Diam. 2.6—2.8cm. Southern Dynasties (420—589).A Hoard in Bianwancun, Suixi County. The bust of the king was moulded on the front, the reverse an altar flanked by priests. They were coins of Pahlavi period. The casting year is about the period between the Third King of Shapuar to Pilusi (383—484). The Sassanian silver coins excavated in Guangdong, and some with perforations on, are probably served as silver ornaments after imported.

图七　湛江遂溪南朝窖藏出土波斯银碗和银币

图八　2006 年参加饶宗颐九十华诞国际研讨会时与饶宗颐教授合影，前排左二为笔者

图九　2007 年 11 月在香港中文大学拜会饶宗颐教授

图十　2011 年 10 月 22 日笔者在座谈会上发言

杨式挺 著

嶺南文物考古論集

續集

選堂題

嶺南美術出版社

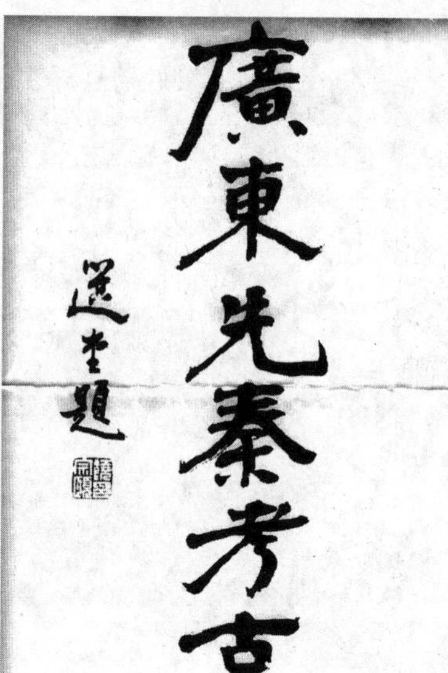

图十一　饶宗颐教授为笔者著作题签及寄笔者信

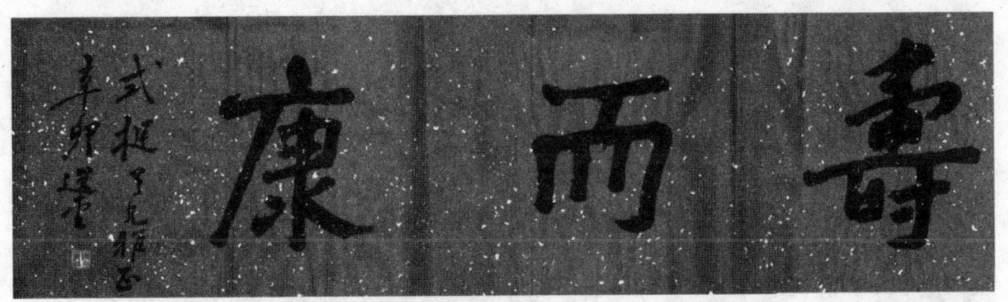

图十二　辛卯年冬饶宗颐教授给笔者题写的祝词

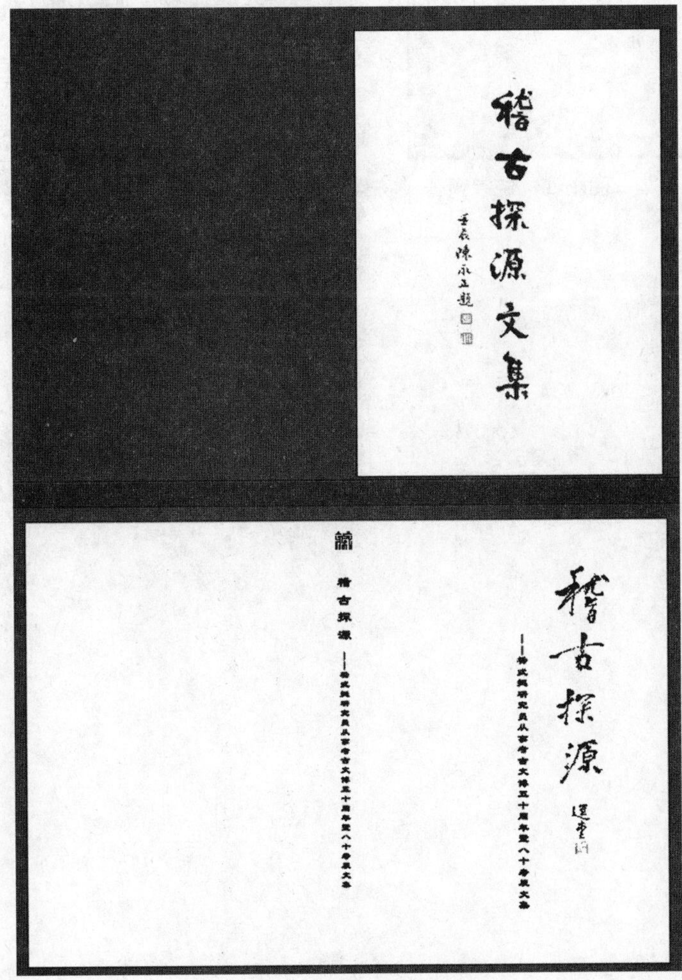

图十三　饶宗颐教授题签

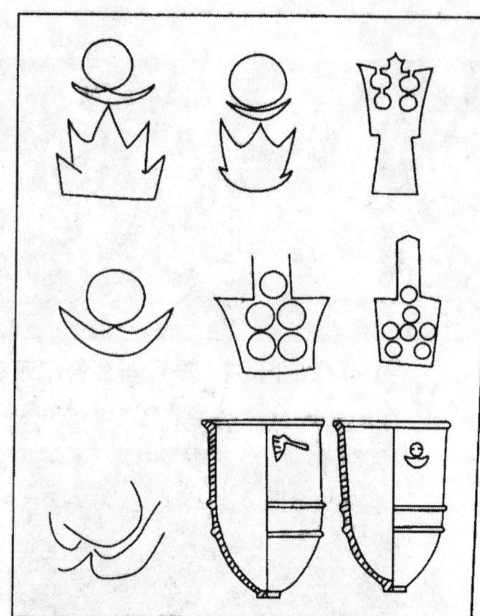

图十四　饶宗颐著《符号·初文与字母——汉字树》

论选堂先生学术

香港容斋出版社　郭伟川①

在近现代的中国学者中，以一人而能兼通学、艺两域并取得辉煌成就，为中华民族的学术和艺术文化作出重大贡献者，可说少之又少。以客观事实而论，选堂先生可谓是兼精学、艺两域的大师，饶学更是具有代表性的一代国学，这已经成为世人所公认的事实。而饶学涉及文、史、哲、艺诸范畴，内容博大精深。本文谨就选堂先生的学术成就及其治学轨迹，略述个人的认识和看法。

一、从地方史、国史到中外文化关系史

首先，就治史的领域而言，饶师的研究和著作比较全面，涵盖了地方史、国史和中外文化关系史诸范畴。这在近现代的史家中，亦是少见的。而先生自青少年时期即从地方史入手，亦可见其治学的渊源和轨迹。

1. 地方史

众所周知，选堂先生少时最见重于岭南学术界的一件大事，就是继承其先君饶锷老先生未竟之志，续成《潮州艺文志》一书。[1]此事的意义在于，就中国历史典籍而言，至《汉书》始有编修《艺文志》专志之体例，及后大部分朝代的国史、省志以及经济富庶、文化昌明的州郡志书中，才有《艺文志》之修纂。而州郡志书若有《艺文志》，则是地方人文发达的象征。因此，就我国区域史的客观事实而论，并不是每个州府的地方志书中都有《艺文志》的。就潮州府为主体的粤东地区而言，自汉代至清季的志书中，迄无《艺文志》专志之编撰。如清顺治吴颖府志仅以“古今文章”作为门类，收录自唐韩愈《潮州刺史谢表》至明末张明弼《黄岐山潜雷石颂》诸文，可见府志未有《艺文志》之设（按：近得黄继澍先生所赠清乾隆《大埔县志》，得知该书后

① 作者简介：郭伟川（1948—　），男，汉族。中国历史文献研究会礼学研究中心研究员，主要从事上古经学、史学的研究工作。

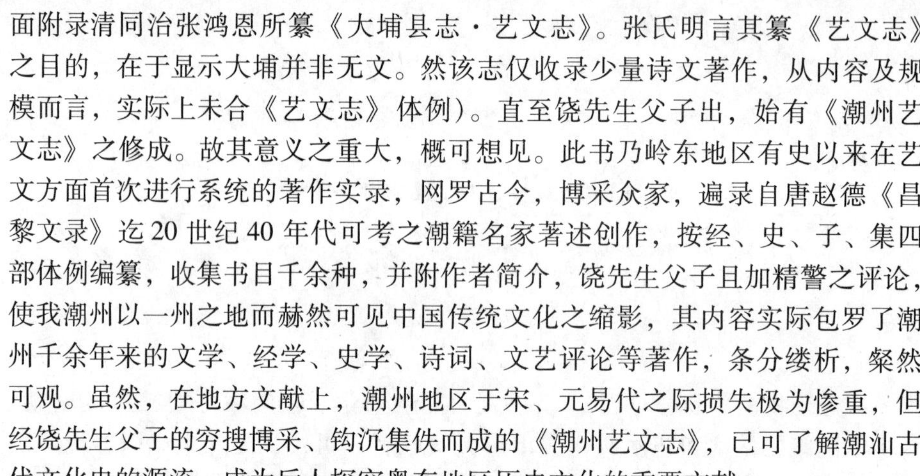

面附录清同治张鸿恩所纂《大埔县志·艺文志》。张氏明言其纂《艺文志》之目的，在于显示大埔并非无文。然该志仅收录少量诗文著作，从内容及规模而言，实际上未合《艺文志》体例)。直至饶先生父子出，始有《潮州艺文志》之修成。故其意义之重大，概可想见。此书乃岭东地区有史以来在艺文方面首次进行系统的著作实录，网罗古今，博采众家，遍录自唐赵德《昌黎文录》迄20世纪40年代可考之潮籍名家著述创作，按经、史、子、集四部体例编纂，收集书目千余种，并附作者简介，饶先生父子且加精警之评论，使我潮州以一州之地而赫然可见中国传统文化之缩影，其内容实际包罗了潮州千余年来的文学、经学、史学、诗词、文艺评论等著作，条分缕析，粲然可观。虽然，在地方文献上，潮州地区于宋、元易代之际损失极为惨重，但经饶先生父子的穷搜博采、钩沉集佚而成的《潮州艺文志》，已可了解潮汕古代文化史的源流，成为后人探究粤东地区历史文化的重要文献。

另外，从少年的选堂先生续成《潮州艺文志》一事，可以从治学途径上给大家一个重要的启示：他一开始就是以治国史的方法来从事地方史研究的。因为此书既包括经、史、子、集四部分类的千余种著作，涉猎自然广博，要加以评论则必须深入研究，因此选堂先生很早就在国学中的文、史、哲、艺诸领域受到系统的历练；同时在目录学、文献学等专门的学术范畴，亦取得丰硕的成果。所以，应该说，选堂先生从走向学术之路始，起点已非常高，对自己的学术要求已非常严格。后来他的治学之所以能臻于精邃严谨、学博工深的境界，与他在青少年时期早植根基，显然有很大的关系。

选堂先生在地方史领域的另一大贡献，就是总纂民国《潮州志》，成为潮汕方志史上的里程碑。因为此书既有对传统编志方法的继承，又能与时俱进地运用科学的方法拓展新域；使新志既能在内容上与旧志在历史上有连续性的衔接，又能对辛亥革命以来潮汕社会历史的变迁作如实的记载。所以，编志一定要尊重史实，并注意历史的连续性，即使用新的方法亦不能割断历史。在这方面，选堂先生可谓作了极好的示范。有关其总纂的民国《潮州志》的内容及新法，选堂先生在《潮州志汇编》序言中云：

民国卅五年（按：1946年）新纂之志，以旧府属为范围，可谓创格。而着重实际调查与专家合作，此则大与前志异趣。故若干新立门类，延聘自然科学家撰稿，地质志出于中央研究院地质研究所，气候、地形、水文诸志之出于中国地理研究所，即其例也。新志原分三十门，沿旧志者只十之四，而撰写方法，复多所变通，若大事志则采提纲旁注之法，户口、交通志均侈列图表，颇异前规。[2]

选堂先生编集的《潮州志汇编》于1965年由香港龙门书店出版，这是合四志即《三阳志》、明嘉靖郭春震府志、清顺治吴颖府志及先生总纂之民国《潮州志》成为一集的潮州方志巨构，可谓史所未有。其可贵之处，诚如该书店在书前“出版说明”中指出：

> 惟潮州有志，实滥觞于宋之《潮州图经》及《三阳志》。明文渊阁书目著录《三阳志》多种，久已亡佚，幸《永乐大典》潮字号所著录部分，尚存梗概。向以存于大内，世所难见；后经“庚子之乱”，该册被劫，流落国外，六十年来，其书更无缘获睹。嘉靖本（府志）及顺治本世亦罕觏。本书店承香港大学饶宗颐先生之助，从日本搜得嘉靖本八卷，顺治本十二卷；益以《永乐大典》所收三阳志资料，并饶氏所纂民国本十八厚册，汇合成书，名曰《潮州志汇编》，影印精本刊行。宋、元以来已佚之稀有志书，今幸汇成巨观。其合明以前及明、清、民国各代志书为一编，允称方志史上之创体。[2]

可以说，潮汕地区现有的府志文献，若无饶先生当年殚精竭虑地修撰总纂及多方搜求，断无今日之丰硕成果。至于《潮州志汇编》中之民国潮志，当年尚未完帙。年前先生在已出版民国《潮州志》的基础上，合并未刊之《山川志》《民族志》《风俗志》《工业志》及《戏剧音乐志》诸志稿，在陈伟南先生的资助下，由潮州市地方志办公室整理出版，使饶师总纂之民国《潮州志》，至此始完善其规模。[3]此志共分二十册，洋洋大观，分册则各为专志，合则成为巨帙，洵为潮汕方志史之盛事。继之先生又发旧箧所藏之《古迹志》《金石志》《人物志》《宦绩志》及《外编》，合成《潮州志补编》一集五册，[4]仍由陈伟南先生赞助，由潮州海外联谊会出版印行。选堂先生总纂的民国《潮州志》之正编及补编，规模巨大，内容宏富，于潮汕地区可谓史无前例。若合饶先生父子以前所合撰之《潮州艺文志》，则其体例更加完备。这在潮汕方志史上固前无古人，其他州府同一时期的志书内容亦很难企及；即使在全国方志史上，显然亦是杰出的典范。除此之外，选堂先生还对潮汕地方史作了深入及多方面的研究。其多年来有关地方史的学术著作，先有1938年由广州市立中山图书馆出版之《潮州丛著初编》，其后的论著则大部分收入《饶宗颐潮汕地方史论集》，[5]拙撰《饶宗颐教授与潮州学》一文，[6]作为该书代序，对选堂先生在地方史上所作的学术贡献略有述及。而最后集先生地方史研究之大成者，应为《饶宗颐二十世纪学术文集》中的《潮学卷》二巨册，[7]读者可参阅之。

2. 国史

选堂先生在国史方面所作的系统研究和著作，应始于20世纪40年代对

新莽一朝历史的撰写上。他之所以会从事这一方面的研究，乃受其时著名史学家王钟麒先生的鼓励。王氏乃《二十五史补编》的作者，年轻时的选堂先生许多思想观念都受其影响。王氏写信给他，要他以正史的体裁重写王莽的历史，其目的显然欲为王莽翻案。他本人是王氏子孙，不便出面撰写。而其时选堂先生年纪很轻，作为学术界新锐，史笔犀利，意气风发，目标远大；又受古史辨派顾颉刚、王钟麒等人的看重，而其时他显然又入世未深，遂慨然应允。乃发奋对两汉之际的历史进行精心的研究，并按照王钟麒的意图，撰《新书》而纪王莽，意欲为“二十五史”添一史。这事即使在今天看来，仍然是惊世骇俗之举！对此，选堂先生二十年前在接受台湾学者采访时，曾透露其学术上的心路历程，说：“当时二十出头的我，年少气盛又无知，竟称王莽为‘新皇帝’，亟欲以正史体例为他写本纪——《新皇帝本纪》。于是意气风发地着手以《汉书》文体写成了整部《新书》，并且还为该书写了一篇序目，登在《责善》半月刊。”[8]

结果，其中的《新莽艺文志》发表于1946年广州的《文教》期刊上；而另一专志《王莽职官志》其后则收入《选堂集林·史林》。[9]唯主要部分载有《新皇帝本纪》而有关新莽一朝的《新书》，则因选堂先生其后受国史正统论的影响，而主动中止刊出。有关这一问题，选堂先生亦有谈及：

> 这本书我始终未曾出版，不是毁于祝融，而是“国史正统论”的观念彻底改变了我。正当此书将付梓之际，我读了《资治通鉴》这套书，顿时间恍然大悟，真正透彻地了解国史中所谓“正统”的意义，也因此而改变了我的史学观。所谓“正统”的意义，简单地说，中国史学极为重视“道德”问题，并以一贯的道德标准衡量历史人物的价值。有此认知后，再回头检视王莽个人的一切行为，面对他有违背道德准则的行径时，良知告诉我那是断然不容被尊重的。所以欲给予王莽一个合适的价值判断时，毅然地将所有文稿和数据抽回并束之高阁。在我个人所有著作中仅有《选堂集林》收有一篇《王莽职官志》。迄今许多人认为是篇考证详实的力作，和《职方考》有着相同的价值。这一阶段的治学历程，如今回想起来，真为当时的“傻劲”捏一把汗；但也庆幸有那股勇气停下笔来，并为自己那份有担当的责任感感到自豪，否则在违背正统的不客观史学观下所完成的《新皇帝本纪》，极可能成为个人学术生命中的污点。[8]

选堂先生坦陈其治学之路的经验教训，后人亟须记取；而这件事亦使我们从侧面了解到先生其时虽年仅逾弱冠之岁，而在史学论著方面的学术功力已很了不起，竟以一人之力欲为二十五史添一史，确是非同凡响。但最重要的还是，选堂先生最终在历史的大是大非面前，敢于自我审视的学术勇气，更显示其内心的强大和善于自省的精神。拙作《论饶宗颐教授之史学观》一文曾就此事而论，内中说：

选堂先生年仅逾弱冠之岁，在阅读《资治通鉴》而判明是非之后，肃然自省，这种自我审视、勇于担当的道德勇气，同样体现了他的胸襟和气魄。在时代的大思潮中，在新旧观念的交相冲击下，他在历史的歧路上稍为徘徊之后，又重归正统观之大道。[10]

1977年，选堂先生的史学巨著《中国史学上之正统论》在香港龙门书店出版，这可说是其史学观在经历莽书一役之后，在史学思想上进行正本清源的一大回响。从先生在结论中指出“正统”的精义所在和史家所应负的使命，可见其成熟的史学观已然形成。内中云：

史之作，正所以明人事之真是非，而折衷于正，故史家秉笔必据正立论……正其本实乃史之首务……慎始盖所以正之。以“正统”而论，正之为义尤甚于统，自古以来已视为天经地义。[11]

《中国史学上之正统论》一书，网罗宏富，史料翔实，历朝论正统之文，自秦汉迄清代名家的相关论述200余篇，几乎囊括无遗，可谓洋洋大观，史所未有。尤其重要的是，先生于论文之后每加精辟之按语，对于隐义微言，多所抉发，其独到之见解，不仅能帮助读者知其颠末，而“正统”之精义，亦由于先生之导引，而令读者更加明辨历史之真是非。如方孝孺在面对明成祖朱棣的高压面前，坚持正统原则，大义凛然，视死如归。选堂先生对他的高风亮节赞叹有加，认为他所争取者，“一本乎正义之真是非，而非一时相对之是非；不特不屈服于某种政治之下，且不屈服于已成历史之前。其见识伟矣！其人格夐矣！此诚‘贯天地而无终敝，故不得以彼之暂，夺此之常’（姚鼐《方正学祠重修建记》）。历史之真是非，正在其常，而非一时之是非可夺也”[11]。选堂先生于书中，既论历史之正统，又注重历史的大是大非。故可以说，此书之撰成，是选堂先生对中国史学的一大建树，其对中国史学思想重归传统文化之轨道，实有拨乱反正之功。

选堂先生因读司马光总纂的《资治通鉴》而坚定其史学上之正统观，可见这部国史巨著对其影响是如何之大了！而后来当他发现新疆吐鲁番出土文

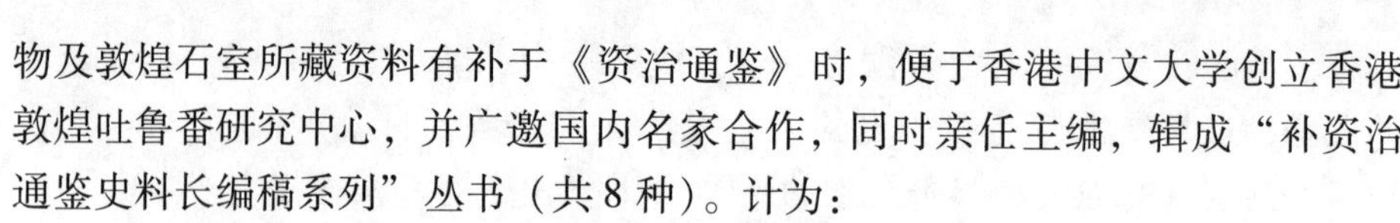

物及敦煌石室所藏资料有补于《资治通鉴》时，便于香港中文大学创立香港敦煌吐鲁番研究中心，并广邀国内名家合作，同时亲任主编，辑成“补资治通鉴史料长编稿系列”丛书（共8种）。计为：

(1)《新莽简辑证》(与李均明合著)；

(2)《敦煌汉简编年考证》(与李均明合著)；

(3)《吐鲁番出土高昌文献编年》(饶宗颐主编，王素著)；

(4)《魏晋南北朝敦煌文献编年》(饶宗颐主编，王素、李方著)；

(5)《秦出土文献编年》(饶宗颐主编，王辉著)；

(6)《汉魏石刻文字系年》(饶宗颐主编，刘昭瑞著)；

(7)《吐鲁番出土唐代文献编年》(饶宗颐主编，陈国灿著)；

(8)《居延汉简编年——居延编》(饶宗颐主编，李均明著)。

上述八种丛书史料均为宋代司马光及同人编著《资治通鉴》时所未曾寓目。而出土文献的年代遍及秦、汉、魏、晋、南北朝至唐，选堂先生知道这些史料的重要性，不仅自己与李均明合著两种丛书，且知人善任，聘请名家撰著。我认为这八种敦煌吐鲁番出土文献丛书之出版，作为系列史料长编稿，可以作为《资治通鉴》的补充数据，对今后学者的相关研究，有一定的参考价值。而“史料长编”之后，先生用一“稿”字，即不想过分地拔高，尤使我感到其治学之严谨，有实事求是的分寸感。这一点是值得大家共同学习的。而补遗之事，使我感到当年先生受惠于《资治通鉴》的启迪，使其史学观发生重大变化而作出正确的历史价值判断；如今其主编的“补资治通鉴史料长编稿系列”丛书，可视为对司马光总纂的《资治通鉴》的一种学术回馈，这亦体现了选堂先生自觉的历史使命感，十分难能可贵。

选堂先生在史学上的另一重要著作是1982年由香港中华书局出版的《选堂集林·史林》三巨册，约十年后的1993年，由当年任中山大学副校长的胡守为教授取其中之要者，编为《饶宗颐史学论著选》，季羡林先生为之序，认为仅据此书，选堂先生在史学上的学术成就已足以与王国维、陈寅恪二先生媲美，共得预流之果。季老在序言中的评论可谓知者之言，十分切当。

唯实事求是而言，我认为在《选堂集林·史林》之后十年，先生晚岁的史学论著更加重要，层次更高，成就更大。这可见诸2003年由台湾新文丰出版公司出版的二十卷本《饶宗颐二十世纪学术文集》之首卷《史溯》，此乃选堂先生对中国史学进行追本溯源的一本论著。该卷开宗明义，第一篇即为《论古史的重建》一文，其中的真知灼见以及对学术界的建言，可谓是选堂先生八十年来治史历程久蕴襟怀的心声。文虽不长，但很重要。内中说：

近年大量丰收的出土文物，使古史景象完全改观。我们不能不正视历史的真实面貌。以前对于古史的看法，是把时间尽量拉后，空间尽量缩小。我们不能再接受那些理论了。对历史上事物的产生，如何去溯源、决疑，不能够再凭主观去臆断，不必再留恋那种动辄“怀疑”的幼稚成见，应该去重新估定。我们今后采取的途径有三：

(1) 尽量运用出土文物上的文字记录，作为我所说的三重证据的主要依据。

(2) 充分利用各地区新出土的文物，详细考察其历史背景，作深入的探究。

(3) 在可能范围下，使用同时代的其他古国的同时期事物进行比较研究，经过互相比勘之后，取得同样事物在不同空间的一种新的认识和理解。[12]

当然，选堂先生亦同样注重传世文献的作用，认为三重证据的互证最为可靠。他特别指出：“出土文物如果没有文献作为媒介说明的根据，直接的报导，只有考古学上的资料。这和当时的人地关系无法取得在某历史事件上的联系。仅有‘物’的意义，没有‘史’的实证。许多人轻视纸上记载，我认为二者要互相提携，殊途而必同归，百虑务须一致，才是可靠可信的史学方法。”

毫无疑问，选堂先生上述精辟的论述是有充分的历史事实作为理据的。因为在《史溯》卷中的许多力作，都涉及三代以前古史的实证问题。而选堂先生显然将考古学中的玉文化列为重点。因为玉文化是比甲骨、青铜更加远古的文化，其考古年代距今 5 000 年至 8 000 年。而《史溯》中的许多篇什，如《凌家滩玉版——远古表示方位与数（九天）的图纹》《红山玉器猪龙与豨韦、陈宝》《有翼太阳与古代东方文明——良渚玉器刻符与大汶口陶文的再检讨》《续论良渚陶器及玉器上之刻划符号》以及《古玉证史》《风胡子论玉器时代》诸篇，实际上都是以玉证史的杰作。而有关这些出土文物的资料是过去许多学者所无缘寓目的。2012 年 4 月，我应邀赴清华大学参加“首届礼学国际学术研讨会”，在所撰论文中，亦曾论及玉文化的相关问题，认为就目前的考古发现而论，“从兴隆洼文化、赵宝沟文化、红山文化、良渚文化到偃师二里头大牙璋等礼器的重大发现，玉文化的研究将伴随其所具有的古代礼学的意蕴，进一步丰富中国古代文明的内涵。如果能将玉文化与儒家礼学进一步结合，加以深入之研究，相信必将成为继甲骨、青铜之后，我国学术研究新的显学”[13]。而事实上，选堂先生显然就是这一显学的先行者和推动者。尤其是他在玉文化于古史的重建方面，无疑发挥了奠基人的作用。而从大量

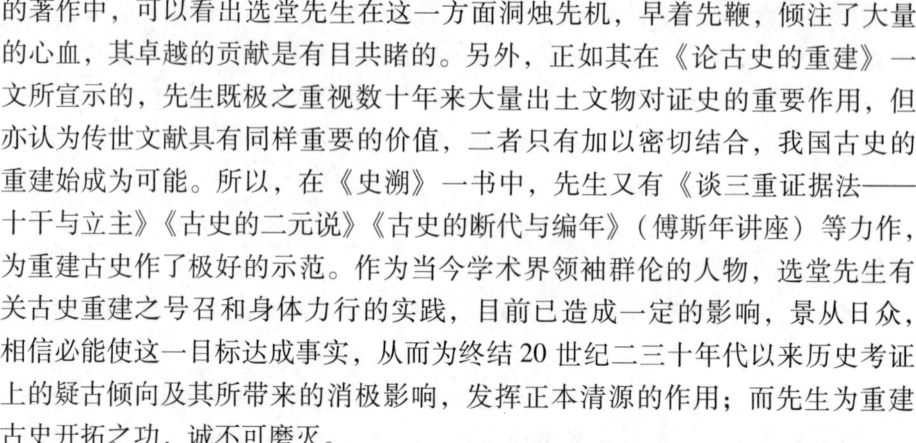

的著作中，可以看出选堂先生在这一方面洞烛先机，早着先鞭，倾注了大量的心血，其卓越的贡献是有目共睹的。另外，正如其在《论古史的重建》一文所宣示的，先生既极之重视数十年来大量出土文物对证史的重要作用，但亦认为传世文献具有同样重要的价值，二者只有加以密切结合，我国古史的重建始成为可能。所以，在《史溯》一书中，先生又有《谈三重证据法——十干与立主》《古史的二元说》《古史的断代与编年》（傅斯年讲座）等力作，为重建古史作了极好的示范。作为当今学术界领袖群伦的人物，选堂先生有关古史重建之号召和身体力行的实践，目前已造成一定的影响，景从日众，相信必能使这一目标达成事实，从而为终结20世纪二三十年代以来历史考证上的疑古倾向及其所带来的消极影响，发挥正本清源的作用；而先生为重建古史开拓之功，诚不可磨灭。

选堂先生有关国史之一系列论著，已大部分收入《饶宗颐二十世纪学术文集》之《史溯》一卷及《史学》（上、下）二巨册中。《史溯》全卷共622页，因其内容涉及古史重建，极为重要。故当年先生前后数次亲自校对，耗费心力极多，可见其重视程度。至于《史学》二册共1 318页，饶师则命我作校。当年在反复校阅的过程中，受益良多，对先生在国史方面的鸿篇巨制和重大贡献，内心非常折服；如今重温，益增景仰之忱。

3. 中外文化关系史与敦煌学

正如选堂先生在《论古史的重建》一文中所说的："在可能的范围下，使用同时代的其他古国的同时期事物进行比较研究，经过互相比勘之后，取得同样事物在不同空间的一种新的认识与理解。"[12]

这可谓是选堂先生治学过程中深刻学术体验的智者之言。我认为他治国史的特点，是在甲骨、青铜文化的基础上，通过玉文化和符号、初文的研究向上追溯中国史源，作上下八千年的纵向研究。而在中外文化关系史上，他又善于通过自己掌握的其他文明的古文字研究他国的古文化，与我国作深入的横向比较，从而了解各个文明之间的共性与特点，并进一步证明中国古文明的历史地位。而先生在这一方面经历的丰富和外国古文字功力之深厚，显然是许多史家所不能企及的。盖其成名既早，且驰誉海内外，而五洲历其四，每至一国，多与该国学坛领袖交游或合作研究，故对各有关国家的文化和古代文明都有深入的了解。尤其是他能掌握近东的楔形文字，故有《近东开辟史诗》的编译。选堂先生在该书"前言"中指出："本史诗是西亚关于天地人类由来的神话宝典，是世界最早史诗之一。希伯来圣经中的《创世纪》即从此衍生而出。在中国的翻译界，尚未有人把这史诗全文介绍过。这是首次译出的尝试。"[14]

选堂先生的"前言"万余字，实际上就是一篇有关《近东开辟史诗》与中国古文明之间进行比较研究的学术论文。所论闳中肆外，内容极为丰富。其中涉及西方有"原罪"的教旨，而汉土没有"原罪"观念的哲学问题，十分深刻。因此，读《近东开辟史诗》，首先应好好领会这篇"前言"。而选堂先生欲以其作中、外文明比较的目的亦非常明确，故将其命名为"中、外史诗上天地开辟与造人神话之初步比较——《近东开辟史诗》前言"，独立成篇，载于《史溯》之中。可见此文在中、外比较文明史上的重要性。

我认为选堂先生在治中外文化关系史上有极为长远的眼光，而且目标远大，蓄志积学，善于为学术研究作长期的规划，并脚踏实地逐步实现自己的目标。比如他对佛学的兴趣及研究，应发凡于20世纪30年代选堂先生少年时代之际，其时受业师王慕韩先生及其尊人饶锷老先生的双重影响。王慕韩先生儒、释兼善，晚岁且皈依佛门；饶锷老先生则著有《佛国记疏证》一书，所以这方面的影响是不言而喻的。毫无疑问，佛学的根源在印度，而发扬光大在中国。但印度佛学究竟如何被中国化，在传入过程中如何逐渐演化为中国禅宗而充满中国特有的古代哲学的意味，其中的源流究竟如何演变，这正是选堂先生所要彻底研究以寻其真谛的。他为了解印度的古文明和佛学的起源，自20世纪50年代起即随居港的印度人士白春晖习梵文三年，以便于直接研究印度文化。1963年先生被印度班达伽东方研究所聘为研究员，乃亲莅印度作长时间的实地考察和研究，并追随白春晖之尊翁 V. G. Paranjpe 教授问学，前后达九月之久，从而为印度学的研究打下深厚的基础。所以选堂先生对此一古文明的认识，有较之一般学者更为深入而透彻的了解，从而能对中国古文明与印度文明，作出客观和中肯的比较研究。其大量有关这方面的学术著作，充分说明了这一点。比如印度之行，其后先生便有《中印文化关系史论集：语文篇——悉昙学绪论》[15]（简称《悉昙学绪论》）以及《梵学集》[16]两书相继问世。而所谓"悉昙学"，其实即印度古代的语言音韵之学，大量存在于印度古籍和佛教经典之中。随着印度佛教的东渐，选堂先生证其自北凉起已经传入华土，对中国文化产生颇大的影响，前后历数百年之久。其论证显有确据。而继《悉昙学绪论》之后，先生又编辑《赵宧光及其〈悉昙经传〉》一书，[17]继续这一方面的研究和传播。而印度学方面的专篇论文，还有《谈印度河谷图形文字》《〈阿闼婆吠陀〉第一章"三七"（Trisaptas）释义》《卍符号与古代印度》等一系列撰著，都有十分深入的研究和独到的见解，上述诸篇均收入《史溯》卷之中。

除印度学的研究之外，与欧洲尤其是与法国学术界的密切交流，可说是选堂先生中外文化交流的另一重点。

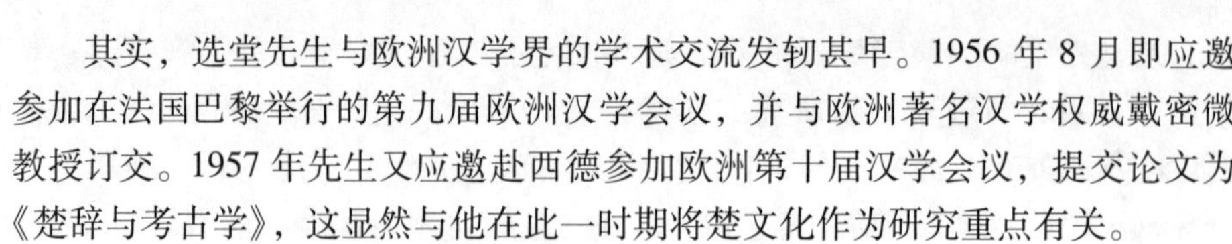

其实，选堂先生与欧洲汉学界的学术交流发轫甚早。1956 年 8 月即应邀参加在法国巴黎举行的第九届欧洲汉学会议，并与欧洲著名汉学权威戴密微教授订交。1957 年先生又应邀赴西德参加欧洲第十届汉学会议，提交论文为《楚辞与考古学》，这显然与他在此一时期将楚文化作为研究重点有关。

毫无疑问，在欧洲诸国中，选堂先生与法国的关系最为密切。这是因其时掌法国汉学界牛耳的欧洲汉学巨擘戴密微教授，自 1956 年 8 月巴黎之汉学会议上与选堂先生结识后，对他学识的渊博和造诣，十分推崇。事缘是年稍早，先生校笺的张天师（道陵）所撰的敦煌六朝写本《老子想尔注》一书出版，[18]其后赴巴黎开会时，先生乃携此书分送与会学者，遂引起戴老和其他汉学家的高度重视，之后且导引了 20 世纪五六十年代欧洲的道教热潮。盖此校笺本的出现，意义重大。因为《老子想尔注》这一道教经典的六朝写本，自千余年前蒙尘于敦煌石窟之后，人间从此无此书。而选堂先生遂成为敦煌本《老子想尔注》整理研究的第一人，并且使此书重见天日。由于先生校笺的《老子想尔注》乃敦煌写本，此事显然引起戴老的极度关注，因而希望在学术上与选堂先生进行合作。此中之原因，我认为与法国是收藏我国敦煌文物流落海外的重镇之一，而自清季至 20 世纪 50 年代，大量法藏的敦煌文物迄未进行系统的研究整理有关。戴老果然眼光如炬，有知人之明；而学、艺兼精的选堂先生，确是不作第二人想的理想人选。于是机缘巧合，造就了戴、饶之间的友谊和中、法文化关系史的佳话，亦成就了选堂先生的敦煌学；同时亦使我国流落在法兰西的部分敦煌文物，在 20 世纪六七十年代，即能得到系统的研究和整理，而得以展现于世人面前。

1965—1966 年，选堂先生应法国戴密微教授之邀，至法国国家科学研究中心研究法藏敦煌写卷，居法京一年，为其敦煌学研究做前期工作。其后有关这方面的研究著作和艺术创作相继问世。其中包括：

1971 年，先生与戴密微教授合作之《敦煌曲》分中法两种文字出版（按：戴老根据选堂先生研究的中文文本，译成法文）。此书之作为首选，乃建基于戴、饶二人对佛学和文学的共同爱好并同样有很深研究的基础上。而选堂先生所以名为“敦煌曲”者，应是指出自敦煌的曲子词写本，书名既雅而贴切。至于在内容方面，因为敦煌洞窟中的塑像、壁画和文书，几乎都与佛教有关，所以敦煌曲子词亦没能例外。而经选堂先生的研究，原来敦煌曲子词源于佛教音乐的梵呗、法乐，再与民间曲谣结合，其后始演变为曲子词，再成为文人词的。因此，如果从文学史的角度来说，敦煌曲子词可说是宋词（按：其实，唐已有词体的出现）这一文学体裁的源头之一。我认为这是先生研究整理《敦煌曲》一书的意义所在。其后，先生又从论证敦煌曲子词源流的角度，撰写了一系列相关论文，刊为《敦煌曲续论》一书，[19]后来与《敦煌曲》及《敦煌琵琶谱》二书，一并收入《饶宗颐二十世纪学术文集》之《敦煌学》卷（下册）。

先生在法国国家科学研究中心研究敦煌写卷的另一些成果，主要在书画艺术方面，如出版《敦煌书法丛刊》二十九册和《敦煌白画》，还有一系列的考证论述，结成《敦煌学散论》一书，其后都收入《敦煌学》卷（上册）。

除此之外，选堂先生还主编“香港敦煌吐鲁番研究中心丛刊”共11辑：

（1）《敦煌琵琶谱》（饶宗颐编，1990年12月）；

（2）《敦煌琵琶谱论文集》（饶宗颐编著，1991年8月）；

（3）《敦煌邈真赞校录并研究》（饶宗颐编，姜伯勤、项楚、荣新江合著，1994年7月）；

（4）《英国图书馆藏敦煌汉文非佛教残卷目录》（荣新江编著，1994年7月）；

（5）《敦煌俗字研究导论》（饶宗颐编，张涌泉著，1996年8月）；

（6）《敦煌语文丛说》（饶宗颐编，黄征著，1997年1月）；

（7）《吐蕃统治敦煌研究》（饶宗颐编，杨铭著，1997年12月）；

（8）《敦煌文薮》上下册（饶宗颐主编，池田温、姜伯勤等著，1999年4月）；

（9）《敦煌本甘棠集研究》（饶宗颐主编，赵和平著，2000年3月）；

（10）《敦煌出土胡语医典〈耆婆书〉研究》（饶宗颐主编，陈明著，2005年10月）；

（11）《中古时期社邑研究》（饶宗颐主编，郝春文著，2006年11月）。

选堂先生还主编“补资治通鉴史料长编稿系列”共8种，已见前述。于此可见，先生对敦煌学的研究，确实倾注了大量的心血，给予不遗余力的支持，其巨大的贡献是有目共睹的。

至于选堂先生个人在敦煌学研究的成就，就其先后而言，除《敦煌本老子想尔注校笺》一早成书之外，选堂先生在法京对敦煌写卷的研究成果，主要涉及中古时期与佛教有关的文学、音乐和书画艺术方面，应属于文学与艺术史的范畴。但是，因为当年选堂先生本身已是学术大家的关系，他以治学的严谨和多领域、多学科的融会贯通，来处理法京所藏敦煌写卷相关的学术与艺术的问题。而他一人集学者、文学家、诗人、词家、书法家、画家于一身，并且还精通音律。所有这些方面，他既能实践，又有理论，其各领域的大量著作和所取得的成就足以证明。因此，我认为世上很难再找出一个这样的人，一身有这样多的本领，而且样样皆精。所以，法藏的敦煌文物碰到选

堂先生，可谓适得其人；而选堂先生亦得以在敦煌文物的研究中，一展长才，如鱼得水。毫无疑问，这样的研究当然就别开生面，异彩纷呈；而其敦煌学成果之丰硕和贡献之独特，世所公认，并已载入敦煌史册。因此，可以说，先生在法京研究敦煌写卷的成果，是其学、艺结合的典型范例，也成为中、法文化交流史的佳话。

在《饶宗颐二十世纪学术文集》中，卷七是《中外关系史》一巨册，共963页，这是选堂先生有关中外关系史专题研究的一系列论文的结集，由"中外关系史论集""新加坡古事记"和"星马华文碑刻系年"三部分组成。

当然，此卷以"中外关系史论集"为重点。按此集内容的研究分类，首先是"总类"七篇，主要论述我国自东汉至明代海疆所至、南海地理及海上丝路的相关问题。其开卷第一篇即《〈太清金液神丹经〉（卷下）与南海地理》一文，非常重要。文中旁征博引，考证缜密。从文中所引历朝大量的历史记载中，可知我国自汉末至明永乐年间已对南海进行长期的经略和开拓，发展与南海及海外诸国的经济贸易关系。从文中所引《太清金液神丹经》所记诸国里程，国数之多（按：有二十多个古国），航程之远，以及海路距离记录的详细周密，说明我国自一千五百多年前，早已对广大的南海地区进行开拓与经营。我认为，从选堂先生的相关研究中，显示中国作为南海大国，对南海的拓展及经营由来已久。由此可以说明，在古代长期的海上对外贸易中，在漫长的航路上，我国船队势必经过沿途众多的岛屿，或出于停泊取水的需要，或作为航海地标，于是历朝对这些南海岛礁进行命名，我国渔民亦多至其海域捕鱼。有关历史资料及地图证明，这些地方久已成为我国之海疆，这显然都是有据可考的。

在"中外关系史论集"的"总类"部分中，选堂先生还有以英文撰写的Some Place-Names in the South Seas in the Yung-Lo Ta-Tien一文，其中译即为"《永乐大典》中的南海地名"。先生于文后"附记"中云："此文作于一九六一年。据《永乐大典》广字号所引《南海志》，加以考证。……拙文为研究是书诸番国之首篇文字，不无开创之劳。"[20]此文引述《永乐大典》中记载的许多南海地名，这显然与明永乐年间，郑和率庞大的船队七下西洋，对南海沿途航线、航标及相关岛屿、国家的名称和数据有详细的记录有关。而于今日南海纷争之际，选堂先生有关我国自汉代以来对南海的开拓、经营以及与诸海国关系的一系列研究，足以证明我国对南海的经营由来已久。

在"中外关系史论集"中，还有分国研究的多篇论文。其中有关波斯（按：即伊朗）二篇，其中有一篇为《由出土银器论中国与波斯、大秦早期之交通》；安南（按：即越南）三篇，其中二篇分别为《安南古史上安阳王与雄王问题》和《越南出土“归义叟王”印跋》，可见古代安南与中国的藩属关系；印度、缅甸四篇，其中有《达嚫国考》和《蜀布与 cinapatta——论早期中、印、缅之交通》等文；泰国三篇，包括《华人入暹年代史实的探索》《泰国华文铭刻汇编序》及《泰国〈猺人文书〉读记》；文莱一篇，即《文莱发现宋代华文墓碑跋》；印度尼西亚一篇，为《苏门答腊岛北部发现汉钱古物记》。毫无疑问，选堂先生“中外关系史论集”的内容，涵盖极广，论证翔实，而其行迈之遥，涉猎之博，确非一般史家所能企及。所以这一部分在选堂先生的史学研究中，显然占据十分特别的地位。

二、楚文化与简帛学

选堂先生在国史方面的学术研究及成果，若依其著作出版问世的先后次序而言，则首先应该是对楚文化的研究。其第一本有关国史方面的学术著作，就是于 1946 年由上海商务印书馆出版的《楚辞地理考》。此书主要在于修正钱穆先生对楚辞涉及的地理名称及其区域幅员所至范围描述的错误。显然，选堂先生对楚文化的研究，始于其对楚国历史地理学的探索。这说明先生对历史研究的方向和途径的选择一开始便非常正确。

作为社会科学研究，地理学与历史学有密不可分的关系。根据我个人的理解，所谓“历史”，就是由相关人物、地理空间、事件发生的时间三大要素共同构成的。所以，地理学是历史研究的主要基础之一。选堂先生在历史研究上之所以能取得卓越的成就，与他一开始就注重历史地理学的研究有很大的关系。其国史研究的首本学术著作以楚文化始，而研究楚文化又以历史地理学始，显示他一开始就抓住国史研究的重点，而这并不是偶然的。其实，先生自早岁就对这一方面非常重视，用功甚勤，其对潮州山川地理名物的考证著作颇多，如《恶溪考》（1936）、《潮州韩文公祠沿革考》（1936）、《韩山名称辨异》（1936）以及《海阳山辨》（1937）等即是。同时，选堂先生对国史上的古代地理研究亦极有见地，如《魏策吴起论三苗之居辨误》，以其弱冠之年而对《战国策》中有关三苗之居的地理位置有深入的研究，见解不凡，在学术界崭露头角，且于 1935 年加入禹贡学会。该会是一个以历史地理学家为主体的学术组织。盖“禹贡”一名，乃取自《尚书·禹贡篇》，该篇专述禹辟九州及各州地域所至和境内的名山大川，是我国古代历史地理学的专著。而选堂先生亦因这方面的长才和相关著述，而见重于当时颇负盛名的历史学家顾颉刚先生。顾氏委托其主编《古史辨》第 8 册即《古地辨》。该册的主要内容，正是以我国古代历史地理的研究著作为专辑。虽然，《古地辨》一册因

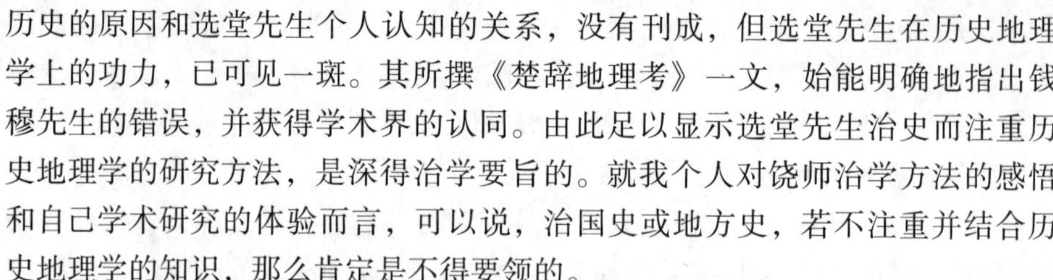

历史的原因和选堂先生个人认知的关系，没有刊成，但选堂先生在历史地理学上的功力，已可见一斑。其所撰《楚辞地理考》一文，始能明确地指出钱穆先生的错误，并获得学术界的认同。由此足以显示选堂先生治史而注重历史地理学的研究方法，是深得治学要旨的。就我个人对饶师治学方法的感悟和自己学术研究的体验而言，可以说，治国史或地方史，若不注重并结合历史地理学的知识，那么肯定是不得要领的。

选堂先生以《楚辞地理考》一书为开端，其后对楚文化的研究一发不可收拾，相继出版了《战国楚简笺证》（油印本，1955）、《长沙出土战国楚简初释》（油印本，1955）、《楚辞书录》（1956）、《长沙出土战国缯书新释》（1958）、《楚辞与词曲音乐》（1958）等著作，展示选堂先生于20世纪50年代所取得的学术成果，楚文化研究是重点之一。及至20世纪80年代，选堂先生与曾宪通先生合作研究，出版了多本楚文化的相关合著，其中包括《云梦秦简〈日书〉研究》（1982）、《随县曾侯乙墓钟磬铭辞研究》（1985）及《楚帛书》（1985）。至1993年8月，两人合作的三本著作汇成《楚地出土文献三种研究》一集，由北京中华书局出版。而选堂先生个人对楚文化的研究专篇多不胜数，如1954年有《长沙楚墓时占神物图卷考释》，是对楚文化中有关宗教学问题的考证。1957年则有《楚简续记》，载于香港《金匮论古综合刊》第1期。至1965年，先生于台北《大陆杂志》发表了《楚缯书十二月名覈论》一文，这是对楚文化中有关律历学方面的专题研究，为纪念著名甲骨学家董作宾先生逝世一周年而作。至1969年，先生则在台北史语所集刊发表《荆楚文化》一文，这是有关楚文化研究的长篇专论，在学术界有很大的影响。再如《〈楚辞〉与古西南夷之故事画》（1972），所述为楚辞文化中与西南古代少数民族故事画艺术上的相关问题。至于《略论马王堆〈易经〉写本》（1982）以及《马王堆医书所见〈陵阳子明经〉佚说——广雅补证之一》（1983）诸篇，从选堂先生对楚地出土的经籍、医籍与传世文献的关系，作了融会贯通而深入的考证，显示其对国学诸领域的通博。尤其先生所撰《道教与楚俗关系新证——楚文化的新认识》（1985），率先提出“楚文化”的概念，为学术界导夫先路。还有《楚帛书与〈原道篇〉》（1993）、《郭店楚简本〈老子〉新义举例》（1999）、《马王堆〈阴阳五行〉之〈天一图〉——汉初天一家遗说考》（1999）以及有关郭店楚简和上海博物馆所藏战国楚简的一系列专篇研究，其后大多收入《饶宗颐二十世纪学术文集》之《简帛学》卷中。可以说，选堂先生对楚文化的论证依据，主要就是简帛学。因为他对经、史、文、艺的通博，所以对这些楚地出土的文献与经学中的《诗》《乐》《易》的相关问题，能作深层次的融会贯通，故在考证上往往有独到的见解。

其实，以我个人的看法，选堂先生对楚文化的研究既早，数量众多，内涵宏富。而楚文化在国学中占有特殊的重要地位。因为根据历史考证，当年禹南征三苗及领导治水时，楚祖季连（按：即季芈）率族众追随大禹而参与其役，及后居于荆地立国创业。荆楚之祖源显然属于黄帝系统的中原华夏族，祖根在北地，南来是追随大禹征苗治水历史变迁的大潮。故南宋罗泌《路史·后纪》云："伯禹定荆州，季芈实居其地。"此可作佐证。而清华简《楚居篇》亦证实了楚祖季连以下至战国中期历代楚之先公先王的世系。故可以说，荆楚是南方历史最悠久的古国，其与帝启建立夏朝时，在会稽建立于越国属于同一历史时期。但夏朝的政治重点在北不在南，因此荆楚势力在南方发展甚速。至殷商后期，周文王的伯父周太伯奔吴立国。于是南方三国中，吴在江苏，越在浙江，楚据有湖北、湖南及江西之大部、安徽之一部，实力最为雄厚。至春秋战国之际，越灭吴而奄有其地。百余年后的战国中期（前355），楚灭越而独霸南方。在此后一段很长的历史时期中，楚文化实际上成为南方文化的代表。尤其近数十年来，楚地出土的大量楚简、缯帛、青铜礼乐器及其他艺术品，反映楚文化确实十分辉煌灿烂，有其极为深厚的历史底蕴。这说明荆楚文化于国史中，有其独特的历史地位和重大的学术意义。我曾著文指出："作为华夏文化的分支，荆楚作为一个历史如此悠久而又从未中断的南方古国，其政治、经济、军事、文化、工艺技术及音乐艺术都与北方同步发展，既有同一性，又有独特性，达到很高的水平。……毫无疑问，中华文化固以北地文化为主体，但荆楚在南方之立国及楚文化的蓬勃发展，前后历时一千七百余载，既不失华夏之根本，又能与北地文化共同前进，在其后的南北融合中，发挥了极其重要的作用。"[21] 而选堂先生具有很高的学术敏锐度，一早就知道楚文化的重要性，于六十多年前已率先研究楚国的历史地理。在及后的数十年间，随着楚地出土文物日多，先生更对楚文化的研究锲而不舍，涉及考古及文、史、哲、艺诸领域，其为数众多有关楚文化的研究著作，已然自成一系统。尤为重要者，选堂先生率先提出了"楚文化"这一学术概念。因此，我个人认为，今后饶师学术文集的编印，似应将"楚文化"的有关著作，合成"楚文化卷"而自成一册，以丰富楚文化史的内容，而便于后人的学习和专题研究。

三、从选堂先生的甲骨学略论"甲骨五堂"

选堂先生以传世文献为基础，以出土数据相印证，尤其结合甲骨学之"三重证据法"，作为构建殷代西南地区历史的重要手段。

自河南安阳殷墟出土大量甲骨文物之后，甲骨学遂成为我国20世纪之显学。选堂先生在自己的学术生涯中，很早就将甲骨学列为研究的重点。我相信自20世纪三四十年代开始，他对这一方面的积学已经很深。所以至50年代在港大任教时，其对甲骨学的研究已有相当的造诣，因此至1954年，始能应日本学者三上次男之邀，至东京大学教养部讲授甲骨文；翌年又赴日本京都大学研究该校所藏甲骨拓片，其后撰成《日本所见甲骨录》，这是先生在甲骨学方面的首本著作。继之于1956年先生赴法国巴黎参加第九届欧洲汉学会议，获法国汉学权威戴密微教授之激赏而与之缔交，所以整个法国学术界都对选堂先生非常尊重，因而使他不仅可以在法国国家科学研究中心研究敦煌写卷，亦可以研究法藏甲骨拓片，先生亦因此得以撰成《巴黎所见甲骨录》一书。故在50年代，由于选堂先生得天独厚的条件，而能集海内外的甲骨数据加以研究，所以1959年其所撰的《殷代贞卜人物通考》二巨册出版时，在国际学术界造成极大的影响，有十三国文字对此书的问世及其意义加以报道，奠定了先生在甲骨学界的地位。近年，韩国学者孙叡彻以十年之功，将《殷代贞卜人物通考》译成韩文（三册），于1996年于汉城（今首尔）出版。1962年法国法兰西学院因先生在甲骨学上之成就而颁予儒莲汉学奖。1971年又撰成《欧美所见甲骨录存》。其后于1989年至1999年穷十年之功，由选堂先生主编、沈建华编辑之大型甲骨学工具书《甲骨文通检》（第1至5册）出版，这是对甲骨学的一大贡献。

选堂先生治甲骨学，不仅在于知，而且善于用；不仅注意甲骨文本身的内证，而且重视其外证，即以甲骨文证史。近年其所著《西南文化创世纪——殷代陇蜀部族地理与三星堆、金沙文化》，即是先生以甲骨资料，结合传世文献与出土文物，论证殷代我国西南地区历史文化和部族地理的问题。书名很长，这显然是由其丰富的内容所决定的。先生从甲骨资料考出殷代陇蜀部族地理的许多名称及地望，并结合近年考古发现的四川广汉三星堆文化和金沙文化，即以甲骨、青铜文化与纸上文献相参互证，从而勾勒出殷代西南地区古代文明的历史轮廓。过去学者多认为中华文明发源于黄河流域，但自屈家岭及武汉盘龙城等地考古文物先后问世，长江中游作为我国古文明的发祥地之一，已是无可非议的事实。而今选堂先生又以甲骨、青铜及相关史料系统地论证殷代的西南地区丰厚的历史文化，显示中华文明一体多元的历史事实。我认为这本著作非常重要，是选堂先生以实证重建古史的典型范例。

由此使我联想起拙作《古"三苗"考论——兼论三苗与南方诸族及楚国之关系》一文，曾以《尚书·舜典》中"窜三苗于三危"之句，与银雀山汉墓出土竹简《孙膑兵法·见威王》中的相关内容相印证，而"三危"之地望，则用郑玄注中引《河图》及《地说》云："三危山在鸟鼠西南，与岐山相望。"拙文据此而断定三危山在今陕西境内。而传统上多谓三危山在甘肃敦煌，至今该地犹有此山名。但现在据选堂先生于《西南文化创世纪——殷代陇蜀部族地理与三星堆、金沙文化》一书以甲骨文考证，将董作宾旧释的"下旨"改释为"下危"；并结合甲骨卜辞中多条"下危"及"危方"的数据进行互证，尤其考出"危方"有上危、中危、下危之分，故"三危"之称由此而来。于是先生据此而将"三危"地望定在四川境内岷山附近，此新解遂纠正了"三危"或在陕西或在甘肃敦煌之旧说，尤其令我在古三苗的研究中豁然开朗。在拙文中，我认为尧、舜、禹皆有征苗之举，尧、舜将部分三苗驱逐至"三危"即陕、甘等西北部地区；而大禹南征时，适三苗地区发生地震、连日大雨所引发的特大洪灾，三苗遂被迫由中南两湖地区迁至西南，至今贵州、云南及四川之所以多苗族聚居，其原因盖在于此。[22]现在根据选堂先生之新解，拙文之论述更加通畅。盖三苗之祖地在中南，其被尧、舜、禹先后逐至"三危"之地，我认为三苗迁徙之路径或先至云、贵、川一带，部分直接由四川进入甘肃；或部分越过川、陕交界之秦岭，再由岐山一带西入甘肃；或直接从湖北进入陕西，再从陕西境内至甘肃敦煌一带。这符合中国历史地理的实际情况。现在看来，历史上陇、陕、川皆有"三危"之痕迹，而饶师之新解有上危、中危、下危之说。按照我的理解，是否上危在陇之敦煌（按：现仍有三危山），中危在陕之鸟鼠山（按：与岐山对望，从郑玄说），下危在四川岷山一带（按：从选堂先生说）呢？总之，选堂先生在书中的论证，一说而通"三危"，可解"三危"这一学术问题两千多年来之惑。而此仅书中一例而已。故可以说，此书是选堂先生以"三重证据法"建构殷代西南古史的理论实践，尤其显示其以甲骨证史的独特贡献。

由于选堂先生在甲骨学方面的突出成就，学术界于20世纪早有"甲骨五堂"之称，即：雪堂罗振玉、观堂王国维、鼎堂郭沫若、彦堂董作宾和选堂饶宗颐。以其对甲骨学的创获而言，选堂先生可谓实至名归。"甲骨五堂"之说既根据各人对甲骨学之贡献，又恰好皆以"堂"为号，遂成为学术界之佳话。

若以甲骨学史之发端而言，20世纪初河南安阳殷墟甲骨出土之后从事大规模整理、考证工作者，应推雪堂罗振玉先生。其于从政之余，做了大量的整理、编著、训释的工作，无疑有先导之功，并有《殷虚书契》等许多甲骨著作；他对殷周青铜器亦很有研究，有《三代吉金文存》一书行世；对敦煌学的整理和研究亦有先驱作用，有《敦煌石室遗书》等著作。若不因从政而损其清誉及多所干扰，则其学术成就必更大。

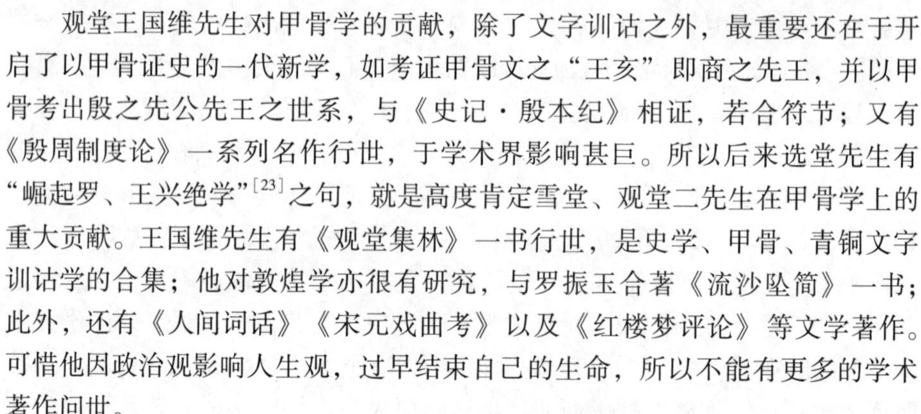

观堂王国维先生对甲骨学的贡献，除了文字训诂之外，最重要还在于开启了以甲骨证史的一代新学，如考证甲骨文之“王亥”即商之先王，并以甲骨考出殷之先公先王之世系，与《史记·殷本纪》相证，若合符节；又有《殷周制度论》一系列名作行世，于学术界影响甚巨。所以后来选堂先生有“崛起罗、王兴绝学”[23]之句，就是高度肯定雪堂、观堂二先生在甲骨学上的重大贡献。王国维先生有《观堂集林》一书行世，是史学、甲骨、青铜文字训诂学的合集；他对敦煌学亦很有研究，与罗振玉合著《流沙坠简》一书；此外，还有《人间词话》《宋元戏曲考》以及《红楼梦评论》等文学著作。可惜他因政治观影响人生观，过早结束自己的生命，所以不能有更多的学术著作问世。

鼎堂郭沫若先生早岁以诗人、文学家、革命家鸣于时。中岁因流亡日本十年，潜心研究甲骨、青铜资料，著有《甲骨文字研究》《殷周青铜器金文研究》及《中国古代社会研究》等一系列学术著作，并于先前被列入“甲骨四堂”之一。他于文学、史学、书法皆成大家，有多方面的成就。

彦堂董作宾先生继罗、王之后，对殷墟甲骨文字作了大规模的系统研究和整理，一生以甲骨为己业。自20世纪30年代起，即有《大龟四版考释》(1931)及《甲骨文断代研究例》(1933)等著作，并先后编撰《殷虚文字》甲编、乙编；又著有《殷历稿》《西周年历总谱》及《中国上古史年代》等著作。学界谓其于甲骨学之最大贡献，在于创立了甲骨断代学。

选堂先生于20世纪被学术界推为“甲骨五堂”之一，这是因为他在甲骨学上取得世所公认的成就，是“名”出公论的结果。其实，雪堂、观堂、鼎堂、彦堂诸先生在20世纪都是成就卓著的大师级人物，在近现代中国文化学术史上，都有重大的贡献。但实事求是而言，四先生学术研究对象的年代大都在殷周之际，而殷契周彝，上限未逾三代。选堂先生则除甲骨、青铜、简帛、敦煌诸学无役不与并皆取得重大的成就外，他的研究上限则远逾三代，其《史溯》中以玉文化证史，年代在5 000年至8 000年以上。而其另一力作《符号·初文与字母——汉字树》，[24]以字源证史源，是一本研究中国古文明发凡的重要著作，其研究上限当然更远逾三代。这两本书的主要内容，我认为是选堂先生为重建古史的心血所在，亦是他对中国学术的独特贡献。这亦正是学术界有“甲骨五堂、选堂后来居上”一说的根据所在。我认为这亦符合学术研究的基本规律。尤其近数十年来出土文物越来越多，四先生多无缘寓目。选堂先生适逢其会，以其天才与勤奋，而又天赐其寿，且又不被政治所干扰，乃得以从容治学，从而突破前修之学术规模，奠定其一代大师之格局。其皇皇巨著，足以证明。而先生晚岁提倡经学，为推动中国的文艺复兴不遗余力，尤为难能可贵。

选堂先生学术成就博大精深，非此区区小文所能道其究竟。兹此“饶学国际学术研讨会”于韩师即将举行之际，谨以诚敬孺慕之心，为先生寿。

2013 年 7 月 9 日

参考文献

［1］饶锷、饶宗颐：《潮州艺文志》，上海：上海古籍出版社 1994 年版。

［2］饶宗颐总纂：《潮州志汇编》，香港：龙门书店 1965 年版。

［3］饶宗颐总纂：《潮州志》，潮州：潮州地方志办公室 2005 年版。

［4］饶宗颐总纂：《潮州志补编》，潮州：潮州海外联谊会 2011 年版。

［5］黄挺编：《饶宗颐潮汕地方史论集》，汕头：汕头大学出版社 1996 年版。

［6］郭伟川撰：《饶宗颐教授与潮州学》，见郭伟川：《南阳集》，深圳：海天出版社 1993 年版。

［7］饶宗颐：《饶宗颐二十世纪学术文集》，台北：新文丰出版公司 2003 年版。

［8］程嘉：《王莽改变了他一生》，（台湾）《中央日报》，1993 年 2 月 11 日。

［9］饶宗颐：《选堂集林・史林》（全三册），香港：中华书局香港分局 1982 年版。

［10］郭伟川：《论饶宗颐教授之史学观》，见郭伟川：《儒家礼治与中国学术——史学与儒、道、释三教论集》（修订本），北京：北京图书馆出版社 2002 年版。

［11］饶宗颐：《中国史学上之正统论》，香港：龙门书店 1977 年版。

［12］饶宗颐：《论古史的重建》，见饶宗颐：《饶宗颐二十世纪学术文集》（卷一）《史溯》，台北：新文丰出版公司 2003 年版。

［13］郭伟川：《“礼”与礼治思想及其历史演进》，见彭林、单周尧、张颂仁主编：《首届礼学国际学术研讨会论文集》，上海：上海书店出版社 2013 年版。

［14］饶宗颐编译：《近东开辟史诗》，台北：新文丰出版公司 1991 年版。

［15］饶宗颐：《中印文化关系史论集：语文篇——悉昙学绪论》，香港：三联书店（香港）有限公司 1990 年版。

［16］饶宗颐：《梵学集》，上海：上海古籍出版社 1993 年版。

［17］饶宗颐编集：《赵宧光及其〈悉昙经传〉》，台北：新文丰出版公司1999年版。

［18］饶宗颐：《敦煌本老子想尔注校笺》，香港：东南书局1956年版。

［19］饶宗颐：《敦煌曲续论》，台北：新文丰出版公司1996年版。

［20］饶宗颐：《饶宗颐二十世纪学术文集》（卷七）《中外关系史》，台北：新文丰出版公司2003年版。

［21］郭伟川：《从清华简〈楚居〉论荆楚之立国——兼论夏商周时期对南方之经略》，见中国历史文献研究会编：《历史文献研究》（第32辑），上海：华东师范大学出版社2013年版。

［22］郭伟川：《古“三苗”考论——兼论三苗与南方诸族及楚国之关系》，见郭伟川：《中国历史若干重要学术问题考论》，北京：国家图书馆出版社2009年版。

［23］饶宗颐：《金缕曲　题沈之瑜遗稿》，见饶宗颐：《清晖集》，深圳：海天出版社2011年版。

［24］饶宗颐：《符号·初文与字母——汉字树》，香港：商务印书馆（香港）有限公司1998年版。

饶宗颐先生与敦煌曲研究

兰州理工大学文学院　王志鹏①

摘　要：饶宗颐先生的《敦煌曲》和《敦煌曲续论》是具有里程碑意义的重要研究成果。本文通过对饶宗颐先生的敦煌曲研究及其相关成果的考察，探讨饶先生的治学方法，并由此思考饶先生在敦煌学研究及其他领域取得巨大学术成就的原因，为我们进行敦煌学或其他研究提供一些理论思考或启示。进而指出，正因为饶先生在文、史、哲、艺等方面都取得了辉煌的成就，从而成为跻身于世纪前列的中外著名学者。

关键词：饶宗颐　敦煌　敦煌曲　研究

敦煌写卷中大量文学作品的发现，是20世纪中国文学史上的大事，对我国唐五代文学史的研究有着重要的推动作用。而敦煌曲子词堪称是敦煌写卷中闪耀着夺目光彩的艳丽奇葩，以其丰富广阔的生活内容、清新独特的民间风貌，引起了学界的热切关注。国内外许多著名学者纷纷收集、校录、刊布和研究这批作品，如国内的王国维、罗振玉、刘复、朱孝臧、王重民、郑振铎、任二北、唐圭璋等先生，港台学者饶宗颐、潘重规、陈祚龙、林玫仪等先生，日本学者铃木哲雄、入矢义高、广川尧敏、福井文雅、川崎ミチュ、泽田瑞穗等先生，他们分别从不同方面，或对敦煌曲作品整理编集，或对敦煌曲的内容形式进行探讨，从而涌现出一批敦煌曲研究成果，很快形成学界的一个研究热点。其中饶宗颐先生的《敦煌曲》和《敦煌曲续论》即是具有里程碑意义的重要研究成果，在国内外都产生了很大的影响。本文拟通过对饶宗颐先生敦煌曲研究相关成果的考察，探讨饶先生的治学方法，由此思考饶先生在敦煌学研究及其他领域取得巨大学术成就的原因，从而为我们进行敦煌学或其他研究提供一些理论思考或启发。需要说明的是，由于笔者才疏

① 作者简介：王志鹏（1967—　），男，山西省忻州市人。文学博士，兰州理工大学文学院研究员，主要从事敦煌学、佛教思想文化和中国古典文学的研究。

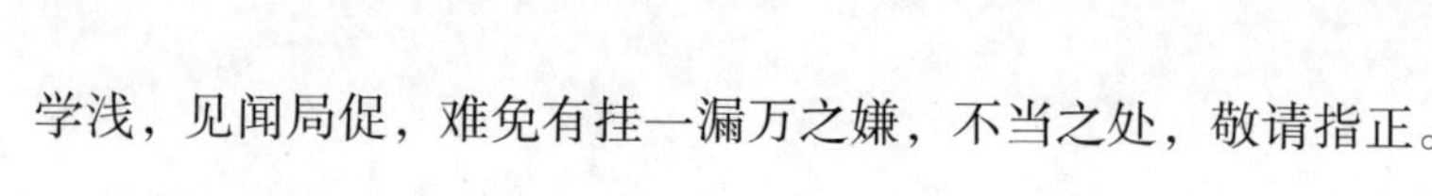
学浅，见闻局促，难免有挂一漏万之嫌，不当之处，敬请指正。

一、饶先生《敦煌曲》研究述评

饶宗颐先生和法国学者保罗·戴密微先生合著《敦煌曲》，在 1971 年由法国国家科学研究中心在巴黎出版。饶先生所著的部分用中文手写，戴密微先生的部分则用法文完成，二者合为一书。饶先生校录敦煌曲辞凡 318 首，戴密微先生选取其中的 193 首译成法文，这是 20 世纪敦煌曲子词文献整理研究史上的一项重要成果。

《敦煌曲》体例严密，结构周详，为研究敦煌曲构建了总体的理论框架，同时为进一步深入研究敦煌曲提供了一定的理论借鉴和研究方法，其结构体例在某种程度上具有典范意义。如台湾学者林玫仪 1986 年在台北出版的《敦煌曲子词斠证初编》在编排体例上不取“按词调各从其类”的方式，而是继承饶先生《敦煌曲》的体例，“以现存卷子归属情况为准，并按各卷中收录词调之先后顺序排列”，“且于词前之调名，亦尽量存其旧观”，[①] 书后还附录有“诸本辑校曲子词对照表”“词牌及原卷号码对照表”“斯卷伯卷所录曲子词表”以及大量原卷图版。徐俊在 2000 年出版的《敦煌诗集残卷辑考》也是以收藏地点和原卷编号为序来编次作品，体例上首先说明写卷情况，然后按照写卷顺序来录校作品。从中均可看出《敦煌曲》的深远影响。

《敦煌曲》大致可分为理论探讨和作品校录、考索两部分。理论探讨主要是此书的前半部分，由引论、上篇“敦煌曲之探究”、中篇“词与佛曲之关系”、下篇“词之异名及长短句之成立”和“敦煌曲系年”构成。作品校录即本编部分，其细目由新增曲子资料、《云谣集杂曲子》及其他英法所藏杂曲卷子、新获之佛曲及歌词、联章佛曲集目组成。此外，后面还有附录“敦煌曲韵谱”及“词调字画索引”。在“引论”中作者交代此书为受聘于法国国家科学研究中心时在欧洲工作九个月间之成果。在此期间，作者认真检阅了大量英、法等国所藏的敦煌原卷，并将翻拍的许多照片制成图版，附录于后，全书用中文手写抄录，较大程度地保存了敦煌写卷的文字原貌，这在当时对于很难见到原卷的一般研究者来说，尤为难得，具有重要的文献参考价值。

饶先生《敦煌曲》首先在引论中概括指出敦煌曲的特质，引述王灼“词出于乐府”的学界共识后，指出：“六朝以来，乐府演为宗教文学，佛教之法乐、道教之道曲，多与乐府结缘。唐教坊之法曲、大曲，其曲调来源非一，

---

① 林玫仪：《〈敦煌曲子词斠证初编〉前言》，台北：东大图书公司 1986 年版。

不少出于宗教。”接着说明敦煌所出唐五代歌曲，大抵有两大类：一为宗教性之赞偈佛曲；一为民间歌唱之杂曲。前者属于梵门，后者则为杂咏。而衡以严格曲子词标准，梵门之制，不宜拦入。但若就文学资料而论，此类佛曲仍大有参考价值。民间曲子作品的流行及保存于佛教寺院，对于探讨词的起源与佛曲之关联问题，有着重要参考价值。在精细的辨析中，概括指出了敦煌曲的特定内容范围及其对文学文献研究的重要性，这也是对全书主要内容的简要交代。

《敦煌曲》一书的显著特点是拓展了敦煌曲的相关研究领域，不仅在理论上提出了不少富有启发意义的思考，而且也有许多对敦煌曲具体内容独到、精要的阐释和辨析，总体上形成了比较系统的敦煌曲研究体系，为进一步深入研究奠定了坚实的基础。如敦煌曲文献资料的整理，从《敦煌曲》书中的细目“敦煌曲之订补”“新增曲子资料”和“新获之佛曲及歌词”等即可看出，针对性很强，力避重复，注重对已有研究资料的订正、补充，为研究者提供更多、更为准确的文献资料信息，扩大研究范围。在敦煌曲的理论研究上，能够紧密结合敦煌写卷中敦煌曲的内容性质，展开理论探讨。饶先生的敦煌曲研究除敦煌文献中的相关资料外，同时还能很好地结合中国古代文学文献资料，特别是词与释门赞咏梵唱及其发展史上的相关资料，辨析源流发展，揭示敦煌曲发展历史及其与佛教及民间歌唱之间的内在联系。如在“敦煌曲韵谱”细目有“不见于敦煌曲之韵目”“词韵资料举要”，为进一步深入探讨敦煌曲提供重要的文献参考，其中不乏作者的真知灼见。在理论研究上，经常选择重要的、有代表性的，甚至带有争议的观点问题，并且能够结合丰富翔实的文献资料来阐释、辨析和探讨，从而得出中肯的结论。这从“词之起源与佛曲（赞咏）兼论敦煌所出之佛赞集”“和声之形态及其在词上之运用兼论佛曲之乐府”的内容即可看出。“词之起源与佛曲（赞咏）兼论敦煌所出之佛赞集”首先说明佛曲最早见于《隋书·音乐志》西凉部，唐乐府称佛曲分属七调，此类大抵出于西域之于阗、龟兹及印度。然后指出论词之起源，向来持论纷如，很不一致。有从某一词调之出现，以考证词体产生之年代。如胡适曾据敦煌《南宗定邪正五更转》证知盛唐时代已有用双调之《五更转》，其作为宣传佛教之曲子，由齐言变为长短不等之三字句与七字句。然而，饶先生明确指出佛赞之兴甚早，其用长短句者，为例极夥，不得概目为词。《南宗赞》形式虽作长短句，而分明题作“赞”。任二北所称的联章曲子，多属佛赞。佛家净土宗之赞，有寄以词调出之者，然多为佛赞而非词也。结合《乐邦文类》卷五收赋铭、偈颂、诗词等项，说明偈颂与词严有区分。南宋初沿唐末词附于诗之观点，故知赞之与词，不宜混淆。敦煌发现之文学

材料，“赞文”占绝大多数。下文即对敦煌所出之佛赞进行简要梳理和介绍。“和声之形态及其在词上之运用兼论佛曲之乐府”一节，开头指出前人论词之起源多主泛声填实之说似宜修正。接着说明泛声、和声在汉六朝时乐府已习用，而佛曲多添和声，其有由佛徒改变新声者，唐词也有和声之例。佛曲和声大抵可分有义与无义两种，同时以敦煌写卷中佛曲说明和声也有省略者。接着举例说明佛曲与乐府之关系约有两种：一为佛曲套入乐府旧曲，寄以谱出者；二则纯为梵曲，后演成词牌。可以看出，饶先生运用敦煌写卷中丰富的敦煌词曲资料，结合相关历史文献，论述词之起源，佛曲、乐府的相互关系及其和声形态，观点鲜明有力，阐释条理清晰，结论具有很强的说服力。

对于敦煌曲的校录、整理和研究，尽可能忠实于敦煌原卷，力求提供更为准确的文献参考依据，这是《敦煌曲》的另一特点。正如在引论中概述敦煌曲研究状况时指出朱孝臧、王重民、任二北等先生的研究成果，探赜索隐，对于敦煌曲研究都有贡献。同时指出其中仍有小失，存在着不足，主要原因是“未接触原卷，每沿前人之误，用力至深，去真相尚远”。而饶先生则“有机缘检读英法敦煌写卷，考索结果，复有不少新知。爰重为辑录，略加说明，俾读者得见原貌，或有更进一步之了解也”①。饶先生后来在《敦煌曲续论·小引》中也说：“其书限于体例，当时用力者有二事：一为增补新获曲子，一为校订任氏《校录》擅改之处，俾复原状。”② 由此可知作者研究整理敦煌曲的目的非常明确、清楚，就是力求恢复敦煌曲的原貌，为学界提供更为准确的文献参考。同时，《敦煌曲》的初版采用中文书写形式，尽可能按敦煌原卷的文字收录，然后再予以辑校，这样也有利于保存敦煌写卷中的俗体字，并附有原卷图片，可以为研究者提供进一步的对比参校，了解敦煌写卷，这在当时具有非常重要的文献价值意义。结合任二北《敦煌曲初探》之“弁言”中有云“因限于环境，亦无从一一详按，益为遗憾”，又“幸以师友之助，颇得普通印本，及种种间接资料”。③ 任二北《敦煌曲校录》“凡例”又云：“此录宗旨，不在保存唐写卷之原有面貌，而在追求作者之原有辞句。其因揣摩失当，反去原作为远者，势所不免。”④ 相形之下，两种整理研究敦煌曲的方法近乎截然相反。尽管任二北先生在敦煌曲整理及理论探讨上有开风气之先的作用，对敦煌曲的研究也表现出极大的热情，然受限于客观条件，加上时有主观任意发挥，因而越走越远，在敦煌曲研究中表现出来的缺憾也相当

① 饶宗颐、[法] 戴密微：《〈敦煌曲〉引论》，巴黎：法国国家科学研究中心 1971 年版。

② 饶宗颐：《〈敦煌曲续论〉小引》，台北：新文丰出版公司 1986 年版。

③ 任二北：《〈敦煌曲初探〉弁言》，上海：上海文艺联合出版社 1954 年版。

④ 任二北校：《〈敦煌曲校录〉凡例一》，上海：上海文艺联合出版社 1955 年版。

明显。

根据历史文献资料的实际，坚持独立思考，有时能够突破单纯的理论限制，这也是《敦煌曲》一书表现出来的可贵之处。这主要表现在对于“敦煌曲子词”材料的取舍及“唐词”名称等有争议问题上的态度。有的学者对于饶宗颐先生《敦煌曲》的收录范围较广，而不大符合严格的“曲子词”文体，表示异议。说：

> 饶著（按：此指饶宗颐先生《敦煌曲》）用的也是“敦煌曲”的概念名称，尽管其“引论”对“敦煌曲”与“词”的关系和联系有所阐述和认同，但是其“本编”所校录的作品却并不限于“曲子词”一体，也未对所录作品的性质一一加以明确考订，因此，饶著“本编”所录实际上是一部“敦煌歌辞”选集。

同时指出任二北先生的两部敦煌曲著作也存在同样的问题，云：

> 就作品的性质来看，与《初探》以“敦煌曲”为概念及“循考订唐代音乐文艺之目的”相一致，《校录》所收作品也以“敦煌曲”为名，而没能突出“曲子词”的性质。①

可以说，学界对于“敦煌曲子词”这两种不大相同的看法，至今仍然存在。其实，以严格的曲子词的标准，或纯文学的角度来审视敦煌曲子词确实有着明显的不足。敦煌写卷是在敦煌莫高窟的佛教石窟中被发现，其中95%以上都属于佛教文献，除大量的佛教的经、论、律仪外，还包括许多佛教文书、僧人碑铭传记以及数量不少的佛教文学作品，而且其中不少都是僧人创作的作品。敦煌写卷与佛教有着天然的不可分割的密切关系，许多敦煌文学作品本身就是佛教宣传品。加之受时代风气的影响，敦煌文学研究一直侧重于民间文学或通俗文学，早期敦煌文学研究常常从民间性、通俗性的角度来理解和强调敦煌文学作品，这种导向使人们产生了一些误解，甚至将敦煌文学近乎等同于民间俗文学。然而敦煌写卷中无论从数量还是质量来看，佛教文学作品应该才是敦煌文学的主流。许多与佛教关系密切的文学作品，特别是敦煌歌辞和变文，不仅特色鲜明，数量较大，而且表现出先进的文学理论思想，具有很大的创新性。这一方面是受佛教佛经的启发和影响，文学虚构

① 参见刘尊明：《二十世纪敦煌曲子词整理研究的回顾与反思》，《文学评论》1999年第4期。

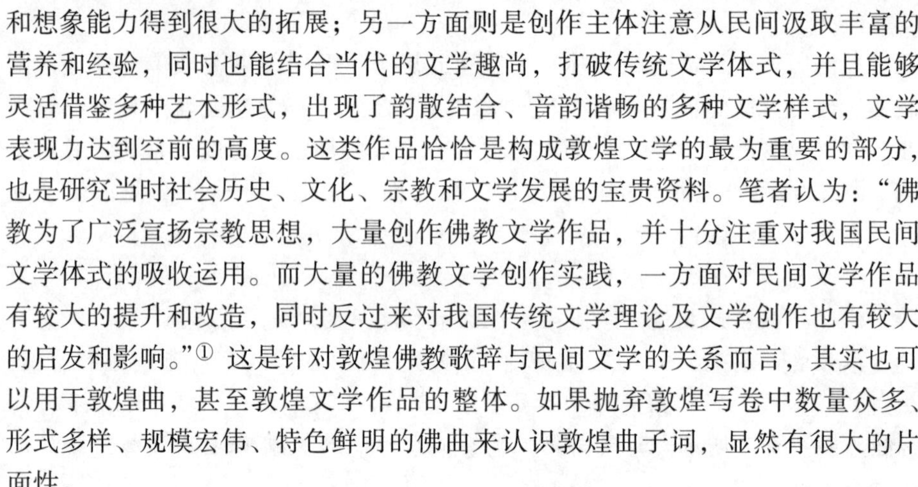

和想象能力得到很大的拓展；另一方面则是创作主体注意从民间汲取丰富的营养和经验，同时也能结合当代的文学趣尚，打破传统文学体式，并且能够灵活借鉴多种艺术形式，出现了韵散结合、音韵谐畅的多种文学样式，文学表现力达到空前的高度。这类作品恰恰是构成敦煌文学的最为重要的部分，也是研究当时社会历史、文化、宗教和文学发展的宝贵资料。笔者认为："佛教为了广泛宣扬宗教思想，大量创作佛教文学作品，并十分注重对我国民间文学体式的吸收运用。而大量的佛教文学创作实践，一方面对民间文学作品有较大的提升和改造，同时反过来对我国传统文学理论及文学创作也有较大的启发和影响。"[①] 这是针对敦煌佛教歌辞与民间文学的关系而言，其实也可以用于敦煌曲，甚至敦煌文学作品的整体。如果抛弃敦煌写卷中数量众多、形式多样、规模宏伟、特色鲜明的佛曲来认识敦煌曲子词，显然有很大的片面性。

同时，任何一种文体都有产生、形成并逐渐成熟的发展过程。敦煌曲子词处于曲子词早期，从现存敦煌曲来看，不仅用韵不大严格，甚至有的同一调名的曲子词体式也不相同。任二北先生还根本否认"唐词"的存在，饶宗颐先生为此陆续发表了《为"唐词"进一解》《唐词再辨》等文，予以反驳[②]。如果暂时抛开对于"唐词"的不同见解，就可看出，正是因为饶宗颐先生和任二北先生比较熟悉敦煌写卷，认识到敦煌佛曲与曲子词的密切关系及其重要性，故将佛曲纳入敦煌曲的范围，这是他们尊重敦煌写卷中存在大量佛曲的客观事实而作出的选择，也是他们的高明之处。

因此，研究敦煌曲不应把敦煌佛曲排除在外，这样才能更准确、全面地反映敦煌曲的真实面貌。

二、对饶先生敦煌曲研究的思考

饶先生的学问博贯古今，文通中外，对于我国古代传统文化中的经、史、子、集、典章制度、文物艺术，无不赅洽精通，在许多方面都深有研究，取得了举世瞩目的卓越成就。下面拟结合饶先生的敦煌曲和敦煌学研究，来简略探讨饶先生的治学方法及其取得重大学术成就的原因。

如果说饶先生的《敦煌曲》是体例严密、比较系统的研究著作，那么《敦煌曲续论》则是敦煌曲的专题研究成果。《敦煌曲续论》是由敦煌曲的论

① 王志鹏：《从敦煌佛教歌辞看唐宋诗歌创作思想的转变》，《兰州学刊》2011 年第 11 期。

② 以上两文同《关于"斩春风"的出典》后来合为一文，总题为"'唐词'辨正"。饶宗颐：《"唐词"辨正》，见饶宗颐：《敦煌曲续论》，台北：新文丰出版公司 1986 年版，第 201 ~ 218 页。

文结集而成，作者在书前“小引”云：

历年以来，余对《云谣集》及唐昭宗诸作，多所讨论；“唐词”问题，更与任老（按：指任二北先生）持不同意见，拙文散在海外各杂志，搜览不易，今聚而观之，前后商榷：“曲子”与“词”涵义、性质之异同，与夫词体发生，演进之历程，暨乐章之形成及整理之过程，凡此种种，或于早期词史之认识，不无小补。①

由此可以看出其中的论文多是有关敦煌曲研究中重要问题的讨论，如对敦煌曲子词与佛教、乐舞等密切关系的阐释，对敦煌佛曲、《云谣集》的性质，唐昭宗御制曲子词、唐词等方面的辨析和考释，订正敦煌曲研究过程中存在的失误等，将敦煌曲研究推向更为高深的层次。饶先生的敦煌曲研究，既有总体理论框架的构建，也有专题的深入探讨，二者互相补充，相得益彰，从而奠定了饶先生在敦煌曲研究史上的重要学术地位。

饶先生取得重大学术成就的原因有多种，但良好的国学修养，深厚扎实的文史基础，形成广博的学识，附之以笃实认真的精神，这当是首要条件。敦煌写卷内容极其庞杂，范围非常广泛，而以佛经及佛教文书为最多。研究敦煌文献，需要有多方面的知识。如敦煌曲不仅与词学、佛教、少数民族乐舞、古代西北史地、中外文化交流以及时代社会风气等息息相关，而且由于敦煌写卷是以手抄形式保存下来的，书写时常常使用俗体字，其中的错字、别字及讹误之处也时有发生，加之不少写卷都有残缺、涂污，或因时间太久而变得字迹模糊，有时很难辨认，往往要求阅读者具有一定的鉴别力，因此敦煌文献研究需要有文字学的基础，这也是准确把握敦煌文献资料的前提。而饶先生不仅擅长书法，对甲骨文和简帛学都专有研究。加之饶先生学识广博，从上古到明清，从西亚到东亚，都有涉猎。饶先生认为自己的学问有敦煌学、甲骨文、词学、史学、目录学、楚辞学、考古学、金石学、书画，从时间跨度上来说，涉及从上古史前到明清。② 这样，饶先生的学问有着宏大的规模格局，天然具备了研究敦煌学的优越条件，其多方面的才识在敦煌学这片广阔天地也得到了较为全面的综合运用的机会，并且表现得得心应手。正鉴于此，饶先生也说自己的很多学问在敦煌学方面③，这有一定的道理。

---

① 饶宗颐：《〈敦煌曲续论〉小引》，台北：新文丰出版公司 1986 年版。

② 饶宗颐述，胡晓明、李瑞明整理：《饶宗颐学述》，杭州：浙江人民出版社 2000 年版，第 86、90 页。

③ 饶宗颐述，胡晓明、李瑞明整理：《饶宗颐学述》，杭州：浙江人民出版社 2000 年版，第 88 页。

敦煌学作为20世纪初期兴起的一门学科，而饶先生除敦煌曲方面的研究外，还先后有《敦煌本老子想尔注校笺》《敦煌白画》《敦煌书法丛刊》《敦煌本文选》《敦煌琵琶谱论集》《敦煌学散论》《法京所藏敦煌群书及书法题记》等多种论著问世，研究内容包括书法、白画、词曲、佛经、琵琶谱、题记等诸多领域，同时还发表了不少跋、识、序等文章，表现出关切敦煌学术的高度热情。

饶先生从小就受到良好的家庭熏陶，加上自己天资颖悟，勤奋踏实，涉猎广泛，形成博学多才的品格。治学上注重从具体历史文献资料出发，钩沉发微，考辨精审，因而结论也令人信服。他在研究夏文化过程中还提出了"三重证据法"，即提出田野考古、文献记载和甲骨文研究相结合，互相抉发和证明。[①] 饶先生说自己的很多想法都是在参照了甲骨文、敦煌写本、古代文献多样资料后综合得出来的。他认为必须把考古遗存同传世文献结合起来进行考察，才能得其大，达到学问的一个通境。[②] 而多种专业知识的综合运用，并形成较高的理论思考和判断能力，这样才能站在一定的理论高度进行审视研究，加之对于历史文献资料的娴熟功夫，因而表现得高屋建瓴，能够超越时人，发别人所未发，在广阔的学术研究领域能够独辟蹊径，导夫先路。这不仅要有宏大的视野，更需实力，同时也是勤奋努力、积极思索的结果。同时，饶先生在学术上从来不盲从，敢于提出不同意见，并坚持自己的学术观点，表现出独立思考的精神。

学术研究如能贯通几个领域的相关知识，破除学科藩篱，就会大大拓广研究视野，表现出一定的广度和深度。饶先生说：

> 中国文化本来就是文史哲打通的精神生命，一方面是要把握住天人合一的文化大义，一方面要经史文哲互为表里，这样贯穿起来通观全部，学问的背后才能有全体、整幅的民族文化精神生命作支撑，这样的"堂庑特大"，才能到达"通儒"的境界。[③]

需要指出的是，近年来提倡学科交叉研究，然而实际上往往由于知识积累不够，未能完全掌握相关文献资料，因此多流于表面的学科交叉，不仅不能把有关问题阐释清楚，把学术研究引向深入，反而堕入卑弱浅薄一路，内

---

① 饶宗颐：《谈"十干"与"立主"——殷因夏礼的一、二例证》，见饶宗颐：《饶宗颐史学论著选》，上海：上海古籍出版社1993年版，第22页。

② 饶宗颐述，胡晓明、李瑞明整理：《饶宗颐学述》，杭州：浙江人民出版社2000年版，第89页。

③ 饶宗颐述，胡晓明、李瑞明整理：《饶宗颐学述》，杭州：浙江人民出版社2000年版，第91页。

容浮泛空虚，狭隘局促，实无可取之处。因此，这很值得我们思考。

其次，执着认真，勤奋不倦，审慎严谨，守正不阿，这是饶先生治学态度，也是其在治学过程中表现出来的可贵精神。

饶先生对待学术认真、执着，表现出一种全身心献身理想事业的可贵精神。饶先生成果丰硕，表面看起来好像容易，其实充满艰辛。他说：

我写文章其实是很慢的，好多书我都是花了十几年的功夫，有很多论文也是一点一点的资料慢慢堆积而成的，我的治学程序其实就是反复地“磨”原典、原材料。①

为了写《殷代贞卜人物通考》，他整整花了十年的时间。而写《敦煌本老子想尔注校笺》始于1956年，直到1991年修订再版，当中竟历经了三十六年。真是“看似寻常最奇崛，成如容易却艰辛”，其中滋味也许只有先生自己最清楚。但饶先生并没有以此为苦，而是欣然接受这一切，一直坚持奋斗在学术最前沿。

饶先生立论务以坚实的文献资料为依据，强调要多读书，读原典，而且要多次反复读。做学问主张从根本上着手，从原材料出发，因而往往能够正本清源，说明问题。对于研究中遇到的重要问题甚至争议性的问题，从不回避。如任半塘先生否认“唐词”这一名称，认为这是王国维的错误创造，称之为“宋帽唐头”，认定“词”乃赵宋杂言歌辞之专名，不可用以称《云谣集》中的作品。对此，饶先生首先指出把倚声之作称之为“词”，并不专限于赵宋一代。“曲子词”三字见于《花间集》序，而“曲子词”一名就带有“词”字，其文出于五代欧阳炯之手，其事已在赵宋之前。饶先生又指出朱竹垞《词综》卷一就列有“唐词”六十八首。在朱氏之前，万历年间常州人董逢元也辑有《唐词纪》十六卷。以此来说明“唐词”并非是王国维首倡。接着，饶先生以多种例证，说明唐五代人的著作中，许多地方都提到“词”字，而且在唐末五代时，“词”字已通用。孙光宪于后唐明宗天成初，与欧阳炯也都使用“曲子词”一名。验之敦煌写卷，不少大曲、曲子在曲名之下有“词”字，同时指出任氏在《敦煌曲校录》中都把“词”字删去，这是不忠实的。饶先生同时还指出，“词”字常见于唐人的宴会，在唐人的著述中可见到曲子名目下加“词”字。又据范摅《云溪友议》中完全没有用“曲子”二

① 饶宗颐述，胡晓明、李瑞明整理：《饶宗颐学述》，杭州：浙江人民出版社2000年版，第76页。

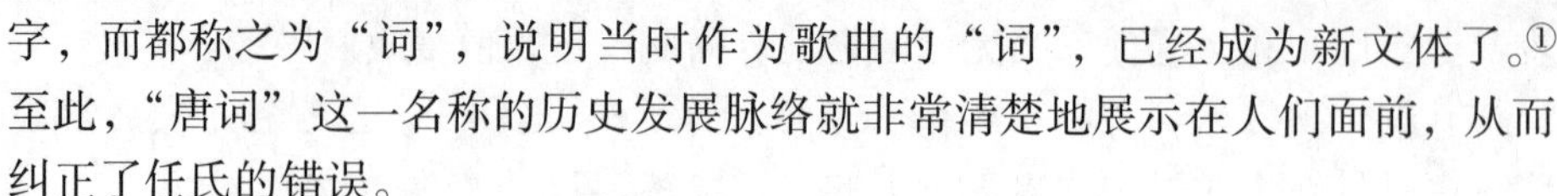

字，而都称之为“词”，说明当时作为歌曲的“词”，已经成为新文体了。[①]至此，“唐词”这一名称的历史发展脉络就非常清楚地展示在人们面前，从而纠正了任氏的错误。

饶先生治学非常注重目录学和语言学，他曾说：“我现在的学问是把陈寅老的语言学和陈援庵的目录学结合起来作为基础，一方面拿中国训诂学的方法去溯本追源，把语言文字学运用到文化史的研究中去；一方面是从目录学上得到一个通观全局的眼力，这样学问的领域才能广阔。”[②] 饶先生自觉继承了清人的治学方法，传统文献功夫极深。同时注重多学科、多角度地思考问题，视野开阔，表现出通儒的广博见识和宽大胸襟。

饶先生主张把学问往精深里做，强调治学就是要求精。这一方面表现在分析问题的内容的深度和广度上，另一方面也表现在语言上。不仅观点通达明畅，论析条理透彻，逻辑性很强。而且语言运用也简明准确，精当练达，要言不烦，力避浮泛繁杂之语。

饶先生治学的另一可贵品格就是勤于思考，强调“持论要正”。坚持学术真理，不附和，不媚俗。饶先生曾经写作《新莽史》，并得到几位先生的支持，尽管费了很多心血，但后来对这部书产生了怀疑，认识到王莽有违背道德准则的行径，良知发现那是断不可受尊重的，所以毅然将所有文稿和资料束之高阁。他说：“我觉得不应该做连自己都觉得不对的著述，绝不能勉强为功名去做学问。否则在违背正统的客观的史学观下完成的《新莽史》，极可能成为个人学术生命中的污点。”[③] 由此可以看出饶先生严肃认真的学术态度，也可看出饶先生人格之高洁。

再次，饶先生是我国将创作与研究、学问与艺术相互结合，融会贯通，互相促进，并取得很大成功的著名学者之一。因此在学术研究中眼光犀利敏锐，分析细致透彻，见解也往往有深刻独到之处。饶先生博学多才，具有多方面的艺术修养，诗、书、画、音乐多方面兼擅。喜欢“在历史中求真的东西，在艺术中感受想象的东西”[④]。这对饶先生的学术研究也起了很大的促进作用。如饶先生的古琴爱好与音乐研究有很大的关系。又因为懂音乐，所以能够提倡词乐研究，而敦煌曲及敦煌琵琶谱研究也都是得力于对音乐的熟悉。饶先生自己也说：“如果不是对古代的这些文化有一个直接、感性的认知和喜

---

① 饶宗颐：《“唐词”辨证》，见饶宗颐：《敦煌曲续论》，台北：新文丰出版公司1986年版，第201～207页。

② 饶宗颐述，胡晓明、李瑞明整理：《饶宗颐学述》，杭州：浙江人民出版社2000年版，第91页。

③ 饶宗颐述，胡晓明、李瑞明整理：《饶宗颐学述》，杭州：浙江人民出版社2000年版，第84～85页。

④ 饶宗颐述，胡晓明、李瑞明整理：《饶宗颐学述》，杭州：浙江人民出版社2000年版，第93页。

爱，一方面很可能不会涉猎到这些领域；从另一方面来说，即使有所涉及，也很难进一步深入。”①

饶先生在少年时代就开始经常临写名人字画，对字画的各种技法深有了解和体会，表现出较高的品位和敏锐的眼光，由此产生了专门的研究论著。如在敦煌学研究的历史上，饶先生最早提出“敦煌白画”的名称。一般学者只知道敦煌艺术中的壁画和绢画，而饶先生不仅学过画，也画过人物画，知道白画的价值。后来借在巴黎讲学的机会，把散布在敦煌写卷中的白描、粉本、画稿等有价值的材料一一辑出，编成《敦煌白画》一书，填补了敦煌艺术研究上的一项空白。同时，还写有长篇论文《敦煌白画导论》，专门讨论敦煌白画的源流和敦煌画风以及敦煌白画的若干技法，以至于后来还有若干临摹敦煌白画的作品。而这一系列都源于饶先生年少时对人物画的兴趣和素养。

饶先生不仅有扎实的文字学功底，对书法也有精深的造诣和研究。这对于检读敦煌写卷也有着非常重要的作用。如饶先生在敦煌曲校录上，谨守传统校勘学的方法，经先生之手校录释读的敦煌写卷，内容准确可靠，文字少有讹误。这对于敦煌学研究者，一般也是很难做到的。饶先生还出版了洋洋29册的大型《敦煌书法丛刊》，其中包含有许多书法艺术的精品，为书法史提供了一批历史资料，而其内容也兼有学术的性质。

由于在诗歌、书法、绘画、音乐等方面的艺术修养，饶先生积累了非常丰富的艺术创作经验。而这种艺术实践与理论思考又可以互相促进，一方面大量的艺术实践可以促进理论研究的深入，而另一方面理论探讨也可为艺术实践提供方法的启示。饶先生的艺术实践对其学术研究起了重要的促进作用。

总之，饶宗颐先生研究敦煌曲卓有建树，在敦煌学的其他方面也有不少研究成果问世，而在传统学科研究如历史、经学、宗教、简帛、礼乐等诸多领域更是创获颇丰，贡献巨大。可以说，正因为饶先生在文、史、哲、艺等方面都取得了辉煌的成就，所以他成为跻身于世界前列的中外著名学者。

① 饶宗颐述，胡晓明、李瑞明整理：《饶宗颐学述》，杭州：浙江人民出版社2000年版，第97页。

读饶宗颐先生编著《法藏敦煌书苑精华》札记

南京师范大学美术学院　黄　征[①]

关于敦煌书法，有一位著名书法理论家杂取了几十个敦煌民间唐五代宋初写本影印出版，告诉大家：敦煌书法就是这样子的，非常淳朴稚拙。我看了这本敦煌书法作品选，十分错愕。当时我正在杭州大学中文系任教，兼任中国美术学院书法系的一门诗词题跋课，学生们跟我谈敦煌书法，就一本正经地拿这本作品选的前言来说事。我说：那是完全误解了敦煌书法。敦煌书法作品约有6万件，精品无数，我们要细心选择，找出真正代表那个时代水平的作品。于是我推荐了饶宗颐先生编选考评的《法藏敦煌书苑精华》。

《法藏敦煌书苑精华》于1993年11月经广东人民出版社出版。此书由国学大师饶宗颐先生编著，12开本长册，铜版纸精美影印，字大如钱，赏心悦目，并且全八册的每一册开卷都加印彩页，流光溢彩，如见真品。书出，仅印1 000册。此对于书法大国而言，甚为稀有。

饶宗颐先生编著《法藏敦煌书苑精华》一书在中国大陆出版，主要是考虑到该书的原版书《敦煌书法丛刊》中国广大读者难得一睹，所以将日文译为汉语而刊行。饶先生早年在法国购得一套敦煌遗书的高清微缩胶片，从1983年到1986年四年间，在日本由著名的二玄社印行了精心编选的29册《敦煌书法丛刊》，而国内鲜有得见者。为此，饶先生重加整理，改为汉文评述，易名为《法藏敦煌书苑精华》。此书在重加整理时，更偏重书法艺术角度，范围涉及拓本、碎金、经史、文牒、韵书、诗词、写经、道书等门类，样式丰富，眉目清晰。饶先生对所选的卷本详加评析，计有150篇论述，对

① 作者简介：黄征，男，现任南京师范大学美术学院特聘教授、敦煌学研究中心主任、九三学社江苏画院常务理事、政协江苏省第十一届委员会委员。祖籍江苏淮阴，1958年3月27日（身份证为3月20日）生于浙江江山。有《敦煌俗字典》《敦煌变文校注》《敦煌愿文集》《敦煌语言文字学研究》《敦煌语文丛说》《劫尘遗珠》《敦煌书法精品选》《陕西神德寺塔出土文献》等专著或合著。雅好诗词、书法，逍遥散诞，故以“江浙散人”自号。

文史研究和书法艺术爱好者都有极大帮助。

然而，此书的中国大陆读者却不多。究其原因有二：一是书价成本高昂。全八册定价3 280元人民币，虽然书的内容和印刷都很高档，但在1993年出版之初，大多数读者都会觉得过于昂贵。一般的书法爱好者，只购买几元到十几元的字帖，唯有书法家、画家才舍得花大价钱购买稀有书刊。此外就只有图书馆会购买了。二是所选印的敦煌书法作品，内容并未越出法藏敦煌文献的缩微胶卷和上海古籍出版社出版的《法藏敦煌西域文献》，敦煌学研究者就不一定愿意另买一套同样内容的书。我当时在杭州大学敦煌学研究中心任职，曾经和几位敦煌学界的友人一起到书店架上翻阅，最终没有购买，主要就是出于这样的原因。那时候我们都以敦煌文献的内容校录整理与考证为己任，书法之类还顾不上研究。直到2011年我从南京师范大学文学院调任美术学院之后，并把研究目标作了调整，将敦煌文字学的研究与敦煌书法的研究结合在一起，才特别想要一套《法藏敦煌书苑精华》，正好在孔夫子旧书网看到一套，价格非常优惠，就自费购买了。

读过饶宗颐先生编著的《法藏敦煌书苑精华》，我觉得收获很多。首先，这是一部充满学者智慧与勤劳的著作，其性质准确地说是“编著”：编选了法藏敦煌书法精品，然后对每一件入选作品加以解题评介，甚至深入考证。虽然书的最后一册版权页上印着的是“法藏敦煌书苑精华　饶宗颐编”，但是这个“编”与我们常见的“编”不一样，常见的“编”是编选、汇编，没有做校录整理、目录解题、考证注解之类的工作，所以性质很不一样。饶宗颐先生把这些研究心得全部汇集在每册之末，称之为“解说”。例如《法藏敦煌书苑精华》第一册《拓本、碎金》，编选了唐太宗《温泉铭》、欧阳询《化度寺塔铭》断简、柳公权《金刚般若波罗蜜经》三个碑刻拓本，再编选了王羲之《十七帖》唐人临本、智永《真草千字文》残卷、王羲之《兰亭序》唐人临本等写本真迹，再编选了《三藏圣教序》等28种有纪年款或作者名之类信息的写本卷子，有的全文入选，有的截取片段，使得读者能够有个直观印象。在影印完这样一批拓本、写本之后，饶先生才一件一件地加以述评，有时还作点考证，因此其中饱含很多学术见解。例如柳公权书《金刚般若波罗蜜经》的“解说”：

金刚般若波罗蜜经，唐长庆四年（824），柳公权书。

此拓本列伯希和编目伯4503号，现庋法京，装成卷子。首尾题“金刚般若波罗蜜经”，末有题记五行，文云：

长庆四年（824）四月六日，翰林侍书学士朝议郎、行右补阙、上轻车都尉、赐绯鱼袋柳公权，为右街僧录准公书。强演、邵建和刻。

写《金刚经》一部，正书。横石十二石，经文每行十一字。分段处留行，兼记段次。可认识者有三、四、五、七、九、十二等字，当是唐拓原裱，用厚黄纸。

公权为柳公绰弟，新、旧两《唐书》皆记其“书上都（京兆）西明寺金刚经碑，备有钟（繇）、王（羲之）、欧（阳询）、虞（世南）、褚（遂良）、陆（柬之）之体，尤为得意”。此说似取自公权之侄柳玭。玭为柳仲郢之子，公绰之孙。《广川书跋》八金刚经条云：“此经本书于西明寺后，亦屡改矣。①经石幸存，不坠兵火。柳玭谓备有钟、王、欧、虞、褚、陆之体。”是也。则北宋董逌时，此经石尚存。

《旧唐书》卷一六五谓：“穆宗即位，召见，谓公权曰：我于佛寺见卿书迹，思之久矣。即日拜右拾遗，充翰林侍书学士，迁右补阙，司封员外郎。”公权于穆宗时所历官职如此，观此拓本官衔，时尚未改司封也。

宋无名氏《宝刻类编》卷四记柳公权书迹共76件，未言及此长庆四年之《金刚经》。其长庆四年之书迹，只有六月立李渤撰文之《大觉禅师塔铭》，与此为同年之作，此拓可补其缺略。《宝刻类编》记柳书《金刚经》有二：一为郑□题额，会昌四年（844）四月书。一为安国寺模西明寺《金刚经》，大中十三年（859）六月书。是柳氏书《金刚经》前后不止一次。今所知者计有长庆四年、会昌四年及大中十三年模诸本。

此拓本题为长庆四年，盖为准公所书。考准公法名灵准，《宋高僧传》卷十一《汾州开元寺无业传》：（穆宗即位之年）“命两街僧录灵准公远赉②敕旨迎请。”即此人也。《佛祖历代通载》卷十五、卷三十四及《释氏稽古录》卷三作“左街僧录灵阜”，系于长庆二年（822），今据此唐拓，知“阜”殆“准”之形误，“左街”应作“右街”。唐元和二年（807），于左右街置僧录，（《释氏稽古录》卷三僧录条）是为唐代僧录之始。僧录相当于姚秦之僧正，后魏之沙门统，僧中之总管也。（《释门正统》卷四）灵准在长庆间僧侣之首长地位甚隆，柳为书《金刚经》，故以上石。

此拓本刻者记名有强演及邵建和二人，考杨承和撰书之《邠国公功德铭》，立于长庆二年十二月，刻字为天水强琼，强演谅是其族人。至邵建和名，则见于会昌二年（842）立之《玄秘塔碑》，末署“刻玉册官邵建和并弟

① “此经本书于西明寺后，亦屡改矣。”此句标点或有误，似应作：“此经本书于西明寺，后亦屡改矣。”

② 赉，当作“赍”，音“基”，持也。若作“赉”者，音“赖”，赐也。此必是手民排版误植也。

建初镌”。建初名又见于大中六年（852）《杜顺和尚行记》，署曰“镌玉册官邵建初刻字”。强、邵两家，皆当日之名镌工也。内藤虎次郎《湖南文存》卷六于柳书颇有考证，今为钩索僧录及刻工事迹，补其不及。

诚悬《玄秘塔碑》最为世所矜式，论者谓其筋骨稍露，不善学者易落硬直一派。其妙迹行世者，宋儒所爱各异嗜，米元章独爱其《金刚经》。《庚子消夏记》卷十称：“柳迹在京师者有宋拓《金刚经》，贾似道藏本，在李梅公寓。”《金刚经》宋拓，孙承泽犹见之，今人乃能睹唐拓，其眼福何过于前贤矣。

此唐拓纸墨如新，光彩焕发，首尾完整，尤可矜贵。正书结体劲媚匀称，闲逸生趣，董香光（其昌）《画禅室随笔》谓“自学柳诚悬（公权），方悟其用笔古澹处”，观于此本，良信。

此拓本屡有翻印。罗振玉辑入《墨林星凤》，以后有正、中华、文明诸书局皆有影印。1958年世界书局印本最差。1979年北京文物出版社印本，影片亦多模糊，缺字时见。必另有复印件，庶可保存原本面目。

我们现在来看饶宗颐先生的这篇精彩解说，哪些地方值得称道。首先，饶先生很好地对该卷作了一番客观描述：拓本，伯4503号，庋藏法京，装成卷子，首、尾皆有原题“金刚般若波罗蜜经”，末有题记“长庆四年（824）四月六日，翰林侍书学士朝议郎、行右补阙、上轻车都尉、赐绯鱼袋柳公权，为右街僧录准公书。强演、邵建和刻”，正书，十二石，每行十一字，分段处留行，兼记段次，有三、四、五、七、九、十二等字，当是唐拓原裱，用厚黄纸。在这一百七十多字中，饶先生非常清晰地介绍了唐拓本柳公权书《金刚经碑》的现存情况，甚至连不大引人注意的小字石刻标目数字也都一一点出。这个简介很到位，该提到的都提到了。尤其是法京收藏的伯希和编目“伯4503”，是我们敦煌学研究必须标示的一项基本资料，读者据此可以去定位和查阅。然而，我们看到有的编著者编印了一大套敦煌书法作品选，解说了一通之后，该卷的收藏号是什么，英藏、法藏、俄藏，还是北图藏，居然一个都没有标示出来，那真是敦煌学门外汉的所作所为。所以字不在多，解说贵在精准，饶宗颐先生的这套《法藏敦煌书苑精华》为我们树立了最佳解说楷模，我们以后再编选敦煌书法作品都要以此为样板。

在简介之后，饶先生比较详细地考察了历史文献中关于柳公权书《金刚经碑》的存废情况，先后引用了新、旧两《唐书》《广川书跋》《宝刻类编》等书中的资料，说明此碑原属西明寺，直到北宋经石尚存。“柳玭谓备有钟、王、欧、虞、褚、陆之体。”是也。则北宋董逌时，此经石尚存。而且，根据

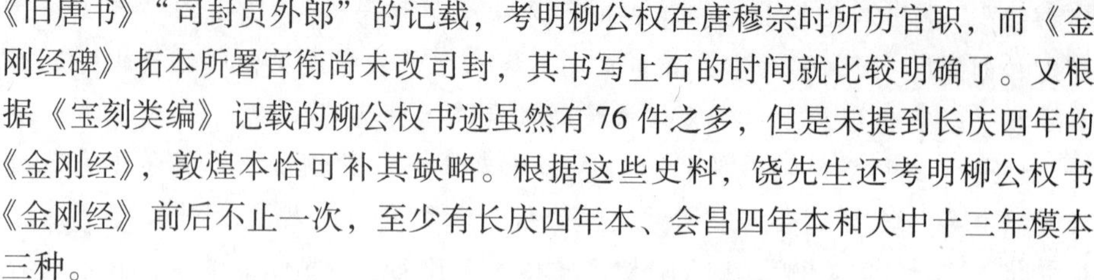

《旧唐书》“司封员外郎”的记载，考明柳公权在唐穆宗时所历官职，而《金刚经碑》拓本所署官衔尚未改司封，其书写上石的时间就比较明确了。又根据《宝刻类编》记载的柳公权书迹虽然有76件之多，但是未提到长庆四年的《金刚经》，敦煌本恰可补其缺略。根据这些史料，饶先生还考明柳公权书《金刚经》前后不止一次，至少有长庆四年本、会昌四年本和大中十三年模本三种。

然后，饶先生考证了柳公权书《金刚经》之所以会被刻石的原因，指明该碑的上石刻制是由于灵准在唐长庆年间位居僧侣首长地位。而且据此唐拓，饶先生辨明了史料中“灵阜”为“灵准”的形近误字，“左街”应作“右街”。

再之后，饶先生考证了此拓本的刻碑者强演、邵建和二人的情况，通过查找同时期其他碑刻工姓名，考明强氏、邵氏两家皆为当时著名镌工。饶先生在日本学者内藤虎次郎《湖南文存》一书之外增补了僧录及刻工事迹的数据，具有重要学术价值。

在简介与考证之后，饶先生又从书法艺术角度论述了敦煌本唐拓柳公权书《金刚经碑》的特殊价值。饶先生指出，柳公权书《玄秘塔碑》最为世重，但是可能筋骨稍露，不善学者容易落入硬直一派。这个唐拓本结体劲媚匀称，闲逸生趣，董其昌自述学柳公权方悟其用笔古澹处，所以对当今的书法爱好者来说也有同样的意义。

最后，饶先生还叙述了这个敦煌唐拓本自罗振玉辑入《墨林星凤》以后的多种影印本，孰优孰劣，各有鉴定，认为必须重新出个影印本才能很好地保存唐拓原貌。这是非常中肯的意见，我们现在看的《法藏敦煌书苑精华》影印本，显然是比以往的影印本好多了。当然，现在已经可以看到原件的彩色图片，如果哪天我们能够彩色影印，那样就可以使之纤毫毕现，更加灿烂。

我们以上通过一个作品的“解说”来分析，可以窥一斑而知全豹，可以明白饶宗颐先生在《法藏敦煌书苑精华》的编著中倾注了很多精心的研究和分析，为广大学术界朋友和书法爱好者奉献了一份精美大餐。虽然事情过了十年，但是我们读起来，仍然像新出版的一样有味道。

在认真阅读《法藏敦煌书苑精华》之后，我也发现此书有值得改进的几点，不揣浅陋，写出来聊供大家参考。

（1）此书只收录法藏敦煌西域文献，不包含英国、俄国、日本和中国的藏品，而且后来也没有另外编选与此配套的部分，所以难以一窥敦煌书法概貌。

（2）编选的内容很丰富，但是每册的名目与内容并不一定很切合。例如第一册称为“拓本、碎金”，但是整册并未见到“碎金”。在敦煌文献中，有一种名叫“字宝”，又名“碎金”，以前也有学者称之为“字宝碎金”。这一种文献与本册编选的内容很切合，可是并没有被收入，不知何故。也许是初选时有，后来嫌内容太多抽掉了，但是名目上却没有除掉。其他韵书、蒙书之类，我们一般不叫作“碎金”，“碎金”在敦煌学中基本上是特称。

(3) 有的内容现在能够看到高清彩图，例如柳公权书《金刚经》，应该可以更清晰逼真。

(4) 作品的编选，有的不是全文，只选取了头尾一小段，而最后的“解说”却解说了未入选图片的内容，因此出版社在编辑出版过程中可能有所疏忽。

(5) 各个作品都没有做可对照的释文，尤其是草书、篆书和特殊的隶书卷子，很多读者可能识读起来有困难。即使楷书，例如《金刚经》，我们从百度所见的全文校录标点本来看，异体俗字被认错的地方也有几十处。即使是很有文化的人，例如中央电视台著名播音员任志宏，他是把“金刚般若波罗蜜多经”念成“金刚般—若波罗—蜜多经”，可见他的理解有错误。因此可以推断普通读者对于敦煌写本、刻本和拓本的识读会有很多问题，需要我们在编著之时加以校录。

(6) 书后应该增加综合索引之类的工具，以便于读者使用。出版社在印制之时应该可以做类似的工作。

金剛般若波羅蜜經
如是我聞一時佛在舍衛國
祇樹給孤獨園與大比丘衆
千二百五十人俱尒時世尊
食時著衣持鉢入舍衛大城
乞食於其城中次第乞已還
至本處飯食訖收衣鉢洗足

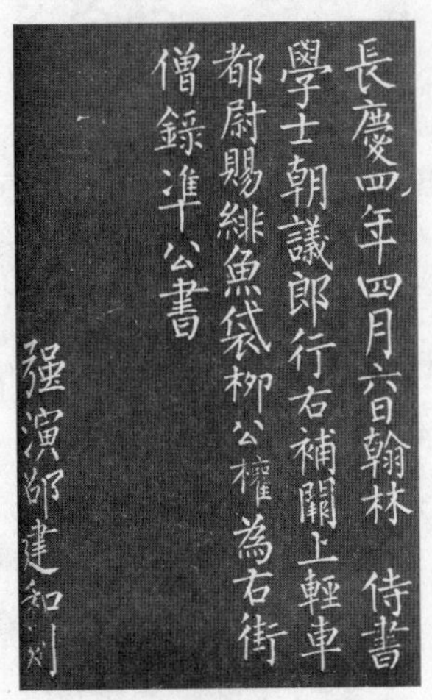
長慶四年四月六日翰林侍書
學士朝議郎行右補闕上輕車
都尉賜緋魚袋柳公權爲右街
僧録準公書
强演邵建和刻

《法藏敦煌书苑精华》中柳公权书《金刚经》局部

读《法藏敦煌书苑精华·写经》札记

南京师范大学美术学院　周　慧[①]

《法藏敦煌书苑精华》是1983年起由日本二玄社陆续出版的《敦煌书法丛刊》（29册）中文版。该书由广东人民出版社于1993年11月出版，共八册，包括《拓本、碎金》《经史》（二册）《书仪文范、牒状》《韵书、诗词、杂诗文》《写经》（二册）和道书。该书共精选法藏敦煌文献中的一百五十件原卷精品，并按原大小影印，在每件写经后都有饶宗颐先生精到的解题。因此，该书不仅是一部难得的敦煌书法精品巨作，而且是一部集文字学、宗教学、历史学等为一体的学术著作。笔者以该书《写经》（二册）为例，从书法、文字、历史数据等方面试谈阅读该书的点滴心得。

一

《法藏敦煌书苑精华·写经》无疑是一部敦煌书法精品巨著，其价值主要表现在：

1. 有利于促进中国书法写经体的研究

周绍良先生在《法藏敦煌书苑精华·序》中指出："据其自序，他的选取标准，首先是'具有书法艺术价值'，在此前提下，尽量选取'着明确切年代及有书写人者'和'历史性文件及重要典籍之有代表性者'。"[②] 以此为标准择录出的写卷定是上品之作。《写经》部分，饶先生共择取写卷34件，书写年代上溯北魏皇兴五年（471），下讫唐广德二年（764）。其中六朝时期写经

---

① 作者简介：周慧（1988—　），女，汉族。南京师范大学美术学院博士研究生，主要从事敦煌语言文字与书法研究。

② 饶宗颐先生所述的择取标准，写在了1983年至1986年日本二玄社出版的《敦煌书法丛刊》编者"自序"中，原文为日文，《法藏敦煌书苑精华》未载，故此处转引了周绍良先生在该书序言中的内容。

13 件，隋代写经 3 件，唐代写经 18 件。书体上大致包括了隶书、楷书、行书、草书。时间上的延续性、书体的丰富性为中国书法写经体的研究提供了重要材料。

自佛教传入中国以来，写经书法一直作为中国书法的一个独立分支存在。但是由于不少研究者认为写经一般是在相对机械的操作过程中完成的，很难发现抄写者在书写时的情感流露，缺乏艺术感染力，因此，写经书体这一分支的研究工作就大大滞后。1900 年藏经洞出土的约 6 万号写卷，90% 为佛教写经，其中不乏书法精品，且各具特色。“写经体无艺术感染力”的论断或许过于武断。

就书体风格而言，不同时期、不同抄写者风格迥异，亦具有十分重要的价值。例如 No. 12《生经》卷第一（编号伯 2965），饶先生在解题中指出：“结构疏朗，行笔纡徐，顿挫中仍见厚重朴拙。非唐代职业书手所可比拟也。”

周绍良先生在《法藏敦煌书苑精华 · 序》中亦指出：“就专事写经的经生（早期的写经写的并不是佛经而是儒书）而论，他们是以写经为专业的，他们的书法，自魏晋以来逐渐自成体系，形成‘写经体’，至隋、唐时期，可以说达到了高峰。写经体自有其一种同具的风姿，但各时代各个人又独具不同的风格。”因此，写经体的研究价值就不言而喻了。

2. 独具慧眼，择录精品，开阔视野

饶先生所选 34 件写本皆为精品，大大地开拓了书法史研究的视野。例如 No. 1《金光明经》卷第二（编号伯 4506）是巴黎国家图书馆所藏的明朝最早的敦煌石窟所出写经。No. 12《生经》卷第一（编号伯 2965），饶先生在解题中指出：“遍查敦煌所出写卷，他处未见复出，这算是孤本。”又“陈写本视今本歧异处甚多，有待细校”。No. 28《受菩萨戒文》（编号伯 2147）是武则天时期的草书写卷，实为罕见。No. 26《御注金刚般若波罗蜜经宣演》卷上、卷中和《金刚般若经宣演》卷下（编号伯 2173）是中唐写经卷的代表。

这些精品之作分别是不同时期书法的代表，为中国书法史的研究添上了浓墨重彩的一笔。

3. 为后学提供新的研究思路

从书法角度而言，隋朝的写经是写经体承前启后的过渡阶段，南北方的书法艺术风格在这个时期广泛融合，开始逐渐建立起楷书的规范，为唐代楷书的发展奠定了基础。饶先生所选三个隋朝写本极具代表性，涵盖了隋朝写经体的三种类型。例如 No. 14《华严经》卷第三十七（编号伯 2144）是带有北朝风格的楷书；No. 15《大般涅槃经》卷第三十三（编号伯 2117）具有唐之前楷书的典型风格；No. 16《胜鬘义记》卷下（编号伯 3709）融合了南北方书法风格的特征。

同时，唐代写经开始出现草书的书写现象值得关注。抄写佛经本是一项严肃、庄重的工作，因而写经都是正书体书写。饶先生所选的 No. 28《受菩萨戒文》（编号伯 2147）、No. 29《瑜伽论手记》（编号伯 2037）、No. 30《妙法莲华经玄赞》卷第六（编号伯 2176）、No. 31《妙法莲华经明决要述》卷第四（编号伯 2118）、No. 32《净明经关中疏》卷上（编号伯 2222）、No. 33《因明入正理论后疏》（编号伯 2063）和 No. 34《大乘起信论略述》卷上并序（编号伯 2141）7 件唐代草书写卷，从书法角度而言，极具代表性，为写经书法的研究提供了新材料、新思路。

二

饶先生为每一件写经所撰写的解题，皆是一篇篇精到的考释、论证性论文。从俗文字学的角度去推断无明确纪年的写经，体现出其深厚的文字学功底。

1. 利用敦煌俗字的构字特点来推断写经时代

敦煌写卷讹俗满纸，俗字是顺利解读敦煌文献的拦路虎。把敦煌文献中的写经与《大正藏》的相关经卷对校，不难发现《大正藏》存在不少由于不明敦煌俗字的书写特点而误识之例。因此，通过敦煌俗字的构字规律来标识符形是研读敦煌写卷内容的前提。而通过敦煌俗字字形来推断写经年代，亦是尤显功力之事。饶先生通过敦煌俗字的特征对无明确纪年的 6 件写经进行了断代。例如：No. 05《摩诃衍经》卷第四十三（编号伯 2089），饶先生通过字形“不”作“[illegible]”，“界”作“[illegible]”等特征，推断该写卷是北魏时期的写经，字体具有北魏时期的书写特征，而“摩诃衍经”标题四字，犹存隶意。再如该写卷中的“空”作“[illegible]”，亦是北朝别体，可作为断代依据之一。

此外，利用避讳俗字作为判断写经时代的依据之一。例如 No. 23《诸经要集》（编号伯 2163），饶先生在解题中指出：“此卷末题：‘金藏论。惟开元廿有三载（735），于幽州写记之。王庭与吕兰师兄勘校讫。’避‘世’、‘民’字讳。”笔者列出对应字形：“民”作“[illegible]”，“世”作“[illegible]”，“愍”作“[illegible]”，这些皆是避讳俗字。又 No. 19《维摩诘经》卷下（编号伯 2088）亦是通过“民”“愍”等字形避讳缺笔判定写经为唐高宗以后的写本。

2. 启发后学通过不同时期的俗字特点，探究俗字的发展演变

在 No. 12《生经》卷第一（编号伯 2965）中，饶先生在解题部分指出：“字形‘[illegible]’，《大正藏》误识作‘宗’。”并且通过《吴越春秋》《卫公李靖

碑》、顾炎武《金石文字记》等材料指出："宍"即"肉"之俗字。此处可谓是点到即止，启发后学去探究字形"肉"→"宍"的发展演变。

在历代字书中亦有对二字形的阐述，如《干禄字书》："宍肉：上俗，下正。"《正名要录》："宍肉：右字形虽别，音义是同。古而典者居上，今而要者居下。"① 字形"宍"在敦煌写本中十分普遍，而从"肉"→"宍"经历了怎样的演变过程？笔者略加阐述："肉"字小篆作"[illegible]"，象形；至汉代碑刻，其字形讹变较大，如《史晨碑》作"[illegible]"，该字形已能看出从穴、六，隶定后"穴"的两竖笔缩短，且省略一撇一捺，即成"宍"。此外，隶变后"宍"字从宀、六，部件"六"不仅是字形同"肉"的内部件相似，而且起到了表音的作用。②"六"和"肉"的字音相近，《广韵·沃部》："六，力竹切，入屋来。"又《广韵·沃部》："肉，如六切，入屋日。"

三

《写经》（二册）的解题部分，寥寥数语，精辟阐释写经书法特点；利用文字学理论判断写经年代，以及解决《大正藏》等对校本中的讹误。这些都是解题部分的精华。此外，便是丰富的文史数据价值和佛教理论价值。

1. 结合史料，追根溯源

与各个时期的大书法家不同，敦煌写经的抄写者多是一些名不见经传的人物，这些人物的生平资料不易追溯。而饶先生从大量的写经中逐一梳理，结合史料挖掘出这些人物的生平、时代，甚至对写经的供养人也进行了深入的解读。例如 No. 02《成实论》卷第八（编号伯 2179）的解题部分，饶先生共列出有"令狐崇哲"题名的八件写经，并且进行了相应的比较研究。又 No. 01《金光明经》卷第二（编号伯 4506），饶先生对造经人"张瓌"的探究亦可看出其深厚的史学功底。

2. 梳理佛经，比勘异文

《写经》（二册）的解题部分，首先是对每一件写经的法藏编号、题目、翻译者、年代以及流传情况一一加以交代，并且把相关写经与《大正藏》有出入之处分别加以考释，考订是非。工作细致、内容翔实、条理分明。

笔者在阅读 No. 04《佛说观佛三昧海经》卷第四（编号伯 2078）时，以

---

① 《正名要录》中"古而典者"是与"今而要者"相对的概念，其用意是指出其坐标是早于初唐的时代，可能是小篆以前的古文字，也可能是汉魏六朝的流通文字。

② "肉"俗写作"宍"是因为"六"与"肉"音近的观点，陆明君先生在《魏晋南北朝碑别字研究》（文化艺术出版社，2009 年）一书第 82 页已提出，笔者在此基础上进行了材料补充。

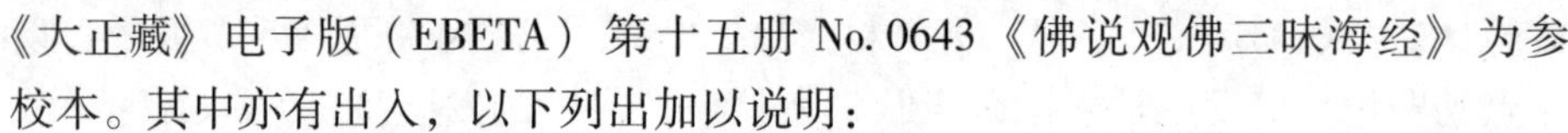

《大正藏》电子版（EBETA）第十五册 No. 0643《佛说观佛三昧海经》为参校本。其中亦有出入，以下列出加以说明：

(1)“一一光明合成宝台”，《大正藏》作“一一光合成宝台”。疑《大正藏》缺“明”字。

(2)“一一须弥山堪室无量，一一堪中有无量化佛”一句，“堪”，《大正藏》作“龛”。按：堪、龛是同音假借的关系。《说文·龙部》：“龕，龙儿。从龙，今声。”段玉裁注：“此篆之本义也。假借为戗乱字。今人用戡堪字，古人多假‘龕’。……各本作‘合声’，篆体亦误。今依《九经字样》正。”又《说文·土部》：“堪，地突也。从土，甚声。”段玉裁注：“古假戡、戗为之。”《集韵》：“堪，楚锦切，音墋。土也。一曰不清澄。通作勘、戡、戗，别作龛。”《正字通》：“经传错互者，因声近而讹。”

(3)“一一箱箧万亿光明”一句，“箱箧”，《大正藏》作“箱筐”。

(4)“此小佛身亦出齐光”一句，《大正藏》作“此小佛身亦出齐相”。

(5)“入足下已，千辐相中出大光明”一句，《大正藏》作“入足下已，足下千辐相中出大光明”。

(6)“从赤同抓足趺毛孔，乃至顶髻”一句，《大正藏》作“从赤铜爪足趺毛孔，乃至顶髻”。按：“同”是“铜”的同音假借；“抓”是“爪”的同音假借。这类同音借代的现象在敦煌写卷中十分普遍，其遵循的原则是“只要同音即可假借”。

(7)“盛真金像”一句，《大正藏》作“成真金像”。

(8)“于佛凶中如琉璃筒”一句，《大正藏》作“于佛胸中如琉璃筒”。按：“凶”乃“胸”的同音假借。

(9)“入普现身三昧”一句，《大正藏》作“入普现色身三昧”。按：疑该写卷此处漏“色”字。

此外，《法藏敦煌书苑精华·写经》在编辑过程中似有疏漏。如 No. 04《佛说观佛三昧海经》卷第四（编号伯 2078），该写卷题记中没有明确纪年，饶先生在解题部分依据象、曼、空、我、身、耶、老等字形的书写特点判定此为北朝时期的写经，而在原卷影印部分，笔者未能找出相关字形，疑影印时缺失。又 No. 28《受菩萨戒文》（编号伯 2147），解题部分指出的“杂写武后新字草体，如日、月、天、年”等字形亦无法与原卷影印部分对应，疑是编辑影印时缺失。

参考文献

[1] 赵声良、荣新江：《饶宗颐编〈法藏敦煌书苑精华〉评介》，《敦煌

研究》1995 年第 1 期。

［2］赵声良：《隋代敦煌写本的书法艺术》，《敦煌研究》1995 年第 4 期。

［3］毛秋瑾：《写经书法述论：以敦煌吐鲁番写本为中心》，《故宫博物院院刊》2011 年第 3 期。

No. 34《大乘起信论略述》卷上并序（编号伯 2141）

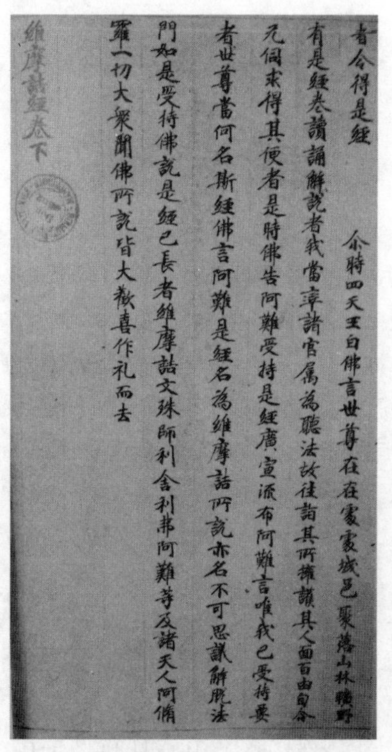

者今得是經
尒時四天王白佛言世尊在在處處城邑聚落山林曠野
有是經卷讀誦解說者我當率諸官屬爲聽法故往詣其所擁護其人面百由旬令
无伺求得其便者是時佛告阿難受持是經廣宣流布阿難言唯我已受持要
者世尊當何名斯經佛言阿難是經名爲維摩詰所說亦名不可思議解脫法
門如是受持佛說是經已長者維摩詰文殊師利舍利弗阿難等及諸天人阿脩
羅一切大衆聞佛所說皆大歡喜作礼而去
維摩詰經卷下

No. 19《维摩诘经》卷下（编号伯 2088）

真文人　大艺术

——饶宗颐先生书画艺术论

重庆大学艺术学院　龙　红　重庆师范大学文学院　王玲娟[①]

摘　要： 饶宗颐先生所努力耕耘的园地便是涉及范围极广的学术研究，此乃其安身立命之本。倘若与艺术结合而观，其辉煌的学术研究成果实在成为其艺术创造的坚实基础，分明昭示出其学术研究与艺术创造二者之间微妙而辩证的统一关系。饶宗颐先生正是以“万古不磨意，中流自在心”的伟岸气魄，学艺兼修，互相促进，相得益彰。以超迈古今的坚韧毅力和吞吐天地的浩大胸怀，紧紧地拥抱悠久灿烂的传统文化，异常成功地开创出了个性独特、境界卓越的书画艺术世界。

关键词： 饶宗颐　学术研究　艺术研究　书画创造

一、学术乃艺术的坚实基础

中国人民大学出版社新近推出《饶宗颐二十世纪学术文集》，一共十四卷。各卷大致情况如下：卷一：《史溯》；卷二：《甲骨》；卷三：《简帛学》；卷四：《经术、礼乐》；卷五：《宗教学》；卷六：《史学》；卷七：《中外关系史》；卷八：《敦煌学》；卷九：《潮学》；卷十：《目录学》；卷十一：《文学》；卷十二：《诗词学》；卷十三：《艺术》；卷十四：《文录、诗词》。

14卷一共20册的《饶宗颐二十世纪学术文集》，洋洋洒洒1 400万字，如此丰赡的收获，正可谓著作等身。这是饶宗颐先生70年潜心治学的结果。难怪，著名学者季羡林先生在北京大学聘请饶宗颐先生为顾问教授的仪式上，由衷地说：“近年来，国内出现各式各样的大师，而我季羡林心目中的大师就

---

① 作者简介：龙红（1967—　），男，重庆市人。现为重庆大学艺术学院副院长，教授，博士，硕士生导师，教育部艺术学理论教育指导委员会委员，中国美术家协会会员，中国书法家协会会员。王玲娟（1970—　），女，湖南安仁人。现为重庆师范大学文学院教授，博士，硕士生导师。

是饶宗颐，饶公是当之无愧的。”[1]3其在为《饶宗颐史学论著》所作的序言中指出：“饶宗颐教授是著名的历史学家、考古学家、文学家、经学家，又擅长书法、绘画，在中国台湾、香港，以及英、法、日、美等国家，有极高的声誉和广泛的影响。由于一些原因，在我国大陆，他虽然也享有盛誉，他的论著也常常散见于许多学术刊物上，而且越来越多，但是他的著作还没有在大陆独立出版过，因而限制了大陆学人对饶先生学术造诣的了解。这不能不说是一件令人十分遗憾的事。”[2]33 1998 年，著名学者钱锺书先生逝世前，社会上曾流传着“南饶北钱”之说；之后，“南饶北季”悄然替代了“南饶北钱”；而当季羡林先生于2009 年仙逝后，至今尚无“南饶北某”的新说法诞生，似乎现在仅存南边的饶老先生了，这令人多少有些“孤独”或“寂寞”的感觉。于此，便愈加凸显饶宗颐先生卓然不群的人格魅力和赫赫伟大的学术贡献。

从皇皇巨著《饶宗颐二十世纪学术文集》，可以清楚地看到饶宗颐先生涉猎之宏阔无垠、学术视野之广袤、见解之高远、论述之深刻、境界之超拔，实令吾辈肃然起敬。由于饶宗颐先生的学术研究“几乎涉及中国传统文化的一切方面”，并能极佳地将中西文化连成一片，融会作论，诚如李学勤先生在《饶宗颐艺术创作汇集·序言》中所说：“于学术文化，中西古今，无不会融贯通”，“询非一般学者所能意想”。倘要奢想去作饶宗颐先生整个学术思想的梳理和总结，诚为后学如我之能力所不逮，必须稍作聚焦或调整，或许尚能幸运地触及其“皮毛”之一二。

所以，鄙人只能量力而行，本文便选择饶宗颐先生的书画艺术一端来作较为深入的体味研习，并向诸大德方家和书画同道们求教。

于此，我们首先应该明确的是，饶宗颐先生平生所努力耕耘的园地便是涉及范围很广的学术研究，此乃其安身立命之本。倘若与艺术结合而观，其辉煌的学术研究成果实在成为其艺术创造的坚实基础，分明昭示出其学术研究与艺术创造二者之间微妙的辩证统一关系。一个人，单有如饶先生一般的书画艺术崇高造诣已属不易，更何况从某种角度上看，书画之于饶先生而言，尽管是深入其血液骨髓的东西，但就其所花费的时间精力来讲，与投入到广博的学术研究情况相比，似乎也只能算作“余事”而已。或许就是在此层面上，黄苗子先生颇为感慨地说：“一位史学家、语文学家，佛学、敦煌学、美术史学著作等身的学者，而又是一位画家，这在过去，却是罕见。”[3]38

二、艺术为学术的自然提升

2011 年中国书画篆刻界最受关注的大事，便是95 岁高龄的国学大师饶宗

颐先生出任西泠印社社长。要知道，西泠印社上届社长启功先生2005年辞世之后，社长之位一直待贤，大家翘首渴盼了六年才终于迎来了新的掌门人。此举的特殊意义，应是不言而喻的。正如陈振濂强调指出，刻印书画，是社员从艺的立身之本，但只有有学术思想的指引，艺术创作才能找到出发点与方向目标。在这方面，第七任社长饶宗颐先生为我们作出了很好的垂范与榜样。[4]当然，请饶宗颐先生出任西泠印社社长，也是为了更好地坚守西泠印社的传统宗旨："保存金石，研究印学，兼及书画。"

在很大程度上，从饶宗颐先生身上，我们再一次深刻地感受到了中国传统文化博大精深的无穷魅力。当媒体披露香港中文大学教授饶宗颐先生将担任著名印社——西泠印社社长时，一时并非只有"热烈欢迎"和"完全赞同"的声音，甚至有人还生出点异样的情绪。他们似乎颇为不解：饶宗颐先生不会刻章，只能读书写文章，偶尔游戏笔墨，逸笔草草，怎么能够担当得起执掌国际知名印社之重任？所以，实事求是地讲，陈振濂先生的《硕学通儒饶宗颐》开篇文字的文学色彩确有些浓郁："饶宗颐先生出任西泠印社社长，是2011年中国文化界的一件大事，万众瞩目，无不拊掌称善，既庆幸西泠印社得人，又庆幸饶公得时，诚可谓珠联璧合，相得益彰。"[5]45我们应当相信，陈振濂之谓"以饶公目前的修为与造诣，当不当这个社长根本不重要，但正是他积95年的文化自觉，又充分意识到百年名社的品牌价值，才有了这样一段交口称颂的'好姻缘'，从而造就了当代文化史上的一段佳话"[5]45。显然，陈振濂始终将饶宗颐先生出任西泠印社社长要职一事置放于中国文化史之当代文化视野中进行审视评价，无疑具有穿越时空的意义。联系起季羡林先生曾经反复强调过的说法——"中国书法首先是一种文化，然后才是一种艺术"来深入思考，自会发现陈振濂对饶宗颐先生出任西泠印社社长之事的认识，和季羡林先生关于中国书法（包括篆刻艺术在内）的基本观点是一脉相承的。这样的看法，不但没有忽视或低估中国书法艺术的崇高价值，反而是对中国书法艺术异常丰赡的精神价值的最高肯定。也正是在此意义上，我们说那些面对饶宗颐先生出任西泠印社社长一职时流露出异样情绪和发出异样声音的人，多少反映出其心胸的狭隘、理念的粗糙及文化的薄浅，特别于"技""道"之辨的理解和认识上，存在着不小的缺陷。《道德经》四十一章说："上士闻道，勤而行之；中士闻道，若存若亡；下士闻道，大笑之。不笑不足以为道。"当我们领悟到其中的深意后，或许就不再会对他们异样的情绪及声音感到奇怪了。

是的，饶宗颐先生是集学者、诗人与书画家于一身的超拔人才。很大程度上，学者是饶宗颐先生的第一本分，换言之，他是以学术研究来安身立命的，因此，其学术品格显示了饶宗颐先生的本色性情；而艺术家身份，则是深深地植根于学术本身的“别开一枝”。也就是说，他作为一个诗人和书画艺术家，不仅首先将自己坚定地奉献给了伟大的学术事业，从中充分地展现着人生的辉煌价值；而且又在“游于艺”的自由超越境界中，深深地寄托了自己的丰富生命情怀。书画作品包括诗、词在内的文人艺术，充分展露了他的心灵世界和人格境界，委实是不可一日稍离的滋养精神灵魂的圣物。恰如夫子自道：“诗、书、画，是我生命的自然流露。”[6]60

回顾饶宗颐先生的艺术研修历程，其实他开始涉足该领域的年龄是比较早的。先生6岁之时，就热衷于古典文学的阅读，比如《封神演义》便是其最为喜欢的作品。人们常说：文学是一切艺术的基础。此语当具莫大的真理意义。也就是此时，饶先生开始了毛笔习书作画，师从启蒙老师蔡梦香先生学习书法，并喜欢描绘各类人物，尤为喜欢佛像。由于饶先生的两位伯父都是潮州著名的收藏家，藏品甚富，于是，他可充分利用这些家族资源，画山水，临碑帖，乐在其中。特别值得一提的是，1928年即其12岁时，饶先生跟随杨栻老师学习绘画及宋人行草，打下了良好的绘画童子功。大概在他17岁时，饶先生的书画功底便颇为可观，能够将宣纸贴在墙上，抵笔作画，书写擘窠大字。此时，他在书法方面尤喜直接从碑体入手，切实孕育着气势为先的风格，成为其后来一生的书法风采和鲜明特色。[7]1~3

为了研究的方便，陈韩曦将饶宗颐先生从出生迄今为止的近百年历史大致分为八大时期：家学渊源（1917—1938）、发奋潜研（1938—1949）、香港机缘（1949—1954）、四海寻珍（1954—1973）、中西贯通（1973—1978）、遍游神州（1979—1986）、古稀春锄（1987—1996）和永不言休（1997年至今）。[7]2

我们相信：饶宗颐先生的许多议论是富有真理性的。比如，对于“文学”与“艺术”关系的认识，他曾经鲜明指出：“治一切学问，文学是根本。”让我们从一个十分特别的角度，去深刻领会饶宗颐非同一般的生命精神：“万古不磨意，中流自在心。”这就是说，其书画为主的艺术品格，实在是与其学术品格交相辉映的，充分体现了他的独立坚毅与高迈特出。

《饶宗颐二十世纪学术文集》卷十三之《艺术》，包括九个部分：①书学丛论；②画𫖯新编；③远东学院藏唐宋墓志目；④黄公望及《富春山居图》；⑤供春壶考略；⑥明遗民书画初论；⑦八大山人画说；⑧虚白斋藏书画解题；⑨选堂书画题跋集。

其中，“书学丛论”部分，具体展开了对一些问题的讨论，形成了近三十篇论文：《楚帛书之书法艺术》《马王堆帛书艺术序》《由悬泉置汉代纸帛法书名迹谈早期敦煌书家》《汉天寿二年瓮文跋》《晋朱书墓券跋》《关于〈平

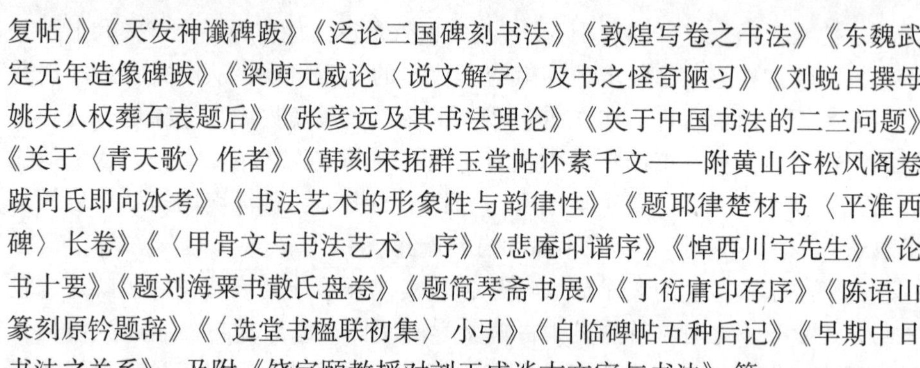

复帖〉》《天发神谶碑跋》《泛论三国碑刻书法》《敦煌写卷之书法》《东魏武定元年造像碑跋》《梁庾元威论〈说文解字〉及书之怪奇陋习》《刘蜕自撰母姚夫人权葬石表题后》《张彦远及其书法理论》《关于中国书法的二三问题》《关于〈青天歌〉作者》《韩刻宋拓群玉堂帖怀素千文——附黄山谷松风阁卷跋向氏即向冰考》《书法艺术的形象性与韵律性》《题耶律楚材书〈平淮西碑〉长卷》《〈甲骨文与书法艺术〉序》《悲庵印谱序》《悼西川宁先生》《论书十要》《题刘海粟书散氏盘卷》《题简琴斋书展》《丁衍庸印存序》《陈语山篆刻原钤题辞》《〈选堂书楹联初集〉小引》《自临碑帖五种后记》《早期中日书法之关系》，及附《饶宗颐教授对刘正成谈古文字与书法》等。

由此可见，饶宗颐先生于书法艺术甚为可观的研究广度和深度。其所涉及的探讨对象，地域上囊括东西与南北之书迹材料，时间上竟揽上下三千年。既有文人精粹笔迹的研究鉴赏，亦含民间书法的深入理解和认识；既有具体碑帖本体问题的深入论证，亦有比较内在抽象书法理论或美学问题的辩证演绎；既有对中国古文字与书法关系的微妙体悟，还有对中国书法于周边国家如日本等的传播与交流关系的深层梳理，并首次利用日本石刻材料证明了中日书法之交流源自唐代[7]99；不仅有传统“碑学”与“帖学”问题的谈论，而且十分智慧地拓展至“简帛学”的论析与提倡。也正是在对“简帛学”的倾心研究基础上，饶宗颐先生敏锐而大胆地提出了自己的关于未来书法艺术发展风尚的合理推断，即关于本世纪书法的出路，理性地认为在经历了过去上千年的帖学和百余年碑学的发展之后，21 世纪的书法应该是“简帛学”的天下，因为简帛上的笔墨，由于其书法是十分随意地写出的，往往不受太多的规范约束，于是显得自由浪漫，具有浑然天成的审美效果，这对于本已颇为程式化发展的书法艺术来讲，无疑成为一个极佳的创新机会。事实上，我们在饶宗颐先生晚年的书法创作表达中，可以比较清楚地发现其于此方面的留意和扎实用功之处，很大程度上，饶宗颐先生在身体力行地探索和落实简帛书风格的凝练和塑造，并切实地收到了令人振奋的效果。[7]95

饶宗颐先生撰于 1965 年的另一文章《论书十要》，虽然文字不多，但内容非常精要，其中“十要”，分明就是关于书法艺术核心问题的十种观点或理念反映，相当于理性地提出“书之‘重’‘拙’‘大’”“书主留、生而忌滑、熟”“学书须由上而下”“险中求平观”“抵壁书丹观”“手摩与心追结合观”“书道如琴理观”“秦汉简帛最堪师法观”“书道与画法相通观”以及“作书与气功无殊相通观”十种书学观。虽为及时的善意提醒，似乎又无异于分量不小的棒喝强调。其用心实在良苦之极也！

而“画预新编”部分，除《小引》与《附录：图版索引》外，也包括近三十篇专题论文:《中国绘画的起源》《临汝彩陶之鹭鱼画与青海之舞人图案》《殷代器物上彩绘的“蚁结”与蛇文画》《楚绘画四论》《马王堆新出〈大一出行图〉私见》《石刻中墨竹之源流》《〈楚辞〉与古西南夷之故事画》《文选序“画像则赞兴”说——列传与画赞》《围陀与敦煌壁画》《敦煌石窟中的言我尼沙》《刘萨诃事迹与瑞像图》《〈历代名画记〉札逐》《跋敦煌本〈白泽精怪图〉两残卷(P·二六八二,S·六二六一)》《张彦远论画分疏密二体》《诗画通义》《词与画——论艺术的换位问题》《李结〈霅溪渔社图〉及其题识有关问题研究》《吴县玄妙观石础画迹》《墨竹画僧方厓考》《从明画论书风与画笔的关联性》《淮安明墓出土的张天师画》《明季文人与绘画》《方以智之画论》《龚贤“墨气说”与董思白之关系》《读渐江画随记》《张大风及其家事》《清初广东指画家吴韦与铁岭高氏——吴韦指画花卉卷跋》《谈李芸甫的家世》和《关于十九世纪画论家对粤画评骘问题的补充》等。

从以上抄录的《饶宗颐二十世纪学术文集》卷十三之《艺术》部分的主要论题,可见其研究的范围是比较宏阔的。倘若细读诸篇大作,值得深思的问题十分丰富。在饶先生鞭辟入里、高屋建瓴的论述中,反映出非常深刻的书画艺术观,完全可以进一步提炼出内容深湛纯粹的书画艺术思想。

“技进乎道”,于书画一途,“道”的内涵同样是极其丰赡的。也只有明晰了“道”的内涵所指,如何练“技”才有了方向和目标。从饶宗颐先生厚重的文章中,实在可以感受到他对“技”的透彻把握,“法”的了然于胸。譬如,于“书”与“画”之笔法,收入“画预新编”部分的《从明画论书风与画笔的关联性》,便从一个比较特别的角度,探讨了“书风”与“画笔”二者之间的微妙关系,从本质上看,很大程度上就是对“书”与“画”之笔法相通性的精辟认识和深刻悟解。他认为:“画家在书法上的训练,他的爱好、取舍方向,配合个性,造成行笔的习惯,以此决定他的画笔的特色。许多人都知道书画同源,但行笔的功夫及其形成的过程,在画面上的运用诸问题,是很需要进一步加以探讨和分析的。”[8]334 显然,如此提示是非常重要的,其关于“明代上承元人遗绪,书与画的结合,比宋代又进一步”的论断是正确的。并且,他还通过对王绂、刘珏、姚绶、史忠、郭诩、陈淳、沈周、文徵明、唐寅、徐霖、莫是龙及邹之麟等诸家的圈点,可以比较清楚地“从他们的书法造诣看出他们画笔所由形成的根底”。于是,他由衷地发出感慨:“画笔与书法正是同一鼻孔出气,处处可悟两者关联处之深。”换个角度审视,实在是无异于表达了自己对书、画二途同源而异流的贯通理解和豁然心胸。饶先生不仅在理论上臻至登高望远的卓越状态,而且于笔墨实践中,更是将书与画二者的基本技法给予贯通彻悟,交融互用。这当然是看到了问题的关键点和要害点。所以，很大程度上，饶宗颐先生于书画的法度认识，是高于常人的，他不仅如此认识，更是如此悉心体会，真是金针度人，令人惊醒。的的确确，在饶先生精湛的书画艺术修炼中，同样十分清晰地昭示着这样鲜明的道理："画家湛深于书道者，明其与画理相通之处，自可左右逢源。惟此须从实践中体会而来。不能迅速立致。艺人致力，须经三熏三沐，何止'八还'，而造境浅深，宛如'十地'。明代各家，深有悟于书、画行笔一揆之理，故造诣往往过于前人。此一关捩，至为紧要。"[8]334~336

三、学艺双修，落笔便高

饶宗颐先生被大家誉为百科全书式的学术大师。可以说，他 70 多载潜心于学术研究和艺术探讨，正因为其坚持学艺双修，于是落笔便高，使流溢于纸上的笔墨异常精彩绝伦，光芒四射，笔墨所幻化出来的丰富深邃的意象世界，直达超凡脱俗之圣境，实在令人叹为观止。

内在地看，饶先生的"学"与"艺"之双修，既有与传统文人本色修炼相一致的地方，又存在着较为显著的个性风格。总体上看，饶先生确乎将学术研究与艺术创造有机地结合在了一起，许多方面，既有相当高度的理论建树，又有卓越辉煌的实践成果，而且十分重要的是，两者之间没有像某些学者型艺术家那样，学术研究是一回，艺术实践又是另一回，两者似乎不存在必要甚至是密切的关联。这在饶先生身上，特别于内容的把握上形成了极好的贯通状态。譬如，饶先生于古文字研究成果甚丰，见解深刻超迈，于是直接促成其甲骨、金文书法的境界构筑。其简帛学的精湛，亦让他于简帛书法的探索中获益良多，并大胆发出前文所述之"21 世纪的书法应该是'简帛学'的天下"的发展预测。

对于敦煌学研究的专注与深入程度，可以其重要成果的取得作为评价的标准，他对敦煌文献的收集、整理与研究，确是不多的学者能比的，像《敦煌本老子想尔注校笺》《敦煌曲》《敦煌琵琶谱》等著作的出版，可见其于敦煌学倾注的莫大心血。正是奠基于对敦煌学的潜心研究，情结所致，饶先生便花费了颇大心力聚焦于有关敦煌写本墨迹的鉴析和研究，并笔耕不辍，悉心摹习。大家知道，就敦煌学研究早期情况来看，方法单一，主要为文献考证，表现为序跋与提要形式，初步开始专题研究，但深入有限，研究内容集中于"四部"之"经""子"，而于造型艺术则基本没有涉及。后来，研究对象逐渐拓展至石窟艺术即主要包括壁画和彩塑两方面。但是，较长时期中，"写经书法在中国一直不被重视"，而日本的中村不折成为最早系统关注敦煌吐鲁番文献的学者，比如《禹域出土墨宝书法源流考》《台东区立书道博物馆中村不折旧藏禹域墨书集成》以及1932年左右出版的《书道全集》中所刊布的较多敦煌吐鲁番写本墨迹，则成为当时比较重要的研究成果。“相比之下，中国的相关研究和发表情况比较薄弱。目前为止，关于敦煌书法最具权威性的综合性大型丛书，仍属饶宗颐先生的《敦煌书法丛刊》（29册，东京二玄社1985年版）。”因此，《敦煌书法丛刊》被学界誉为“敦煌学研究中重要的学术结晶”。可以说，饶先生身体力行地拓展了原有敦煌学的研究内容及范畴，证明了“敦煌写本不仅具备很强的文史资料价值，同时也蕴含着极高的书法艺术价值”[9]49~51。后来饶先生对这套著作特别重加整理，更加偏重书法艺术角度，交由广东人民出版社以《法藏敦煌书苑精华》之名出版发行，惠泽学林，从而引发一种书法演绎的精彩风气。

对于敦煌书法的深度关注，不仅表现出饶宗颐先生对于特殊文化样式的艺术敏感及学术洞察，而且，很大程度上反映了他对于中国传统文化艺术的深深眷念和强烈的责任担当。就是对于进一步丰富传统文化中固有的艺术范型，亦具颇大的启示意义。譬如饶先生对敦煌艺术的内涵与外延便曾于1959年香港大学主办之《东方文化》第5卷第1期上撰文指出：“世人论敦煌艺术，只注意其绘画方面，然莫高窟所出写卷，以数万余计。其中不少佳书，足供爱好书法者之欣赏。惜散布各地，大部流落异国，未有人加以整理。如从此大量写卷，披沙拣金，往往可以见宝，未始不可与碑学相表里，而为法帖增加不少妙品也。”[8]32要之，饶先生是“敦煌写卷书法研究的第一人”[7]64，可见，饶先生一开始接触敦煌书法进行研究，便显出起点的不凡。

2010年8月8日，“莫高余馥——饶宗颐敦煌书画艺术特展”在莫高窟前隆重开幕。这正可谓饶先生“以学促艺”的重要展示，他不仅是敦煌书法艺术研究的开拓者，而且也是敦煌书法艺术摹习的实践家。正是饶先生的学艺双修，自然达成了其落笔便高的超迈境界，而敦煌书法艺术样式的鲜明突出，他“不仅能够掌握汉晋敦煌简的体势，更进一步把这些木简的特点融会在汉隶、北碑及唐人楷法上。在敦煌写经体的书写上，他亦一样运用他独有的笔法，摘取了写经体安闲沉静的特征，化入在楷、行、草甚至章草之中，写出他独特的一种写经体”。当然，以佛学为研究书法（包括绘画）之助，自能获得参悟书法艺术之妙法，亦如其夫子自道：“熟读禅灯之文，于书画关捩，自能参透，得活用之妙，以禅通艺，开无数法门。”此不正是在提醒点拨后学吾辈以达开悟之境吗？而且，特别值得关注的是，积70年功力精心创作的150余件作品的展览，均与敦煌密切相关，分为六大部分：敦煌白描、敦煌彩绘、敦煌风光、敦煌写经体书法、敦煌简牍体书法与敦煌有关文物的描绘。总体

上看，不管是绘画还是书法，艺术创造的题材范围具有相当的一致性，都紧紧围绕着敦煌而展开，主题性非常鲜明，自然地，敦煌学的学术研究便成为敦煌书画艺术创作的坚实基础。饶宗颐先生在其所绘《莫高窟长卷》后所题写的七绝，不仅令人玩味再三，而且更让我们清楚地看到了饶先生钟情于敦煌学及其艺术的那颗滚烫的赤子之心："河湟入梦若悬旌，铁马坚冰纸上鸣。石窟春风香柳绿，他生愿作写经生。"[9]49~51 就是对一些大家看似再平常不过而无须惊异的问题，饶先生亦总能产生新发明，进行新清理，促使人们再思考。真应了那句"真理越辩越明"所蕴含的道理。比如，关于"楷法"问题，饶先生就说："一般书评无不认为三国是楷法真书成立的标准时代。楷有'楷模'的意思，'方正循纪，修短合度'是一种规范化手续。我认为无论甲骨、金文、大小篆、隶、八分，都有它们楷化、草化的过程。石鼓文齐整凝重，本称曰'岐州石鼓铭'，可说是大篆的楷书。楷化、草化的历程是书法演化的主要规律，还需要好好研究。许多前代重要文书如铭石书与章程书，必出之以庄重，表示主'敬'的精神。楷书之形成有其远源，我们看悬泉镇壁间所出汉平帝元始诏令四时月令长文，虽烂残片，缀合后整篇大致可读，字体方整，全是隶中楷法，应该是当时标准的章程书。所以，我们不能轻易便断言三国是楷书形成的年代。"[8]29 可见，对于与此类似的问题的重新清理或梳理，甚至是到了质疑的状态，当然是有利于见惯不怪而实需准确理解和认识的一些问题的解决。这些问题的重新发现、注意及解决，观念与理论先行，实践活动的目的和方向便异常明确，绝不至于昏昏然地糊涂办事，下笔无由，最终影响到艺术学习和创作工作的效果和质量。

对于绘画基本问题的澄清或清理，也充分体现出饶宗颐先生凡事必定认真的态度和作风。如《从考古学上论中国绘画的起源》，让大家对中国绘画的起源有了比较理性的看法。而敦煌的白画，饶先生曾一度研究甚深，今从其对敦煌白画所作的四种类型之分类，完全可以看到他对敦煌白画特色的准确把握：①图画与图案之不分；②白画与彩绘之间插；③画样与雕刻塑像之合一；④没骨与色晕凹凸之混用。正是因为饶先生对敦煌白画的特别研究，他才会作出十分允当的评价，进而认真地提醒大家："故知白画不得徒以画样目之。"[7]57~58 于是，颇为巧妙地纠正了人们固有的机械认识。经过自己多年的慎重研究，并且身体力行地认真探索，饶先生还大胆地提出了"中国西北宗山水画说"，其理凿凿，令人耳目一新，具有振聋发聩的作用。当然，此说的提出，绝不轻率放言，仿佛对敦煌书法给予深刻认识和着实探索一样，对于"绘画西北宗说"，饶先生也是经过了深思熟虑的。饶先生指出："大西北乃中外文化大熔炉，而西北山水更有其独特之处，故山水画应有西北一宗。"于是在此基础上，对“西北宗”的画学背景及画法大概从三方面进行了探讨：第一，“新三远的初想”，即从过去的“平远”“高远”和“深远”改造为“旷远：渺无人烟”“穹远：莽莽万重”和“荒远：大漠荒凉”；第二，“新皴法之开展”：“古人之开展皴法，乃因就所见之真山，观其纹理，以笔墨形容之”；第三，传神写貌。特别提醒大家：“故欲描绘西北山水，开一新境界，亲历其地是必须条件。”文后附有饶先生颇具鲜明探索特色的西北山水图版共六张，理论与创作极佳地结合在一起，说服力倍增。可见，饶之“提倡西北宗仍是一个新的启示”。比较而言，饶宗颐先生与古往今来的众多重实践而轻理论的那些“知其然而不知其所以然”的书画名家确乎拉开了不小的距离。换言之，要深入了解饶先生的书画成就，非从其书画理论着手不可。因为饶宗颐先生的身上，充分显示了理论对于艺术实践创作的切实指导作用，而绝非互不相关的两张皮。[10]46 如此独具新意的书画作品，在饶老先生那儿，可谓比比皆是。

例如：2001 年选堂书廊所勒十六种书法作品，构成一组规模宏大的书法系列，或创或拟或临，很大程度上均可视为自运之作。就书体而言，篆、隶、楷、行、草均有涉及，其中篆书包括甲骨文、金文及悬针篆，隶书包括汉碑、帛书及漆书，行、草二体更是变化丰富，浪漫多姿。为了长久保存，现已刻制成碑，其影响必将巨大深远。[1]90~99

2004 年饶先生为中山大学八十周年校庆特以篆书题词“岭学辉光，开来继往”八个大字，将大篆的用笔自然融入小篆的结体之中，点画峻厚，格调古雅，整中寓变，气韵超迈，正是如此深远境界的笔墨，生动地揭示出历史积淀甚为厚重的中山大学八十年所取得的无比辉煌的树人业绩。[1]11 2008 年行草维摩诘经句并维摩诘像，画题“一尘不染”四大字，碑趣浓郁，用笔方圆交融，劲挺大气。人物维摩诘像显得气定神闲，浑身的婉转畅达线条，正与人物流露的神态相谐，旁边的大写意丛树作了极好的陪衬烘托。行草维摩诘经句书写占据了不少篇幅，不仅与“一尘不染”四字呼应，而曲直、敛放、纵横、疏密、断连等对比用笔，弥增满纸奇纵之意，这些行草维摩诘经句的笔墨，亦与维摩诘像所施之线形成对比和协调关系，似乎多少流露出修炼佛法过程中的“勇猛精进”状态。92 岁老人，能有如此瘦硬遒劲之挥运，实在可观得很。

2008 年饶先生所作的“莲花化佛图轴”，以“金描莫高一七二窟盛唐荷花，并录观佛三昧海经句”，图轴上部主体分四行题写“一莲花上八万四千化佛一一化佛八万四千诸大菩萨以为眷属”，首行轴线显著摇曳，次行摆动稍小，三行自上而下向左倾斜，末行仅两字，复归端严平正，也就是说画面上部的题字，从右至左呈现出由动而静的情绪变化，中部圣洁的金莲花之莲梗

成“S”状，下部的流水充满了禅味的动意。可见，整个画面浑然一体，看似简单，实则颇具匠心，确具以简形寓繁意的艺术效果，直臻蕴含丰富的哲理境界。妙矣哉!

2009年行书“欲除、各有”联，用笔敛放自如，势纵韵逸，又不乏劲健拙厚之气，亦正如夫子自题曰：“以唐人写经纵笔作榜书联，弥见拙厚之势。”且所书内容充满佛理禅趣，指示着人生修炼的超脱之路：“欲除烦恼须无我，各有前因莫羡人。”

2010年篆书敦煌百年纪念联，以古篆意趣书之，线条充满灵动之气，雅致俊逸，书卷气扑鼻，发挥着“悬针篆”的优势，再加长跋行书的映照，越发辉煌灿烂。

稍早时间即书于20世纪90年代的隶书“敦煌简轴”，方笔特色突出，波挑显著，字体大小一任自然，隶书用笔中孕育着楷书的趣味，拙中藏巧，境界超迈。

而另一件明确纪年为1998年的楷书（笔者注：原著为“行书”，不妥）“匹马杏花”联，特以“茅龙笔”书之，出以惯常的碑气骨帖血肉之面貌，虽自题“意在坠简鹤铭之间”，但方而不薄，峻厚清高，绝不斤斤计较于点画细微处，如“花”“春”等字十分巧妙而自然地融进篆书的结构，确又以行书之意趣贯通整个对联，率意洒脱，格调超绝，真有“格超梅以上，品在竹之间”的意境，实乃自运笔墨，令人神清气爽。

1995年的楷书“仗酒任船”联，乃“集姜白石、葛长庚词句”，款语特别言明“以云林子笔意书之”，一派萧散清雅之气扑人颜面。[2]27 更早纪年为1990年所作“西泠印社图”长卷，泼彩淋漓酣畅，大胆留白，虚实之间，确将西泠印社空阔浩渺景象跃然纸上，令人心旷神怡。或许，神秘地理解，自饶先生挥写下“西泠印社图”长卷之时，便已与西泠印社暗结下不解之缘。

篇幅所限，不再赘举。

至此，我们应该基本明白饶宗颐先生这位真正的“学术大师”“艺术巨匠”是如何炼成的了。也正是在此意义上，我们赞同陈振濂在其文《硕学通儒饶宗颐》中的观点以及具体的阐述意见。但是，陈先生说：“毕生从学心无旁骛，专心治学不计功利，一辈子除了学术之外并无他求，学余唯以翰墨丹青自娱，又因其学术高深，境界宏阔，而使本来仅仅自娱的书画艺术也在不经意中达到常人难以企及的高度。”[6]46 联系上文的论述，多少可知陈说所谓“学余唯以翰墨丹青自娱”和“使本来仅仅自娱的书画艺术也在不经意中达到常人难以企及的高度”中的“自娱”与“不经意”实在是不可简单理解的，其中自具相当的哲学辩证性，唯其“自娱”的追求，直与康德所谓“审美无功利”达成贯通，表面上看是“不经意”于书画，实际上是超乎了世俗趣尚的功利追求，远离喧嚣，心无挂碍，不激不厉，正好便于臻至“无意于佳乃佳”的审美超越境界。于此，一方面显示了饶先生承继并发扬着宋代东坡居士等所倡导的“文人画”精神风气；另一方面，也是饶先生建立于非凡学术造诣基础之上的艺术灵光所呈现出来的“大师气度”的真实写照！

四、人品、学品与艺品的有机统一

饶宗颐先生强调：“艺术是个人精神之总表现。”换言之，“书法是反映生命的艺术”。这在著名美学家宗白华先生看来，是再平常自然不过的事情。从某种角度上看，书法之于人生的透彻展现，实在与绘画相当，甚至比绘画来得更为深刻或微妙。宗白华先生就说：“中国古代的书家要想使‘字’也表现生命，成为反映生命的艺术，就须用他所具有的方法和工具在字里表现出一个生命体的骨、筋、肉、血的感觉来。但在这里不是完全像绘画哀痛时放出悲声，直接模示客观形体因而能在脑筋里构造概念，而是通过较抽象的点、线、笔画博采众美，使我们从情感和想象里体会到客体形象里的骨、筋、肉、血即谓之字，就像音乐和建筑也能通过诉之于我们情感及身体直感的形象来启示人类的生活内容和意义。”[11]402 又说：“中国的书法，是节奏化了的自然，表达着深一层的对生命形象的构思，成为反映生命的艺术。因此，中国的书法，不像其他民族的文字，停留在作为符号的阶段，而是走上艺术美的方向，而成为表达民族美感的工具，这也可说是中国书法的一个特点。画与书法，差不多是分不开的，绘画的发展，越来越与书法联系起来，画的价值往往与书法的价值结合在一起。”[11]611～612 显然，饶先生与宗先生的说法是完全一致的，二者对书画笔墨所蕴含或彰显的生命精神给予了充分肯定。

中国人品文论艺，向来是极重“知人论事”的。我们从饶宗颐先生对米芾之“看书者要‘人人’”的看法，亦可见饶宗颐先生对此问题的关注和重视，所谓“人人”，不正与此“知人论事”具有异曲同工之妙吗？且读饶宗颐先生的有关论述，他说：“米芾指出看书者要‘人人’。‘人人’是说鉴赏者应当对作品的书者有所了解，要有深入的认识。评者有入木（三分）的能力，其评论才有‘人人’的效果，否则只是隔靴搔痒！这是‘知人’的事。其实，要紧的还是书者本人，我想借米氏之言，下一转语，来论书者的成就的问题。我说：在知者方面，要能‘人人’，在书者方面，却要能‘人入’。‘人入’然后‘笔入’。笔能入纸，他的笔路才与人不同，摸出他自己的道路，书中有我，是为‘人入’，这样的‘人入’，方才构成独到的‘笔入’，

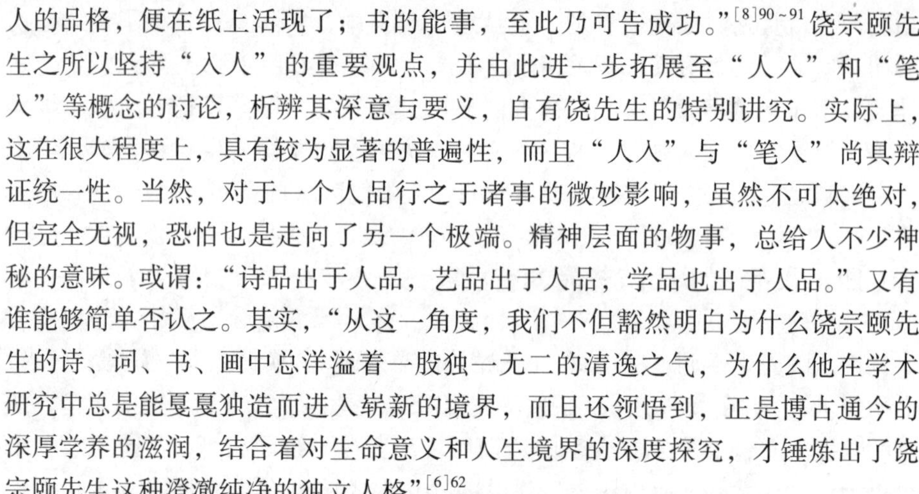

人的品格，便在纸上活现了；书的能事，至此乃可告成功。”[8]90~91饶宗颐先生之所以坚持“入人”的重要观点，并由此进一步拓展至“人入”和“笔入”等概念的讨论，析辨其深意与要义，自有饶先生的特别讲究。实际上，这在很大程度上，具有较为显著的普遍性，而且“人入”与“笔入”尚具辩证统一性。当然，对于一个人品行之于诸事的微妙影响，虽然不可太绝对，但完全无视，恐怕也是走向了另一个极端。精神层面的物事，总给人不少神秘的意味。或谓：“诗品出于人品，艺品出于人品，学品也出于人品。”又有谁能够简单否认之。其实，“从这一角度，我们不但豁然明白为什么饶宗颐先生的诗、词、书、画中总洋溢着一股独一无二的清逸之气，为什么他在学术研究中总是能戛戛独造而进入崭新的境界，而且还领悟到，正是博古通今的深厚学养的滋润，结合着对生命意义和人生境界的深度探究，才锤炼出了饶宗颐先生这种澄澈纯净的独立人格”[6]62。

就艺术面目及其所臻至的崇高不凡境界审视，饶宗颐先生的书法正可谓超迈脱俗的“学者字”；而其绘画状态亦可谓清逸深邃的“文人画”。很大程度上，饶宗颐先生所铸就的精妙绝伦的书法与绘画两种艺术，是一而二又二而一的有机相融的统一体。陈衡恪先生早就强调：“文人画之要素：第一人品，第二学问，第三才情，第四思想；具此四者，乃能完善。盖艺术之为物，以人感人，以精神相应者也。”或许，有人会说，今天还来言语什么“人品”“学品”及“艺品”之类，纯属保守落后之论调。自从对宋代蔡京、元代赵子昂、明代王铎、清代张瑞图等的书法艺术翻案以来，人们就开始质疑起“人品”与“书品”之间的相融一致性来，甚至在二者的分开考究上，似乎也大致达成相对统一的看法。尽管如此，我们仍然不能淡忘或忽视一个人的品格德行在其艺术创造中微妙而深刻的影响。在很大程度上，我们相信：无德者必与大师无缘！清人刘熙载于其《艺概·书概》中说：“书者，如也；如其学，如其才，如其志，总之曰如其人而已。”因此，大师笔墨的力量从根本上看，则是源自书法家的道德力量，“大德之人，其书法之气韵必为大德所化，隐隐然正气充乎其间，一点一画、一笔一墨无不感人至深”，可见，“品德高是最关键亦是最重要的因素”[12]46。也正是在此意义上，虽然在传统文人眼中存在着“重德轻艺”而多视艺术为雕虫小技的情况，但是，“德成而上，艺成而下”又确乎具有相当的真理价值。不然，我们的古人是不会努力地追求“技进乎道”的。饶宗颐先生之所以能够获得今天人们无限崇拜和仰视的巨大成果，首先便在于他具备了卓然不凡的崇高人品，由此自然促成了他澄澈学品和纯粹艺品的锻炼和铸就。饶先生的身上，充分体现出了儒家的真精神，其虽为一介书生，但于学术研究和艺术修炼上，是绝对的“勇猛精进”；

其亦不乏道家的冲和逍遥，淡而韵丰；其仍具有佛家的隐忍超脱，并直达自在。可以说，中国传统文化中儒、道、释三家的精髓智慧，均交集于饶先生博大精深的学艺世界中。正是在此意义上，可以十分肯定地说，“慈善喜舍”的饶宗颐先生的人品、学品与艺品，是真正达成了高度圆融和有机统一的。

是的，饶宗颐先生一贯强调“学问要‘接’着做，不能‘照’着做”。其实不论为学，还是修艺，其理相通，接着做便有继承，照着做就只有沿袭而已，简单地遵循“述而不作”的固有原则，显然是跟不上时代潮流的发展，必定要落后的。薪火相传，意在越燃越旺。所以，饶宗颐先生正是以“万古不磨意，中流自在心”的伟岸气魄，学艺兼修，互相促进，相得益彰，以超迈古今的坚韧毅力和吞吐天地的浩大胸怀，紧紧地拥抱悠久灿烂的传统文化，异常成功地开创出了个性独特、境界卓越的书画艺术世界的。这不仅是深深地扎根于中国传统文化所绽放的一朵艺术奇葩，而且是中国文人画血脉的自然延续；同时，我们相信，随着时间的推移，喜欢其艺者定当景行如流，饶宗颐先生的艺术精神必将大放光彩。

五、结语

综上述论，乐于“造化心源”的饶宗颐先生，以“接着做”的素朴之心，直接贯通中国文人艺术之精神血脉，静而不躁，潜心问道，学艺双修，品学兼优，德艺双馨，领异拔新，以异常坚实的学问功底为基础，自然绽放出灿烂辉煌的艺术之花，已经臻至大圆融大自在的崇高境界。传统儒家提倡士人应有“三立”：立德、立功和立言。饶先生于此三者均有精彩的表现，当不愧为“九州百世之‘东洲鸿儒’”。饶宗颐先生杰出的文人书画创造，让我们充分地感受到，中国文人艺术的优秀传统不仅没有断绝，而且在饶先生的辛勤耕耘下，凭着饶先生的大智大慧，已经达到了当代文人艺术的最高峰，体现着如意无碍的自在心。倘若将其平生的丰富阅历视为一个完整的大圆，那么其学术研究便是内在的一个十分饱满的同心圆，再往里则为关于艺术研究与创作的一个令人深深感动的同心圆。饶先生不仅与书画、音乐和文学创作为中心的研究与创作是有机相连的，而且艺术研究当为其学术研究的有机组成部分。因为饶宗颐先生是真正的文人，甚至有人将“饶宗颐教授在学术研究上的50项第一”[7]240~241一一罗列出来，其学术研究成果的异常显著便是真文人的绝对支撑。所以，其所铸构的精彩文人艺术便是气度非凡的伟大艺术！或许，如同文人书画一般的文人雅兴，在很大程度上已经成为历史，风采难再，但“众里寻他千百度，蓦然回首”间，我们从饶宗颐先生的身上，

分明又观照到了一种当代真正的文人艺术景观。“翔鸟腾千里，好花开四时。”饶宗颐先生的艺术世界，是那样的美丽无比，予人无穷的精神感召和心灵震撼，故其必将具有极其深远的启示意义。

参考文献

[1] 黄挺、林枫林主编：《从韩江走向世界——饶宗颐之旅》，香港：博士苑出版社 2005 年版。

[2] 西泠印社编：《西泠印社》，杭州：西泠印社 2012 年版。

[3] 黄苗子：《〈饶宗颐书画〉序》，见西泠印社编：《西泠印社》，杭州：西泠印社 2012 年版。

[4] 陈振濂：《主编导语》，见西泠印社编：《西泠印社》，杭州：西泠印社 2012 年版。

[5] 陈振濂：《硕学通儒饶宗颐》，见西泠印社编：《西泠印社》，杭州：西泠印社 2012 年版。

[6] 林伦伦主编：《饶宗颐研究》（第一辑），广州：暨南大学出版社 2011 年版。

[7] 陈韩曦：《饶宗颐学艺记》，广州：花城出版社 2011 年版。

[8] 饶宗颐：《饶宗颐二十世纪学术文集》卷十三《艺术（上）》，北京：中国人民大学出版社 2009 年版。

[9] 张永强：《石窟春风香柳绿，他生愿作写经生——饶宗颐先生对敦煌学和敦煌书法的研究与艺术实践》，见西泠印社编：《西泠印社》，杭州：西泠印社 2012 年版。

[10] 郑欣淼：《贯通融会，领异拔新——〈饶宗颐艺术创作汇集〉代序》，见西泠印社编：《西泠印社》，杭州：西泠印社 2012 年版。

[11] 宗白华：《中国书法里的美学思想》，见林同华主编：《宗白华全集》（第三卷），合肥：安徽教育出版社 1994 年版。

[12] 杨吉平、李亚杰：《大师五议》，《书法》2012 年第 12 期。

附　录

本文为 2013 年教育部规划基金项目“现象与观念——历史艺术学视角下的先唐艺术文献研究”（项目批准号：13YJA760047）、2011 年度教育部新世纪优秀人才支持计划（编号：NCET－11－0553）的阶段性成果之一。

读《〈选堂诗词集〉序》有感

苏州大学文学院 马亚中 牡丹江师范学院中文系 高春花①

摘 要:《〈选堂诗词集〉序》是钱仲联先生在1991年为饶宗颐先生的《选堂诗词集》所作的序。在这篇序言中钱先生认为与王国维、陈寅恪相比，饶先生诗歌之长处在于所承至博，学与诗合；而与黄遵宪、康有为相较，其长处就在于篇什之富与工于内籀，以上这些足见饶先生为“诗之大”者。

关键词:《〈选堂诗词集〉序》 所承至博 学与诗合 篇什丰富 工于内籀

钱仲联先生曾于1991年（辛未）作《固庵文录序》，时值饶宗颐先生《选堂诗词集》再付剞劂，固又有此《〈选堂诗词集〉序》。如今再读先生之序，先生之音容笑貌，恍然如昨，而对饶先生之诗词亦有更深之体悟。

饶先生学贯中西，为“并世之容甫与观堂”[1]，诗词仅是其学术浩海之一粟。钱先生在《〈选堂诗词集〉序》中先将先生与王国维、陈寅恪相衡量，继又与黄遵宪、康有为絜长短。

钱先生认为饶先生之诗歌与王国维、陈寅恪比，其长处在于所承至博，学与诗合。王国维与陈寅恪皆以余事为诗，然亦非墙外。但钱先生认为王国维取径不高，与其蕴含之哲理不符。即如其名篇《颐和园诗》亦有欠缺；一是“为纳兰后颂德”，一是“为满洲王朝抒采薇之思”。王国维奉行“以诗补史”[2]，《颐和园诗》即是其“以诗补史”之一例，但钱先生认为此诗不如王闿运之《圆明园词》为一代诗史，盖前者渗有“文化遗民”之心境。与此相类，钱先生认为陈寅恪之名篇亦有“殷顽之遗绪”。其短篇又多“羼酬应牵

① 作者简介：马亚中（1957— ），男，江苏常熟人。文学博士，苏州大学文学院教授，博士生导师，古代文学学科带头人，中国近代文哲研究所所长，著有《中国近代诗歌史》《陆游全集校注》等，曾获省级、国家级奖项。高春花（1978— ），女，汉族，黑龙江五常人。牡丹江师范学院中文系副教授，南京师范大学古代文学硕士，苏州大学博士。

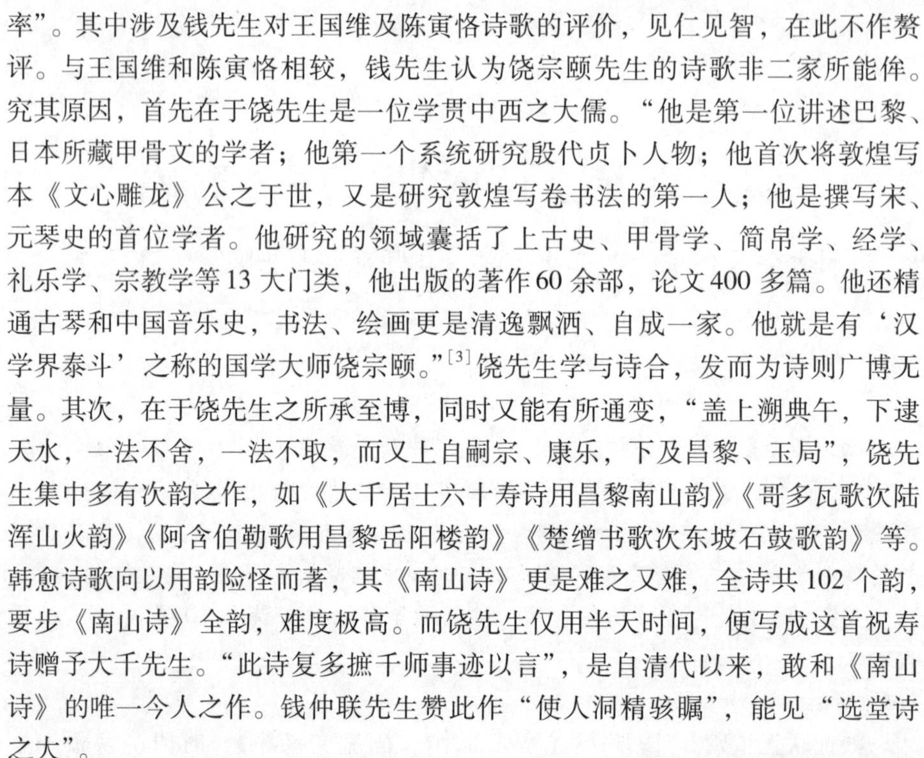

率”。其中涉及钱先生对王国维及陈寅恪诗歌的评价，见仁见智，在此不作赘评。与王国维和陈寅恪相较，钱先生认为饶宗颐先生的诗歌非二家所能侔。究其原因，首先在于饶先生是一位学贯中西之大儒。“他是第一位讲述巴黎、日本所藏甲骨文的学者；他第一个系统研究殷代贞卜人物；他首次将敦煌写本《文心雕龙》公之于世，又是研究敦煌写卷书法的第一人；他是撰写宋、元琴史的首位学者。他研究的领域囊括了上古史、甲骨学、简帛学、经学、礼乐学、宗教学等13大门类，他出版的著作60余部，论文400多篇。他还精通古琴和中国音乐史，书法、绘画更是清逸飘洒、自成一家。他就是有‘汉学界泰斗’之称的国学大师饶宗颐。”[3]饶先生学与诗合，发而为诗则广博无量。其次，在于饶先生之所承至博，同时又能有所通变，“盖上溯典午，下逮天水，一法不舍，一法不取，而又上自嗣宗、康乐，下及昌黎、玉局”，饶先生集中多有次韵之作，如《大千居士六十寿诗用昌黎南山韵》《哥多瓦歌次陆浑山火韵》《阿含伯勒歌用昌黎岳阳楼韵》《楚缯书歌次东坡石鼓歌韵》等。韩愈诗歌向以用韵险怪而著，其《南山诗》更是难之又难，全诗共102个韵，要步《南山诗》全韵，难度极高。而饶先生仅用半天时间，便写成这首祝寿诗赠予大千先生。“此诗复多摭千师事迹以言”，是自清代以来，敢和《南山诗》的唯一今人之作。钱仲联先生赞此作“使人洞精骇瞩”，能见“选堂诗之大”。

“选堂诗之大”还在于篇什之富与工于内籀，这也是钱先生认为饶先生高于黄遵宪、康有为之处。黄遵宪曾出使日、英、美、新加坡等地，足迹遍布五洲，其诗歌也以“眼有东西万国风”而赢得世人称许。康有为在戊戌政变失败以后，“流亡出国，开始其汗漫四海的生涯。他两年居美、墨、加，七游法，九至德，五居瑞士，一游葡，八游英，频游意、比、丹、那，久居瑞典”[4]。饶先生飙轮所至远超二公。如《佛国集》收诗47首，乃“读书天竺，归途漫游锡兰、缅甸、高棉、暹罗两阅山，山川风土，多法显、玄奘、义净所未经历者”（《佛国集》小记），且集中多和东坡七古之作，新人耳目。《西海集》共收诗91首，分为五个部分：第一部分是法、意纪行诗，记载古罗马圆形剧场遗址、巴黎铁塔、拿破仑墓、伯罗亚宫、沙维尔行宫等意大利和法国的风景名胜；第二部分是西德纪行诗，富兰克福、歌德故居和慕尼黑纳粹集中营等都形诸笔端；第三部分是意大利纪行诗，记其1958年重游意大利，游历了罗马、巴都亚城、佛罗伦萨、威尼斯等地之经历；第四部分是西班牙纪行诗，记载其1976年秋赴西班牙游访阿含伯勒宫以及中古回教三大圣地之一的哥多瓦等地；第五部分是再游法国纪行诗，《白山集》共收诗36首，记其1966年春与汪德迈作阿尔卑斯山之游，游罗马剧场遗址，访雨果故居，观巴黎圣母院、拿破仑行宫等地。《黑湖集》共收诗34首，记其与戴密微教授偕游瑞士，“山色湖光，奔迸笔底”（《黑湖集》小记）。“《羁旅集》则多写日本、北美等众多地方的山川风物，集中又有用东坡百步洪韵、连叠五韵，分别记写游历北美的尼亚加拉瀑布、多伦多马蹄瀑、香港梅窝银矿湾、日本的鹿苑、吉林青山寺五处名胜的所见所感，才力充沛，气魄宏大。《南征集》共收诗73首，为1973年诗人在新加坡整理编定，由三个部分组成：第一部分是在新加坡的写景抒情之作；第二部分是游印度尼西亚峇厘（现译为‘巴厘’）岛而作杂咏；第三部分是游印尼都拍湖所作绝句。”[5] 饶先生“五洲占其四”，此古诗人所不可企及，也是饶先生胜于黄、康者之一也。

饶先生长处还在于能将所历都形之于诗篇，故其篇什之富是黄、康二公所望尘莫及的，此其胜于黄、康之二者。黄遵宪之名篇巨制如《西乡星歌》《都踊歌》《赤穗四十七义士歌》《罢美国留学生感赋》《流求歌》《逐客篇》《纪事》《八月十五夜太平洋舟中望月作歌》《锡兰岛卧佛》《今别离》《登巴黎铁塔》《以莲菊桃杂供一瓶作歌》《番客篇》等，实现了其“诗界革命”之宏愿，一扫古体诗之陈腐暮气，然不过一百十四余首；康有为之名篇如《美洲观瀑》《所罗门城墙》等篇，怪伟雄奇，但总量稍逊，饶先生则先后有三百余篇问世。

饶先生胜于黄、康之三者在于其和作皆能自写胸臆，“不为貌袭”。先生和作如和韩愈者《和韩昌黎南山诗并注》；和阮籍，如《长洲集》，集中收入其在五天内所遍和阮籍的82首《咏怀诗》；和苏轼，如《南海唱和集》，收录其和苏轼《海南赠息轩道士》韵作47首。先生之和作能如此神韵多得力于其有自己的诗学主张。《长洲集》后附有选堂的一篇重要诗学文献《与李棪斋论阮嗣宗诗书》，此文针对李棪斋滞于双声叠韵和片面拘守声律的观点展开阐析。首先，他明确表示反对墨守音律作茧自缚，表达了反拘泥重创造的诗学思想：“兄过重视双声叠韵，八音克谐，唇吻遒会。而变化随心，原无定法，何必一一墨守，作茧自缚。故和阮诗，恐不宜措意于此。”其次，提出了“通天地之气，静万物之神，固上下之位，定性命之真”，反对繁声缛节，强调通大体从而臻太和之境的声律观。再次，认为忧患是阮籍诗心之所系。而先生之忧患，更有甚于阮公者，故敢和阮诗。最后，指出其和作“独窥慕其气，即于阮公之辞藻亦偶用其一二，仅效其使气之术，依韵而已”[5]，所以先生和阮诗作神完气足，游刃有余，卓然自立。其余和韩、苏诸作亦能自成面目，“自写新吾”。

饶先生之作之所以能取得如此之成就，还在于先生所处之世，先生乃时势所造之英雄。以公羊家三世说来比证，先生所处之世为“所见之世”也。

钱先生认为："选堂先生所处、所见之世也，卢沟炮火迸发，神州寓县，未沦于敌者，回、藏而外，西北鄜州及西南滇、蜀残山一角耳。板荡凄凉，虫沙载路，其犬牙交错之壤，亦敌蹄蹂躏所恒及也。此皆选堂与余身亲而目击者。当是时，海内诗人起而为定远投笔者有之矣，愤而为越石吹晋阳之笳者有之矣，遁迹香江，坐穿幼安之榻者有之矣，讲道交州，为成国之著书以淑世者有之矣，拾橡空山，歌也有思，哭也有怀，藉诗骚以召国魂者有之矣。杨云史、马一浮、林庚白、杨无恙诸君之作，世之所乐颂，而选堂先生《瑶山》一集，尤其独出冠时者也……长吟短咏，出自肺腑，入人肝脾。以视浣花一老《悲陈陶》《悲青坂》《塞卢子》《彭衙行》以及《发秦州》至入蜀初程山水奇峻之作，亡胡洗甲，世异心同。余亦尝隶永嘉流人之名矣，桂峤南北，违难时哀吟之地，今诵《瑶山》一集，所以感不绝于余心也。是集也，盖继变风、变雅、灵均、浣花以来迄于南明岭表义士屈翁山、陈独漉、邝湛若之绪而扬之，其谁曰不然。"钱先生认为与杨云史、马一浮、林庚白、杨无恙诸君之作品相比，饶先生的诗歌冠绝一时，其《瑶山集》堪称一代诗史。饶先生亲历国土沦丧，痛心疾首，发而为诗则"沉郁顿挫"。如其在五古长篇《寄怀瑞徵丈以尚有秋光照客衣为韵》中写道："连月失名城，势如拉枯朽。反怕消息来，寸心亦何有。六合惊涂炭，微生同敝帚……"烽火连天，诗人那种既渴盼消息到来又唯恐噩耗纷至的矛盾心情溢于言表，生灵涂炭与民生多艰亦时时刺痛诗人之心，忧患之情不言而喻。此外如《哀桂林》和《哀柳州》两首古体诗，同样抒写了诗人心中因山河破碎、国土沦陷而生的悲愤情怀。"霸业雄图今奚似，滔滔桂水流民泪"表达的是诗人多么深广的忧愤，这也是先生对屈原、杜甫以来的爱国忧患诗风的承继与开拓。屈大均、陈恭尹、邝露皆为岭南明清之交爱国志士，其诗歌激越苍凉，充溢着沉郁的爱国主义激情，达到了岭南诗歌的最高水平。钱先生以此相称，表明了他对饶先生诗歌思想内容的高度肯定。

同时，饶先生的《瑶山集》更具有诗歌史的意义。"从诗歌史的角度来看，《瑶山集》相当典型地表现了现代学人之诗的基本特征。首先，从精神品格来看，《瑶山集》描写了羁旅漂泊之感，但扫除了传统士大夫诗人的怀才不遇之悲；表现了对国家民族命运以及人民大众的深切关怀，但扫除了传统士大夫诗人的仕途功名之念；描绘了山林泉石之奇之美，但扫除了士大夫诗人的隐逸出尘或身在江湖心念魏阙的传统心理。概言之，他是以一个现代学者诗人独立自由的姿态，观察和体验着社会人生和山水自然，并将其化为诗学之表现；从而传统文化中那些陈旧的腐臭的气息被彻底清洗掉了，诗歌的精神领地显得无比纯粹无比超逸。"[6]

此外，钱先生对饶先生之词亦多赞赏，认为“其短令，妙造自然，乃敦煌曲子、南唐君臣、欧、晏、淮海、饮水、人间之遗；其慢词，密丽法清真，采入其阻，清空峭折，得白石之髓，不落玉田圈缋”。不独如此，饶先生还以治史之法治学，即文化史方法，钩沉探颐，原始要终，上下求索，而力图其贯通，其贯通结果，即为对于人类精神史之思考与感悟。以此为词，自然“别具一副心眼，在两宋诸大家外”（罗忼烈《选堂近词引》）。其创造的“形上词”乃是一次有意识的尝试，其在《固庵词》中标榜“幽敻”之境也别具手眼，这为“二十一世纪开拓新词境，创造新词体”[7]。

最后以钱先生在序言中的赞语结束全篇，以此缅怀钱先生，并表达对饶先生之敬意。

“已得大全智，圆满大梵道。”

参考文献

[1] 钱仲联：《固庵文录序》，见饶宗颐：《固庵文录》，沈阳：辽宁教育出版社 2000 年版。

[2] 罗惠缙：《王国维“以诗补史”的诗学阐释》，《中国文学研究》2011 年第 3 期，第 89 ~ 92 页。

[3] 王剑雄：《一代通儒饶宗颐》，《山西青年》2013 第 Z1 期，第 24 ~ 27 页。

[4] 张治：《康有为海外游记研究》，《南京师范大学文学院学报》2007 年第 1 期，第 42 ~ 52 页。

[5] 赵松元：《浮磬铿锵　明珠璀璨——饶宗颐 1949—1978 年诗歌创作略述》，《韩山师范学院学报》2008 年第 29 卷第 1 期，第 1 ~ 8 页。

[6] 赵松元：《论饶宗颐〈瑶山集〉的艺术成就》，《学术研究》2005 年第 8 期，第 135 ~ 139 页。

[7] 施议对：《为二十一世纪开拓新词境，创造新词体——饶宗颐形上词访谈录》，《文学遗产》1999 年第 5 期。

“清”：选堂诗词艺术魅力之审美解读①

韩山师范学院中文系　赵松元　林　钰　陈洁雯②

摘　要：“清”，体现着选堂饶公清空澄明的人生境界与审美理想，映现着他丰盈的文化心灵与其诗词书画的独特气韵。中华民族是一个崇尚“清”的民族，有着绵延久远的“尚清”精神文化传统。饶公清气之养成，首先就是对于传统“尚清”文化的绍继和发扬，其次与其家学、禀赋、阅历与学养相关。饶公之为人治学与文艺创作正是秉承和弘扬了中国文化与中国文学的“尚清”意识。饶公澄澈清纯的人格气韵，使其诗词作品清气横溢，形成一种最令人瞩目的审美特质。从文辞意象的角度来看，饶公的诗歌常有一种格高调远的韵味，有一种清新俊逸的美感。饶公以“清气”营造“清境”，创造了一种清醇高远、清空澄明的诗学境界。饶公的高迈人格和清逸诗格，提供了富有启迪意义的人生范式和审美范式，具有极高的审美价值。因而，选堂饶公的诗词作品可视为中国传统诗词乃至文化生命在当代的创造性延续，是中国文化艺术宝库中不可或缺的精神财富。

关键词：选堂诗词　清　尚清意识　诗学境界　审美价值

一、引言

韩文公《进学解》尝以“吐辞为经，举足为法，绝类离伦，优入圣域”称誉孟子和荀子两位儒学大师。集学术大师与艺术大师于一身的饶宗颐先生，其人生境界与学术境界、艺术境界则堪称当代“优入圣域”的超卓之士。笔者尝著文从自在、独立、充盈、坚毅的角度专论选堂饶公的生命精神[1]，但

①　本文为广东省人文社科研究基地重大项目“饶宗颐与20世纪中国诗学”阶段性成果之一。项目编号：11TDXM75002。

②　作者简介：赵松元，男，韩山师范学院中文系主任，教授。林钰，女；陈洁雯，女，韩山师范学院中文系汉语言文学专业2009级学生。

随着对饶公的人生、学术与文学创作了解的渐趋深入，深感原来的观点还不够全面，对饶公的生命精神的把握，除坚毅独立、充盈自在外，还必须加上“清逸澄明”四字。饶公曾将其所有韵文作品编为《清晖集》[2]，“清晖”两字取自大谢《石壁精舍诗》“昏旦变气候，山水含清晖，清晖能娱人，游子憺忘归”句，它深为饶公赏爱[2]510。就文艺而言，饶公诗书画兼通而皆臻于极致。观其画，品其书，吟其诗，我们都有灵气氤氲、清气满纸之感。我们有理由认为，“清”，体现着选堂饶公清空澄明的人生境界与审美理想，映现着他丰盈的文化心灵与其诗词书画的独特气韵。本文拟对选堂诗词之“清”进行审美阐释，以求教于大方之家。

二、饶公“清气”之养成原因

在中国文化语境中，“清”常用以形容人之富有超越性的纯洁高雅的精神品格。《说文解字》释“清”曰：“清，朖也。澄水之貌。”段玉裁注云：“朖者，明也。澄而后明，故云澄水之貌。引申之凡洁曰清；凡人洁之亦曰清。”[3]550正因为“清”字蕴含着的是澄明纯洁之美，是以中国古人常以“清”表述和赞誉一种超凡绝俗、远离世尘的气质。胡应麟《诗薮·外编》卷四就以文学语言阐释了“清”的精神意蕴：“清者，超凡绝俗之谓。绝涧孤峰，长松怪石，竹篱茅舍，老鹤疏梅，一种清气，固自迥绝尘嚣。”[4]185中华民族是一个崇尚“清”的民族，有着绵延久远的“尚清”精神文化传统。《孟子·离娄》载有《孺子歌》：“沧浪之水清兮，可以濯我缨；沧浪之水浊兮，可以濯我足。”这一古老的民谣艺术地传达出春秋战国时期中国文化对“清”的崇尚。这一“尚清”传统应该始源于老庄清静无为的哲学思想，老子曰：“天得一以清”（《老子·第三十九章》）、“清静为天下正”（《老子·第四十五章》），把“清”提升到由“道”产生的高度。而到了魏晋南北朝，“清”开始进入美学范畴，[5]6~10不仅发展为一种艺术创作和欣赏的追求原则，而且不自觉作为一种重要生活方式，对中国古代社会生活与文学艺术产生了广泛而深刻的影响。

“清水出芙蓉，天然去雕饰。”（李白《经乱离后天恩流夜郎忆旧游书怀江夏赠韦太守良宰》）中国古代诗人特别推崇清新自然之美，他们在优美的诗章里也充分表现了清雅脱俗的生活情趣。屈原“朝饮木兰之坠露兮，夕餐秋菊之落英”（《离骚》），何等清高芳洁；陶潜“采菊东篱下，悠然见南山”（《饮酒》其五），天人合一，何等清远；李白“安能摧眉折腰事权贵，使我不得开心颜”（《梦游天姥吟留别》），何等清傲；王冕则以“冰雪林中着此

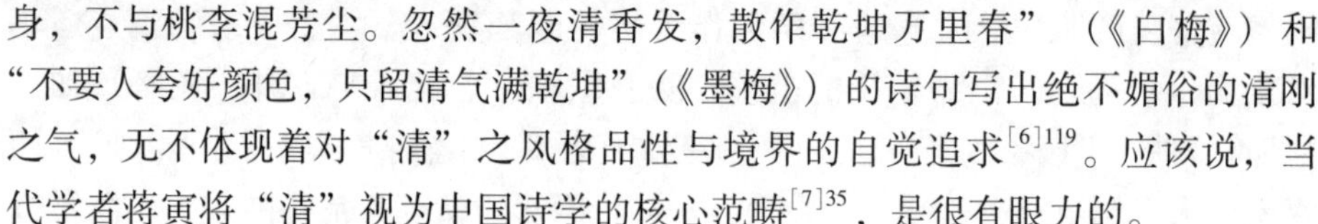

身，不与桃李混芳尘。忽然一夜清香发，散作乾坤万里春”（《白梅》）和“不要人夸好颜色，只留清气满乾坤”（《墨梅》）的诗句写出绝不媚俗的清刚之气，无不体现着对“清”之风格品性与境界的自觉追求[6]119。应该说，当代学者蒋寅将“清”视为中国诗学的核心范畴[7]35，是很有眼力的。

我们认为，中国诗人的“尚清”意识，特别集中地表现在以李白与苏轼为代表的古代诗人对“清风明月”境界的追求上。这种境界是以李白和苏轼为代表的中国诗人为中国文化、为中华民族创造的一个对抗污浊、舒展精神的诗性空间，一种超越世俗、澄净美好的诗意境界。李白《襄阳歌》云：“清风朗月不用一钱买，玉山自倒非人推。”诗人在“不用一钱买”的“清风朗月”之间自在地沉醉，以天地自然为伴，表达了其对功名富贵的蔑视，显出一派清傲。苏轼《前赤壁赋》承太白诗心而来，写出一段千古妙文：“且夫天地之间，物各有主，苟非吾之所有，虽一毫而莫取。惟江上之清风，与山间之明月，耳得之而为声，目遇之而成色，取之不尽，用之不竭，是造物者之无尽藏也。”这可以说是对“清风明月”境界的经典描述，只有心灵清高雅洁、明净澄澈之人，才能真正达此“清”境，作此妙文！

有了这一番对中国“尚清”文化的简要考察，再结合饶公的人品、艺品及诗品，我们可以作出一个基本的判断：饶公清气之养成，首先就是对于传统“尚清”文化的绍继和发扬。选堂教授诗文编校委员会说选堂“始自髫龄，已娴熟韵语，各体皆所致力，义法尤为精深。非警策无以振奇，非匠心何以定势。尝谓一切之学必以文学植基，否则难以致弘深而通要眇”[8]434。选堂自幼即浸淫古典文学，其所得者，实际上不仅是“义法”，更有高雅清逸的精神气韵。饶公出身于书香门第，家中天啸楼藏书近十万卷，这一得天独厚的读书条件加上父亲饶锷的家学影响奠定了饶公的学问基础。饶公说自己从小就“书读得很杂。道家的书、医书都看，也涉猎了不少佛书。我非常向往一个清净的世界”[9]9。读书能改变气质。充满书香气息的家庭环境使饶公得以享受高度艺术化的生存状态，大量读书丰富了饶公的精神世界，古书典籍中“清高雅正”思想的长期熏陶，更奠定了饶公追求清高人格和卓然独立精神气质的基础。其十四岁时，为自家莼园撰书了一副对联就飘逸出了清逸脱俗、古朴高雅的情趣：“山不在高，洞宜深，石宜怪；园须脱俗，树欲古，竹欲疏。”从中可看出饶公少年时便有了一种对清高脱俗人生境界的向往。这种少年时期就已形成的对“清净”的向往，对饶公的性情、学术和文学艺术影响至巨。

饶公《选堂晚兴》诗曰：“隐几万卷书，亦足藏天下。”有中国传统“尚清”文化血脉的滋养，又有家学条件与突出禀赋，再“广之以学”，饱读经典，刻苦钻研，在学游四方的阅历中亦增加了许多不凡的思想见识。饶公的学问越来越广博，越来越精深，儒释道与文史哲艺皆融会贯通，是以饶公对人生、社会、历史、宇宙有了更为深刻的感悟。于是他心胸开阔、思想通达，情怀畅适洒落、磊然澄明，这种内在的生命境界、精神气度，是他“清气”养成的深厚底蕴。

概言之，饶公之为人治学与文艺创作正是秉承和弘扬了中国文化与中国文学的“尚清”意识，一个“清”字，堪称其人格境界与诗学世界中的“天心之月”，辉映万川。诗品出于人品，艺品出于人品，学品也出于人品。从饶公生命精神的角度，我们不但能够明白为什么饶公的诗词书画中总洋溢着一股独一无二的清逸之气，为什么他在学术研究中总是能戛戛独造而进入崭新复绝的境界；而且可以领悟到，正是其博古通今的深厚学养的滋润，结合着对生命意义和人生境界的深度探究，锤炼出了饶公这种澄澈清纯的人格气韵。

三、清气飘逸：饶公诗词的审美特质

古人论诗极推重清气。元刘将孙《彭宏济诗序》云：“天地间清气，为六月风，为腊前雪，于植物为梅，于人为仙，于千载为文章，于文章为诗。冰霜非不高洁，然刻厉不足玩；花柳岂不明媚，而终近妇儿。兹清气者，若不必有，而必不可无。”他认为清气于诗是不可缺少的，诗中若无清气便不足观。此清气如花中之梅，人中之仙，绝无尘俗之气，其品格极高[10]26。

《文心雕龙·体性第二十七》云：“若夫八体屡迁，功以学成，才力居中，肇自血气；气以实志，志以定言，吐纳英华，莫非情性。”[11]23性情乃人之秉性、气质和思想感情。在诗词创作中，才力自然重要，同时还必须是创作主体在一定的意志和情感触发下，方能将主观的个性风格转化为作品风格。诗词的风格气韵，从一定程度上讲是由诗人的性情决定的，故而诗中之“清气”，必定来自诗人心灵之“清气”。“清”作为饶公的一种心性修养，就决定性地使其笔端飘逸着缕缕清气。

选堂饶公很讲究“养气”，他曾说道：“学问与写字作画一样，都很讲究一个‘气’字。因为气不贯，就好像一个人没有生命。写字、做学问，实际上是把一个人的生命都摆在里面，有‘气’、有生命，才会源源不绝。而气‘贯’就能神‘定’，不受外界的干扰。”[12]这种对“气”的重视，与其对“清”的偏爱，成为饶公一种独具特色的审美追求。他在《固庵词》小引说：“语爱清空，意出言表，怀新道炯，用慰征魂。”[2]307“语爱清空”四字，充分表露出选堂创作的艺术自觉。例如：“流云天际分仍合，如诵清空白石词。”[《雨中路薏丝（路易士）湖三首之二》]“胸中山水清，异途可同归。”（《借

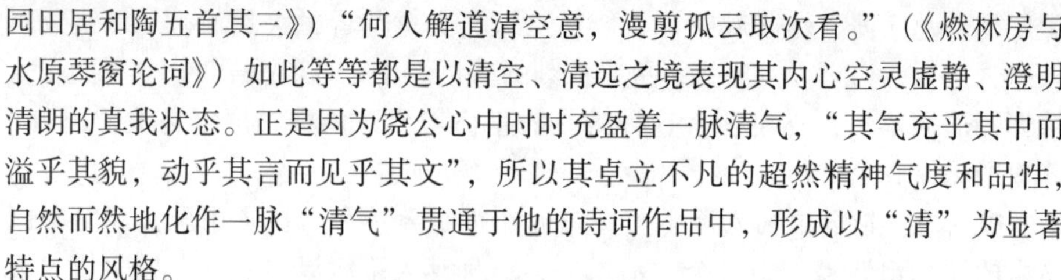
园田居和陶五首其三》）“何人解道清空意，漫剪孤云取次看。”（《燃林房与水原琴窗论词》）如此等等都是以清空、清远之境表现其内心空灵虚静、澄明清朗的真我状态。正是因为饶公心中时时充盈着一脉清气，“其气充乎其中而溢乎其貌，动乎其言而见乎其文”，所以其卓立不凡的超然精神气度和品性，自然而然地化作一脉“清气”贯通于他的诗词作品中，形成以“清”为显著特点的风格。

我们可以从饶公十六岁时所作的《咏优昙花诗》中，看出他性情里那份天生的清逸之气：

异域有奇卉，植兹园池旁。夜来孤月明，吐蕊白如霜。香气生寒水，素影含虚光。如何一夕凋，殂谢亦可伤。岂伊冰玉姿，无意狎群芳。遂尔离尘垢，冥然返太苍。

太苍安可穷，天道邈无极。衰荣理则常，幻化终难测。千载未足修，转瞬讵为逼。达人解其会，保此恒安息。浊醪且自陶，聊以永兹夕。

这两首五古，字里行间脉脉流动着一缕缕清逸之气，让人读罢神清气爽，为之惊叹。应该说，这一脉清气，自此以后，便一直氤氲在饶公的诗词创作之中。一个最为直接的证明就是“清”这个字眼的高频率使用，据笔者统计，在其《选堂诗词集》和《选堂诗词续集》中，“清”字出现近三百处。如：

清川见停流，断壑窥圆月。（《和〈岩上宿〉》）
风物何清婉，畴不思玄度。（《寄答吉川教授及京都诸君子》）
其下得清流，独立得天全。（《登磐石山同巨赞上人》）
无端丘壑饶清兴，坐对湖云接草齐。（《别路易士湖》）
故人千里相望，玉树倚风清。（《水调歌头》）
心花开到落梅前，清梦深藏五百年。（《睡起》）

符号学理论认为，文学是通过语言符号来传达情感讯息（即意义）的艺术形式。罗兰·巴特曾在《符号学美学》中说：“文学的本质就是符号……它是我们用于加工世界，创造世界的一种代码，是一种符号。”[13]36 符号就是征兆，是表达意义、传播信息的象征物，是在交际过程中能够传达思想感情的媒介物。在文学作品的释义和欣赏过程中，当某些文字作为一种符号反复出现时，便会传达作家作品的审美情感。可见，在选堂饶公的诗学世界中，出现频率颇高的“清”，具有特别的意义。而实际上，这一脉“清气”，早已被饶公的同辈学人敏锐地捕捉到——钱仲联先生评其词曰：“清空峭折，得白石之髓。”[14]夏书枚先生言：“险峭森秀，清旷超迈。”[15]318钱、夏二位都是从“清”字着眼，强调了选堂饶公诗词的特质。

需要强调的是，饶公诗词所飘逸之“清气”，或为清旷，或为清雅，或为清奇，或为清净，或为清远，但都是气韵生动，浑然天成，有极高的艺术价值。饶公曾谈道：“诗词对于培养人的精神，其作用是积极的。这也就是所谓‘指出向上一路’……我极力自己追求向上一路，主张以积极态度，培养人的精神。”[16]不难发现，饶公向来主张的诗词“指出向上一路”与其“清旷超迈”的审美特质是相契合的。饶公诗词追求清高雅洁之美，如：“心花开到落梅前，清梦深藏五百年。蝴蝶何曾迷远近，眼中历历是山川。”（《睡起》）“莫愁九日多风雨，记取壶冰一片心。”（《九日杂诗》）“筋力犹堪陟上层，虚堂一雨得秋清。天边千溆绵绵白，槛外群山历历青。”（《鹧鸪天·和忼烈》）都可以见出饶公精神之清旷，趣味之清雅。再读其《偶作示诸生》其二：

更试为君唱，云山韶濩音。芳洲搴杜若，幽涧浴胎禽。万古不磨意，中流自在心。天风吹海雨，欲鼓伯牙琴。

此诗虽是选堂教诲学生之作，却是选堂生命境界的自在流露，它表征着选堂人格与传统清逸文化之间深厚的血脉相连的关系。尤其是“万古不磨意，中流自在心”二句，短短的十个字，给我们带来的早已不仅仅是清净之境的诗意美之享受，诵读之际，更让我们感受到一种撼动人心的人格力量。那是一种特立于宇宙间永不磨灭的凛然浩大的清正之气，是一种任时间的洪流如何冲刷，任人世间如何沧桑变化都依然无法使之迁移的清高人格。故而，我们说，这两句诗正是饶公高迈独立而清逸澄明之人格精神的重要体现。我们也可以在他的其他诗词作品中，感受到这种超凡脱俗的清气。如《念奴娇》：

万峰如睡，看人世污染，竟成何物。幸有灵犀堪照彻，静对图书满壁。石不能言，花非解语，惆怅东栏雪。江山呈秀，待论书海英杰。细说画里阳秋，心源了悟，兴自清秋发。想象荒烟榛莽处，妙笔飞鸿明灭。骑省纵横，文通破墨，冥契通穷发。好山好水，胸中解脱寒月。

此词作于1992年，当时饶公的书画作品在香港展出，饶公因作此词为题。书画与诗词一样，都是其心灵世界、人格境界之最本真的表现。故此词虽然是对其书画境界的形容，而实乃是饶公人格境界之生动写照。胡晓明指

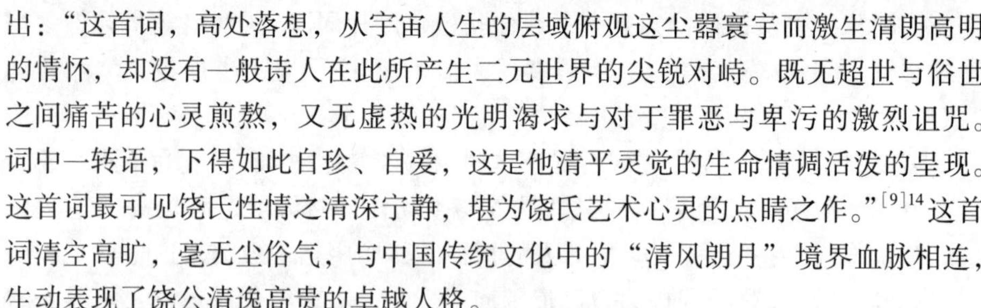

出："这首词，高处落想，从宇宙人生的层域俯观这尘嚣寰宇而激生清朗高明的情怀，却没有一般诗人在此所产生二元世界的尖锐对峙。既无超世与俗世之间痛苦的心灵煎熬，又无虚热的光明渴求与对于罪恶与卑污的激烈诅咒。词中一转语，下得如此自珍、自爱，这是他清平灵觉的生命情调活泼的呈现。这首词最可见饶氏性情之清深宁静，堪为饶氏艺术心灵的点睛之作。"[9]14这首词清空高旷，毫无尘俗气，与中国传统文化中的"清风朗月"境界血脉相连，生动表现了饶公清逸高贵的卓越人格。

四、选堂"清气"之诗学表现

我们主要从文辞意象、境界创造两个视角来领略氤氲着选堂诗学世界的浓郁"清气"。

（一）文辞意象之"清新雅逸"

从文辞意象的角度来看，饶公诗歌常有一种格高调远的韵味，有一种清新俊逸的美感。他特别善于运用蕴含"清"之特质的文辞意象，从而使其诗词时常流动着一脉清新雅逸之气，如《涵碧楼夜宿》：

方丈蓬莱在眼前，回波漾碧浩无边。
东流白日西流月，扶我珠楼自在眠。

传统诗词中常以"蓬莱"喻云烟缭绕、清逸出尘的仙境，此意象带有"清逸"之特质。首句"方丈蓬莱在眼前"即把我们带进了一个如蓬莱般的缥缈出尘之境，"回波漾碧浩无边"，眼前之景开阔而清朗；后两句"东流白日西流月，扶我珠楼自在眠"自然地承接了上句"回波漾碧"之浩逸之境，动词"流""扶"别具心裁，把天然的"日""月"与人间之"珠楼"串联起来，诸多清澄纯澈质地的文辞意象使诗词充盈着令人读之神清气爽的独特气韵。

饶公善于锻字炼句，虽炉锤而每有清新之趣，清奇之美。胡应麟说："若格不清则凡，调不清则冗，思不清则俗。"（《诗薮》）可见，"清"的反面是凡庸，是冗杂，是浊俗。饶公就是善于通过锻字炼句来摆脱"俗浊平庸"，抵达清奇之美。如"吹起芦笙秋似梦，粘天浪拥月轮孤"（《Toba 湖绝句》），此句中，饶公主要通过"炼字"的艺术手法使之达到"奇"的效果。"粘"和"拥"用得极为贴切传神，"粘"可看出波浪之高涨奔腾，水浪"粘"天，而那轮高挂着的孤月，仿佛也是“粘”在天上的，连同“拥”字。整句诗为我们展示了一幅壮阔而清奇的盛景：一轮明亮而孤高的月，在连成一线的水天“拥抱”之中高高挂起，发出皎洁而清澈的光芒，使人心望之襟随之开阔，顿觉神清气爽。另如“剪雪为诗，揉春作酒，可了平生事”（《湘月》）的“剪”与“揉”，皆集奇特之想象与精妙炼字艺术为一体；“苍天如盖地如棋”（《中峤杂咏》），集奇特想象和形象比喻于一体，奇妙高超，清远奇逸。

饶公之锻字炼句，可从两方面来看：其一是饶公在锤炼诗词语言时，常用“清”字来形容外在的景物和内在的心境。如：

泠风清畎想康衢，稻陇江南了不殊。（《弗罗西诺内村庄》）

渐看圆月露松隙，想见清光尤为君。［《建志补罗（Kanchipurarm）怀玄奘法师》］

牢落山川空爱宝，清风兰蕙为谁薰。（《董彦堂远滕所著殷历谱报之以诗》）

清钟动、层涛孤峤，落雁遥舟。（《凤凰台上忆吹箫》）

蝉声长是多饶舌，还伴清泉细细流。［《蝉居（LouCigalige）偶成三首》］

无端丘壑饶清兴，坐对湖云接草齐。（《别路易士湖》）

正湖海瘴生，画阑烟悄，伴人清独。（《大酺》）

当年行幸地，金杯递清唱。（《阿含伯勒宫》）

看看瀑流无已时，惟有狂歌劝清酌。　（《华严泷放歌次青莲〈将进酒〉韵》）

感深情，秋日借寒泉，宝瑟结清游。（《八声甘州》）

携璧月、清吟寒浪里。（《花犯》）

良夜接清娱，卮言曼衍出。（《九日小集媚秋堂》）

前文已述及，饶公诗词中直接出现的“清”字将近三百处。此处所引，仅仅是一小部分而已，但窥一斑而得全豹，我们从这十余“清”字句中，也大致可以领略到饶公词汇之丰富与艺术表现之高妙。诗人以清畎、清光、清风、清钟、清泉写景状物；以清兴、清独、清唱、清酌、清游、清吟、清娱写人物的意兴、情态与艺术化生活行为，无不充满清雅的风调，诗意盎然，清气袭人。

其二，是不着“清”字而清气盎然者。饶公之炼句造境，在更多时候，并没有直接写到“清”字。如：“须眉照水月共明，扰人最是秋虫声。”（《Bhandarkar研究所客馆夜读梵经》）“碧空自澄远，昭旷应所求。”（《旅窗晓望》）“吹起芦笙秋似梦，粘天浪拥月轮孤。”（《Toba 湖绝句》）“不烦泉石惊知己，一听潺潺亦解颜。”（《中峤杂咏》）“且掬山下泉，聊以涤肺肝。”（《曾酌霞招游粉岭未果》）“流水潺潺送远音，虚云拥树改余阴。”（《夕归呈戴老》）“丛竹送青还绕屋，金尊浮绿且开颜。”（《秋兴和杜韵》）“奔泉袅袅松林外，寺古无僧只客归。”（《Thoronet 寺》）“谁复拈花空色相，只余幽鸟落寒声。”（《晨过鹿野苑》）“碧波迴、江阔人稀，绕空鸿写幽愫。”（《莺啼序》）以上诗句之中，虽无“清”字，但依然清气袭人，这与诗人对意象的选用有很大关系——明月、芦笙、泉石、山泉、青竹、松林、飞鸟，这些意象本身就蕴蓄有清新之感。从视觉角度看，选堂喜用青、碧等明净的色调，或明月、净水一类的透明体；在听觉角度上，他追求“流水潺潺送远音”的清旷；从触觉角度讲，他掬山泉而“聊以涤肺肝”，晨起时感受“卷舒风雨出”之快意。这些构成了一个“清”的审美意象群，清新澄净，怡人心神。这一类意象，与诗人自身清逸超脱的心境相契合，使其诗中飘逸着一种若有若无的清气。

选堂诗学世界中，意象之选用极其繁富，多姿多彩。单单从自然意象的角度来考察饶公，我们不难发现他大量使用了“云”“雪”“冰”“水（波、流、浪）”“风”“松”“月”等明显带有“清”之特质的自然意象，如：“薄寒催暝月初出，槛外云飞不碍风。”（《LeTrayas》四首其二）“落叶满山人迹杳，涧泉和雪洗清愁。”（《自 Riffelalp 舍车步入林丘》）“驱车忽过万重山，心共孤云来去闲。耀眼冰川皆净土，置身太古异人间。”（《Zermatt 道中和李白》）“日月去不息，浮云终日行。云水各异态，往往不知名。……且看水穷处，又拥晚云生。”（《和阮公咏怀诗·第三十首》）“垂纶千尺，问高处、钓得沧浪何物……浩渺长空，迷离去浪，万古风兼雪。”（《念奴娇》）

在这里，我们着重阐述“雪”和“云”两个意象。在选堂诗词中，“雪”之意象特别富有意味。选堂五古《雪意》诗云：

园林粲皓然，贞白明吾志。（平生所慕为陶贞白一流。其言：“人生数纪之内，识解不能周流，天壤区区，惟恣五欲，实可愧耻。自云博涉，患未能精，而苦恨无书。”余之凡鄙，其病正同，然西来读书，浏览图卷，所好有同然也。）

我们认为，这首诗及其附注，在饶宗颐先生人格境界的养成中，实有心灵史诗的价值——它在表现饶宗颐先生高迈人格的同时，揭示了他一个重要的精神渊薮。简言之，诗人所会之“雪意”，是一种远离世俗，无今无古，周流宇宙的冰雪情怀，亦即独立自由清纯精粹的生命精神。一个非常有意思的诗学现象是，选堂《白山集》中，一连有 14 首诗写雪。而在 1970 年 9 月至 1971 年春，他在美国耶鲁大学研究院讲学时，曾放笔倚声，步清真韵 51 首，亦多为咏雪之作。毫无疑问，选堂如此爱雪，乃是其冰雪情怀的不自觉表现。诗是心灵的窗户，透过选堂的清奇之诗，我们正可触摸到其作为选堂诗那种超迈出尘、绝去世俗的清贵雅洁的卓越品质。[1]

“云”也是饶公诗词中出现频率颇高的意象。皎然《溪云》诗曰：“舒卷意何穷，萦流复带空。有物不累形，无迹去随风。莫怪长相逐，飘然与我同。”而王维更有“行到水穷处，坐看云起时”的流传千古、富有禅理的名句。可见，诗人们早已把云当成一种心灵闲适、不为外物所累而神清气容的心性外化的介质，即借“云”以体现自己睿智空灵的禅心，营造清灵透彻的诗境。选堂诗中之云，亦若从遥远的古代飘飞而来。南朝诗人陶贞白有《诏问山中何所有赋诗以答》一诗：“山中何所有，岭上多白云。只可自怡悦，不堪持寄君。”该诗表达了自由自在的隐逸读书的高情，其间蕴含着远离尘俗、不求功用的价值取向。选堂澄明清净的文化心灵与其悠然相通，故选堂曾高吟出“何似山中云，朝夕任舒卷”（《白山集·晋嘉恶疾寄示游清迈素贴山寺，用康乐从斤竹涧韵，追忆曩游，再和一首》）的动人诗句。再如：“荒城远驿烟岚际，下笔心随云起时。”（《题画诗》）“万态云烟日卷舒，重丹复碧树扶疏。凭高待共浮云约，路转悬桥必坦途。”（《中峤杂咏》）“流云天际分仍合，如诵清空白石词。”［《雨中路薏丝（路易士）湖三首之二》］“漫翦缕云移倩影，待呼落絮伴幽姿。”（《浣溪沙》）饶公深谙佛理，“云”的意象最适合表现他那清逸澄澈、高远不凡的心灵特质，也正是这个具有悠远孤高而闲适自由特性的意象，让饶公的诗词中透出一脉清逸空灵、高迈脱俗之气。由此可见，“云”之意象确乎是选堂诗学世界中一个不容忽视的重要意象。

（二）意境创造之“清远高旷”

“意境”作为一个具有民族特色的诗学术语，其意旨与“境界”大体相同，指的是由诗歌所呈现的主观情思和客观物象契合交融而生成的，具有真切的情感和深刻的哲理，能引发欣赏者丰富的审美联想和想象的，虚实相生的艺术世界。所谓赋家之心，包括宇宙。饶公的诗心，也是包括宇宙的。饶公也曾道：“我的词心，与整个宇宙是相通的。”[16]106～114 正因为饶公有如此灵慧通达的诗（词）心在，故能把主观精神气度与客观景物相交融而创造出浑然一体的艺术境界，即以“清气”营造“清境”，达到一种清醇高远、清空澄明的超越境界。

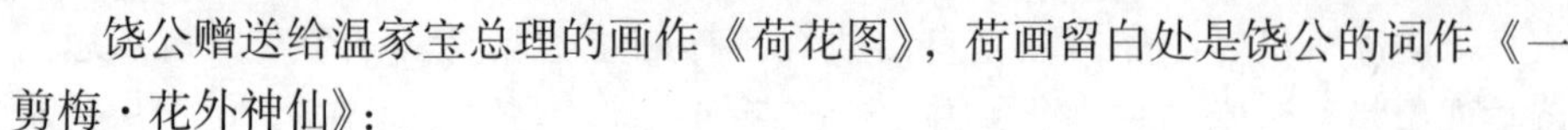

饶公赠送给温家宝总理的画作《荷花图》，荷画留白处是饶公的词作《一剪梅·花外神仙》：

荷叶田田水底天，看惯桑田，洗却尘缘。闲随秾艳共争妍，风也翛然，雨也恬然。雨过风生动水莲，笔下云烟，花外神仙。画中寻梦总无边，摊破云笺，题破涛笺。

饶公此词意为与温总理共勉高洁如莲的品质。王国维《人间词话》有言："词以境界为最上，有境界，则自成高格，自有名句。"[17]233~234 这首词"清气"流动，精神质地清明澄澈，融清逸、清奇及清雅于一体，创造了清新淡雅的清远意境，内敛着一份出尘的清高与脱俗。诗人化身为荷，在水底自成一个天地，"看惯桑田，洗却尘缘"。这二句，足以传达出饶公人格的淡定、独立、高迈与清高。饶公的人格精神是独立而清高的，但他并非不食人间烟火，饶公的人生态度正如他此词所展现的：高荷浓密，与群花共谱芬芳，在风雨之中恬淡安然，高怀依旧。"雨过风生动水莲，笔下云烟，花外神仙。"这句更是用清逸的笔调，不知不觉把我们带进一个至高至雅的"清空澄明"的境界中，使我们感受到饶公心中那份超然于物外的清气。

在《清晖集》中，饶公创造的"清境"可以说是无所不在的。随意读读如下诗句："川树寂寥清晓，留到黄昏，时伴鸦归。"（《夜飞鹊·本意》）"日灯神炬堪回向，坐觉秋云起夕岚。"（《印度洋机中作》）"凉月渐生新雨后，清风半在茂林中。"（《樟宜杨氏远藾别业旧为苏丹行宫》）"且看水穷处，又拥晚云生。"（《和阮公咏怀诗·第三十首》）"看夕阳西斜，林隙照人更绿。"（《蕙兰芳引·影》）"深院无人月坠空。丝丝麝诱芙蓉。晓风柳岸伴惺忪。"（《浣溪沙》）等，无不呈现出清远高旷的境界，弥漫着一种空灵幽淡的清气，使人体验到悠然忘世、复归自然的真趣。

处于宇宙自然中，选堂有时一语破旨，自然超尘，创造一种象征境界，体现其高蹈清越的精神追求。如《念奴娇》（万县舟中中秋不见月，江面尽黑，因赋。用张孝祥韵）：

峡云迢递，洗中秋，雨湿群山无色。光怪鬼门刚过了，倍信浮生如叶。勘破天人，同归芴漠，黑夜心澄澈。月华安在，妙境更谁共说？只惜羁旅年年，高寒玉宇，冷浸千堆雪。雾锁长川猿散尽，渺渺修途空阔。万县非遥，重山已过，暂作舟中客。江流日夜，今宵休问何夕。

这首词写选堂中秋下三峡时，空中却不见月，“江面尽黑”“群山无色”。刘梦芙云：“凡夫至此，恐已无从落笔矣。”但饶公写道：“勘破天人，同归芴漠，黑夜心澄澈。月华安在，妙境更谁共说?”面对茫茫黑夜，诗人自己却如履空灵之境。“在词人心中，身外环境之晦明与否，已无关紧要，惜此妙境无知者可言耳。”雨暗云昏，他泰然处之，“黑夜心澄澈”；羁旅年年，重山险阻，他悟到“人生纵使轻渺如一叶，而自由之精神与不息之江流永在”[18]126。刘永济先生曾说：“作者以善觉、善感之才，遇可感、可觉之境，于是触物类情而发于不自觉者也。惟其如此，故往往能因小可以见大，即近可以明远。”[19]66所言极是。

饶公对“清”之意境的营造不是简单的情景的相生与交融，而是追寻内在心性与外在自然的和谐统一。饶公曾提到创造三种境界：诗人境界、学人境界及真人境界，第三种境界即真人境界，是一种超越境界。极少有诗人达到真人境界，那是因为没能真正找到在宇宙间安顿自我的方法，故只能“困顿于人间”。饶公认为：“一个人在世上，如何正确安顿好自己，这是十分要紧的。”[16]即必须在宇宙人生中“寻找自我”。饶公天生慧质，又有丰厚家学渊源及“五洲历其四”的丰富人生阅历和情感体验，更为可贵的是他总能以诗心观照自然，在身心与自然融为一体中，在对宇宙人生的深刻感悟中获得一份“超越性”的清迈与洒脱。儒释道与文史哲艺的融会贯通，使他从人间超脱出来，更深层次地进入一种交融着诗性智慧的真人境界中，从而以“真正的诗意安居”在宇宙间“安顿”了自我。饶公情怀畅适洒落、磊然澄明，这种内在生命境界、精神气度，是他诗词气格的精神基础，他的诗句如“山围地角终难尽，水到天涯更自由”(《能取岬在穷海尽处，灯塔下远眺，重雾不散，莫辨远近》)，在清逸之中有一种了无挂碍之感，这足见他已把性情中那份与生俱来的清灵之气修炼到了极致，从而达到了一种高层次的清醇高远、清空澄明的境界。饶公之诗词不仅继承了中国传统诗词“清风明月”的境界中的“心净”与“清静”，更融入了饶公卓然独立、自由充盈的人格精神，因此在“清”境中更有一份独特、出尘的逸怀浩气。

饶公诗境之清醇高远、清逸澄明，可以说创造了中国诗学中一种极其高远的境界，在一定意义上是对中国文化“清风朗月”境界的丰富与拓展。试稍作比较：其“且看水穷处，又拥晚云生”(《和阮公咏怀诗·第三十首》)，比王维“行到水穷处，坐看云起时”之心静随缘，具有一种生生不息、高远不凡的精神气象；“了无哀乐缠胸次，野旷天寒不见人”(《中峤杂咏》)，比孟浩然之“野旷天低树，江清月近人”更具有一种清空旷逸、遗世独立之感；另如“天人合一宜亲证，晚席还堪作画眠”(《毛利语 te – kapo 为晚席之

地》），"天地眷长勤，生生阅尘世。但期两心通，俯仰去来际"（《富兰克福歌德旧居·用东坡迁居韵》）等。饶公拥有一颗与宇宙相通的诗心，故能达到此清远之境。要言之，中国古代诗人如陶渊明、孟浩然、王维、李白、苏轼，多是通过"清风明月"的境界来安顿自己那颗在现实中失意或漂泊的心，在与自然亲近中找到精神依托，在"清境"之中有了几许心灵得到安顿后的"心静"之感。饶公在圆融之境中智慧地消融了出世与入世之分，因而所达到的那种清醇高远、清逸澄明的境界与古代诗人有着本质的区别。饶公诗云："一上高丘百不同。"其表现出登临绝顶的非凡兴象。而从创作的角度看，饶公精神气质中那卓然不凡的"清品"，使他在诗词境界的创造上也是"一上高丘"，具有无比丰厚的意蕴。

五、结语

清逸澄明之丰盈的文化心灵是诗意之树的芳洲。选堂饶公"以最纯正之古典形式，表最真挚之今人感情，水乳交融，天衣无缝"[20]469，"用先人的气魄、情操来浸润和陶冶自己的品格，才成就其高瞻远瞩、清朗明觉的高尚情怀"[21]7。不难看出，"清"作为一种审美取向，作为一种品格，几乎弥漫、渗透在选堂诗词作品中。作品中展现了他神朗气清、澄明清远的艺术境界，其所表现的也正是其清澄高迈的生命境界。这种艺术境界与生命境界对于当下身处尘世的人们是富有启发意义的。如何面对物欲横流的社会世俗？如何抵御金钱物质的诱惑？如何挽救艺术界的浮躁？这都是当代有良知的人应该思考的问题。而选堂的高迈人格和清逸诗格，为我们提供了富有启迪意义的人生范式和审美范式。仅仅从此一视角，我们就能了解选堂诗词意义之丰沛。总之，选堂以卓然不凡的精神气象，"指出向上一路"，创作出"清气"充沛的诗词华章，创造出清醇高远、清逸澄明的诗学境界，具有极高的审美价值。因而，选堂诗词作品可视为中国传统诗词乃至文化生命在当代的创造性延续，是中国文化艺术宝库中不可或缺的精神财富。

2013 年 7 月 24 日修订于汕头

参考文献

[1] 赵松元、肖细白：《论饶宗颐的生命精神》，《汕头大学学报》（人文社会科学版）2006 年第 2 期；陈韩曦主编：《梨俱预流果——解读饶宗颐》，广州：广东高等教育出版社 2006 年版。

［2］饶宗颐：《清晖集》，深圳：海天出版社 1999 年版。

［3］（汉）许慎撰，（清）段玉裁注：《说文解字注》，上海：上海古籍出版社 1981 年版。

［4］（明）胡应麟撰：《诗薮·外编》（卷四），上海：上海古籍出版社 1979 年版。

［5］何庄：《论尚清审美心理的思想之源——道家》，《宝鸡文理学院学报》（社会科学版）2004 年第 24 卷第 6 期。

［6］赵松元、肖细白：《古典诗歌的艺术世界》，北京：中国文史出版社 2005 年版。

［7］蒋寅：《古典诗学的现代诠释》，北京：中华书局 2003 年版。

［8］选堂教授诗文编校委员会：《固庵文录后序》，见饶宗颐：《固庵文录》，台北：新文丰出版公司 1989 年版。

［9］胡晓明：《饶宗颐学记》，香港：香港教育图书公司 1996 年版。

［10］傅璇琮等主编：《中国诗学大辞典》，杭州：浙江教育出版社 1999 年版。

［11］（梁）刘勰著，王运熙、周锋译注：《文心雕龙译注》，上海：上海古籍出版社 2010 年版。

［12］吴长生：《香港奇人——国学大师饶宗颐》，人民网，2001 年 11 月 19 日。

［13］［法］罗兰·巴特著，董学文、王葵译：《符号学美学》，沈阳：辽宁人民出版社 1987 年版。

［14］钱仲联：《近世名家诗词平亭：饶宗颐〈选堂诗词集〉序》，《苏州大学学报》（哲学社会科学版）1992 年第 2 期。

［15］夏书枚：《〈选堂诗词集〉序》，见邓炜明编：《论饶宗颐》，香港：三联书店（香港）有限公司 1995 年版。

［16］施议对：《为二十一世纪开拓新词境，创造新词体——饶宗颐形上词访谈录》，《文学遗产》1999 年第 5 期。

［17］王国维：《人间词话》，北京：中国人民大学出版社 2011 年版。

［18］刘梦芙：《论〈选堂乐府〉》，见赵松元、刘梦芙、陈伟：《选堂诗词论稿》，合肥：黄山书社 2009 年版。

［19］刘永济：《词论》，上海：上海古籍出版社 1981 年版。

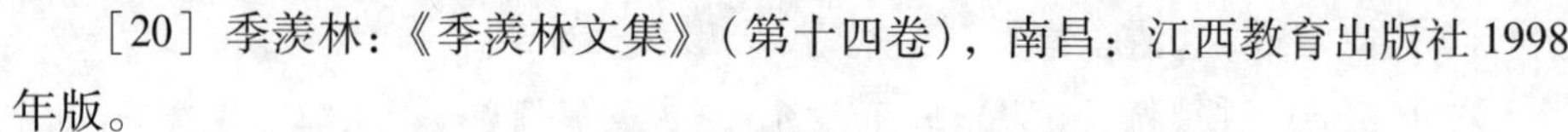

［20］季羡林：《季羡林文集》（第十四卷），南昌：江西教育出版社 1998 年版。

［21］曾宪通：《“饶学”之根在潮州》，见林伦伦主编：《饶宗颐研究》（第一辑），广州：暨南大学出版社 2011 年版。

饶宗颐教授与潮州窑

潮州市颐陶轩潮州窑博物馆　李炳炎[①]

1993年12月20日，在香港中文大学召开的“首届潮州学国际研讨会”上，饶宗颐教授作了《潮州学在中国文化史上的重要性——何以要建立“潮州学”》的重要报告。对“潮州学的内涵，除潮人在经济活动之成就与侨团在海外多年拓展的过程，为当然主要研究对象，其与国史有关涉需要突出作专题讨论，如潮瓷之出产及外销、海疆之史事、潮州之南明史等论题”[②]，作了高屋建瓴的宏观把握，从此“潮州学”或“潮学”大旗真正竖起。饶公为什么要把潮瓷即潮州窑列为潮州学的一个重要方面，本文试作初探。

一、饶教授与宋代笔架山潮州窑研究

饶教授是潮州宋瓷研究导夫先路的学者，1955年，饶教授著《潮瓷说略》，发表在日本陶瓷协会出版的《陶说》第24期上，主要介绍潮州宋代笔架山窑。内容大概：其一，潮州瓷土矿的蕴藏情况和潮州陶瓷制作工艺；其二，把1922年羊皮冈出土的佛像，推断为笔架山窑生产；其三，以笔架山窑的瓷器制作工艺与国内其他名窑作比较，肯定了该窑在中国陶瓷史上的地位。

《潮瓷说略》对潮州宋瓷生产进行研究，是第一个让学术界真正关注起宋代潮州窑的一篇重要论文[③]。这跟先生的家庭背景有着深厚的联系，先生曾说：“我的家庭可以说是潮安地区的首富”，“那四尊佛像不仅年代久远，而且

---

① 作者简介：李炳炎（1962— ），广东潮州人。文博馆员、高级工艺美术师，潮州市颐陶轩潮州窑博物馆馆长，中国古陶瓷学会会员，中国民间文艺家协会会员，韩山师范学院客座研究员，潮州市潮州文化研究中心特约研究员，潮汕历史文化研究中心青委会常委。出版有《宋代笔架山潮州窑》《瓷都瓷塑名家林鸿禧》《枫溪潮州窑（1860—1956）》等专著。

② 黄挺编：《饶宗颐潮汕地方史论集》，汕头：汕头大学出版社1996年版，第574页。

③ 黄挺：《〈宋代笔架山潮州窑〉序》，见李炳炎编著：《宋代笔架山潮州窑》，汕头：汕头大学出版社2004年版，第1~2页。

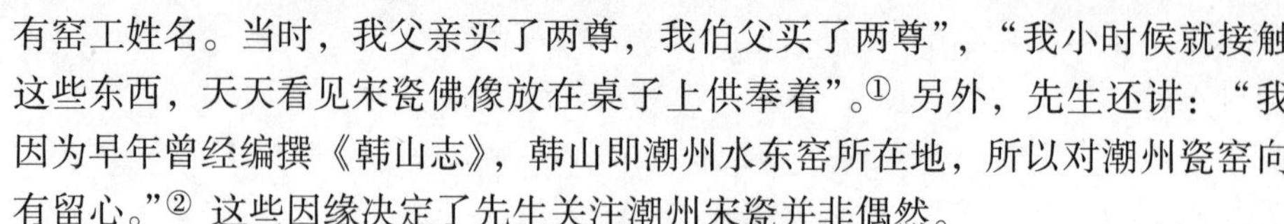

有窑工姓名。当时，我父亲买了两尊，我伯父买了两尊”，“我小时候就接触这些东西，天天看见宋瓷佛像放在桌子上供奉着”。① 另外，先生还讲：“我因为早年曾经编撰《韩山志》，韩山即潮州水东窑所在地，所以对潮州瓷窑向有留心。”② 这些因缘决定了先生关注潮州宋瓷并非偶然。

1982 年，先生在原作《潮瓷说略》的基础上，结合 1954 年至 1981 年间的考古发现成果，又作《潮州宋瓷小记》一文，更加详细地介绍笔架山窑的情况。主要为：

（1）窑址的发现。首先推测为唐宋时，笔架山窑场的瓷土采集于笔架山及飞天燕山一带；再引用西人斐得“亲到笔架山采集瓷片”的情况，其认为“在中国所见之古代窑址，以笔架山窑址为最大，残片遍布几及一英里而外”；继之，列举了潮州古窑分布在各县的具体乡村。

（2）窑名之考证。考证了“水东窑”即位于溪东的笔架山窑，并从 1922 年在羊皮冈出土的四尊佛像的铭文中的“水东中窑”，确定为笔架山中部的位置，以及对笔架山窑的规模作了介绍。

（3）潮窑之衰落。推断笔架山窑至元代，因“元兵来潮，水东瓷业，因此中落”。

（4）潮窑在瓷史上的地位。指出佛像供养款具体全面的内容，包括窑址所在的地名、窑名、定制人姓名、制造的目的、制作的时间、匠人姓名等内容，这一考证是中国陶瓷史上所罕见的。

《潮州宋瓷小记》一文中，对窑址的地理位置、窑名的考证、窑场的兴衰期等论题的旁征博引，特别是运用文物上的铭文作为论证材料，为论题的论证提供了依据，如宋代笔架山窑佛像座上的铭文；开元寺之静乐禅院政和四年（1114）钟款铭文“白瓷窑住弟子刘满……舍钱……祈平安”中的舍钱人姓名、身份；“溪东关帝庙碑记”的地域名等，与《永乐大典》《广东通志》《潮州志》《海阳县志》等典籍中涉及的有关地名进行互证，来考证窑址的名称和地理位置。同时，对宋代笔架山一带，居住着许氏、刘氏两盛族，有“山前许、山后刘之目”。并对许氏、刘氏的家族背景作了深入的了解，得出窑场的衰落期。③

潮州瓷器生产开始于唐代，到宋代，潮州的外销瓷器生产已经十分发达，生产水平和制品质量很高。1922 年在潮州城西羊皮冈出土的四尊影青佛像，

---

① 饶宗颐述，胡晓明、李瑞明整理：《饶宗颐学述》，杭州：浙江人民出版社 2000 年版，第 2 页。

② 黄挺编：《饶宗颐潮汕地方史论集》，汕头：汕头大学出版社 1996 年版，第 581 页。

③ 李炳炎：《饶宗颐教授与潮州宋瓷的研究》，见潮州市潮州文化研究中心编：《饶宗颐学术研讨会论文集》，深圳：海天出版社 2007 年版，第 44 ~ 46 页。

便是昭示于世人之前的明证。但是，20 世纪 50 年代中期以前，潮汕瓷器生产与外销的历史，一直未受史学界和考古学界的关注。

在这种背景下，饶教授的《潮瓷说略》和《潮州宋瓷小记》这两篇文章就显示出极重要的意义。[①] 这两篇文章引起国内外学者们的研究兴趣，从而使潮瓷在中国陶瓷史上重获了它应有的地位。

二、饶教授总纂《潮州志》与近代潮州窑

1949 年，由饶教授总纂、潮州修志馆出版的《潮州志》，“旨在略古详今，尤着重于实际调查与延聘各方专家合作，而编排撰写之法，亦多所变通，惟求与前志异趣而不蹈前规也”[②]。这部《潮州志》以较为严谨的科学方法，收集了近代实业、金融业、商业等新兴行业的发展变化。如：“实业志”中的工业篇里详细介绍了潮州陶瓷的生产经营情况，这些内容成为研究者研究这一时期陶瓷业的重要资料。

1949 年《潮州志·实业志》之工业篇详细记载，近代潮州窑的主要产地分布，生产品种及工艺，胎土釉料的采集及生产，窑炉的形状、性能并对产品的运销及市场环境作了综述。认为：“陶瓷亦潮州土产之一大宗……产地以大埔之高陂、潮安之枫溪；次之为饶平上饶之九村；再次为浮山之汤溪，揭阳之棉湖，普宁之鲤湖等处……高陂产品之精美，为潮州冠，而追踪江西之景德镇……枫溪产缶数量长于高陂……饶平之上饶各村出产之缶，旧时集由高陂以销出。民国初年间，始集中九村转由黄冈运至汕头行销。陶瓷产品，除销行当地之外，运销出口尤多，计至广东南路一带，闽、浙、京、沪各地，又至香港、暹罗、安南、南洋群岛等处。”[③] 该志文并对这一时期的社会局势和产销量作了比对。

“潮州陶瓷业务，以民国初年间为最盛。高陂一地盛时有窑户三千余家，抗战发生间，仍有一千余家，迨潮汕沦陷后，只四十余家而已。枫溪地方，据三十五年调查，亦只一百一十余家（沦陷期间尚无此数），规模较大者：如余如合、陆荣利、陶真玉、吴任合数号。旧时陶瓷工作，多系因循简陋，及潮州辟为商港，出口运销，既受外货打击，而当地销途，也时受洋货侵夺，地方人士，遂锐心以攻改良。民国九年高陂特设瓷业研究会，派人留学日本

---

① 黄挺编：《饶宗颐潮汕地方史论集》，汕头：汕头大学出版社 1996 年版，第 588 页。

② 饶宗颐：《重刊〈潮州志〉序》，见饶宗颐总纂：《潮州志》（卷首），潮州：潮州市地方志办公室 2005 年版，第 11 页。

③ 饶宗颐总纂：《潮州志》（第七册），潮州：潮州市地方志办公室 2005 年版，第 3335 页。

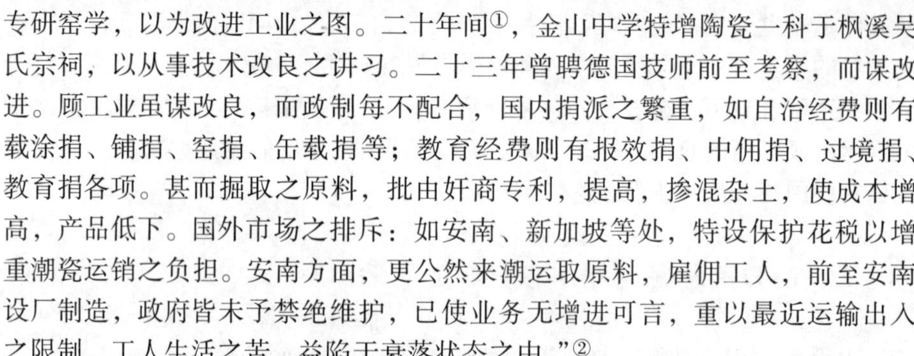
专研窑学，以为改进工业之图。二十年间[①]，金山中学特增陶瓷一科于枫溪吴氏宗祠，以从事技术改良之讲习。二十三年曾聘德国技师前至考察，而谋改进。顾工业虽谋改良，而政制每不配合，国内捐派之繁重，如自治经费则有载涂捐、铺捐、窑捐、缶载捐等；教育经费则有报效捐、中佣捐、过境捐、教育捐各项。甚而掘取之原料，批由奸商专利，提高，掺混杂土，使成本增高，产品低下。国外市场之排斥：如安南、新加坡等处，特设保护花税以增重潮瓷运销之负担。安南方面，更公然来潮运取原料，雇佣工人，前至安南设厂制造，政府皆未予禁绝维护，已使业务无增进可言，重以最近运输出入之限制，工人生活之苦，益陷于衰落状态之中。”[②]

这些史料由多方调查所得，体现了这一时期志书编写方法具有科学性。《潮州志·实业志》之工业篇对当时潮州窑业作了客观归纳，总结出近代潮州窑以外销东南亚为主的市场格局。“马来亚除极少地方拥有瓷土资源，能够生产一些陶瓷器皿外，大部分的日用瓷器都从潮州采购，瓷器的经营大部分与其他的日用杂货一起销售，称为杂货店或日杂店。新马地区生产、经营陶瓷者，大多为潮侨。他们将这些产品供给当地市场，或通过马六甲海峡、爪哇岛等中转销往欧美等国；之后，为方便销售，降低成本，他们尝试在当地直接经营生产，渐渐地促成本土陶瓷制造业的兴起”[③]，从而削弱了本地市场对潮州窑产品入口的依赖。

近代潮州窑产品的外销及潮州陶瓷业者在东南亚的生产和经营，揭示了东南亚华人社会与华南侨乡保持密切关系，利用血缘、业缘、地缘等关系发展跨国贸易。这是潮学中“对潮人在经济活动之成就与侨团在海外多年拓展的过程，为当然主要研究对象”的最好例证，以此拓展潮学的研究范围。

三、饶教授与“粤东考古中心”

1. 对潮州史前考古研究

饶教授于1950年出版了《韩江流域史前遗址及其文化》，该书内容有：

---

① 按：关于枫溪吴氏宗祠设陶瓷学校的时间，该志及林适民《枫溪陶瓷业》：“民二十年，金山中学特增陶磁（瓷）一科于吴氏宗祠，为改良技术之研究，从学甚多。”（见《大光报·方志周刊》第83期，1948年）与《枫溪陶瓷历史》（内部资料，1960年，手抄本）标明的时间相差四年，笔者根据调查资料及口述资料认为，应该是1935年。

② 饶宗颐总纂：《潮州志》（第七册），潮州：潮州市地方志办公室2005年版，第3338～3340页。

③ 详见李炳炎：《枫溪潮州窑对新马陶瓷业的影响——以如合、万合发（Claytan 佳丽登）、陶光为中心》，见《第九届潮学国际研讨会论文集（工作版）》，槟城：马来西亚潮州公会联合会，香港：国际潮学研究会2011年版，第96～99页。

发见史略、遗址、石器、陶器及陶片与后记五部分，并有附表及《韩江流域史前遗址分布图》，它是对20世纪50年代以前潮汕地区史前遗址考古发现的第一个科学报告和系统研究。文章介绍了揭阳河婆、黄岐山，普宁贡山，饶平黄冈等地史前遗址的发现情况，是研究潮汕地区史前人类活动及其文化性质的一项重要成果。

1993年，饶教授发表《从浮滨遗物论其周遭史地与南海国的问题》介绍粤东闽南浮滨类型遗址所发现的器物，将已发现的浮滨类型遗址同汉初南海王国联系起来研究。1994年，先生又撰写《由牙璋分布论古史地域的扩张问题》介绍揭阳发现的牙璋，提出牙璋的分布论及殷商的地域和上古内地与南海的文化交流等问题。

1999年，饶教授又在《岭南学报》上发表了《浮滨文化的符号》，认为浮滨文化陶器上面的刻符或文字，特别是浮滨大口尊口沿上的"王"字，似乎表示浮滨在殷国之际曾经是属于越族的一个王国，提出了浮滨在古代是一个王国的可能性。由此可知先生对文物上文字的重视。

2005年，在第六届潮学国际研讨会上，饶教授谈道："近期揭阳与普宁虎头埔窑址的发现，使我们认识潮州的窑业可直追溯石器时代。"[①] 可知先生一直利用考古资料去探索潮州陶瓷史。

2. 倡立粤东考古中心与推动潮州窑研究

"在潮州成立一个粤东考古与古文献研究中心，它将是一个以发掘和研究揭阳和整个潮汕地区以至整个粤东的上古文明及其扩散关系为主要学术方向的研究单位。"[②] 近年来，饶教授一直倡议设立粤东考古中心，作为构建潮州古史研究的平台，使之能培养和造就一批热爱潮州古史研究的学者。经多方筹备，于2011年4月23日，在潮州饶宗颐学术馆挂牌成立"粤东考古中心"，该中心的成立，对培养粤东专业考古人才，推动粤东的考古事业起到积极作用，让更多的学者能以考证方式发现新史实，从而建立真实可信的潮州古史。2011年9月，又逢广东省文化厅公布，笔架山潮州窑遗址被评审为我省首批古文化大遗址，这对潮州考古调查，丰富潮州陶瓷文化研究，探索潮州陶瓷发展史又是一大福音，也意味着"粤东考古中心"的应时诞生，将发挥作用。

饶教授以博大胸怀和高深学问的大家风范栽培后学。以我为例，2003年7月26日，当我获悉先生回潮州时，抱着试试看的心情，期望得到先生教诲，

---

① 饶宗颐：《海外潮人与近代中国》，见赖宏主编：《第六届潮学国际研讨会论文集》，澳门：澳门潮州同乡会2005年版，第6页。

② 赖宏主编：《第六届潮学国际研讨会论文集》，澳门：澳门潮州同乡会2005年版，第7页。

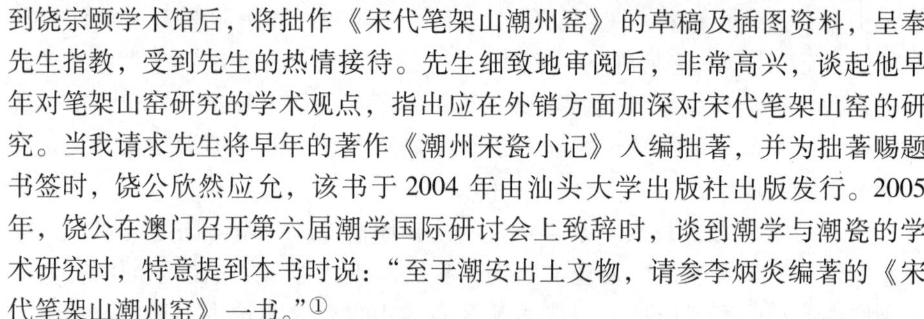

到饶宗颐学术馆后，将拙作《宋代笔架山潮州窑》的草稿及插图资料，呈奉先生指教，受到先生的热情接待。先生细致地审阅后，非常高兴，谈起他早年对笔架山窑研究的学术观点，指出应在外销方面加深对宋代笔架山窑的研究。当我请求先生将早年的著作《潮州宋瓷小记》入编拙著，并为拙著赐题书签时，饶公欣然应允，该书于2004年由汕头大学出版社出版发行。2005年，饶公在澳门召开第六届潮学国际研讨会上致辞时，谈到潮学与潮瓷的学术研究时，特意提到本书时说："至于潮安出土文物，请参李炳炎编著的《宋代笔架山潮州窑》一书。"①

2011年4月23日上午，96岁高龄的饶教授亲临潮州，与广东省文物局局长苏桂芬、敦煌研究院院长樊锦诗、潮州市市委书记骆文智等市委市政府的领导、韩山师范学院院长林伦伦等及香港知名人士，参加粤东考古中心成立仪式，骆书记和饶教授共同为粤东考古中心揭牌。饶教授在揭牌仪式上发言说："……能够把我一辈子努力的理想实现，希望潮州能够真的做大考古工作，在世界上形成一种新的地位。""仪式上，潮州市颐陶轩陶瓷文化艺术研究所所长李炳炎先生向粤东考古中心捐赠了60件潮州古陶瓷藏品，潮州饶宗颐学术馆向其颁发了捐赠证书。"②

当先生得知我在潮州牌坊街70号设立"颐陶轩潮州窑藏品馆"，展览历代潮州古陶瓷时，于当天下午拨冗亲临教诲。③ 在展厅内，先生兴致勃勃地详细观看着每一件藏品，对宋代笔架山窑的藏品作了评价，指出这些器物是宋代笔架山窑销往海外的重要物证。当看到枫溪窑及高陂窑的藏品时，他记忆犹新地指出这两个窑兴盛于明清时期。对颐陶轩的建立，先生连称："很难得！"4月24日，饶教授在接受《潮州日报》记者采访时说："当地有不少半儒半商的人，也自发协助搞文化建设。凡此种种，才有了今天的成绩。这是国家的光荣。"④ 这对海内外热心于潮州文化建设的"半儒半商"的人来说，将是莫大的鼓舞。

由饶公题名的"南国瓷珍——潮州窑瓷器精品展览"⑤，于2011年9月1

① 赖宏主编：《第六届潮学国际研讨会论文集》，澳门：澳门潮州同乡会2005年版，第6~7页。

② 详见《粤东考古中心在潮州成立——骆文智饶宗颐为中心揭牌》，《潮州日报》，2011年4月24日第一版。

③ 2011年4月23日下午4时30分，饶宗颐教授、陈伟南先生等在潮州市市委书记骆文智先生，市政协副主席、统战部部长沈启绵先生等人的陪同下，参观潮州牌坊街70号的潮州市颐陶轩陶瓷文化艺术研究所的"潮州窑藏品馆"。

④《饶宗颐先生接受本报记者专访谈家乡行感受——"潮州古城建设是非常了不起的贡献"》，《潮州日报》，2011年4月25日第一版。

⑤ 该展览由广东省博物馆、香港中文大学文学馆、潮州市博物馆及潮州市颐陶轩陶瓷文化艺术研究所联合举办，并于2011年11月和2012年7月在潮州及香港巡回展出。

日至11月7日在广东省博物馆展出，这是粤港两地四家文博单位的首次合作，是对潮州窑半个世纪以来研究成果的集中展示。这是首次举办以潮州窑为主题的展览，共精选200多件展品，包括唐宋至今潮州地区窑址烧制的各式瓷器——青釉瓷器、青花瓷器、颜色釉瓷、彩瓷等，种类多样，全面展示潮州窑瓷器的造型、釉色及工艺特色，让观众通过认识潮州窑，了解潮州文化。这次潮州窑的展出，正是饶教授乐见其成和积极推动的结果。

四、小结

20世纪以来，是中国学术发展最为重要的时期，其中以考古学的成绩尤为突出。考古学不仅为现代人重新书写中国的历史提供了大量珍贵的第一手资料，即为建立科学的古史系统服务，而且这一过程还在不断地继续。伴随着考古成果的持续涌现和社会历史的发展，考古学在不断创造“历史”的同时，亦在不断地改写“历史”。在其诞生不到100年的时间里，考古学备受学术界的关注，成为一门最富生命力的学科，不但产生了许多重要的成果和杰出的学者，而且考古学的每一次重大发现都导致了中国人文学术的重大变化和进展。可以说，考古学成了现代知识体系中最重要的组成部分。因此，亦就不难理解饶教授为什么在耄耋之年，把“粤东考古中心”的成立认为是“能够把我一辈子努力的理想实现”的原因了。

饶教授对潮州史前考古陶器和历代瓷窑的研究，主要是：

（1）有一分史料说一分话。通过韩江流域、虎头埔、浮滨等出土的陶器特征，来考证潮州古史；以笔架山窑、枫溪窑、高陂窑为中心，考证潮州窑在不同历史时期的发展变化；以信古、疑古、考古、释古①和三重证据法②，达到对潮州古史溯源寻根。

通过疑古、考古和释古，启发和影响广大学者，将粤东考古新发现的新事实作为基础，共同为重建真实的潮州古史系统开辟道路，促进对史学求真，史学科学化的进程。

（2）注重融会贯通，善于从小细节中发现大问题。饶教授把介绍潮州窑

---

① 1937年冯先生在为《古史辨》第六册所作序文中说：“我曾说过，中国现在之史学界有三种趋势，即信古、疑古及释古。”见罗根泽编著：《古史辨》（第六册），上海：上海古籍出版社1982年版，第1页。

② 饶宗颐教授是最早明确提出“三重证据法”的，在《谈“干支”与“立主”》一文中：“我认为探索夏文化必须将田野考古、文献记载和甲骨文研究三个方面结合起来，即用‘三重证据法’（比王国维的‘二重证据法’多了一重甲骨文）进行研究，互相抉发和证明。”见饶宗颐：《饶宗颐史学论著选》，上海：上海古籍出版社1993年版，第22页。

作为“潮学”研究的重要部分，即对潮州古陶瓷的考辨，作为潮州古史研究的辅助和佐证；同时又把“潮学”研究与“华学”研究联系起来，把潮州窑的生产和外销，以及海外潮人拓殖和创业历史等课题结合起来研究，拓宽了潮州窑研究的空间。

饶教授曾说：“参与潮州瓷器的研究，我认为那是古代潮州历史文化的一个很重要的部分”，“在潮州来说，应该是海上陶瓷之路一重要站”。① 先生曾在《地方史料与国史可以互补》一文中指示：“国史必资地志为材料的要删，而地方研究，必从全国立场来看问题，才能高瞻远瞩，轻重得宜，切中肯綮，不致流为乡曲武断的庸俗看法。”② 可知饶教授在潮州窑研究中，不仅立足于潮学之上，还站在中国历史文化乃至世界历史文化的高度上，去加以联系，使潮州文化融入中国文化和世界文化的领域中。也就是说把介绍潮瓷作为研究潮州文化的一个重要部分，把弘扬“潮学”作为研究“华学”的一部分。

一个民族的崛起，除了政治和经济外，文化更不能缺席。人类的文化是由各民族的文化组成的。饶教授致力倡导“潮学”的研究，并在许多国际性、全国性的学术会议上，呼吁广大学者对“潮学”进行深入研究，可见，饶教授介绍潮州窑、倡导“潮学”研究的重要意义和深远影响。

---

① 黄挺编：《饶宗颐潮汕地方史论集》，汕头：汕头大学出版社1996年版，第581页。

② 见《潮州日报》，2001年8月8日第八版副刊。

饶宗颐先生辞赋骈文与汪中之比较[①]

韩山师范学院　陈　伟[②]

摘　要：钱仲联先生曾称赞饶宗颐先生的辞赋骈文已度越清代的骈文大家汪中，饶公自己也屡言其对于汪中之推崇。本文以二家辞赋骈文进行个案比较研究，主要从文章学的角度，探讨二家辞赋骈文各自之特色，汪文情足，饶文理胜，汪为才人之赋，饶为学人之赋。又饶公颇受汪中之影响，本文亦略论及之，并探讨饶公对汪中的继承与创新。

关键词：饶宗颐　汪中　辞赋骈文　比较

选堂饶宗颐先生是当代的辞赋骈文大家。他至今写有辞赋骈文共 43 篇，用传统最高难度文体的体式，以典雅华美的文言，写全新的题材，使辞赋骈文这种自“五四”以来被宣布“死亡”的文体，重获新生，这对中国文化是一个巨大的贡献，所谓“存亡续绝，如斯之谓也”。

对于饶公的辞赋骈文，钱仲联先生有很高的评价，并把饶公和清朝的大学者汪中作了比较：“若论文质彬彬，融两者于一冶，则在胜国二百数十年中，殆无逾汪中《述学》之美且善者。《述学》不称集，而实集也。其书既有平章子部之文，为清学创辟蹊径，复有美文，睥睨三唐，世尊为八代高文，独出冠时。斯诚别集之翘楚，上承先秦诸子暨屈赋之脉者。……余今读选堂饶先生《固庵文录》，乃喟然叹曰：此并世之容甫与观堂也。抑又有进者，容甫生今二百年前，其学固不能不为乾、嘉学风之所囿。……今选堂先生之文，既有观堂、寒柳融贯欧亚之长，而其精通梵文，亲履天竺，以深究佛学，则非二家之所能及。至于文章尔雅，二家更将敛手。斯录也，都俪体篇、散体篇于一帙，其为赋十三篇，皆不作鲍照以后语，无论唐人。其余颂、赞、铭、

---

① 本文为韩山师范学院饶学研究所 2011 年度饶宗颐研究课题项目“饶宗颐教授辞赋笺注”阶段性研究成果。

② 作者简介：陈伟（1982—　），男，广东潮州人。韩山师范学院饶学研究所文博馆员。

序、杂文、译文，皆能以古茂之笔，抒新纪之思。所颂者如法南猎士谷史前洞窟壁画，所赞者如马王堆帛书《易经》，所序者如《殷代贞卜人物通考》，所译者如《梨俱吠陀无无颂》《近东开辟史诗》，非寻常笃古之士所能措手也。俪体得此，别开生面。容甫如见，得毋瞠目。”[1]4~5

汪中（1745—1794），字容甫，江苏江都（今扬州）人，清哲学家、文学家、史学家。少孤贫好学，三十四岁为拔贡，后未再应举。又曾助书贾贩书，因受启蒙，遍读经史百家之书，卓然成家。能诗，精史学，尤工骈文。著有《广陵通典》《述学》内外篇、《容甫先生遗诗》等。其骈文卓为清代大家。张之洞《书目答问》“国朝著述诸家姓名略总目”之“骈体文家”列汪中等二十家，并评曰：“国朝工此体者甚多，兹约举体格高而尤著者，胡天游、邵、汪、洪为最。”[2]270可见汪中的骈文代表着清代的最高水平。关于汪中的成就，缪钺先生有过这样的评述：“刘端临作《容甫先生遗诗题辞》，谓容甫‘才学识皆有以过人’。端临为容甫至友，相知最笃，斯语实能道出容甫深处，非浮泛称颂之词。盖兼具才学识三长，在学术史中殊不多觏。朴学名家，拙于文采，才华之士，每患空疏；识解高明者，难期于沉潜研索之业；学有专诣者，恒苦乏闳通淹贯之思。故诗人与学者，通识与专家，相反相成，兼具非易。”[3]93这段话移之以评饶公，也是相当恰当的，可见饶公与汪中在学术文章上，确实有很多相似之处。

饶公的《固庵文录》，分为俪体篇及散体篇两部分。俪体即为辞赋骈文，散体收入饶公的各类散体古文，从序跋、书信、传记、墓志，到各类考据文章，熔学术与美文于一炉，合考据与辞章于一卷，确实足堪媲美汪中的名著《述学》。而且钱仲联先生竟认为饶公的成就还要突过汪中，“容甫如见，得毋瞠目”，这真是一个至高的评价，要知道汪中在整个清朝学术史和中国文学史中的地位是至尊级的。笔者自幼喜诵容甫文章，后读饶公诸作，深觉二者甚有渊源，颇有可比之处。故愿将管窥豹见的一点感悟整理出来，敬祈高明匡正。

一、饶公《琴台铭》与汪中《汉上琴台之铭》的关系

余过汉阳，薄暮，登琴台，蔓草未除，丰碑若揭，下有诸可宝镌象。其廨舍间，黄彭年、杨守敬所立诸碑皆在。道光六年，宋湘《狂草诗》云：“万古高山，千秋流水，壁上题诗吾去矣。”想见兴酣落笔，俨然捶碎黄鹤楼而踢倒鹦鹉洲也。琴台者，向传钟期听伯牙鼓琴于是。《魏世家》：“秦昭王问左右，中旗凭琴以对。”中旗，韩非《说难》作“钟期”，事在秦昭四十一年。

期虽事秦，而旧是楚人也。湖北枝江出编钟一，铭曰：“秦王卑命，为竟(臿)。王之定，救秦戎。”铸钟而曰“秦”必在白起破郢之后，岂秦昭之所铸耶？时钟期已入秦久矣。楚伶人有钟仪，乐尹有钟建。高诱注《吕览》：“钟子期夜闻击磬者而悲。”云：“钟，姓也。”余谓诸乐人姓钟，何其巧合；钟即《周官》之钟师，以职为氏，犹瞽瞍之瞽为掌乐者耳。连类考之，以为容甫张目，并为铭曰：

谁斲雅琴？天下至悲；出塞龙翔，在阴鹤飞。或操或畅，繁促高徽；涓子叙心，壶林息机。崇丘在望，水月生扉；春风拂岸，吹柳成围。芜阶昔径，余响依希。滔滔江汉，二子安归？赏心纵遥，终古无违。

——饶宗颐《琴台铭》

以上这篇《琴台铭》，是饶公的名作。关于此文的写作背景，饶公曰：“1980年秋天，我又应邀赴成都参加全国古文字学研讨会，那是9月份的事，而同年10月下旬，还要去武昌，参加全国语言学会议。这样我就索性决定中间不回香港了。这次游历总共3个月，去了14个省市，参观的博物馆就多达33个。此行，我接触到新出土的大批考古文物资料，那是真让人兴奋啊。……当然，我也写一些纯粹的游记和随笔，都是情动于中，有感而发。单就这三个月的游历来说，就有三篇文字的写作至今印象犹深。”其中的第二篇就是此文。他说：“……二是到武昌后，登汉阳琴台。这是传说中钟子期听俞伯牙鼓琴的地方。登临时正当黄昏，夕阳西下，举目望去，荒草萋萋，丰碑宛在。我自己也喜好古琴音乐，常爱弹《搔首问天》等古曲，寄托思古幽情。当时登琴台，观碑碣，不能不想起高山流水的历史往事，吊古伤今，很有感慨，写下琴台铭……”[4]72

琴台，又名“伯牙台”，位于汉阳龟山西麓，月湖东畔。相传，俞伯牙曾在此弹琴，钟子期闻而知其志在高山流水，二人遂结为知己。后来，钟子期病故，俞伯牙悲痛不已，在友人墓前将琴摔碎，从此不再弹琴。“知音”的典故由此而来。古琴台为后人为纪念这一对挚友而建，始建于北宋，后屡毁屡建。清湖广总督毕沅主持重建古琴台，请汪中代笔撰《〈汉上琴台之铭〉并序》，颇为时人称道。

饶公此篇的体裁为铭。明代吴讷在《文章辨体序说》中曰：“按铭者，名也，名其器物以自警也。”[5]46铭最初是刻在器物上的文字，《传》所谓：“作器能铭，可以为大夫。”后来发展到“又有以山川、宫室、门关为铭者”。饶公此文属于铭山川、宫室一类。其写法是前面一段序言用散体文言，正文的铭文部分分别用四言句式，并且要押韵。铭文的要求诚如陆机《文赋》所云：

“铭贵博约而温润。”[6]462

饶公的辞赋骈文在创作上既有继承，又有创新。陈槃称饶公“自幼好汪容甫，揣摩功深”[7]281。近人梅州古直有《汪容甫文笺》，为笺注汪文的上乘之作，饶公少日曾与之交往，多蒙古直奖掖。其自少好容甫，可能与受古直之影响有关。钱仲联亦曰：“余今读选堂饶先生《固庵文录》，乃喟然叹曰：此并世之容甫与观堂也。”容甫有《汉上琴台之铭》，写俞伯牙与钟子期旧事，为一代名文。古直笺曰：“原注代毕尚书作。”[8]25毕尚书为毕沅。《汉学师承记·汪中》：“后毕尚书沅开府湖北，君往投之，命作《琴台铭》。甫脱稿，好事者争写传诵，其文章为人所重如此。”[9]134饶公此篇实为踵武汪中之作。二文之前皆有序，汪序骈散交用，状琴台之景，写希哲之怀，与铭文前后辉映，水乳交融；饶序则意在考证，举湖北枝江新出土编钟铭文与《魏世家》《韩非子》《吕览》等文献相佐证，从而得出“钟即周官之钟师，以职为氏，犹瞽瞍之瞽为掌乐者耳”的结论，与汪中的抒情模景大异，而序之末却有一句颇耐人寻味：“连类考之，以为容甫张目。”如此写法，盖因汪中美文在前，再写也很难超越，所以不如连类考证钟子期得姓之由，以补汪中之所未言。张目者，补不逮也。可见饶公的良苦用心，这也是他的学者本色。至于二篇铭文的正文，皆为四字句式，偶句押韵，都是难得的美文，兹并为录出汪中之《汉上琴台之铭》以共赏：

宛彼崇丘，于汉之阴，二子来游，爰迄于今。广川人静，孤馆天沉，微风永夜，虚籁生林。泠泠水际，时汎遗音，三叹应节，如彼赏心。朱弦已绝，空桑谁抚，海忆乘舟，岩思避雨。邈矣高台，岿然旧楚，譬操南音，尚怀吾土。白雪罢歌，湘灵停鼓，流水高山，相望终古。

饶文押上平“五微”韵，一韵到底。汪文先押下平“十二侵”，再转为上声“七麌”，平仄韵转押。这两种押韵方式都有来历，《文选》中都有成例。如庾肩吾《团扇铭》即一韵到底，张载《剑阁铭》则平仄韵交替而押。一韵以求其流丽，转韵以求其顿挫。饶公好用一韵到底，他文集中的另外几篇四字铭文：《越王勾践（鸠浅）剑铭》《灵渡山杯渡井铭》《马王堆帛书易经赞》《法南猎士谷（Lauscaux）史前洞窟壁画颂》都是一韵到底，而且都押平声韵，故而其铭文大都是走流丽一路。汪中文集中的其他几篇铭文：《黄鹤楼铭》《江陵万城堤铁牛铭》《泰伯庙铭》《毕尚书母张太夫人神祠之铭》则都是平仄韵转押，而且经常四句一转，转韵非常频繁，所以汪中的铭文多是走顿挫一路。

汪文的“广川人静，孤馆天沉，微风永夜，虚籁生林”，饶文的“崇丘在望，水月生扉；春风拂岸，吹柳成围”都是写景的名句，前者虚寂，后者清新。而饶文最后的“赏心纵遥，终古无违”，亦是汪文“流水高山，相望终古”之意。

二、饶公《马矢赋》与汪中《哀盐船文》之比较

汪中有一篇名作——《哀盐船文》，写乾隆三十五年仪征盐船发生火灾的惨剧；饶公也有一篇名作《马矢赋》，哀抗日战争时潮州人民穷饿至拾马粪中残余的脱粟充饥之事。两文一写天灾，一写人祸，读来都令人触目惊心，具有极高的艺术感染力和深沉的悲悯情怀。汪中是篇为其成名之作，杭世骏称其“采遗制于《大招》，激哀音于变徵，惊心动魄，一字千金者矣！”[10]99 饶公此文也为抗战名篇，乃其得意之作，他曾自跋曰：“马矢一赋，陶秋英女士喜诵之，许为抗战文学之奇构。陶君治汉赋有声，谅非阿好之言。”[1]18 同时汪中写《哀盐船文》时年仅27岁，而饶公作《马矢赋》时更是只有23岁，两篇文章都是出自天才青年之手笔，堪与王勃的《滕王阁序》前后辉映。

两文的写法颇有异同。如在文体上，汪中采取骈散结合的写法，瑰诡而不失流利；饶公采用骚体，也是一气呵成。而在用笔方面，二者又有差别，我们可以把两文作下比较，来看看二位大师在用笔上有什么异同。

（一）叙事

两文皆将叙事部分放在最前面的小序中，用最简练的语言将事件叙述清楚。

《哀盐船文》：乾隆三十五年十二月乙卯，仪征盐船火，坏船百有三十，焚及溺死者千有四百。是时盐纲皆直达，东自泰州，西极于汉阳，转运半天下焉。惟仪征绾其口。列樯蔽空，束江而立，望之隐若城郭。一夕併命，郁为枯腊，烈烈厄运，可不悲邪！

先说明仪征盐船失火所造成的严重灾难后果，坏船百有三十，死者千有四百。然后说明仪征为清朝内河盐运的关纽，日常过往船只极多，列樯蔽空，而且仪征河口的地理位置很是险隘，连片堵塞的船只束江而立，望之隐若城郭，一旦起火，无所逃遁，这也是造成盐船火灾的重要原因。因此汪中在第一段的叙述中已对此次火灾的原因作了简练扼要的说明。

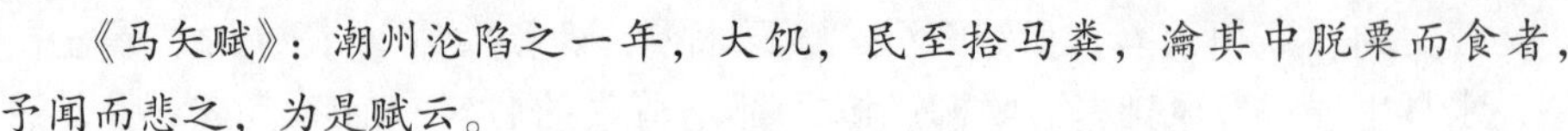
《马矢赋》：潮州沦陷之一年，大饥，民至拾马粪，瀹其中脱粟而食者，予闻而悲之，为是赋云。

饶公的叙事更为简练，1940 年，潮州沦陷于日军之手已经一年，发生了特大饥荒。人民饿死无数，竟有拾马粪中残余的脱粟充饥者，饶公听说后非常伤心愤怒，写下此赋，以控诉日军的暴行。短短一句，便将时地人事说明清楚了。

（二）烘染

赋之本色，正在于铺张扬厉，穷极物色之变。一篇之内，风驰电掣；寸楮之间，波谲云诡。而烘染乃为最有效之写法，历来赋家皆善此道。

汪文中间的主体部分大都以烘染之笔来写，可分成四个层次：一层写盐船火灾发生前的阴森气氛：“于时玄冥告成，万物休息，穷阴涸凝，寒威懔慄，黑眚拔来，阳光西匿。群饱方嬉，歌咢宴食。死气交缠，视面惟墨。夜漏始下，惊飙勃发。万窍怒号，地脉荡决，大声发于空廓，而水波山立。”末句的“地脉荡决”“水波山立”最能渲染出灾前的不祥气氛。

二层状火灾发生时的惨况，写火势之骤猛则：“炎火一灼，百舫尽赤”，写被烧人群的惨状则：“跳踯火中，明见毛发，痛謈田田，狂呼气竭”，写死亡之众则：“齐千命于一瞬，指人世以长诀。”写灾后的惨状则：“衣缯败絮，墨查炭屑，浮江而下，至于海不绝。”都是寥寥数语，便极尽渲染之能事。

三层写冒险救助的人也同归死地：“亦有没者善游，操舟若神。死丧之威，从井有仁。旋入雷渊，并为波臣。又或择音无门，投身急濑。知蹈水之必濡，犹入险而思济。挟惊浪以雷奔，势若𬯀而终坠，逃灼烂之须臾，乃同归乎死地。”此数句烘染救助者的义无反顾，慷慨赴死。特别是接下来的一段，以极其夸张的手法写死者化为鬼厉出现于寒江之中：“积哀怨于灵台，乘精爽而为厉。出寒流以浃辰，目睊睊而犹视。知天属之来抚，憖流血以盈眦。诉强死之悲心，口不言而以意。”更是震魂夺魄。

四层写灾后的惨状：“若其焚剥支离，漫漶莫别。圜者如圈，破者如玦。积埃填窍，擺指失节。嗟狸首之残形，聚谁何而同穴。收然灰之一抔，辨焚余之白骨。呜呼哀哉！”与上文的“衣缯败絮，墨查炭屑，浮江而下，至于海不绝”前后呼应，重写其惨状。此四层皆以烘染之笔行之，从不同角度来铺张这场灾难。一经汪中刻画点染，无不极尽其惨状，无怪乎当时杭世骏读之，以为“惊心动魄，一字千金”。以有声有色的浓墨重彩来写一场灾难，这是汪中此文的一大特色。

而饶公的《马矢赋》则异乎汪文，几乎不用烘染，仅有的几句直接写民食马矢，亦几近白描："意秕糠兮不得，嗟裁属兮弱息。惟饥炎之方盛兮，苟垂涎兮马矢之余皀。拾白粲于污肠兮，延残喘于今夕。"饶公并没有如汪中一样挥洒其才人手笔来烘染，而是以近乎简朴的直笔来白描。

（三）用典

汪中学富五车，虽然《哀盐船文》以赋笔烘染为主，但他行文高古，故笔下的典故总能恰到好处，既有历史内涵，又与本事水乳交融，他是属于不为用典而用典那一类，所以行文很流利。杭世骏称其："中早学六义，又好深湛之思，故指事类情，申其雅志。"[8]48很能道出汪文用典的特色。如"一夕并命，郁为枯腊"，用《汉书·杨王孙传》："（死尸）支体络束，口含玉石，欲化不得，郁为枯腊。"即便读者不知典故的出处，字面也不妨碍理解。又如"从井有仁"写救助者之高义，用《论语·雍也》："井有仁焉，其从之也?"集解孔曰："仁者必济人于患难，故问有仁者堕井，将自投下从而出之不乎?"可谓贴切。"旋入雷渊，并为波臣"的"波臣"亦有深意。《庄子·外物》："（庄）周顾视车辙中，有鲋鱼焉。……曰：'我东海之波臣也，君岂有斗升之水而活我哉?'"波臣意谓水族中的臣仆。后称死于水中者为"与波臣为伍"。故此处是以"波臣"暗指船人为涸辙之鱼，忍死须臾。再如"又或择音无门，投身急濑"，"择音"用《左传·文公十七年》："鹿死不择音。"孔颖达疏："鹿死不择庇荫之处。"音，通"荫"。"或举族之沉波，终狐祥而无主"用《战国策·秦策四》："鬼神狐祥无所食。"《史记·春申君列传》引作"鬼神狐伤，无所血食。"狐祥，即狐伤。无主，即无人主管祭祀。另外，汪中精熟《礼记》，故在文中也有所表现，如"丛冢有坎"用《礼记·祭法》："四坎坛，祭四方也。"郑玄注："祭山林丘陵于坛，川谷于坎，每方各为坎为坛。"丛冢，即乱葬的坟场。坎，指坑穴。因而称江河山谷的祭典为坎祭。"泰厉有祀"用《礼记·祭法》："为群姓立七祠，其五曰'泰厉'。"孔颖达疏："曰泰厉者，谓古帝王无后者，此鬼无所归，好为民作祸，故祀之也。"总的来说，汪文用典是属于顺手牵羊一类，并无刻意之处。

饶公的《马矢赋》在用典上则是极尽能事，饶公收罗了经史子集中有关马矢的典故，一网打尽，然后以议论点串之，使之与眼前的民食马矢相比较，抚古伤今。所以用典博奥也成为饶公此文的一大特色。如"岂大道之在粪兮"，用《庄子·知北游》"道在屎溺"之典："东郭子问于庄子曰：'所谓道，恶乎在?'庄子曰：'无所不在。'东郭子曰：'期而后可。'庄子曰：'在

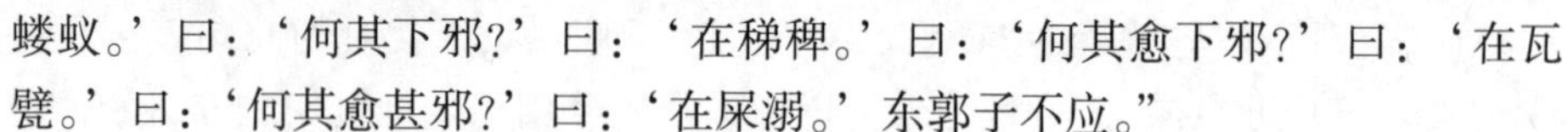

蝼蚁。'曰：'何其下邪？'曰：'在稊稗。'曰：'何其愈下邪？'曰：'在瓦甓。'曰：'何其愈甚邪？'曰：'在屎溺。'东郭子不应。"

中间一段更是典故的密集区：

> 捐盗哺而喀喀兮，独不见夫贸贸之爰精。有嗟来而不食兮，况为味非洁清。孰使异物道其相迫兮，悲故国之腥膻。翳马通之属餍兮，自书传而有焉。农稷煮汁以渍种兮，莳百谷以食我。葛缚铜荐丹砂兮，又煴之以为火。吴诮元逊可啖矢兮，恪谓太子宜食卵。果所出之雷同兮，宁古是而今不可。

"捐盗哺而喀喀兮，独不见夫贸贸之爰精"，"贸贸"出于《礼记·檀弓下》："有饿者蒙袂辑屦，贸贸然来。"郑玄注："贸贸，目不明之貌。""盗哺""喀喀""爰精"则用《列子·说符》："东方有人焉，曰爰旌目，将有适也，而饿于道。狐父之盗曰丘，见而下，壶餐以哺之。爰旌目三哺而后能视，曰：'子何为者也？'曰：'我狐父之人丘也。'爰旌目曰：'嘻！汝非盗耶？胡为而食我？吾义不食子之食也。'两手据地而欧之，不出，喀喀然遂伏而死。"

"有嗟来而不食兮，况为味非洁清"，用嗟来之食典，出自《礼记·檀弓下》："齐大饥，黔敖为食于路，以待饿者而食之。有饿者，蒙袂辑屦，贸贸然来。黔敖左奉食，右执饮，曰：'嗟！来食！'扬其目而视之曰：'予唯不食嗟来之食，以至于斯也。'从而谢焉，终不食而死。"

"翳马通之属餍兮，自书传而有焉"，典出《后汉书·独行传·戴就》："主者穷竭酷惨，无复余方，乃卧就覆船下，以马通熏之。"李贤注："《本草经》曰：'马通，马矢也。'"

"农稷煮汁以渍种兮"，用汉代王充《论衡·商虫》："神农后稷藏种之方，煮马屎以汁渍种者，令禾不虫。"

"葛缚铜荐丹砂兮，又煴之以为火"，用《抱朴子·黄白》篇。葛，指东晋时期的葛洪，著有《抱朴子》。按《抱朴子·黄白》论作金之法："阴乾一月，乃以马粪火煴之，三日三夜，寒，发出，鼓下其铜，铜流如冶铜铁也。乃令铸此铜以为煴，躍成以盛丹砂水。又以马屎火煴之，三十日发炉，鼓之得其金，即以为煴，又以盛丹砂水。又以马通火煴三十日，发取捣治之。取其二分生丹砂，一分并汞，汞者，水银也，立凝成黄金矣。光明美色，可中钉也。"

"吴诮元逊可啖矢兮，恪谓太子宜食卵。果所出之雷同兮"，用《吴书·诸葛恪别传》："太子嘲恪云：'可食马矢。'恪曰：'愿太子食鸡卵。'权曰：

'人令卿食马矢，卿使人食鸡卵，何也?'恪曰：'所出同耳。'权大笑。"诸葛恪，字元逊。

饶公驱遣典故，指东打西，借古伤今，此篇可谓是学人之赋的代表作。学人之赋者，异乎才子之赋一味华丽，而是以学识为根柢，以思想为南车，以历史为金鉴，以悲悯为情怀。

（四）议论

汪、饶二文的最后都用一段议论来结束。这是《楚辞》的篇末多用"乱曰"议论来结束的延续。

《哀盐船文》：且夫众生乘化，是云天常。妻孥环之，绝气寝床。以死卫上，用登明堂。离而不惩，祀为国殇。兹也无名，又非其命，天乎何辜，罹此冤横。游魂不归，居人心绝。麦饭壶浆，临江呜咽。日堕天昏，悽悽鬼语。守哭迍邅，心期冥遇。惟血嗣之相依，尚腾哀而属路。或举族之沉波，终狐祥而无主。悲夫！丛冢有坎，泰厉有祀。强饮强食，冯其气类。尚群游之乐，而无为妖祟。人逢其凶也邪？天降其酷也邪？夫何为而至于此极哉！

先以天命无常，使遇难之人罹此冤横起论，继之以亲人之临江哭祭，而引申到那些举族死难的无主冤魂，最后以"人逢其凶"与"天降其酷"作结，将悲慨推向极致，戛然而终。

《马矢赋》：览宇宙之修辽兮，轸人类之幺麽。萃芳鲍乎一室兮，沦康庄于嵬琐。独悲心之内激兮，羌谁碎此枷锁！感盐尸之载车兮，闵滔天之奇祸。瞻沟壑之悠悠兮，蔽白骨以蓬蒿。苟饿夫而可敦以义兮，吾将讯诸黔敖。

饶公在文章最后的这段议论中，分为三个层次来写。一层乃放在一个极阔大的宇宙背景之下，来感叹人类渺小、愚蠢地自相残杀，这是站在哲学的高度来感叹的。二层才引入对日本帝国主义暴行的强烈谴责，对造成民食马矢悲剧的具体历史进行叩问。最后回到国人的角度，希望穷饿之中的国人能学历史上的黔敖，能敦之以义，不食嗟来之食，不投降日本，抗战到底。

汪、饶在二文最后的议论，都是悲天悯人，至为深痛，使后之读者观之，能悲天命之残酷，发历史之反思，这是对灾难最好的告慰。文章至此，乃有大用存焉。诚如杭世骏序汪中文所言："或疑中方学古之道，其言必期于有用，若此文，将何用耶？答曰：‘中目击异灾，迫于其所不忍，而饰之以文藻，当人心肃然震动之时，为之发其哀矜痛苦，而不忘天之降罚，且闵死者之无辜，而吁嗟噫歆，散其冤抑之气，使人无逢其灾害，是《小雅》之旨也。君子故有取焉。’”[10]99

综上所述，汪、饶二文在叙事、议论上可谓不相上下，汪文胜在烘染，饶文胜在用典，又各具特色。而从二文之风格观之，则汪文是才人之赋哀以丽，饶文是学人之赋悲以庄。

三、饶公化用汪中之处

饶公的辞赋骈文中，还有几处直接化用汪中的句子，以下一并录出：

饶公句	汪中句
《观云赋》：“山增懵懂，水极人天。”	《黄鹤楼铭》：“山增比岳，水激成雷。”
《马矢赋》：“嗟裁属兮弱息。惟饥炎之方盛兮。”	《狐父之盗颂》：“嗒然七尺，形在神奄，弱息裁属，饥火方炎。”
《马矢赋》：“独悲心之内激兮。”	《狐父之盗颂》：“悲心内激，直行无挠。”
《灵渡山杯渡井铭》：“流清泚于废圃。”	《经旧苑吊马守贞文》：“其左有废圃焉。寒流清泚，秋菘满田，室庐皆尽。”
《灵渡山杯渡井铭》：“风烟掩抑，嵯峨数峰。”	《经旧苑吊马守贞文》：“风烟掩抑，怪石数峰。”
《吊贾生文》：“考贾生于文之二年，谪此为长沙王傅。”饶公自注：“据汪中《述学》。”	《述学·贾谊新书序》年表：“孝文二年，二十三岁，为长沙王傅。为赋吊屈原。”
《琴台铭》：“赏心纵遥，终古无违。”	《汉上琴台之铭》：“流水高山，相望终古。”

四、结语

饶公目高千古，钱仲联先生谓其赋“皆不作鲍照以后语，无论唐人”。他的辞赋骈文，上探屈原、宋玉之源，中乘两汉、六朝之流，晚收汪中之滀。诚如郑炜明先生所云：“盖饶教授之俪体，乃由汪容甫上溯《文选》，而直追秦汉。”[11]489本文通过对汪饶四篇文章的两两比较，略见饶公对于汪中的继承与新变，以及他们之间存在的一些差异。汪中的文章，才人的成分多一点；饶公的文章，学人的成分多一点。汪情感更足些，饶理智更胜些。这又是关乎才性，各有其造诣，而不可强论优劣了。另外汪、饶之文章还有一个显著的差异，汪中集中另有名文《自序》《经旧苑吊马守贞文》《吊黄祖文》等，皆是愤世嫉俗、自伤身世之作，盖汪中半生坎懔，怀才不遇，故有此等之作，足使千秋之下读之者同为之痛哭流涕。而饶公集中，很少有自伤或愤世嫉俗之作，盖因他平生路路顺通，机遇为当世少有，饶公自称是如有神助，再加上他达观向上，又吸收了释道及西方宗教文化之精神，他的内心修为层次颇高，不再局限于人间，而是着眼于天人之际，故为诗则举"形上诗"，填词则倡"形上词"，以此写天人之感，开出向上一路。施之于文章，则偏重理智，有所感慨，也是站在历史的高度来抒发，很少写一己之愤。本文限于篇幅，不能再有所发挥，只能留待他日了。

壬辰仲冬写于隔江草庐

参考文献

[1] 饶宗颐：《固庵文录》，台北：新文丰出版公司1989年版。

[2]（清）张之洞撰，范希曾补正：《书目答问补正》，上海：上海古籍出版社2001年版。

[3] 缪钺：《诗词散论》，上海：上海古籍出版社1980年版。

[4] 饶宗颐述，胡晓明、李瑞明整理：《饶宗颐学述》，杭州：浙江人民出版社2000年版。

[5]（明）吴纳、徐师曾著，于兆山、罗根泽点校：《文章辨体序说》，北京：人民文学出版社1998年版。

[6]（梁）萧统编，于平等注：《昭明文选》，北京：华夏出版社2000年版。

[7] 饶宗颐：《固庵文录》，沈阳：辽宁教育出版社2000年版。

[8] 古直选注：《汪容甫文笺》，北京：人民文学出版社1958年版。

[9]（清）江藩：《汉学师承记》（外二种），北京：生活·读书·新知三联书店1998年版。

[10]（清）汪中撰，戴庆玉、涂小马点校：《述学》，沈阳：辽宁教育出版社2000年版。

[11] 郑炜明：《饶宗颐教授在中国文学上之成就》，见郑炜明编：《论饶宗颐》，香港：三联书店（香港）有限公司1995年版。

贰

饶宗颐交游研究

选堂老人二十世纪汉学交游考

——高罗佩篇

台湾清华大学中国文学系　陈　珏①

一、缘起

选堂老人饶宗颐先生今年九十七高龄了。自季羡林先生去世后，在国内，其人其学，举世无二，博大精深，世称"饶学"。选堂老人虚怀若谷，不以世间的荣誉为意，研究"饶学"是别人的事，老人一心提创和推动的是"华学"。燃灯佛是过去世界的佛，如来佛是现在世界的佛，弥勒佛是未来世界的佛。现在出于过去，未来出于现在，我个人认为，现在的世界，还处在"国学"与"汉学"的境界中，而"华学"则将是未来世界中融合了"国学"与"汉学"的新境界。选堂老人在跨越世纪的学术活动中，与国际汉学界发生种种因缘聚会的交游，毫无疑问，都是从过去和现在，向未来"华学"过渡的雪泥鸿爪。从这个角度看，这些交游，无论在将来书写国学史，还是书写汉学史的时候，都是不可或缺的一部分，而现在也已经到了应该开始动手整理的时候了。

同时，我们也都知道，选堂老人几十年波澜壮阔、名动国际的学术生涯，是从年轻时代在韩山师范学院执教起步的。我20世纪80年代在香港中文大学曾亲炙饶宗颐先生达两年之久，后来远游普林斯顿，直到近年返回中文世界，到台湾清华任教，学术生涯的每一个转折关头，老师都是推荐人之一。饮水思源，今天有机会在韩山师范学院的讲坛上，发表《选堂老人二十世纪汉学交游考》的第一篇《高罗佩》的演讲，作为整理老师以"华学"的胸襟，跨越"国学"与"汉学"藩篱贡献的开端，倍感荣幸。

---

① 作者简介：陈珏，普林斯顿大学博士，台湾清华大学中国文学系暨历史研究所教授。本文是于2013年5月24日在韩山师范学院的演讲基础上整理成稿的，承陈伟先生订正，谨致感谢。部分内容为庆祝饶先生九十七岁寿辰，交媒体发表，特此说明。

记得七年前，正当大陆“国学热”方兴未艾的时候，我曾回顾老师域外交游的足迹，在香港《文汇报》的“文汇园”副刊撰文，提出“饶先生壮年时曾游海外，与法兰西学院戴密微（Paul Demiéville）、耶鲁大学芮沃寿（Arthur Wright）和京都大学吉川幸次郎三巨头为友，等量齐观，平起平坐，至今法国最高学术机构法兰西学院的汉学研究所所挂之匾，仍为饶先生当年所题”。到了1992年编《庆祝饶宗颐教授七十五岁论文集》时，由汉学宗匠余英时先生、香港大学校长王赓武先生等发起，而上述戴、芮、吉川等三位，已无一人尚在人间。无怪乎季羡林先生在几年前的一次发言中说：“近年来，国内出现各式各样的大师，而我季羡林心目中的大师就是饶宗颐。”这不是季先生第一次这样说，早在20世纪80年代中期，他就在《明报月刊》撰文认为，饶宗颐先生和王国维先生、陈寅恪先生、陈援庵先生一样，是20世纪少数得到了“预流果”的巨擘之一。“预流果”不是凡品，乃罗汉初果，只有也修有罗汉行者方能知晓，季先生如此郑重其事的断定，意味深长，绝非等闲。该文发表后，因为大陆读者一般不容易看到香港《文汇报》，上海《解放日报》的编者，约我将文章压缩改写，以“国学热中看饶宗颐学术馆”为题，刊出在该报的《朝花》副刊上，旋为大陆影响力很大的人民网转载。

现在回想起来，当时那段情动于衷、信笔写来的文字，无意中触及两个重要的问题：一为选堂老人在20世纪前半个世纪中，遍及全球的海外交游，在国学史和汉学史上有何意义？二为选堂老人以毕生心血所证得的“预流果”，对未来国际汉学的发展，又有怎样的贡献？这两个问题，其实是“合二为一”的一个问题，亦即“华学的足迹”（或“华学的形成”）问题。

“北季南饶”非忝窃，季羡林先生所认定饶先生取得的“预流果”，与选堂老人半个世纪来以海外交游为方式，将国学与汉学不断多重印证的实践息息相关。选堂老人多年前即自言“半生行役，五洲已历其四”，除无汉学存在的非洲外，数十年来，遍访欧、美、亚、澳诸名校重镇，讲学之余，切磋指点过的同辈与下一辈的第一流汉学大家，如荷兰高罗佩（1910—1967）、京都清水茂（1925—2008）、耶鲁傅汉思（1916—2003）、澳大利亚柳存仁（1917—2009）等，数以十计，以上戴、芮、吉川等三位，仅为其中的代表人物而已。通过这样的交游，促成国学与汉学两种不同的传统“随风潜入夜，润物细无声”，在同一位学者身上活生生地融会与推陈出新的流动交通，正是选堂老人成为20世纪学界少数获得“预流果”者的原因之一。

多年前，我从日本京都返台途中经过香港，选堂老人约我在铜锣湾他常去的那家幽静的潮州餐馆饮茶，告诉我他在汉学界订交的第一位朋友，不是别人，正是荷兰高罗佩。换言之，高罗佩是选堂老人超过半个世纪汉学交游的起点。那么，高罗佩又是何许人呢？

二、高罗佩其人其事

我是选堂老人的学生，同时也正好是高罗佩的研究者。在三年前，高罗佩诞辰一百周年的时候，我在台北主办过三次“高罗佩与物质文化研究”国际系列论坛，当时《南方都市报》记者采访我，访谈以“高罗佩研究答客问”为题整版刊出，其中有对高罗佩其人其事的扼要介绍如下（以下两段中所引“答客问”的部分，仅作个别文字改动和连接，余均一仍其旧）：

荷兰高罗佩（Robert Hansvan Gulik，1910—1967），以东方学博士，入外交生涯，官拜驻日本大使。区区一个西洋某国的大使，在波澜壮阔的20世纪东亚史上，不知凡几。彼有何德何能，以致其百年诞辰，居然值得中文世界的华人来纪念？我曾撰文举出两篇时隔三十余年的报刊文章，对读之下，稍一追踪，即知答案。一是台北《传记文学》在1970年连载的老牌民国外交家胡光麃的长文《百年来对中国影响最大的六十洋客》，二是北京《华声报》在2005年公布的《二十世纪影响中国最大的一百个外国人》评选结果。台湾之1970年也罢，北京之2005年也罢，“六十洋客”也罢，“一百个外国人”也罢，高罗佩在名单上，都能与列宁、罗斯福、丘吉尔、斯大林、白求恩、费正清、盖茨、克林顿等平起平坐。这令人不禁要问，如此煊赫的身价，哪里是一个大使所能够有的“头寸”呢？究其实，其“大名”之“暴得”，出于写与众不同的畅销小说，和作与众不同的汉学研究。他所写的小说，是《狄公案》。《狄公案》是中国“古而有之”的众多公案小说中的一种，历来看的人就不比其“姊妹篇”《彭公案》《施公案》《包公案》来得多。以常理看，高罗佩此时重写《狄公案》，似乎是一件愚不可及、注定要失败的事情。然而，结果却相反，这套系列小说越写越神，畅销世界各地，居然成为当时西方一般读者了解中国文化的一个特殊窗口，影响极大。这成功的原因之一，在于“与众不同”。高某不用传统的公案小说笔法，而是用西洋的侦探小说笔法，来写《狄公案》。他写《狄公案》的语言媒介，也不是中文，而是英文。其心中的《狄公案》读者对象，不是华人，而是洋人。据我看，高罗佩一生能如此成功，可断其是一个极能在关键时刻判断机会、驾驭环境的人。他敏感看出并抓住东西方文化在这一特定点上所聚焦的兴趣落差，熔上述几个“与众不同”于一炉，推陈出新，化腐朽为神奇，才创造出了“高罗佩版”《狄公案》在西方一时家喻户晓的奇迹。

在以上的“答客问”中，我继续介绍高罗佩在汉学研究方面的奇特贡献：

高罗佩所作汉学研究之"与众不同"，可以从他留下的十来种专书中看出。高罗佩除了使其名重当世的春宫图与性文化史著作——《秘戏图考》和《中国古代房内考》以外，还有一系列鲜为人知却同样有划时代意义的作品。简介如下：《马头明王古今诸说源流考》，为其荷兰文博士论文的英文改写本，是一部研究印度、中国、西藏、日本等地的马头明王信仰的东方学著作；《米海岳砚史考》为其硕士论文（一说学士论文）之改写，考证米芾的《砚史》，七十多年过去了，迄今仍历久弥新，然而除了汉学界菁英圈内，现在很少有人知道他写过以上两本书；《琴道》是一本研究中国古琴文化史的名著，出版时正是第二次世界大战如火如荼的时候，高罗佩居然能超然物外，静下心写出这本不食人间烟火的《琴道》，令人感慨不已；《悉昙学》是研究冷门悉昙学的著作，饶宗颐先生深通悉昙，曾说这本书到今天也还没有过时，值得参考；《书画鉴赏汇编》讲的是书画的装裱与作伪的鉴定，在极丰富的专业知识中，蕴有开阔的文化史视野，后来为牛津大学艺术史讲座教授柯律格（Craig Clunas）等大家广为引用；《长臂猿考》是一本划时代的动物文化史汉学名著，1967 年出版，比剑桥大学讲座教授 Keith Thomas 爵士 1983 年出版的动物文化史名著，还早了整整十六年。我个人认为，以上这些书的内容形形色色，都是围绕着一个中心，即"收藏中国"。"收藏中国"与物质文化研究和殖民时代都息息相关，博物馆就是其中的关键。19 世纪末中国才在上海有了第一个博物馆，在此之前中国根本没有博物馆的概念。殖民时代的殖民者，一方面掠夺东方的"落后"民族，另一方面又要将其生活方式现代化，于是就出现了一个在"全球化"过程中不可避免的问题，即埃及文化、中国文化等这些几千年古老物质文化的"样本"如何保存？回答是保存在博物馆里。高罗佩以毕生的精力，将春宫图、古琴、悉昙、书画、砚石乃至长臂猿等形形色色之"物质文化"，作为中国传统文化的"标本"，收藏到他留下的那座由十来本专书组成的"纸上博物馆"中，其中的每一本书，都可以视为这座博物馆中辟出的一个专门的展室。凡此种种，才使高罗佩成为百年来对中国影响最大的"洋客"之一。

选堂老人当年结识的第一位国际汉学大家，便是这样的一位传奇色彩极为浓厚的"洋客"。选堂老人在那次饮茶的席间回忆，那是他第二次越洋飞行去欧洲参加学术会议，飞机途经黎巴嫩首都贝鲁特，需要过夜加油，闲来无事，选堂老人想到神交已久的高罗佩，恰时任荷兰驻黎巴嫩全权代表，便乘兴到荷兰驻贝鲁特使馆走访，彼此一见如故，惺惺相惜，高罗佩逝世后，选堂老人有《高阳台》词悼之。选堂老人没有告诉我，两人相见，具体是在哪一年，而根据高罗佩使黎的时间和《选堂诗词集》的相关记载推测，应该是 1958 年。

三、古琴的因缘

高罗佩纵横驰骋的众多汉学领域中，有两个与选堂老人相重叠的兴趣，其一曰古琴，其二曰悉昙。我在七年前，应香港《文汇报》的“文汇园”副刊之约，写过一个半年多的汉学专栏，名为“天方夜谈”，其中有八篇谈高罗佩，古琴和悉昙各占一篇。香港《文汇报》在大陆不易看到，而“天方夜谈”中的内容，也还没有过时，所以大体迻录在这次演讲的本节和下节中，稍作申论。

不少人知道高罗佩一身三任：他做过大使，是一个外交家；他研究汉学，是一个学者；他写小说，是一个广义的艺术家。就艺术家的一面，高氏不仅会写《狄公案》侦探小说，还会书法，还会临明清木刻，还会以西洋技法用中国纸、笔、墨作画，真不愧为以中国文化为轴心，学、艺双修，互相补充，而其中修为最高的艺事，或可推其在古琴上的造诣。

高氏古琴的启蒙老师是叶诗梦（1863—1937），习梅花三弄之曲，得其真传，终生不忘。叶氏在清末民初，是一非同小可的传奇人物，原姓叶赫那拉，名佛尼音布，为慈禧太后之侄，瑞麟第三子，辛亥革命后，改名叶潜，字鹤伏，号诗梦。我们赞叹高罗佩多才多艺，殊不知其师叶氏亦多才多艺。叶能书法，很多人也许不知道，今天赫然挂在苏州拙政园玲珑馆堂上的“玉壶冰”三字之匾，即出自其手笔；叶喜武术，据说董海川的传灯高弟、八卦掌的第二代掌门尹福，就是经叶氏介绍，入宫教光绪帝武术的；叶通岐黄，晚年行医，誉满旧京；叶好收藏，所藏昆山玉、九霄环佩、风入松、鸣玉、归凤、霹雳六琴，或为唐宋之旧制，或为本人之杰构，均为极品，其中唐朝的九霄环佩，尤为神品，现藏于北京故宫博物院。但是他最大成就，在乎琴道，初受艺于刘容斋，后转益多师——包括祝桐君（浦城派的创始人）、孙晋斋（广陵派传人）、黄勉之（九嶷派名家），乃至温江的蜀派名书法家和琴人李湘石、吴门琴人释云闲等——融会诸派，而自成一家，为当时的宗师之一。高罗佩受艺于彼，与汪孟舒（汪精卫长兄，叶诗梦高足，书、画、琴三艺俱精，而以琴名世）为同门，艺成之后，据老牌外交家陈之迈回忆，在抗战的烽火中，高氏曾在重庆举办多场古琴演奏会，以外交家兼古琴家的身份，为华筹款，传为雅谈。曲高和寡，据陈之迈《荷兰高罗佩》记载，饶宗颐先生为高氏晚年为数不多的琴友之一。我在香港就此事求教于饶师，饶师回忆起当年的交往，历历在目，并告诉我一则逸事：高氏在有“中东的巴黎”之称的黎巴嫩首都贝鲁特任外交官之时，饶师曾过访其寓，切磋琴艺。知音初逢，相谈甚欢，高罗佩即以一部盖有其印章的琴谱相赠，而此书原版，现仍完好藏之于香港大学的饶宗颐学术馆。同席的饶宗颐学术馆研究部主任郑炜明兄则说，此谱或为一珍贵的抄本，有待进一步研究。

高罗佩琴艺之缘，直接推动了他的汉学研究，他于20世纪40年代出版的《琴道》和译注的嵇康《琴赋》，至今仍为海外治中国音乐史者所津津乐道，而题献给叶诗梦的前者，则是当之无愧的海内外第一部有关古琴的文化历史学名著。全书凡七卷，从中国古代之音乐观谈到古琴的意识形态史，从调意谈到指法，从琴与鹤谈到琴与剑，从琴与松谈到琴与梅，从中国的琴道史到日本琴道的谱系，洋洋洒洒，如数家珍。屈志仁（James Watt）家学渊源，又主持纽约大都会博物馆的中国部多年，绘画之外，对中国的各种艺事，都相当熟悉，曾有英文的《琴与中国文人》一文，以高氏《琴道》为中心，讨论古琴的历史与美学，一方面对高氏低估了琴乐的旋律性有所驳正，另一方面也盛赞高罗佩此书出版四十余年后，仍不失为该领域一部最全面的导论著作。而高氏译注的嵇康《琴赋》，则与其另外几部这一类“古籍整理”性与文化诠释性的译注甚相仿，注重从文化史的角度来讨论问题。高氏把嵇康此赋，放置于《文选》音乐卷中所收的其他各赋——如王褒《洞箫赋》、傅毅《舞赋》、马融《长笛赋》、潘岳《笙赋》和成公绥《啸赋》构成的整体环境中来作考察，提出其独到见解。这种独到的见解，正是出自高罗佩所具有而一般汉学家所没有的中国文化的修养。试看，高罗佩自撰的文言《琴道》后序中“茅斋萧然，值清风拂幌，朗月临轩，更深人静，万籁希声，浏览黄卷，闲鼓绿绮，写山水于寸心”云云，像是一个外国人写的文字吗？

高罗佩之后的近半个世纪中，选堂老人不仅自身开展琴学研究，而且不倦关注两岸的琴学研究，引领和推动了多次古琴专业学术会议的召开。上文引述陈之迈在《荷兰高罗佩》中谈到的选堂老人与高罗佩的琴艺和琴学之交，这里要对陈之迈和他的《荷兰高罗佩》再补充几个要点。陈之迈是高罗佩的好友，两人有很多相像的地方。陈之迈是美国哥伦比亚大学博士，高罗佩是荷兰乌特列支大学博士，高罗佩任荷兰驻日本大使时，陈之迈是民国驻日本大使。高罗佩逝世之后，陈之迈撰写声情并茂的回忆录《荷兰高罗佩》一书，在台北传记文学出版社出版，至今仍是研究高罗佩最翔实可靠的资料之一，包括其中记录的选堂老人与高罗佩的古琴交往。潮州已故耆老蔡起贤论及“潮州学派”，提出从晚清广东大儒“东塾先生”陈澧到今日选堂的谱系，多为学术界接受，须知陈之迈不是别人，正是陈澧之孙。

四、悉昙的秘密

高罗佩不仅聚焦于中国的琴、猿、书、画和公案，对与密宗息息相关的所谓悉昙之学，也有独到的研究。

悉昙是流行于中国的五种梵文字体之一。悉昙体盛行于6世纪前后，不少贝叶的写本，均用此体。佛经自南北朝始有悉昙体汉译，至初唐经玄奘等的实践，斯风大盛，到了开元三大士——善无畏（637—735）、金刚智（669—741）、不空（705—774）——的时代，密宗的经典，多从悉昙体翻译，悉昙学顿成显学。凡义净的《梵语千字文》、智广的《悉昙字记》、一行的《字母表》等，皆是也。

然而，唐后海内的悉昙学盛极而衰，时隐时现，相当神秘。倒是日本自从在隋末从中国引进悉昙经典后，藏之名寺，而悉昙学也作为一种特殊的化石，得到妥善的保存，研究者亦代不乏人。例如，唐末时日本延历寺安然所撰之《悉昙藏》八卷，即为世所重。故今天的研究悉昙者，不能不参考日本人的悉昙学研究。我们都知道，《大正藏》密教部中的真言密咒，不懂悉昙，无法阅读。时至近代，此学在海内又出现高潮，不仅佛门中人密林、王弘愿等对悉昙字义，多有发明，而且罗振玉、饶宗颐等主流学术界的大师，亦多探讨。例如，明人赵宧光之《悉昙经传》，即是一部经选堂老人编集而重光天下的“人间秘籍”。

高罗佩的研究，贵在从梵文和日文的悉昙之研究，来分析中土的悉昙研究，别出心裁，著成《悉昙学》一书，在印度出版，于1956年、1980年和2001年，三度印刷，在20世纪世界范围内的悉昙研究中，其是一部不能不提到的著作。博学如饶宗颐先生，也对高罗佩的《悉昙学》很是欣赏。香港大学饶宗颐学术馆研究部主任郑炜明告诉我，港大图书馆所藏高罗佩的《悉昙学》，正是1956年的初版，书页间有铅笔的批注和评语，疑是选堂老人的手笔，正待求证中。我手头上的复本，则是1980年的重印本，原为已故的国际级佛教研究家狄庸（Jan Willem De Jong）藏书，狄氏虽然与柳存仁先生一起长期在澳洲国立大学任教，但其实是荷兰人，岂不与高氏有缘乎。

选堂老人年轻时即喜习印度之学，对悉昙学多有关注，久为学界所知，而晚年发为《中印文化关系史论集：语文篇——悉昙学绪论》一书，贡献尤著。有趣的是，当年“北季南饶”并称，两人都有印度学的背景，季羡林毕业的德国哥廷根大学，是当年欧洲印度学研究的重镇，而选堂老人年轻时从印度白春晖父子研究梵文和《梨俱吠陀》，后来并以“梨俱室”命名书斋，可见影响之深。无独有偶，高罗佩的博士论文《马头明王古今诸说源流考》，研究的也是印度的学问，可见这20世纪中外“三大士”的学问，绝不是传统的“国学”或者“汉学”所能够框架牢笼的，而是具有一种从“亚洲看中国”的开阔胸襟。记得“北季南饶”被外界加之以“国学大师”的桂冠时，两人不约而同都加以否认，也许便与这种胸襟有关。选堂老人不喜欢用“国学”一词，也不喜欢用“汉学”一词，认为都有点种族文化自尊，盛气凌人的意味。选堂老人创导“华学”的用意之一，也是在于强调作为一个文化共同体，在大中华圈内的汉文化，应该是和蒙文化、满文化等少数族裔的文化平等一体的。同时，华夏文化和亚洲其他文化（如印度文化），在国际的视野中，也应该是平等一体的，所以“华学”更符合当今世界文化平等的思路和潮流。

高罗佩成为选堂老人订交的第一位汉学界朋友，这也许并非纯出偶然。两人共同拥有的这种从“亚洲看中国”的胸襟，使之宜乎其然。

五、展望

潮州是选堂老人的故乡。我这次访问潮州期间，暇时和韩山师范学院中文系主任赵松元一起在韩江边散步。松元兄指着远处的一座小庙说，那便是大名鼎鼎的青龙庙。如今在世界各地的各行各业中，潮州籍的成功人士相当多。当年潮州人离开家乡闯世界，都要在这里先拜青龙庙，然后再出发，选堂老人也是其中的一位。选堂老人如今名满天下，他几十年波澜壮阔的传奇生涯却是在潮州起步的。有念及此，我更感觉到，故事要从头说起，《选堂老人二十世纪汉学交游考》的第一篇从《高罗佩》开始，而这第一讲从韩山师范学院开始，都是非常有意义的。

从师愈到密宗大阿阇黎

——王弘愿先生皈佛成因蠡测

潮州市政协文史委　曾楚楠①

胡晓明在《饶宗颐学述·家学、师承与自修》中引用了饶宗颐教授的一段话：

我上过一年中学，后来就不上了，因为学不到东西。但是我的古文教师王慕韩（弘愿）却有一种主张给我影响甚大，就是“做古文要从韩文入手”。我父亲跟他搞不来，而我却信服王师的这一套……现在我还是要说，作文应从韩文入手，先立其大，韩文可以养足一腔子气，然后由韩入欧，化百炼钢为绕指柔，这确是作文正途。要不然，一开始就柔靡，后来文气就出不来了。不过，王慕韩这个人亦很怪，后来竟入了密宗，跟一个叫权田雷斧的日僧，受了醍醐灌顶，再后来自己亦收了一些弟子。慕韩本为辟佛，可是他反倒是遁入佛门。[1]4

王弘愿（1876—1937），原名师愈，号慕韩，皈佛后，改名弘愿，号圆五居士。“光绪二十四年戊戌（1898）年二十三，补博士弟子员（俗称‘秀才’），翌年考列优行，补廪膳生（俗称‘廪生’）。值晚清变法，潮之金山书院改为中学堂，居士任教席八年，民国肇兴，迁校长，旋辞职，与谢安臣孝廉（俗称‘举人’）同主汕头《汉潮日报》笔政，嗣复归校任教席及名誉顾问。年四十，因读华严，始信佛……尝读日本权田雷斧大僧正所著之《密教纲要》，大好之，遂译以行世。并寄呈大僧正，得嘉许，复令译所著之《大日经疏续弦秘曲》，由是机感契合。权田大僧正遂于民国十三年甲子（1924）六月（夏历五月）……来潮弘传密法，假开元寺藏经楼下禅堂为灌顶坛，居士特授两部传法灌顶，得‘遍照金刚’密号，绍真言宗第四十九世传灯大阿阇

① 作者简介：曾楚楠（1941—　），中国唐代文学学会韩愈研究会顾问，潮州市政协文史委原主任，潮汕诗社社长。

黎职位。嗣就所居（今城内义安路新街头圆五居）创‘震旦密教重兴会’，招募会员，开坛灌顶，讲演教义，刊行经籍，并编《密宗讲习录》，力扬密乘（《密宗讲习录》双月刊，始于1926年，刊行历八载）。十五年丙寅（1926）仲夏东渡日本，谒权田大僧正于松原山，孟秋归……（民国）二十六年丁丑（1937）二月五日六时终，寿六十一。”[2]794

这样一位崇仰以辟佛著称的韩愈，甚至以“师愈”“慕韩”为名号的儒士，为何会在中年以后皈依佛门？其心路历程如何，此即本文所要探讨之重点。

一、“欲自振于一代”之抱负

韩愈《岳阳楼别窦司直》诗谓：“我年十八九，壮志起胸中……念昔始读书，志欲干霸王。”《旧唐书·韩愈传》亦谓韩愈“锐意钻仰，欲自振于一代”。这种敢于“障百川而东之，回狂澜于既倒”（韩愈《进学解》）、干一番大事业以流芳千古的襟怀抱负，应该说早在王弘愿少年时便已确立，并伴随其一生。

陈历典于《圆五居士王弘愿先生之历史》中云：

> （弘愿）父淦，县学生员，早卒。母洪氏，师幼秉母教，既孤贫无藉，然秉性殊常人。知读书，已志传名后世。论古今事当否，不肯循常毁誉，每出语，往往惊其前辈。其于文事，特有天授，往往神会唐昌黎伯韩愈之为文也，故师少署名“师愈”，既补博士弟子员，乃以“慕韩”自号焉……师讷于口，不善应酬交人，厌事而勤学，其为学皆自师其心，不待传授……自审年老家贫，终无从表显所畜，名声不出里巷，则往往慷慨欷歔，自谓希望已绝也。[3]52

陈历典是追随王弘愿多年的晚辈，所述当可征信。由其文可知，弘愿先生自幼即立下“传名后世”的志向，是一位“为学皆自师其心”，有独立见解的，虽年老家贫仍思“表显所畜”，使声名扬天下的卓异人物。这一点，从其本人的诗文中亦可略见端倪。《丁未生日》四首之一有句曰：

> 生不传名甘速死，世无可语独吟诗。……吾辈蓬蒿人岂是？堪嗟困守太无奇。[3]469

丁未，清光绪三十三年（1907）时先生三十二岁，正属年少气盛之时。上诗明白如话：不作碌碌无为、困守一隅、与蓬蒿人同伍者，而“生不传名甘速死”一语，正是其“欲自振于一代”的内心独白。

弘愿先生多才多艺，同仁间素有好评。《奉和冯君印月冬日见怀之作》谓：

故人忆吾诗，故人誉我语。说吾文若韩，说吾诗有李。说吾近作字，骎骎右军矣。古今有此人，造物无憾耻。厚意感无涯，雄词愧敢拟。吾谓果有人，奇才全若此。方今时局危，不能振颓靡。[3]475

有才如此，却不能拯危局、振颓靡，先生又怎能释怀？因此，当他得到一枚篆有“慕韩”二字的白玉小印时，特作《慕韩玉印歌》以志慨：

丈夫有才贵自立，虎皮蒙马果何功？我今得此欲何为，四十无闻圣所悲！[3]478

这一年，先生已近不惑之期，却仍然以舌耕为业，默默无闻。故当他谒彭西川墓而赋诗时，特于诗序中疾呼：

嗟呼！士之抗心稀古，要知名于百世下，不知何人者，可哀也！[3]482

萦系于膺中者，仍是“知名于百世下”之情结。但是，欲自振、知名于后世又谈何容易？因而，在壮志难酬、郁抑难以排解的情境下，弘愿先生难免萌发了避世归隐、逃禅访道的念头。其《丙辰（1916）生日》二首有句曰：

半生言论频惊俗，老去颓唐更罕俦。四十无闻空壮志，五洲多事又新秋。……星河漏永珠成露，鞞鼓声高鬓欲霜。何日罗浮行访道，梅花丹鼎兴难忘。[3]480

而在此稍前所作的《奉和冯君印月冬日见怀之作》中，他更是满怀忧愤地说：

世纪太平洋，波浪掀天起。百怪惊鱼龙，都向中华指。嗟哉民其鱼，呜呼学无史。……道德若孔颜，治功若姚姒。司马之高文，班墨之奇技。一例随飘风，无生谁念死？感此益自放，沉酣把琼酏。最恨大海波，不洒徒湍水。回首皈空王，习静观无始。我身非我有，何况文字靡！[3]475

表面看来，诗语确有“慷慨欷歔，自谓希望已绝”之倾向，但自小抱定“丈夫有才贵自立”之志向的弘愿先生，又怎会轻易放弃自己的人生宗旨？上述这些四十岁前撰写的诗句，只能说是他对“才难世用”的境遇之叹息，而一旦寻觅到寄泊心灵的处所，“才堪世用”之蹊径，他那种“传名百世下”的愿望，必将得到异乎寻常的表显并为之贯彻终生，分外执着。

二、对“国运盛衰”之忧思

凡有“欲自振于一代”之抱负者，必于修身之同时，关注时局之安危、国运之盛衰。

清光绪三十一年（1905），弘愿先生在取得廪生头衔六年后，值清廷宣布废除科举制度，推行学校教育，其科名之路遂告中断。但他在弱冠未中秀才之前及在执教潮州中学堂期间，已如饥似渴地学习、钻研泰西文明。《圆五居文集》于民国十八年（1929）出版，他在《自序》中回忆说：

幼时喜文事，研精于韩、欧、骚、选、枚、马、迁、固之著，书盖未尝一日离也。比长，欧学东来，凡科、哲、算诸译简，颇涉其藩，而于群治、国际之义，稍稍摩其垒。时书院未绝废，赍以应试艺，又尝操笔政报肆。顾其时方纵极其才气，以警动时人耳目，故余于选刻《缵槐堂文集》时，皆屏去不录。[4]624

从上文可知，先生于欧学，涉猎既广且深。可惜的是，那些“纵极其才气，以警动时人耳目”之文章，今已难得一见。但由于先生视野宽广、见识过人，所以仍能从其他的一些诗文中触摸到他关注时局、国运的热切情怀。

《报杨守愚孝廉鲁书》云：

（近）取法人安卓俾尔所原著之《今世欧洲外交史》翻译之，已成数卷……题曰《达旨》。是书之成，虽不能为“严几道”，要当还我“王慕韩”也！弟丁年十六七，未知人事，窃有慕于没世之名。然少失学，未能窥圣道万一。际风气大开，知非能阈以古谊，思探索西士新宣理，稍有所灌溉，以效忠社会，庶几不饱食以嬉，抱羞蠹虱……他日本领既大，反我国力，铸我国民，愿遂宏此远图！①

青年时期即能翻译《今世欧洲外交史》，其“厌事勤学”（前引陈历典语）之精神与绩效，可见一斑。而不囿阈于古制，能自觉探索欧西新哲理以效忠社会，实现“反我国力，铸我国民”之宏愿，亦绝非漠视国运盛衰者之所能想、所能为。

1915年12月12日，袁世凯宣布恢复帝制，准备于1916年元旦废除民国纪元，改为洪宪元年，正式称帝。在全国人民的坚决反对下，袁世凯被迫于1916年3月22日宣布取消帝制。但这一倒行逆施之举措已给全国各地带来新的动乱。饶宗颐在《潮州志·大事志·民国》中云：“五年一月，革命党人罗侃亭等遇害”，“三月，莫擎宇逐马存发宣布独立”。

对于这种“你方唱罢我登场”的危局，弘愿先生自然无法扭转，他只能借助文笔，写下他的忧虑与感慨。他在《书劫》一文中说：

民国五年三月二十八日，夜，读报得“取消帝制公文”，喜跃曰：“帝祸绝矣！”因与蔡君策天下事，颇畅。蔡君去，录汤氏化龙《请退位电》于册，手倦而寝……噫！潮州独立矣，汕市恐慌甚，皇帝害之也！余乃悟潮州已纽解，而此次之变（按：指是夜在普宁三都校；平时不祸害学校的盗伙竟入校劫掠），乃帝祸之延于校中。[3]383

如果说，像这样的议论只不过是对时局无可奈何的书生愤慨之语的话，那么，在力所能及的范畴内，特别是弘愿先生在担任潮州中学堂监督仅一年期间②所展示的魄力与刚毅勇猛、无所畏惧的作风，却令人肃然起敬。

辛亥革命后，革命军虽定潮汕，而群雄各自为政，不相统属，诚如民国《潮州志·大事志》所说，其时“潮汕称司令一十三人”，其中的某司令竟于

① 王弘愿著述，于瑞华主编：《密宗讲习录（伍）》，北京：华夏出版社2009年版，第173页。按，据孙叔彦、王云昌《潮汕人物辞典》，“杨鲁（1875—1936），字守愚，澄海人，光绪举人。曾执教于汕头岭东国文学堂，与丘逢甲共事……后曾历任黑龙江省大赉厅通判，呼兰县知县，巴彦州知州。辛亥革命后曾任广西省政府秘书长”。王弘愿给他的信中有“弟子不自量度，忝窃贵县讲堂席，能既薄，无能报称”等语，知其尝一度于黑龙江等县任教职。又信末有“此地近得李公为之守，沈公为之巡”之语，据饶宗颐《潮州志·职官志》，清光绪三十三年（1907）潮州知府为李象辰，翌年惠潮嘉分巡道为沈桐。故上信写作时间应在光绪三十四年（1908）。

② 黄仲琴初辑、饶宗颐补辑：《潮州金山志》，潮州：政协潮州市委员会、潮州市地方志办公室2006年版。该书卷四《学校》谓“清光绪二十七年间，改（金山）书院为中学，定名潮州中学堂……民国元年二月，王师愈任监督，旋奉命改学堂为学校，监督为校长……民国二年春，周心任校长”。从此知王师愈任潮州中学堂监督仅一年。

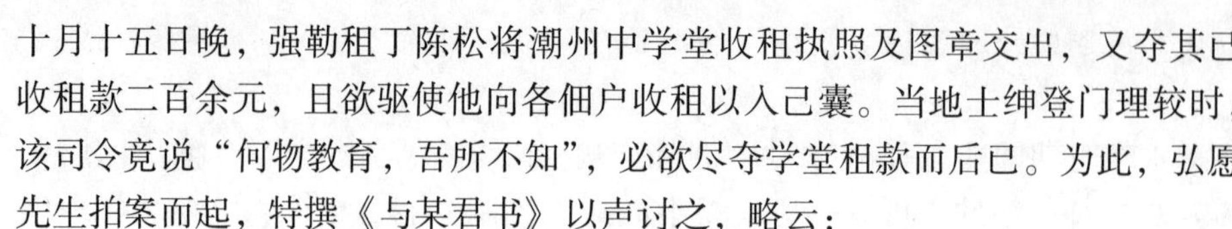

十月十五日晚，强勒租丁陈松将潮州中学堂收租执照及图章交出，又夺其已收租款二百余元，且欲驱使他向各佃户收租以入己囊。当地士绅登门理较时，该司令竟说“何物教育，吾所不知”，必欲尽夺学堂租款而后已。为此，弘愿先生拍案而起，特撰《与某君书》以声讨之，略云：

> 夫吾潮全府，只此中学堂，吾中学堂只有此款，而足下夺之，是吾潮中学堂摧倒于足下之手也！……吾今与足下约：二十四点钟中，足下所夺吾中学堂之租款执照当还吾，足下所夺吾中学堂之已收租款二百余元及有盗收之租款者当还吾，如其不然，当将此函登报，并以足下劫夺之事，告之我潮州之父老兄弟，告之吾潮州民军，告之我全国，告之我海外侨民，告之我寰球各国。……吾非不知足下现方拥兵，力能杀我也。虽然，人谁无死？马援有言：“大丈夫当死沙场，以马革裹尸。”师愈恨驽弱，不能披坚执锐，从黎、黄诸公后以死。盖古人有言：“君子居其位则思死其职”，若今日之事，则潮州府中学堂者，潮州王师愈之沙场也；潮州府中学堂监督之名义者，潮州王师愈之马革也！饮刃如饴，无有后悔！……足下如能知悔，能如约归回所夺诸银物，吾之报告，当委曲袒护，以保全足下之名誉。足下之名誉保全，北伐军费，当有好义者助力，固不患其志之不达也。伏惟图度详审，勿诵噬脐！[3]176

此书有理有节，掷地作金石声，大义凛然，视死如归。而透过这种金刚怒目式的檄文，我们看到的，正是一位愿与乡邦共命运的志士敢于“居其位则思死其职”之铮铮铁骨！

但是，民国初期军阀混战，民不聊生，异端蜂起，传统道德文化乖离的局面，令有识之士为之意冷心灰，为国运之衰靡而忧虁。正如郑国藩先生在《东游吟草序》中所说：

> 居士此行，不能无国运盛衰之感焉……（日本）自明治维新，政法修明而礼俗不改。视中国鼎革后，日事破坏，不新其政而惟务新其俗者，适得其反……岂非国运盛衰之故哉？[3]459

国藩、弘愿先生都是科举中之过来人，按今日之习惯说法，他们都是清朝“遗老”，但正是这些能温故知新，敢于并勤于放眼看世界的知识精英们，他们对于国运之忧思、时局之剖析，有非常人所能及之犀利眼光。日本明治维新之所以成功，乃在于“政法修明而礼俗不改”，而中国在推翻帝制之后，却“不新其政而惟务新其俗者，适得其反”。所谓“礼俗”，即传统之道德、观念及文化。当时，世人方以“破旧立新”为荣，对此，弘愿先生于民国十六年（1927）所撰《陈芷云先生六秩寿文》中有更详尽之感述：

当干戈扰攘，朝不虑夕之时，而吾曹乃励勤于枣木（按：指陈芷云先生方主持刻印诗文集等文献），宁非所谓老而耄及不知时变者邪？且愚不止此，以孔子之圣，二千年来所奉为师表者也，而今已废祀，所撰著六艺，虽不可朽，诵习者何人？况区区小言语。且即使如其奢望所断，果能传世行远，如屈生所谓天地比寿、日月齐光者，然此所谓天地日月者，果能永永长存也乎？世丁末日，坤媪无宁，人类先尽，文字山川，尽被无常吞没。斯时冥寂无朕，又安有所谓诗文集者耶？

就是在这种传统行将分崩离析、冥寂无朕、国运日渐衰靡的局面下，弘愿先生仍恪守自己“才贵自立”之信念，他激昂地说：“虽然，天可崩，地可裂，日月可销烁沉沦，而性不可没！”[3]376

然而，身处社会底层，无权无势，空有一腔报国抱负的知识精英们，自然不具备扭转危局、振兴国运的条件和能力。如何在乱世中安顿好自己，进而寻求一条实现抱负，利己、利他、利国的蹊径？他们无不在苦苦地沉思摸索中。

三、“提倡佛学必能福国民”理念之确立

《孟子·尽心上》谓：“达则兼善天下，穷则独善其身。”这两句话，长期以来曾被国人奉为修身之格言。不过，能“达”者毕竟不多，而“穷”即不得志者则大有人在，特别是在时局纷扰的浊世。而“独善”之途径亦往往因人而异。对于知识界而言，三国时代的嵇康于《与山巨源绝交书》中所说的“达则兼善而不渝，穷则自得而无闷”[5]781，这种能在不得意时独善其身，悠然自得，既不失其志趣，又无所忧闷的境界，亦许会为更多的人所认同。而参禅悟道，从佛老书中去体验人生哲理，则不失为“自得而无闷”之上佳选择。其声誉彰著者，如苏曼殊、弘一法师李叔同等。于潮州一地，释、儒两参者亦大有其人，如：清光绪十一年（1885）拔贡，曾于1919年、1927年两任潮州金山中学代理校长的郑国藩先生（1857—1937），与弘愿先生亦师亦友，他们曾为办好中学、保护地方文物、整理历史文献等事而殚精竭虑，而在佛学领域中，认识亦颇接近。国藩先生在《复教育局长张君书》中云：

饶学研究

尝谓佛学为最高哲理，非宋明理学所能外……夫释儒理解，本不相悖，所不同者，世间、出世间之异耳。旷观历代，世治孔学盛，世乱佛学盛……当世之乱，举足犯禁，转喉触讳，跬步荆棘，当前了无乐趣，故虚构理想世界，借真空以愉快其精神，此厌世之说也……使知万法本空，四大假合之身，犹非真我，矧身以外者耶？英雄敛手，太平之象立开，芸芸众生，不难出水火而衽席之矣。此救世之说也。[6]9

基于这样的认识，故在《答杨君世泽书》中，他进一步说：

仆生平滞于事相，方读《金刚般若经》，冀破执著，进窥圆明真性。又自鼎革来，四顾环境无一不可厌苦，顷更皈心净土，蚤暮与老妻合掌礼佛，以蕲脱此娑婆，同归极乐。[6]10

以上描述，证诸弘愿先生《郑房宜人念佛验记》所言："国藩……言行醇谨，美文章，为人所崇敬。晚年信佛，宜人受其化，亦礼佛念持名号。无几时，已于礼念间见《极乐依正图》中佛能活动，或见种种幻象。"[3]313知非为辞稿约之虚应文字。深孚众望之中学校长信佛如是，其时身居要位之潮安县长阮叔清亦如是。

阮叔清是湖南岳阳人，留日学生，曾在大学任教。1929 年，广东省主席陈铭枢为推行"好人政治"，延聘一批学者、教授出任一等县县长，阮即为其中之一，其于该年 6 月接任潮安县长。1931 年，陈济棠掌控广东军政大权，陈铭枢被迫下台，阮叔清卸职调往福建，赋《将离任有感》曰：

宵寒亲爝火，世叔（按，即"叔世"，衰乱之年代）惊廉吏。哀我蚩蚩氓，此苦何时已？

弘愿先生特作按语曰：

阮公任潮匝二年有奇。其勤也，办公至夜漏三鼓不寝；其廉也，去任时属员、社团之感受恩惠者，送钱礼器物，虽雕刻名号文字不可转易他人者，而亦不受。其惓惓于地方也，辞职时特往会后任吴文献于汕头，告之以旧令尹之政，及交代亲授印绶。其绩之大者，如成立各区乡自治会，恢复县立中学校及盖建中学校舍，改建县监狱。凡公所建筑工程，皆亲身监督，故工人不能舞弊，其建筑坚固，一洗从前官工窳陋之弊，故社会多推公为入民国来所未见之县长。而其出类拔萃之处，尤在于诗中一“惊”字。县党部之讦告也，建监之风潮也，破除迷信之招愚夫愚妇反感也（按，阮曾禁止潮城“营大老爷”之游神活动，将“安济圣王”王伉神像沉江），皆所谓惊也，皆所谓世叔也。[3]457

像这样一位在任时敢于“破除迷信，震惊流俗”的学者县长，于佛理却亦情有独钟。诚如弘愿先生在《书阮钞〈宗宝独禅师语录〉后》中所说：“公任潮安时，采虚誉下顾，偶谈及哲理，其空灵洞彻处，高踞毗卢顶，实于禅理为近。”[3]230而当他访知福州西郊长庆寺藏有《宗宝独禅师语录》时，竟“亲诣寺中明远阁，尽日雠校之……离闽前两日，邮寄于潮州圆五居”。阮羁闽仅两月余，“乃适于此时此寺钞此语录，邮筒甫发，而即舍此地以去，一若余此次之由潮而闽，专为此录而来者”[3]229。事虽属巧遇，而阮之倾心于佛藏，灼然可见。

笔者不避墨费之嫌，援引了潮州二位颇具代表性人物的向佛言行，目的只在于说明，在20世纪前期，潮州的知识群体亦和全国各地一样，在为国运忧思而无力回天的情境下，采取“穷则自得而无闷”的态度，在佛藏中寻觅心灵之寄泊所。王弘愿先生之皈依佛门，其深层原因之一，实与此社会潮流、群体意识密切相关。

弘愿先生天赋过人，民国初年，“已探究西洋群哲政理史地之学，以其妙笔驱使为文，新学界所推为先觉者也……尝从人传得东邻片假名字音，百方搜讨，遂能读东文书矣。……初，师研习韩、欧文，自于佛无所仰，然颇知中国哲士多归心大觉者，欲求得其书读之……既诵习《华严》，领悟普贤境界，则务欲体之于身，而尤喜研摩三密瑜伽之旨矣”[3]52。

“领悟普贤境界”之后，弘愿先生于佛学遂由开信而转为笃信并倾其心力以提倡。其心迹可概见其于1921年撰写之《献言于〈民声日报〉》[3]336，其文略云：

吾之所欲言于《民声日报》者，其言有四，其言唯一，曰：提倡佛学！

佛者，觉也。所谓觉者，觉众生之本性耳，觉众生之本心耳！人不学佛，人终不离佛，汝畏佛不学，汝能绝尔本性，汝能绝尔本心乎？

且今世所提倡之种种新学说，如社会主义等，其根柢不出于“人权平等”一言，而平等者，固佛教之产物也。且人之言平等也，限于人类，而佛之证平等也，上自诸佛，下至蠢动昆虫。世之言平等也，限于权利，故其所预期者，不必能实现，而先以召乱。佛之言平等也，根于心性，故其果报也，得

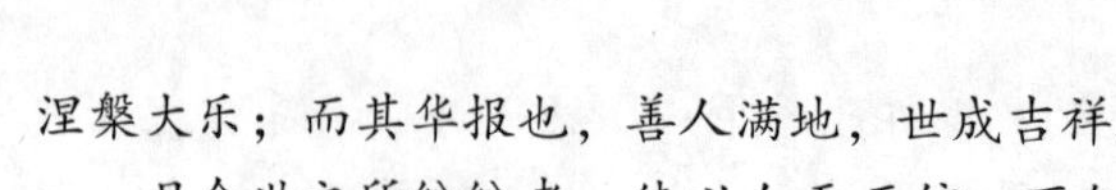

涅槃大乐；而其华报也，善人满地，世成吉祥。

且今世之所纷纷者，徒以人无正信，不知因果，以为天下可以力征经营也，以夺人之财产性命，供一己之威福，而以为无偿也。故世界之竞争杀戮不可已，且日以益恣，使其知有因果，虽未必其即能反斯世于敦庞（按，意为丰厚富足），而奇祸巨争，故可以少减也。夫佛学之有益于人群，其至浅者，已不可思议矣，故吾愿《民声日报》之提倡佛学也。

中国之学问，消沉久矣。近与欧美人较，事事失败，不但物质文明而已，即形而上学，吾东方文明之最发达者，亦瞠乎其后。故近世之士，不但研究泰西之物质文明，以益己之所无，亦研究泰东之精神文明，以求己之所有，而佛学其一端也。

（佛学可）影响中国之政局也。自清之末造，我国内患外忧，人民几失其生趣，自爱之士，必无可得志于社会国家。苟非别有舍苦得乐之方，则大地几无以自托，故人反而求之佛学，而果也佛之确能拔苦而与乐也，则皈依恐后，夫又何怪乎？

这篇献言，不啻为弘愿先生提倡佛学、皈依空门之宣言。而这一坚定信念之确立，无疑地又与他于民国八年（1919）翻译、出版了日本人权田雷斧的《密教纲要》一事密切关联。他在该书的《序》中写道：

自唐之中叶，善无畏、金刚智二三藏入华，而吾国始闻法佛之密教……及明祖诏禁开坛，而法脉遂斩。呜呼！彼以其愚黠家天下之心，竟塞一切众生为证之功德耶？日本密教高祖弘法大师空海者，惠果之高第弟子也。返国而后，萼柎开张，取华落实，至于今无替。呜呼！岂佛教之清净光明真常不变者，其盛衰显晦亦随乎国运耶？抑其所影响乎社会国家者，固足以为之帝而宰其道德精神也？[7]733

由上文可知，弘愿先生四十岁以后，已形成并逐步确立了这样的信念：佛学能影响社会国家，能主宰国民之道德精神，其盛衰显晦固然随乎国运，但反过来，佛学之显晦又能影响国运之盛衰。

密教是大乘佛教中后起的一派，自称受于法身佛大日如来亲证的秘密法门和真实言教，两部秘法为“胎藏界”和“金刚界”。仪轨严格复杂，须由上师秘密传授，方能修行。该教于唐开元年间由印度传入，盛极一时。宋以后日渐式微，以其迹近巫教，故于明太祖时诏令禁止开坛，此后除西藏（称“藏密”，俗称“喇嘛教”）外，于中国本土几乎绝灭。而自唐代日本僧空海从惠果处受密法返国后，法灯却世代相传，称为“东密”，亦称“真言宗”。弘愿先生在翻译《密宗纲要》之后，心向往之，因鼓励其亲戚，时为开元寺的僧人纯密（1942 年为开元寺代理住持）于 1921 年东渡日本求法，从而掀起了 20 世纪 20 年代中国佛教界“东渡求法”的热潮。正如著名高僧太虚法师在《中国现时密宗复兴之趋势》中所说的：“誓志东渡留日者亦日夥。先则粤之纯密，蜀之大勇，继则有持松，后有显荫，又应诸师。”[8]85这些留学僧回国后，从各个方面传译、介绍境外佛学情况，直接引发了我国僧俗学密的热情。而这种局面的出现，亦使弘愿先生在多年的迷惘后看到了一条借重密教、实现“丈夫有才贵自主”，从而报效社会国家、“自振于一代”宏大抱负的独特蹊径。

继《密教纲要》之后，弘愿先生又翻译了权田雷斧的《性相义学必须》等著述，彼此间亦有信札往来，鸿雁不断。权田知弘愿先生有志于密教，乃于民国十三年（1924）亲临潮州，于开元寺建坛为其灌顶，授其胎藏界、金刚界两部大法，得“遍照金刚”密号，绍真言宗第四十九世传灯大阿阇黎职位。其后，居士即以续三密慧灯为己任，就所居之缵槐里创建“震旦密教重兴会”，出版《密宗讲习录》双月刊。1926 年，弘愿先生东渡日本求法，回国以后，开设讲习会，或函授有意于密法者，先后在潮州、广州、香港、汕头等地开坛灌顶，几年间受众数以千计，达到其佛学生涯之巅峰。

弘愿先生以在俗之身传灯绍位，开坛灌顶，敢为人师，导致其时中国佛教界非议蜂起，并酿成了佛教内部的大论争。但是，以“传名百世下”为人生宗旨，性格外柔内刚的弘愿先生始终坚持自己的信仰，抗志不挠。在《东游吟草·呈大阿阇黎》（之四）诗中，他说：

前年因特例，曾惹俗僧讥。大位今全受，三祇果有归。中台朝大日，总发披天衣。誓欲弘师法，度生永勿违。[3]466

在《复伍慧宗女居士函》中，他进一步说：

做人须自量，不可骄慢，学佛则不可太自量，如自以为吾是无用人，何敢望作佛？则是自划，则是自弃，无入门之望矣。须知心佛众生，本无差别，但依轨修行，藉真言手印之加持力，速能令三业同于本尊也。[3]91

在《复陆无为居士函》中，他再强调：

吾辈学佛，当一以佛说为归，悠悠之口，不足轻信，亦不足轻疑也。[3]105

观上所言，其特立独行之个性，当可概见。难得的是，弘愿先生在与佛界同仁之论辩中，并非一味逞强好胜，“自赞毁他”，而是放眼社会，不忘国运之盛衰。在《答安庆李昌总大居士三问》中，他明确地指出：

中国今日兵匪之苦，乃我辈自造之共业耳。我辈学佛之人，当为一切众生忏悔消灾，不专为一己。不但菩提大心当然，即以事理论，未有众人皆苦而己能独乐，众人皆死而己能独生者。[3]130

这种情怀，在他后来为附设于潮州开元寺说法堂下厅之“佛教会”所撰门联中，说得更是明白：

解决人生大问题，非是遁世团体；
弘扬佛陀正教旨，有斯破梦机关。[2]589

提倡佛学，不为遁世，而为“解决人生大问题”，正是这位非俗非僧、亦儒亦释的居士学者的宏大心愿。弘愿先生当年的佛学理论和所作所为，其功过值得后人认真探讨。但毋庸置疑的是“在近现代中国佛教复兴运动中，王弘愿居士是注定被载入史册的重要人物，这完全是由于他对佛教的贡献所决定的”。

四、余论

（一）学者本色

韩愈因辟佛而贬潮，至潮州后则与潮阳灵山寺大颠法师频相往来，留下很多至今仍引人热议的话题。清康熙癸酉（1693）释本果因纂集为《灵山正宏集》。民国十九年（1930）弘愿先生特为该书的翻印本作跋。其时，他已居大阿阇黎之位六年，对于这部客观上起到了扬释贬儒作用的著述，他在跋中除了对该书中提及的有关韩愈、大颠的四则禅宗公案略作阐发以外，还以十分肯定的语气说：“然吾谓此书乃多伪。”并举例说：“（三平）留鬼（毛搭飒）受役，师以鬼自役，是其自待乃沦落于费长房也。作师傅而不知此等事之多出流俗附会，而以为事实，公然阑入，是尚得谓为有识者乎？”

“伪之最甚者，孟简之《别传》也……伪者但能读韩文，知有孟简，而不知潮去京师万里，简固万不能与大颠作缘也。欧阳公跋，题既不辞，亦不见全集。凡此等止可以欺浅人，不值识者一哂也。”

“韩公三书，今在外集，其造语稍简古，然吾亦以为非真也，但无确证，则且可存疑。”[3]232

虽已身为居士，在学术问题上，却不画地为牢，亦不困囿于宗教立场，有一说一，有二说二，唯以史实、事理为依归，不偏不倚，坚持原则，这正是学者可贵之本色。

（二）志士情怀

郑群辉《王弘愿与东密》[9]216一文在分析“近代密宗兴盛的原因”时说：

再次，与清末留日人士的宣传和日本的文化侵略阴谋有关……1915 年，日本强迫袁世凯政府签订的丧权辱国的“二十一条”之中，其中第五条就要求日人有在华自由布教的权利，显然有利用宗教来进行帝国主义侵略的企图。当时日人就借口日本密宗虽传承于中国，但在中国业已成为绝学，有必要传回中国以为“报恩”。所以在日人的直接或间接的鼓励下，东密就在中国勃兴了。

在阐述“王弘愿与权田雷斧的因缘”时，郑文又说：

王弘愿出于自己好恶毁誉感情对待权田，全然不顾太虚的警告，依然接受权田的传法，这既不是正信的学佛者之所为，而他接受权田的传法又必另有目的。

自教外来说，权田之行带有文化侵略性质自不待言……在国家日益法西斯化，向外推行侵略扩张时，一些传统教团竟亦表示“护持天皇制，战争协力”。权田正是在这种情况下来华传教的，可知这种性质是不能排除的。

从上述数节引文，似可推出这样的结论：权田来华传教，带有文化侵略性质；弘愿先生接受其传法，是在配合日帝之侵略扩张。对此，笔者未敢苟同。先看以下两段文字：

由冯重熙记述之《壬申广州开坛记》云：“广州佛教解行学社建精舍于六榕寺千佛塔下，既成，乃有壬申灌顶会之组织。开幕之日，定夏历四月初八佛诞日，迎请大阿阇黎圆五居士主持密坛，并接行灌顶事。”（后改为公历七

月十七日开幕，历时月余）

至（八月）十五早八时，于大雄宝殿庄坛中央供佛珍品百味，左右正面设牌位四：一、孙前大总统；一、三界亡灵；一、全国抗日阵亡将士；一、六·二七被灾亡灵。[3]278~292

此前半年，即民国二十一年壬申二月由弘愿先生撰写的《重修东门楼记》中，有语曰：

是时日本人方以其巨炮高舰空船轰击我上海，因与君登楼远眺，若闻悲壮洪爆之音。余乃称曰："今兹之所以捍卫强寇，而佑护吾民族之亡，拔升吾国际之级者，十九路军也，吾广东人也。潮州于广东非珠江流域，而十九路军之首创强梁者，吾潮产之翁公辉腾也，潮之媲美于广肇者。此后当人文盛极，斯楼亦且以人杰之登临，增其声誉，如滕王、岳阳矣。"余老矣，不能执干戈以卫社稷，而感于国家民族之故，特因记斯楼，作是壮语，激励后生。[3]306

1931年，日本关东军制造"九一八事变"，翌年二月占领东三省。事变后，十九路军奉命调往上海，自1932年1月28日起全面抗击侵沪日军。二月间，弘愿先生辄以饱蘸志士豪情之笔墨撰成《重修东门楼记》，为"佑护吾民族之亡"的十九路军将士而讴歌，并以"不能执干戈以卫社稷"只能"作是壮语，激励后生"为憾。六个月后，他又往广州主持灌顶会，特于大雄宝殿中设祭奠"全国抗日阵亡将士"之牌位。

仅此两端，足以说明晚年以重兴密教为己任的弘愿先生，仍葆有"反我国力，铸我国民"之志士情怀。弘法与民族气节，原本就是可以并行不悖的事相，立足于事实，从多方面予以综合分析，当更有助于知人与论世。

参考文献

［1］饶宗颐述，胡晓明、李瑞明整理：《饶宗颐学述》，杭州：浙江人民出版社2000年版。

［2］释慧原编纂：《潮州市佛教志·潮州开元寺志》，广东省佛教协会、潮州市佛教协会印赠本1992年版。

［3］王弘愿著述，于瑞华主编：《密宗讲习录（伍）》，北京：华夏出版社2009年版。

[4] 饶锷、饶宗颐：《潮州艺文志》，上海：上海古籍出版社 1994 年版。

[5]（梁）萧统选编，（唐）李善等注：《六臣注文选》（卷四十三），杭州：浙江古籍出版社 1999 年版。

[6] 郑国藩：《似园文存》（卷一），汕头：汕头印务铸字局铅印本 1935 年版。

[7] 冼玉清著，黄炳炎、赖达观主编：《冼玉清文集》，广州：中山大学出版社 1995 年版。

[8] 郑群辉：《佛教在潮汕》，潮州：潮汕文化研究中心 2000 年版。

[9] 潮汕历史文化研究中心、汕头大学潮汕文化研究中心编：《潮学研究 3》，汕头：汕头大学出版社 1995 年版。

潮州佃饶两家的百年文缘

潮州市高级中学　佃锐东[①]

一、引言

潮州市区原犹巷佃氏（佃氏故居于1999年因地方改建开元广场而遭拆毁），自乾隆年间从祖居地潮安浮洋树下佃厝村迁居府城，至佃介眉先生这一代已历八世。遵祖训，佃家两三百年来无人入仕为官，先祖昔年以经营农事及商铺为业，至迁居潮城四世祖大发公、五世祖道财公，佃氏已是家道殷实的名儒家庭。七世祖月汀公，为潮州文化名人，淡泊功名，终生以诗文书画自娱，富收藏，擅真书、篆刻，佃介眉先生便是在这样的文化家庭中成长起来的。

饶氏先祖由闽入粤，初居于大埔，后迁居嘉应州（今梅县市）松口铜盘乡，至十二世祖始来潮州乌石寨，饶锷先生为饶氏第十八世（先生置"莼园"别筑于下东平路，合家迁居于此，"天啸楼"为其藏书楼）。饶宗颐先生为"旭"字辈第十九世，至宗颐先生的曾祖父良洵公前后时代，饶氏已是潮郡显赫大族，祖父兴桐公曾任潮州商会会长[②]。至饶锷、饶宗颐先生父子，已无意经商，独醉心于传统文化艺术事业。

潮州佃、饶两个文化家庭，百年来因文化结缘，为潮州文化留下了一段佳话。

二、诗文留范

2005年，《佃介眉书画集》由岭南美术出版社出版发行，我在后记中写

① 作者简介：佃锐东（1946—　），广东潮州人。潮州市高级中学退休教师，现为潮州市潮州文化研究中心特约研究员。

② 王振泽：《饶宗颐先生学术年历简编》，香港：艺苑出版社2001年版，第2页。

过这样一段话："饶锷、饶宗颐先生父子是最早介绍佃介眉先生书画艺术的前辈著名学者。饶锷老先生早在八十年前就为介眉先生的篆刻集撰写二十九韵长歌《题佃介眉〈宝籀斋印存〉》为序，可惜该集'尘封近八十载'（学者曾楚楠先生语），至2003年，《宝籀斋印存》才由杭州西泠印社出版成谱（饶宗颐先生为《宝籀斋印存》扉页题签，署'选堂敬题'）。本集（《佃介眉书画集》）的首篇序文，是饶宗颐教授二十年前为我协助汕头画院编印《佃介眉书画篆刻选》时所撰写的，饶先生为当时这本只有四十多页的书画集的出版'欢忭者累日'。知道最近将在省城为介眉先生举行书画展览及出版书画集的时候，老教授专门为展览展刊及书画集题写书名：空谷足音，当我接捧老人家的手泽时，感激不已。"

饶锷先生《题佃介眉〈宝籀斋印存〉》全诗如下：

蝌蚪古籀篆八分，变隶变楷何纷纭。秦书八体印其一，摹以缪篆本策勲。子良取符合岂偶，检伪记事意两存。逸豫不防铸范蜡，迫促方将凿挥斤。秦汉以来质用铜，宋明始以琢石闻。花乳灯光久难得，填黄最为时所珍。近古精此有文何，继起当推邓与陈。寿门臆造鲜师古，钝丁泥古苦露筋。纷纷俗手祭鱼獭，偏旁布置未停匀。率尔奏刀夸绝艺，可笑真如负山蚊。我友介眉狷介人，嗜古今之扬子云。能悬右臂作汉隶，丹青复出李将军。禹鼎汤盘峄山碑，金石款识汲尤勤。导山必欲到昆仑，导水必欲渡河汾。君游于艺进于道，用意耻与哙等伦。信知才大罔弗可，余力使铁同驱麈。昨者过访宝籀斋，出示印谱斑嶙峋。方圆大小百十颗，字字刻画俱入神。参差肥瘦各有态，运以古法治不棼。刀锋苍劲曦破雪，笔势盘郁蛇焚缊。籀史许书典型在，得失肯以迹象论。是真雕镌造化手，胸罗万象通烟煴。嗟余才弱不自量，口钻故纸注典坟，钟鼎奇字时间习，如鼠搬姜得亦廑。得君此卷快我眼，秦灰虽烬石未焚。竟日摩挲三叹息，如此操技神乎君。以君之艺较先民，惟黄晦木可同群。吾闻晦木当年曾卖艺，记其事乃吕晚村。君倘有意出问世，我亦愿为君草卖艺文。①

饶老先生在这篇作为序言的长诗中，首先概述了作为印章文字的蝌蚪文、古籀文（即大篆小篆统称）、隶书及楷书的历史演变，"蝌蚪古籀篆八分，变隶变楷何纷纭"；又介绍了秦汉以来及宋明清印章材质从铜到玉石的不断变化，"秦汉以来质用铜，宋明始以琢石闻。花乳灯光久难得，填黄最为时所

① 饶锷著，佃锐东、陈拱成选编：《宝籀斋印存》，杭州：西泠印社2003年版。

珍”；称颂明代文彭、何震，清代邓石如、陈鸿寿等篆刻名家的成就：“近古精此有文何，继起当推邓与陈。”全诗竟有2/3的篇幅讴歌佃介眉先生的书画造诣：“能悬右臂作汉隶，丹青复出李将军。”以及出类拔萃的篆刻艺术成就：“禹鼎汤盘峄山碑，金石款识汲尤勤”，“方圆大小百十颗，字字刻画俱入神。参差肥瘦各有态，运以古法治不棼。刀锋苍劲曦破雪，笔势盘郁蛇焚缊。籀史许书（许慎《说文解字》，笔者注）典型在，得失肯以迹象论”。诗中还把佃介眉先生比作同样善书画、工铁笔的明代浙江余姚人黄宗炎（晦木）：“以君之艺较先民，惟黄晦木可同群”，表示自己愿意像吕晚村一样，为宣扬介眉先生的篆刻艺术摇旗呐喊。

饶宗颐先生撰《佃介眉先生书画集序》全文：

吾乡艺苑，向少高明奇崛之士。乾嘉之际，郑雨亭以临古蜚声南北，为翁覃溪所器重，所刻《吾心堂帖》，风行一世。厥后嗣响几绝，晚近碑版篆刻之学朋兴，谈艺者竞趋之，盖以京沪风气沾被南服，名家乃辈出，亦时运使之然也。然艺之为务，不贵徇时，而贵独创。怀德葆真之士，独居深念，致力古今，发胸中之所蕴，其精神上诉真宰，所造往往不可冀及，吾于佃介眉先生见之。先生平居闲旷，寡交游，以书画印章自娱，书学尤功深，自漆书石室，靡不涉其藩篱，错综变化，几忘纸笔，直以心行而已。与先君为至交，余家长物，若米万钟研山，先生亦为品题。余未弱冠，追陪先生于莼园觞咏之中，至今思之，犹昨日事。忽忽五十年，先生既久归道山，而余鬓发皤皤，亦已逾耄矣。历经兵燹，先生遗作，安然无恙。锐东君能承先志，为选辑若干事，付诸剞劂，先生历年心力所聚，精思所寄者，得此可垂诸永久。既得岭海诸先进题赞扬抡，复远道贻书索序，余自愧连年萍寄东西，乡间耆旧，契阔日久，今获睹先生是集之刊，譬逃空谷而闻跫然足音，为之欢忭者累日。益信艺之专精，必在寂寞之滨，惟寄淡泊者乃能发豪猛，昌黎所谓“于书得无象之然”者，吾于先生，诚无间然矣。①

佃介眉先生学识广博，著述甚丰，书画篆刻艺术造诣过人，被誉为“现代美术史上罕见的多艺兼擅的艺术家”。然其一生淡泊自甘，不慕仕途，不求名利，在生从未办过个人书画展览，著述也未曾见刊面世。1987年为纪念佃介眉先生诞辰一百周年，佃锐东策划并协办“佃介眉先生遗作展览”（刘昌潮先生题匾），并协助汕头画院编印《佃介眉书画篆刻选》。基于世交乡谊，作

① 汕头画院编：《佃介眉书画篆刻选》，汕头：汕头画院1987年版。

为晚辈，佃锐东托请香港饶宗颐教授为该书画集撰序，不久即得饶宗颐教授通过其表弟林适民先生寄来此文，饶先生在这篇精练且洋溢着真情实感的序文中，高度评价了介眉先生的艺术成就："然艺之为务，不贵徇时，而贵独创。怀德葆真之士，独居深念，致力古今，发胸中之所蕴，其精神上诉真宰，所造往往不可冀及，吾于佃介眉先生见之。"对介眉先生的书画艺术造诣，推崇备至："以书画印章自娱，书学尤功深，自漆书石室，靡不涉其藩篱，错综变化，几忘纸笔，直以心行而已。"

是什么样的关系，让饶家两辈对佃家如此关爱和青睐呢？这还须从近百年来的文缘谈起。

三、百年文缘

佃介眉先生终生生活的潮州古城，自晋代设郡，宋代以后，一直是广东的第二大城市，传统文化底蕴深厚[①]。佃氏在潮州并非望族，历代先祖从未入仕，但佃家在潮城则是有名的文化家庭。而且历代亲朋多名士。清道光八年（1828，戊子）年底，高州状元林召棠（1786—1872，道光癸未科状元，是广东清代三状元之一），守制释服，经潮州上京复职时，拜访介眉先生的曾祖父道财公，知佃宅将迁新居，以《诗经》的成句用隶书写了一副楹联道贺："爰居爰处爰笑爰语，尔炽尔昌尔寿尔臧。"楹联上款："戊子冬仲客游潮郡，预撰偶句，书贺道财长兄莺迁广厦之庆。"下款："高凉林召棠拜手。"盖朱文印章"癸未状元"，白文印章"林召棠印"。[②] 这副金漆木雕楹联，历经"文革"浩劫幸存，现为佃氏后人收藏。

介眉先生的祖母出身于潮安古巷陈氏望族，潮州先贤贡生陈方平是其祖舅舅，介眉先生为次子朴莽公之子，母亲萧氏出身潮州府城名门，舅舅萧汉卿先生是潮州近代的名贤。由于佃家长房月汀公乏嗣，介眉先生过继长房，在先生的诗文中，称月汀公为"嗣考"。月汀公也是潮州近代名儒，饱读诗书，精鉴藏，擅真书，治学治家极严，"课读嗣考严，生慈伤情黯"（《述史》诗句）[③]。介眉先生十五岁以前接受的是月汀公的家教指授，诗、书、画、印的知识及技艺在这段时间已打下坚实的基础，也因此与传统文化结缘终生。

清末废科举，倡新学，介眉先生十五岁（清光绪二十七年，1901）入读

---

① 黄挺：《意识、学养与艺术创造——以佃介眉为研究对象》，见佃介眉：《佃介眉书画集》，广州：岭南美术出版社 2005 年版，第 14 页。

② 黄挺、佃锐东编著：《佃介眉》，广州：岭南美术出版社 2012 年版，第 2 页。

③ 佃锐东主编：《佃介眉诗文集 · 亦是集》，北京：中国文联出版社 2007 年版，第 128 页。

于改制后的潮州府城“城南两等小学堂”（原海阳县城南书院），家里把这件事看得十分隆重，每次出门都要让介眉把衣帽穿戴得整整齐齐，还差人跟随，怕他路上受人欺侮。先生在《述史》诗中有句：“十五始处傅，衣冠务整俨。出入命人随，又恐路上险。”① 1906年，介眉先生20岁，考取广东潮州中学堂（原省金山书院），“学堂科举更，入选二十忝”（《述史》）。时潮州中学堂首任总教习（校长）为清同治四年翰林温仲和，嘉应（今梅州）人，著名学者。中学教育开阔了佃介眉先生的知识领域，除了经、史、诗、文，又多了外国语、法制律令等课程。“文革”前，介眉公保存的几本中学时期的英语笔记本，全部是用小楷毛笔书写的，十分整齐漂亮，可惜后来全部毁于浩劫。

几年的中学课程，让介眉先生丰富了新的知识，但在先生心中，传统文化才是他的根基。故此，尽管当时的社会发生了根本的变革，特别是辛亥革命的成功，对传统的士大夫阶层无疑是一个猛烈的冲击。介眉先生带着传统文化的深厚烙印，在这个时候开始接触社会。在他的生活圈子里，时时可以感受到对于传统文化制度的眷恋，从他同期交往密切的那一群朋友中，可以得到清晰的印证。

朋友圈中，走得最近的有饶勋（1868—1937）、饶瑀初（生卒年未详）、饶锷（1891—1932）、李醉石（1873—1960）、郭餐雪（1874—1937）、石铭吾（1878—1961）、邱汝滨（1898—1971）、郑雪耘（1901—1969）等人。其中饶勋、饶锷两堂兄弟，对佃介眉先生的影响最大。饶家在当时是潮州有名的富商，然而饶家几兄弟对做生意毫无兴趣，皆醉心于文艺。20世纪30年代前后，在他们周围，有一群依然醉心于传统文化的文人，志趣相投，传统文化让他们结缘并相知相处②。饶勋、饶瑀初两兄弟不仅精诗文，也擅书画，佃介眉先生在其《宝籀斋集·画人志略》中曾为27位潮籍画家撰写传略，饶家两兄弟皆列其中：

饶　勋

饶勋字若呆，号半呆居士。不事贾人业，放情山水、赋诗作画、以寓天真。画似江石如之淡远，写水仙梅花，不食人间烟火。死犹垂辫。余挽以联云：“人尽短发，君独长辫，此心谁识是真性？弟未终丧（弟为饶锷，笔者注），兄竟永逝（兄为饶瑀初，笔者注），有泪那堪复横流。”亦友中之异者。③

① 佃锐东主编：《佃介眉诗文集·亦是集》，北京：中国文联出版社2007年版，第128页。
② 黄挺、佃锐东编著：《佃介眉》，广州：岭南美术出版社2012年版，第10页。
③ 佃介眉：《宝籀斋集》，北京：华艺出版社2007年版，第131页。

饶瑀初

饶瑀初，若呆亲弟，钝庵（饶锷外号，笔者注）之长兄。游情笔墨，得耕云之法，青绿静穆，又似从其三十年工力学来。曾作四大帧，未竟而逝。钝庵嘱为弥补，间系以词，不免佛顶有碍。①

经过民国初十来年的社会动荡之后，这时的潮州，开始又见升平气象。1922年，洪兆麟组织湖山钓游社，重辟潮州西湖山为公园，饶勋对此举极为赞赏，之后经常携酒邀朋，游咏其间，并在西湖山留下多处诗文石刻。在现在西湖山南岩附近，尚保留当时建造的一处牌坊，西向南岩一面上方，佃介眉先生手书楷体“太和观”，东向一方书“图书馆”，并撰书二楹联于牌坊柱子两面，西面为隶书七言联：“岂有烟霞成痼癖，不妨泉石起膏肓”；东面为行书七言联：“草木当前皆药饵，湖山相映亦文章。”②

1930年秋，饶勋先生在西湖边营筑生圹成，邀诸友同游西湖，并倡议以“绿阴共清话”为起句，各赋一诗。介眉先生即赋长题《庚午秋日，饶翁邀游游湖山，即景约以“绿阴共清话”为起句，各赋一章，并呈餐老（即郭餐雪，笔者注）》。全诗如下：

绿阴共清话，语语世所非。山灵作笑不，似是不相违。我来风舞竹，揖我坐苔矶。轻云飞岩岫，在在亦忘机。主人若呆翁，超然物外思。临流营生圹，泉石静相依。告成邀故友，万树赋新诗。诗成登栖霞，俯仰不知疲。残红拾老僧，萧然心与随。③

1932年，佃介眉先生作指画山水、人物、花果、松竹十二帧，精装成册。诗人、书画家郭餐雪、郑雪耘等为之题签、题词、题诗，饶勋先生也题跋语：

佃君介眉，名寿年，潮郡人，儒雅士也。不从俗尚，舌耕自高，工书善画，脱去时流蹊径。与余交笃，每游西湖，邀其同行，赋诗联吟，畅甚。前以指墨画册十二帧嘱题，阅其用笔，秀逸刚健中而含婀娜，深得高且园正派，晚近画

---

① 佃介眉：《宝籀斋集》，北京：华艺出版社2007年版，第131页。

② 佃锐东编：《佃介眉先生艺术活动年表》，见朱万章、佃锐东主编：《佃介眉书画集》，广州：岭南美术出版社2005年版，第208页。

③ 佃锐东主编：《佃介眉诗文集·亦是集》，北京：中国文联出版社2007年版，第46页。

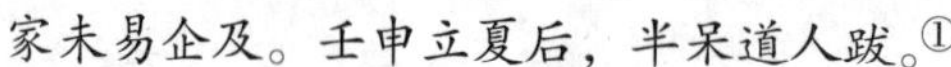
家未易企及。壬申立夏后，半呆道人跋。[①]

在与饶家诸兄弟的交往中，介眉先生与饶锷先生之间可谓情谊至深。1930年，饶锷先生乔迁新居“莼园”，介眉先生应邀偕诸友游赏莼园时，饶锷先生以诗词五章求和诸友，介眉先生作《和钝庵自题蓴（莼）园移家入新宅韵五章》。在这五章古风和诗中，介眉先生盛情称赞饶锷先生的高尚品格及学养，“习性温雅移，博洽群流仰，复工古文辞”；叙述了与饶锷先生交往中读书、品茗、观书画、赏古玩的学人生活，“承欢得余暇，展卷古人追”“瓷老铜尤故，一器一嗟呀”“攸攸千古心，为何同所适”；抒发了“花月寄今宵，便是物外身”的脱俗情怀；颂赞他不为物累的超然和孝亲、悦慈的孝心，“承先高重屋，虞谭养亲慈。亲老日园涉，悦目不知疲”；并盛赞其庭园之美轮美奂，筑园之精巧及构园之才思，“玲珑挂月光，处处少春湿。悬崖亭翼然，积翠峰尤岌。成竹非在胸，何能各尽法。四民孰高才，鸿士万流集”。这五首唱和诗共116句，可谓洋洋大观，诗句处处流溢着诗人欣慰、高致的心境[②]。

介眉先生还应饶锷先生之请，为莼园新居撰写一副篆书七言联：“谢公池馆陶公宅，亚字栏干之字桥。”篆书字体如唐时翻刻的峄山碑，笔画圆劲古雅，并用行书署款：“钝庵仁兄命为偶句，书此恳正，介眉。”[③]

郭餐雪先生当时也撰隶书七言联以贺：“长啸一声横素鹤，重楼百尺卧元龙。”隶书醇雅清古，颇具邓石如笔法，又有《张迁》《史晨》诸碑神韵[④]。

这段时间前后，介眉先生还为饶锷先生篆刻号章“钝庵”。[⑤]

饶宗颐教授在《佃介眉先生书画集序》中有这样一句话：“（介眉先生）与先君为至交，余家长物，若米万钟研山，先生亦为品题。”[⑥] 1932年，饶锷先生喜得明米万钟十三石斋第五品石，邀请沈简子、杨慧、金天民、佃介眉、王显诏诸友共赏，介眉先生不仅自己好古而赏古，也为好友得古物而欣欣然，观赏奇石之后，介眉先生赋《饶钝庵得米仲昭英石砚山为赋二十韵》以贺：

---

① 朱万章、佃锐东主编：《佃介眉书画集》，广州：岭南美术出版社2005年版，第210页。

② 佃锐东主编：《佃介眉诗文集·亦是集》，北京：中国文联出版社2007年版，第53～56页。

③ 朱万章、佃锐东主编：《佃介眉书画集》，广州：岭南美术出版社2005年版，第194页。

④ 陈贤武、吴晓峰：《潮州宿儒郭餐雪事略》，政协潮州市委员会文史编辑组编：《潮州文史资料》（第24辑），潮州：政协潮州市文史委员会2004年版，第66页。

⑤ 饶锷著，佃锐东、陈拱成选编：《宝籀斋印存》，杭州：西泠印社2003年版。

⑥ 饶宗颐：《佃介眉先生书画集序》，朱万章、佃锐东主编：《佃介眉先生纪念文集》，北京：文物出版社2007年版，第5页。

有石状如屏，谽（谺）容何物。若为栖烟云，几案见苍（巉）。玲珑透月光，好似饥龙龁。如此径寸珠，仲昭加拭拂。弟五品诸铭，嘉名还自屹。十三石名斋，非此未清绝。我闻别灵英，惟在线与不。菡萏或蟠螭，奇形深土掘。黝然似英州，铿然铜仿佛。英州多嵱嵷，悬岩刀锯脱。无文复无声，出自吾之粤。此物纵如斯，疑来神仙窟。为何数百年，辗转未许没。一若米家珍，须传到茂实。君今信有缘，得此山奇骨。应有千里思，提携人笑（拙）。入室有清风，安事言诎诎。万类天地中，不朽惟有质。况为金石姿，含光永不失。他日发余香，我亦再拜乞。①

1932 年中，饶锷先生病逝，时年方四十二岁，介眉先生为挚友英年早逝，伤心不已。到亡友家中吊唁及慰问家属之后，赋《登天啸伤亡友钝庵》：

楼不风雨摧，物非虫鼠败。为何一登临，俯仰辄叹喟。忆君高斯楼，时来共清话。朴学见深心，探索惊泙湃。快语纵茶香，赋诗不论派。如今人琴非，能不伤霜薤。举目见南山，知君情常挂。山若感君情，亦失当年快。②

稍后，佃介眉先生偕友人到饶锷先生墓前凭吊，又写下诗篇《哀钝庵墓》：

好似当年下怪胎，应将累累匣刀裁。刳肠莫诧千丝网，衔木还思一日摧。尝写长眠矜异想③，喜来夙念等徘诙。久藏地下无天日，难得今朝六合开④。

这两首悼念诗，真切地反映了佃介眉先生对亡友深挚的情感，对失去一位在学问、艺术上时时可以倾心切磋的至交好友的痛切思念和追忆。

几十年来，饶宗颐教授并没有忘记昔日两位长辈深交的情谊及给他带来的影响，他在序文中深情地写下："余未弱冠，追陪先生于莼园觞咏之中，至今思之，犹昨日事。"⑤ 饶宗颐先生的先尊逝世之时，他才十六岁，以其聪慧睿智，承继了先君遗志。两年后，编印刊行了饶锷先生的《天啸楼集》，是书

① 佃锐东主编：《佃介眉诗文集·亦是集》，北京：中国文联出版社 2007 年版，第 8 页。

② 佃锐东主编：《佃介眉诗文集·亦是集》，北京：中国文联出版社 2007 年版，第 9 页。

③ 原注："预作墓碑曰：某某长眠地"，《哀钝庵墓》诗。见佃锐东主编：《佃介眉诗文集·亦是集》，北京：中国文联出版社 2007 年版，第 31 页。

④ 佃锐东主编：《佃介眉诗文集·亦是集》，北京：中国文联出版社 2007 年版，第 31 页。

⑤ 饶宗颐：《佃介眉先生书画集序》，见朱万章、佃锐东主编：《佃介眉先生纪念文集》，北京：文物出版社 2007 年版，第 5 页。

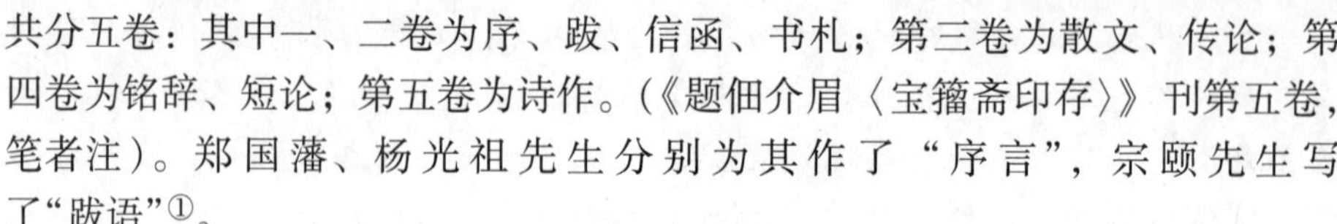

共分五卷：其中一、二卷为序、跋、信函、书札；第三卷为散文、传论；第四卷为铭辞、短论；第五卷为诗作。(《题佃介眉〈宝籀斋印存〉》刊第五卷，笔者注)。郑国藩、杨光祖先生分别为其作了“序言”，宗颐先生写了“跋语”①。

饶宗颐先生继而奋力续编饶锷先生的传世之作《潮州艺文志》。1935 年，其将《潮州艺文志》编订毕，先后刊于《岭南学报》第四卷及翌年第五、六卷，署“潮安饶锷钝庵辑，长男宗颐补订”。此书乃潮州有史以来在艺文方面的首部系统著作实录，自唐赵德《昌黎文录》，迄 20 世纪 40 年代中期可考之潮籍名家著述，按经、史、子、集四部分类，收集书目千余种（佃介眉先生之《宝籀斋印存》为宗颐先生补订，附金石类)，并附作者简介，黄仲琴先生作“序”，饶宗颐先生也写了“序言”②。从饶宗颐先生把其先尊之《题佃介眉〈宝籀斋印存〉》续编于《天啸楼集》，到将佃介眉先生的《宝籀斋印存》补订于《潮州艺文志》，我们看到饶宗颐先生对父执辈的敬重和弘扬传统文化艺术的爱心和执着。

饶宗颐先生自 20 世纪三四十年代至今，一直在海内外及各国求学、研学、教学，用他自己的话说就是“连年萍寄东西，乡间耆旧，契阔日久”。(见《佃介眉先生书画集序》)。直到 20 世纪八九十年代，家乡人还很少知道饶宗颐教授在外辉煌的业绩和令名。我自儿时，便从祖父介眉公口中知道“饶宗颐”这个名字。孩童时我随侍祖父左右，晚上同祖父同寝，我是长孙，祖父万分宠爱。我们祖孙有个“合约”，晚上睡前我给祖父搔痒（祖父身上有湿疹)，祖父给我讲故事，诸如圣贤名流，忠臣勇将，乡梓俊彦，文坛趣事。饶宗颐先生十六岁便继承父志，续修家乡文献之事，儿时我已知晓。看到七八十岁的祖父，每天书写不断，诗稿、文稿重重叠叠，那时我也在想：将来我如有能为，也要帮助祖父编书。饶宗颐先生从小励志治学的丰碑，在我儿时的心中树起。

祖国的传统文化艺术，近百年来遭到严重的摧残和践踏，到“文革”时的“破四旧”，破坏已达登峰造极。我家祖遗的文物、古董、书画、古籍及祖父的诗文稿等整车被拉去销毁。至阳光初露之时，一切皆为灰烬。只有对传统文化好爱、看重和敬畏，才会对它爱护和珍重。1987 年为纪念佃介眉先生诞辰一百周年而编辑《佃介眉先生书画集》时，我第一个想到的就是请饶宗颐先生为是集撰序。得饶宗颐先生的垂爱，不久即收到饶宗颐先生的手书序文，并在序文中对我鼓励：“锐东君能承先志，为选辑若干事，付诸剞劂，先

① 王振泽：《饶宗颐先生学术年历简编》，香港：艺苑出版社 2001 年版，第 11 页。

② 王振泽：《饶宗颐先生学术年历简编》，香港：艺苑出版社 2001 年版，第 12 页。

生历年心力所聚，精思所寄者，得此可垂诸永久。”① 饶宗颐教授的鼓舞和鞭策，让我近三十年来在佃介眉先生艺术个案的研究方面一直走到现在，饶宗颐教授至今也一直在支持和鼓励着我们：

1992 年，为“佃介眉师友书画联展”题匾；

1994 年，为佃锐东主编的《重建佃氏宗祠纪念集》题签；

2003 年，为《宝籀斋印存》扉页题签，该书由西泠印社出版刊行；

2005 年 6 月，为在广东省博物馆举行的“佃介眉书画艺术展”题词“空谷足音”，题词编印于朱万章、佃锐东主编的《佃介眉书画集》及展刊；

2007 年 4 月，为《佃介眉先生纪念文集》题签，该书由文物出版社出版；

2007 年 6 月，“佃介眉书画艺术展”在中国美术馆隆重开幕。“空谷足音”作为展览标题及展刊书名；

2009 年 12 月 9 日，“佃介眉书画艺术展览”在潮州饶宗颐学术馆隆重开幕；

2010 年 1 月 9 日，“佃介眉书画艺术展览”在韩山师范学院展出；

2011 年 9 月，为“佃介眉师生书画展”题词“守望与传承”并编印于同名画册，该展览 9 月 29 日在潮州博物馆隆重开幕；

2012 年，为在广东美术馆举行的“佃介眉先生书画艺术展”题签。

近百年来，饶、佃两家三代以文化为纽带，相亲相敬，共同为弘扬祖国传统文化及爱护、珍重、发展潮州文化而努力，饶宗颐教授倡导的“潮学”已成为祖国传统文化的一个重要组成部分，潮州饶、佃两家百年的文化交往，也会继续为繁荣潮州文化作出贡献。

---

① 饶宗颐：《佃介眉先生书画集序》，见朱万章、佃锐东主编：《佃介眉先生纪念文集》，北京：文物出版社 2007 年版，第 5 页。

饶宗颐教授与泰华文化界之诗缘[①]

潮州市侨联　杨锡铭[②]

饶宗颐教授在其《佛国集》中说："1963年秋，读书天竺，归途漫游锡兰、缅甸、高棉、暹罗两阅月，山川风土，多法显、玄奘、义净所未经历者，皆足荡胸襟而抒志气。鸿爪所至，间发吟咏，以和东坡七古为多；盖纵笔所之，行乎所不得不行，止乎所不得不止，迈往之情，不期而与玉局翁为近。间附注语，用资考证；非敢谓密于学，但期拓于境，冀为诗界指出向上一路，以新天下耳目，工拙非所计耳。游践所及，别有行记，绝壤殊风，妙穷津会，非此所详云。"[③] 饶宗颐教授与泰国的缘分，源远流长，发端于《潮州志》的编纂，植根于与泰华诸多侨领的深厚友谊，历久弥坚。笔者与王侨生撰写的《饶宗颐教授与泰国的缘分述略》一文对此已有概述。[④] 但其时对饶教授与泰华文化界之诗缘，限于篇幅，只作粗略述说，颇感遗憾，现根据笔者手头资料，补遗于下。

一、饶教授与泰华文化界交往概况

饶宗颐教授与泰华文化界人士交往颇多，且情谊甚笃，因多属私交，笔者不便蠡测。而根据笔者收集到的泰华报刊及饶教授的诗词集等有关资料推

---

① 本文资料收集得到泰国王侨生先生的大力支持，特此鸣谢。

② 作者简介：杨锡铭，潮州市侨联主席，中国华侨历史学会理事，韩山师范学院客座研究员，国际潮学研究会副秘书长，1993—1997年曾任中国驻泰国大使馆三等秘书兼副领事、二等秘书兼领事。

③ 饶宗颐：《饶宗颐二十世纪学术文集》（卷十四）《文录、诗词》，台北：新文丰出版公司2003年版，第349页。

④ 初刊于潮汕历史文化研究中心、韩山师范学院编：《潮州研究12》，香港：文化创造出版社2005年版，第6～20页。又见林伦伦主编：《饶宗颐研究》（第二辑），广州：暨南大学出版社2012年版，第156～165页，收入时作者有修改。

测，饶教授与泰华文化界交往的频密期应为20世纪60年代初至70年代末。1963年，时任香港大学教授的饶宗颐先生，赴印度考察佛学，途经泰国，前后停留约一月。这是饶宗颐教授首次访泰，也是他历次旅泰中时间最长的一次，受到泰华各界的盛情欢迎。饶宗颐教授除进行相关演讲外，主要是由谢晋嘉等人陪同访问清迈、素可泰、佛统、呵叻、武哩喃、素辇、甘平、四色菊等地，考察了佛教南传踪迹。谢晋嘉，原籍潮州，诗画家，时为泰国南国诗社社长。饶宗颐教授与谢晋嘉等人途中吟诗唱和，其诗作在泰华报刊上公开发表，又引来众多唱和，是泰华诗坛一大盛事，轰动泰华社会。

这从当年泰国华文报纸所刊登的消息便可窥一斑。1963年11月1日《星暹日报》副刊"国风吟苑"载："本报国风吟苑主持人王诚，于昨日（10月31日）下午7时，假座一世皇桥畔国华堆栈公司天台，邀请诗友40余人及莅泰考察之名学者饶宗颐教授、郎静山先生暨《泰国志》主编谢犹荣等，共赏湄南河水色灯光与乎泰国淳厚民俗……并举行即景吟诗，以饶宗颐教授五古最受激赏……是次出席诗友有：陈慕禅、谢晋嘉、林中川、高向如、李拔民、云民英、云海鸥、徐少载、李仰唐、丁梦尘、陈月南、林伯琴、徐志鹏、陈祖文、林圣韬、陈俊、欧扬光、韩迪初、吴乾作、李建鸿、刘慰卿、周公礼、许梓农、吴君寰、谢梓良、李先俊、金维成、陈绍壁、符文舫、张俊涛、陈广深、杨素华、陈文丽、简丽初、叶桐圭、韩心傅、韩悦吾、陈舜仪、许胜标、杨闻樵、许永源、黄云生、蔡健华、李伟民、江雾帆、王诚等40人，为一时之盛。"如此众多诗人聚会与饶宗颐教授吟诗作词，在当时的泰国确"为一时之盛"。

随后，泰华各界争相欢宴饶宗颐教授，也大多邀请泰华文化名人作陪。如11月2日，泰国潮州会馆主席苏君谦、副主席谢慧如等宴请饶宗颐教授，泰国文化名人李仰唐、谢晋嘉、丁梦尘等在座。① 11月3日，泰国中华赠医所财政吴竹林的欢宴，泰华文化名人严捷昇、谢晋嘉等在座作陪。② 11月10日，泰京金瑞公会及周氏宗亲总会理事长周修武设宴欢迎饶宗颐教授，邀请泰华文化名人王诚、周达人等作陪。③ 11月18日，碧差汶府仕连纱布行主人、客属总会驻碧差府总干事饶仕连在曼谷设欢迎宴会，泰华文化名人丁家骏等在座。④ 11月19日，泰华文化名人丁家骏邀请文化界名人高向如、李仰

① 见《苏君谦谢慧如等前晚欢宴饶宗颐》，泰国《星暹日报》，1963年11月4日

② 见《吴竹林昨晚设席欢宴饶宗颐教授》，泰国《星暹日报》，1963年11月4日。

③ 见《周修武前晚设席欢宴饶宗颐教授》，泰国《星暹日报》，1963年11月13日。

④ 见《饶仕连君前晚欢宴有关人士》，泰国《星暹日报》，1963年11月20日。

唐、谢晋嘉、王诚等欢宴饶宗颐教授。① ……这些文化名人都是泰华诗坛名家。

1977 年 8 月，饶宗颐教授第二次莅泰出席第七届亚洲历史会议，在泰 10 天，同样受到泰华文化界的热烈欢迎。21 日下午，饶教授抵达曼谷廊曼机场时，除会议主办方负责人外，潮安同乡会名誉理事长黄景云、中华佛学研究社社长高向如、南国诗社社长谢晋嘉、潮州会馆副总干事兼《星暹日报》诗坛主编王诚等到机场迎接。是晚，泰华诗学社名誉社长丁家骏设宴欢迎饶教授，黄景云、高向如、谢晋嘉、王诚以及泰华诗坛耆宿李仰唐等均在座。27 日下午演讲后，当晚潮安同乡会设宴欢迎饶教授，泰国法政大学校长陈贞煜博士，佛教大学教授陈慕禅，学术界耆宿纪宏良、黄谨良、翁寒光、谢犹荣等作陪。南国诗社同人、泰国潮州会馆主席金崇儒暨全体执行委员、泰华诗学社社长黄继芦分别于 28 日中午、28 日晚和 30 日中午，欢宴饶教授，其中多位文化名人在座作陪。② 泰华诗学社其时有社员百余人，是泰华最为重要的诗坛社团之一，名誉社长丁家骏，社长黄继芦，秘书长黄清源。30 日晚的欢宴，出席人数就有 60 多人。

1978 年 8 月 5 日至 8 日，饶宗颐教授携女公子第三次莅泰，出席由旅暹潮安同乡会、泰华诗学社和南国诗社联合主办的书画展。书画展在曼谷萱茉莉区京华银行总行十二楼举行。郑午楼、金崇儒等侨领以及文化界人士出席欣赏。泰华报刊连续刊登相关报道，介绍饶宗颐教授的书画艺术成就，并出版《饶宗颐教授书画展特刊》。其间饶宗颐教授参观潮州会馆三楼文物馆时，惠赠《选堂诗词集》《选堂书画集》共两册，扇面字画各一幅；饶宗颐、陈拾吾、谢晋嘉合作国画《三多图》一幅；李之绵、饶宗颐合作之《鱼乐图》《双松拳石》共两幅。③

1983 年至 1995 年，饶教授曾四次莅临泰国访问，但尚未见饶教授与泰华诗人们互相唱和的诗词。

据笔者所知，饶宗颐教授曾分别书赠泰华诗坛名人。如书赠“结习已空花不住，岁寒惟有竹相娱”予旅暹潮安同乡会理事长黄景云先生。曾为王诚先生作画《湄南水居图》（见《王诚吟草》诗集封底）。商风先生曾出版《商风唱酬集》，以纪念其旅泰 40 周年。饶教授特为商风著作题写“商风酬倡集 · 旅泰四十年”。商风，原名张少庵，原籍潮安，是泰华名诗人，擅长中

① 见《丁家骏设筵欢宴饶宗颐李翼中》，泰国《星暹日报》，1963 年 11 月 20 日。

② 见《旅暹潮安同乡会定 27 日请饶宗颐教授专题主讲潮州史地文物》，泰国《星暹日报》，1977 年 8 月 27 日。

③ 见《泰国潮州会馆三楼文物馆辟“字画影艺厅”》，泰国《星暹日报》，1978 年 8 月 17 日。

医。1963 年 11 月 29 日，饶宗颐教授在谢晋嘉先生陪同下，到泰国北部游历，时住于宋加洛的张少庵先生为尽地主之谊，陪同远来贵宾，一起畅游古城素可泰、宋加洛等名胜古迹。自后，张、谢与饶教授由于同好诗画，遂结成好友。

1977 年 12 月，黄继芦先生主办《蓬碧新村特刊》附诗文唱和第一集，饶宗颐教授为其题写“泰华诗学社黄社长继芦主办蓬碧新村特刊附诗文唱和集”。

此外饶教授也曾为泰国潮安同乡会韩江山庄[①]题联：

韩水潮声远，迥拱新阡开土宇；
江山襟带近，郁葱佳气接神州。

二、饶宗颐教授与泰华文化界人士的诗词唱和

饶教授与泰华文化界诗缘甚笃，诗词唱和频密，见之于报刊者应只是其中鸿爪。据笔者了解，主要有两种形式。

一种是饶教授赋诗，泰华诗人唱和。笔者在泰华报刊中所见饶教授在泰国所作的最早诗篇，应是 1963 年 10 月首次到访时所作的五古。1963 年 10 月 31 日下午 7 时，《星暹日报》“国风吟苑”为欢迎饶宗颐教授莅泰，主持人王诚邀请诗友 40 余人，举行雅集，共赏湄南河水色灯光与乎泰国淳厚民俗，即景吟诗。水灯节是泰国最具民族特色的节日之一。水灯用芭蕉叶编成莲花形底座，上面放着几朵黄色的鲜花，中间竖着一根白色的蜡烛和拜佛用的香枝。傍晚，人们捧着水灯来到江河水边，放下水灯，让其随波逐浪，祈求幸福。良辰美景，诗友聚会，触景生情，饶宗颐教授当即作五古一首：[②]

蹔游遂万里，日月惊逾迈。江山助文彩，风物发嘘慨。重来此名邦[③]，鱼米更所爱。虽见城廓异，未闻乡音改。佳节灯火繁，朋簪满江介。多钧动广乐，隐隐散林籁。宿雨洒轻尘，川原各殊态。萧然澹客虑，玄赏到无外。所重故人心，情深比西海。但能放志意，千秋长足赖。芳洲交远风，杜若纷可采。悠悠吾道存，贞观乾坤大。

---

① 在泰国，“山庄”即坟场，韩江山庄是潮安同乡会所属的坟场。

② 见泰国《星暹日报》副刊“国风吟苑”，1963 年 11 月 1 日。

③ 饶教授此次抵泰后，转赴柬埔寨吴哥考察一周，再返泰国，故有“重来此名邦”之说。

饶教授即景赋诗，引来泰华诗人争相唱和。如1963年11月24日《星暹日报》“国风吟苑”刊登王诚等人的诗作：

王诚《盘谷晤表弟饶宗颐教授喜赋》（次水灯节贻韵）：①

别时方壮年，重逢各将迈。白发纪沧桑，同声付一慨。客窗共剪烛，互诉所憎爱。邦家事事非，结习犹不改。吾道一以贯，书生重耿介。异乡集吟侣，意在振天籁。放歌慨以慷，了无炎凉态。羡君学有成，载誉满中外。今古罗胸次，浩瀚比江海。启后当承先，国粹斯足赖。达者堪为师，岂徒炫文采。儒释且同参，一悟空四大。

杨闻樵《赋呈饶宗颐教授次水灯节元玉》：

椽笔撼吟坛，浩歌发雄迈。治学臻大成，浮生复何慨。蕉窗诵君诗，佳章吾所爱。椰林叙乡情，共怜湖山改。明月湄滨东，文光及鳞介。名士吐珠玑，铿锵出天籁。况复水灯夜，人大两逸态。遣韵盪江心，超然风尘外。翘首望云山，思归渺沧海。南来穷佛因，法司万世赖。羡君参惮悦，儒林焕异采。乡会一席谈，灵机照四大。

丁梦尘《送饶宗颐教授返香江次水灯节元玉》：

秋雁逐南征，云旌□②北迈。骖停椰树阴，宿感空桑慨。异域□乡音，倾谈弥可爱。吾道兹已南，国风幸不改。谁知饶宗师，书生犹一介。咳唾散珠玑，戛击鸣天籁。云林幽淡境，清真谢俗态。闲弹七弦琴，放怀尘□外。孜孜穷岁月，无涯叹□海。嗟予两鬓霜，百凡无聊赖。茗谈忆江楼，水灯放异采。挥手各云天，怅望伤老大。

商风《寄怀饶君宗颐用水灯节湄南河大地楼上雅集韵》：③

① 作者注：时余方任《星暹日报》“国风吟苑”主编职，饶宗颐先生适由印度考察佛教归来，距今已十年矣。

② 因资料老旧缺字，用□代表，下同。

③ 见泰国《星暹日报》副刊“国风吟苑”，1963年11月29日。

纵笔龙蛇起，声华惊亳[①]迈。信达认斯人，浮生同赞慨。威风君犹健，良材我所爱。世道感衰微，泰风未可改。宏模怀高洁，鸿文慕耿介。异军奋壮猷，乔松蕴万籁。草木本无心，风云常变态。敷辞若契道，体物诸天外。玄阴叹易逝，升沉付桑海。腾蛟自有分，好古犹须赖。骚坛呈正声，洛社睹文采。卓哉港与泰，浩浩何广大。

访问期间，李之绵、谢晋嘉合作写成竹木水石画，饶教授即为其题二律《之绵晋嘉合写竹木水石即题两律》：[②]

其　一

理乱如今迥不闻，疏枝暂挂岭头云。千林漫起兴亡叹，一水初无冷暖分。筠谷自堪回俗驾，草堂直欲寄斯文。夕阳呼酒登临去，且共西山猿鹤群。

其　二

世路崎岖莫复论，书画宛约在家园。心如危箨风六定，境似候虫夜减喧。草色不随秋后改，山光犹向别时温。一枝写就将保讬，移到江南黄叶村。

在谢晋嘉等人陪同下，饶教授在俗称“西势”的呵叻、武里喃等地考察，途中不时诗兴勃发。如《暹罗猜耶山访佛使比丘，游室利佛逝遗址，于荒榛中踯躅终日，归来有诗。偕行者谢大晋嘉，即用谢客登永嘉绿嶂山诗韵，邀其同作》：[③]

海峤陟彼岨，言造栖禅室。萧寺寻秋草，怀古情未毕。祇洹留芳轨，瞻谒惭朽质。颓础复何有，聊欲拔蒙密。涓涓石上泉，翳翳桑榆日。表灵资神理，稽览叹周悉。山僧昭旷姿，黄裳抱元吉。玄照澈生死，高蹈故难匹。坦道欣同登，了悟庶万一。缅想幽人踪，才调不世出。

谢晋嘉和作《癸卯秋偕饶宗颐谒佛使比丘于猜耶山同用谢康乐登永嘉缘嶂山诗韵》：

① 编者按：疑为“豪”。

② 见泰国《星暹日报》副刊“国风吟苑”，1963年11月12日。

③ 见饶宗颐：《饶宗颐二十世纪学术文集》（卷十四）《文录、诗词》，台北：新文丰出版公司1993年版，第11页。

旦暮逐车尘，地偏乡十室。野水横修垌，涉逾幸轻毕。竦肃叩幽棲，阇黎龙象质。清声动帝畿，妙谛钦圆密。凤仪非世有，爽朗并秋日。要言信不烦，玄义嗟难悉。通明空四大，虚静门[①]祥吉。江山毓物华，灵秀无俦匹。古刹遣残砖，勾稽辨一一。归去数回望，行云没复出。

游甘露寺时，因见当地竹叶肥大，谢晋嘉泼墨成画，饶宗颐教授即赋一诗《西势竹叶肥大，晋嘉于甘露寺泼墨写之，图成因题》：[②]

暮雨催诗急，江风拂我衣。山寒人自瘦，地暖竹能肥。润叶和甘露，疏钟隐翠微。随缘有墨戏，不必更言归。

谢晋嘉亦吟一首《与宗颐自西势归，翌晨复同访甘露寺，僧仁空出纸笔索诗书以贻仁闻上人。因忆旅念所见，为写一竿，宗颐诗立成，用次其韵》：

梵宇留行迹，车尘尚满衣。川源涵雨湿，竹树入春肥。绘事惭高雅，诗心际隐微。萧然忘物我，寂坐待僧归。

途中，饶宗颐教授随兴吟诗《过坤西施戏作》：[③]

老来金地[④]作鸱夷，啖得西施亦一奇。欲效坡翁尝百颗，兹游恍觉十年迟。

同行的李仰唐、王诚也分别作诗。

李仰唐《前题》：

小游山寺喜相陪，诗思未浓雨又催。我已无心师范蠡，宫娃底事逐人来。

---

① 编者按：《文录、诗词》中“门”作“止”。

② 见泰国《星暹日报》副刊“国风吟苑”，1963 年 11 月 27 日。后收入饶宗颐之《文录、诗词》。见饶宗颐：《饶宗颐二十世纪学术文集》（卷十四）《文录、诗词》，台北：新文丰出版公司 1993 年版，第 11 页 .

③ 饶宗颐、李仰唐、王诚诗作均见泰国《星暹日报》副刊“国风吟苑”，1963 年 11 月 12 日。坤西施，即坤西育府，盛产柚。

④ “金地”，也称“金邻”，是蒙古族在今泰国境内建立的古国。其范围大约位于马来半岛和湄南河西岸塔锦河至湄格良朗河流域。

王诚《前题》:

寻幽探胜上崔巍，犹有诗心伴夕晖。岂是游人皆范子，居然载得西施归。

其间恰逢李仰唐先生六九大寿，其遂自吟一诗《重阳后十日六九生朝志感》:[①]

牢落迟栖湄水滨，岂知身属一飙尘。解龟纵早难辞咎，敝帚虽微亦自珍。黄菊再逢伤日迈，白头惊觉逐年新。庐山莲社风流在，愧杀迂疏老散人。

饶宗颐教授赋一律作贺《寿李仰老六九敬和生朝元玉》:[②]

橙黄橘绿赤土滨，漫云生意属飙尘。从知吾道无绅布，喜见殊方重席珍。车马劳劳来复往，肝肠历历老逾新。胸中水镜清如许，白□须眉欲照人。

丁梦尘也和诗一首《前题》:

无端萍梗聚湄滨，等是沧桑历劫尘。合向函关传道学，好增本草续时珍。秋高篱下黄花傲，霜落镜中白发新。萧散不妨忘岁月，江湖诗酒作闲人。

另一种是泰华文化界人士以饶宗颐教授莅泰访问为题材所作的诗，或互相唱和。1963 年 10 月 24 日《星暹日报》副刊“国风吟苑”载陈慕禅等人诗作:

陈慕禅《盘谷喜晤饶宗颐教授赋赠一律并乞国风诸友政和》:

霜鹰雾豹方神采，鸿业名山迈昔贤。探赜钩奇经异国，怀人感旧话当年。中原耆宿咸推许，两代文章有嫡传。垂老天涯相见晚，无穷意在酒樽边。

李仰唐另起韵《前题》:

吾爱饶夫子，聪明世所知。文穷归[③]甲古，书迈虎头痴。儒释欣同研，老

① 见泰国《星暹日报》副刊“国风吟苑”，1963 年 11 月 12 日。
② 见泰国《星暹日报》副刊“国风吟苑”，1963 年 11 月 12 日。
③ 编者按：疑为“龟”。

庄闲并搜。天南重聚首，适足慰怀思。

清迈谢勋波《奉和陈慕禅词长赋赠饶宗颐教授元玉》：

腾骧叔世多姿采，博古通今一俊贤。江海屠鲸挥健笔，艺坛蜚誉忆当年。园栽桃李千株秀，学究老庄两代传。旧雨樽前温旧梦，西窗清兴动吟边。

商风《偕饶君宗颐同游素可台古城及宋加洛古城》：

白雨横飞入晚凉，村姑无奈笑人忙。颓垣倒壁留行迹，定有老僧到上方。怕邦犹忆旧登临，昔日殿台迹偶寻。市远方知尘累减，山山遥瞩水云深。[①]

丁梦尘《浣溪沙·赠饶宗颐教授》：

吾郡宗颐与乐生[②]，于今国际俱知名。城南[③]回首泰山亭[④]。寝馈云林秋已老，穷搜甲骨发犹青。湄江握手不胜情。

巽斋《欣迎旧雨饶宗颐教授来访》：[⑤]

辗转缁尘历几秋，相逢故旧鬓霜髅。何期陋巷来君访，尚有新诗许我留。踟躇倾谈西域遗，肃恭探索扶南函。逃荒共觉非长计，耿耿浩怀复九州。

1977年8月30日中午，泰华诗学社假海天楼欢宴饶教授时，出席者60余人，现场朗诵了黄继芦、张艺光、王诚三人赋赠饶教授之诗章，见诸报刊者如下：

王诚《喜逢宗颐兼寿花甲》：[⑥]

---

① 素可台，一般译为“素可泰”。张少庵先生自注：据老辈人云，宋加洛古城先创，有99座佛寺。当时陶瓷缶厂，即在该处。有两个厂，一在素可台县，至今已湮灭。但怕邦寺是一个塔，且有苍廊寺，斋里七层，冲积期化石极多。再去二里，有皇家滩。地属氏刹插那县。嗣后国都移至素可台县，从而扩大之。目下有珍贵古物陈列所在焉。

② 丁梦尘自注：指蔡乐生博士。

③ 丁梦尘自注：城南系指潮安城南小学，盖蔡饶两君与余曾先后肄业该校。

④ 丁梦尘自注：城南校道有泰山北斗亭，为纪念韩文公而设者。

⑤ 载《世界日报》副刊“湄江诗坛”，1963年11月22日。

⑥ 王诚、黄继芦诗均载于泰国《星暹日报》副刊“国风吟苑”，1977年8月23日。王诚自注：饶宗颐教授于本月21日莅泰出席第七届亚洲历史会议，迎之机场，欣看精神健旺，惜未携古琴与俱为憾。

龙马精神六一翁，诲人不倦遍西中。杏坛载誉及时雨，琴韵蜚声解愠风。大德大年天可必，如冈如阜福无穷。湄南河畔重逢日，指点闲云数点红。

黄继芦《泰华诗学社欢宴饶宗颐教授席上赋赠》（二首）：

（一）

为迎大雅设诗筵，纵酒评章话海天。济济一堂多韵事，坫坛管领著鞭先。

（二）

道德文章仰硕豪，才华卓著振风骚。弘扬国粹看今日，万里鹏飞独任劳。

1978年8月，饶教授莅泰举办书画展，也引来泰华文化界人士诗兴：

徐志鹏《饶宗颐教授莅泰》：①

才名闻世载，芝宇亲今朝。桃李遍天下，中西付描素。书画涵秀逸，韵律媲琼瑶。展览湄南日，何人不认饶。

张艺光《侨社欢宴饶宗颐教授》：②

秋风声里故人来，侨社琼筵次第开。羁旅情怀因客起，杯中逸兴为诗催。明朝又听阳关曲，何日相逢衣锦归。同是砚田耕作者，宣扬文教志宏恢。

罗匡环《饶宗颐教授莅泰书画展和徐志鹏长韵》：③

南来书画展，眼福饱今朝。细玩挥毫劲，深研彩笔描。萧梅称上品，三绝胜琼瑶。老境精神健，坫坛仰慕饶。

谢晋嘉《观饶宗颐先生书画展三叠东坡至梧示子由韵为赠》：

---

① 载泰国《星暹日报》副刊“国风吟苑”，1978年8月10日。

② 载泰国《星暹日报》副刊“国风吟苑”，1978年8月14日。

③ 罗匡环、谢晋嘉、黄清源诗均载泰国《星暹日报》副刊“国风吟苑”，1978年8月15日。谢晋嘉自注：“饶先生集明人句赠余云：脂红粉白春消息，浓墨淡烟老书翁。”

雪毫斑管出湖湘，从心驱遣得其方。小景须弥纳芥子，河岳烟霭何苍茫。楚帛泰简归健腕，骇目一联九尺长。粉墙高不为君筑，雾眼喜欣免仰望。韩山韩水钟灵秀，往哲芳徽绪未亡。今来艺海波澜起，余泽分润沾芜荒。书翁懒问春消息，水云佳处即吾乡。

黄清源《迎饶教授宗颐莅泰书画展》（二首）：

（一）

教授重来号选堂，桂花浓韵又飘香。湄江芳草新裁锦，走笔天涯万里扬。

（二）

酒痕如雨注清才，书箧春风笔底开。伫看京楼先得月，鸡林声价报重来。

陈锡才《潮州会馆宴饶宗颐教授巧逢七夕用苏东坡至梧示子由韵并呈》：①

裙拖髻拘记湖湘，中州灵气锦遐方。放眼乾坤归腕底，危楼飞阁起苍茫。盘胸自有龙蛇舞，悟彻禅宗大乘藏。地负海涵天下纵，百家博览尽擅长。籍同潮郡沾光誉，一水香港昔相望。聘游列国登坛席，学府清名不世亡。杯酒情缘逢乞丐，萍踪偶聚在炎荒。监车我自伤骐骥，头白都门苦忆乡。

蔡举豪《潮州会馆宴饶宗颐教授赋赠》：②

韩山韩水毓人文，天纵英才六合闻。艺坛丹青千岭秀，笔挥龙蛇百泉芬。心存正气修潮志，胸仰宗功似锦云。逋客海隅瞻道范，永怀文采空骊群。

蔡卓渠《诚老柬邀饯饶教授宗颐席上赋赠》：

吟坛画苑酒催诗，诚老龙邀饯别离。我倦推敲惭贯岛，公荣鼓吹胜桓伊。欲瞻艺海新风貌，重认灞桥旧柳丝。座上欣逢饶教授，借花献佛敬宗颐。

---

① 载泰国《星暹日报》副刊“国风吟苑”，1978年8月18日。

② 载泰国《星暹日报》副刊“国风吟苑”，1978年8月22日。

三、饶教授十分珍惜与泰华文化界的诗缘

饶教授对泰华文化界的诗缘十分看重，1963 年 11 月在结束首次访问即将离开泰国时，特作《将去盘谷留别泰国诸友》一诗：[①]

（予自安哥[②]重来泰京，复有访问之役，游踪所至，北临清迈，东极四刹吉，西至差耶、洛坤，故交新雨，益我者多，琼玖之投，愧无以报。东归在即，爰依坡翁海南韵聊抒所怀云尔。）

湄水奔流似湖湘，我行忽在天一方。欲寻象渚澄源处，[③]扶南往事苦微芒。[④]驱车更临古佛逝，[⑤]懒从穷发讯行藏。相逢耆老如旧识，觞咏款我情何长。极目瀛洲隔山海，齐烟九点遥相望。亦知在远日亲意，时艰不用叹其亡。敢以壮游比奘显，但留足迹在炎荒。归来会作伽蓝记，稻云千里俨吾乡。

之后，在其出版诗集《佛国集》时，收入与谢晋嘉的唱和诗作。[⑥]

后来，即使是在法国和美国，饶教授也对泰华诗坛一往情深。1965 年在法国，他写下了《晋嘉寄示游清迈素贴山寺，用康乐从斤竹涧韵，追忆曩游，再和一首》：[⑦]

事往足思存，微处可观显。秋风一披拂，花露想凄泫。残碑有时灭，坠泪如登岘。万里屡骏奔，百年只遐缅。[⑧]心已生死齐，人尚蜣螂转。拈花余一笑，所得无乃浅。何似山中云，朝夕任舒卷。当年薜萝枝，犹挂般若眼。石笋插云尖，山蒲经雨展。唾灰久已干，泡水竟谁辨。孤游意少悰，因君还自遣。

---

① 载泰国《星暹日报》副刊“国风吟苑”，1963 年 11 月 27 日。

② 安哥，即柬埔寨吴哥。

③ 作者自注：语见竺芝《扶南记》。

④ 扶南，一般认为是吉蔑族所建立的古国，鼎盛于中国汉代时期，其范围大约在今越南湄公河口至柬埔寨一带，其时今泰国全境均属之。

⑤ 作者自注：泰人攻证差耶为室利佛逝旧都可备一说。

⑥ 即前引与谢晋嘉的唱和，又见饶宗颐：《饶宗颐二十世纪学术文集》（卷十四）《文录、诗词》，台北：新文丰出版公司 2003 年版，第 362 ~ 363 页。

⑦ 饶宗颐：《饶宗颐二十世纪学术文集》（卷十四）《文录、诗词》，台北：新文丰出版公司 2003 年版，第 399 页。

⑧ 作者注：陶潜赋：“苍旻遐缅，人事无已。”

1970年在美国时，饶宗颐教授还曾作词《宴清都·寄暹中故友》：[①]

地僻生鼙鼓。哀时意、冷鸱寒兔宵度。乱离瘼矣，凉蟾何事，觑人庭户。云罗万里长空，算尚有、宾鸿作侣。漫记省、塞路崩榛，芜城鲍照曾赋。[②]

谁容倦客逃虚，幽兰未谱，寒雁先苦。羁愁万斛，枯禅寸抱，十年来去。高僧指点残塔，入梦里、神游旧处。问昔时、拼醉春风，柔条在否。

又《庆春宫·晋嘉书言差耶昔游，不胜怅触》：[③]

孤塔荒烟，斜阳颓寺，密林梢水边城。禾黍如油，瓜蒲盈野，漫山不闻秋声。胜游缠梦，十年事，骎骎鬓星。停车油壁，当日惊逢，心复牵萦。

来鸿去燕将迎。人笑憔悴，花诉飘零。烟雨沙边，平生幽恨，彩笺吟句霜清。故都乔木，远畅望，欲画未成。有并刀在。碎剪东风，一散离情。

1977年，饶教授又作诗一首：

（余于一九六三年尝游四刹吉，归途有诗。和坡公至梧示子由韵。十四年后，重临泰京，乡人款遇情谊逾前，而诗坛耆宿，于余眷慕尤深，枉赠既夥，再叠苏韵。[④]）

黎民奔走自桂湘，禹迹能不包炎方。我昔遥临四刹吉，穷边九壤何茫茫。重来父老情弥重，钟爱使我中心藏。回头十四年间事，饱看松柏参天长。忆昔天历歌回使，黄骊青骍驰相望。温柔敦厚德化远，春秋未作诗岂亡。天畀群公主风雅，要使兹意留遐荒。便能朔译通南讹，十洲行处皆吾乡。

---

① 饶宗颐：《饶宗颐二十世纪学术文集》（卷十四）《文录、诗词》，台北：新文丰出版公司2003年版，第620页。

② 作者自注：曩经吴哥窟有诗纪之。

③ 饶宗颐：《饶宗颐二十世纪学术文集》（卷十四）《文录、诗词》，台北：新文丰出版公司2003年版，第621页。

④ 饶宗颐：《饶宗颐二十世纪学术文集》（卷十四）《文录、诗词》，台北：新文丰出版公司2003年版，第665页。作者自注：日友白鸟芳郎编《傜人文书》，中有《〈游〉梅山书》，其抄书人董胜利，自言“在广西来泰国”。梅山则在湖南安化县。元朝天历间，江东罗儆作暹国回使歌，王尚志有和作，见《皇元风雅》后集。

四、余论

饶宗颐教授与泰华文化界的诗缘，情谊深笃。从公开见之于泰华报刊的资料看，饶教授与泰华文化界的诗缘，始于20世纪60年代初饶教授的首次访泰，持续至20世纪70年代末，相互交往最为频密。其与泰华诗人相互唱和，为当时泰华诗坛的盛事，也轰动了彼时的泰华社会。泰华文化界人士中，以谢晋嘉与饶教授的交往和互相唱和最为频密，情谊最笃。饶教授颇赞赏谢晋嘉的诗词，并将彼此的唱和收入相关的诗集中。

由于饶教授在泰国的诗作并没有全部收入其著作中，其他泰华文化界人士的唱和也仅散见于当时的报刊或个人的诗集，致饶宗颐教授与泰华文化界的交往情况难窥全豹。故有必要对当时的情况作一梳理，以便后人对饶教授与泰华文化界之诗缘有更全面的了解，从而对饶教授的学术生涯以及当时的泰华社会有更充分的理解。

饶教授能够与泰华文化界建立诗缘，笔者认为，首先在于当时泰华社会中存在写作中国古典诗词的氛围。其时，在泰华社会有以谢晋嘉等为代表的一批熟悉中国传统文化的文化人，他们大多对中国古典诗词有相当的造诣，不时有诗作问世。当时的泰华报刊，以至华人社团出版的纪念特刊，多辟有专门版面刊登他们的诗作，可为佐证。南国诗社和泰华诗学社是当时泰华社会最为重要的两个诗学社。其成员大多是在20世纪上半叶从中国移居到泰国从事文化事业的，与饶教授的年龄相仿，并且对饶教授的盛名早有所闻，敬仰已久。其次，王诚是饶教授的表兄，本身是文化界名人、诗人，且又在《星暹日报》及泰华最重要的社团之一——潮州会馆中担任要职，对于介绍饶教授与泰华文化界的交往起到纽带和桥梁作用。再次，饶宗颐教授与泰华诗坛的交往在20世纪80年代之后日渐减少，其重要原因是当年那些能诗善词的文化人由于年龄关系，逐渐退出历史舞台。而由于泰国政府的限制，致泰国华文教育产生断层，年青一代大多不懂华文，遑论诗词，泰华社会中写作中国古典诗词的氛围日渐式微。这同样可从20世纪80年代以后泰华的报刊及其他刊物中已难见中国古典诗词得到印证。因此，饶宗颐教授与泰华文化界之诗缘，也从一个侧面反映出中国文化在泰国的传播与传承的历史过程。

正是由于泰华社会的这一特殊背景，饶宗颐教授与泰华文化界之诗缘及留下的唱和诗作，更显其弥足珍贵。

叁

饶锷研究

从“韩愈崇拜”到“六一风神”

——试论饶锷散文文体学认知的体验化特征

韩国岭南大学中国言语文化学部　闵定庆①

摘　要: 饶锷先生是近世潮州学界大家，致力于国故学研究，著作等身，成就卓著，同时也是潮州文坛的领军人物，在诗、文、联等多种文体上取得令人瞩目的成就。随着近代转型的加速、传统文艺观的松绑，饶锷趋于认同“各由其性而就于道”的个性化创作，能从韩文的“文从字顺”处入手，荟萃欧阳修、归有光、戴名世之所长，形成了渊雅、和缓、绵密的美学风格。饶锷的散文观念，就是立足于这一美学风格进行理论思考与创作实践的集中体现，既充满了个性化体验的性灵色彩，也突出了近世文化转型期“此在性”与“过渡性”的特点。

关键词: 饶锷　饶宗颐　欧阳修　散文　六一风神

饶锷先生（1891—1932）是近世潮州学术大家，尤以潮汕地方文献整理与研究成就为最著。他身处20世纪初中国文化转型期，在获取新、旧两种文化视野的同时，也陷入了文化选择的“两难”之中：一方面随着文化转型的加剧，传统的“文道观”“教化观”迅速瓦解，饶锷得以沿着欧阳修“自然创作”的路向，发展一种自由适性、活泼性灵的写作姿态；另一方面，作为一个来自旧阵营的人，饶锷又显得极度焦灼，他必须在历史关头作出明确且明智的抉择。饶锷跟他所景仰的师友章太炎、高燮、金天翮、柳亚子、温廷敬等人一样，是完全排拒白话文的。他指出，新式学堂斩断了千年“文脉”，“科举废而人才日杂，学校兴而文章日衰”，古文退场，典范不再，新式学堂的学生“安能登其堂而嚌其胾哉”，进而断言新式学堂是培养不出能触摸到古文神髓的学子的。[1]38因此，饶锷终其一生都沉浸在古典美文的世界里，始终未把白话文纳入文学思考与创作的视野中来，显见得他那等身的著作正彰显

① 作者简介：闵定庆（1964—　），江西永修人。文学博士、博士后，现任韩国岭南大学中国言语文化学部教授。

着一种“古雅”趣味的祈向。他埋首著述，“于文辞、歌咏之事，漠焉不著意”[1]175，但饶锷的友人一致认为，他的“古文、辞赋、骈文都做得好”[2]2。郑国藩《饶锷墓志铭》更明确指出，饶文虽“非精诣所在”，却能“以桐城义法出入唐宋明清诸大家，无意于古而与古会，当于庐陵、熙甫间别置一席，时贤中罕见其匹也”[1]154。可见，潮籍学人早已对饶锷散文创作的审美属性作出了非常明确的辨识与阐扬。这一认识理应构成我们今天进一步研究饶锷文体观念与散文创作的有效切入点之一。

一

饶锷对于潮州文坛的历时性把握与共时性把握，是非常直观而真切的。他在《郑蕃之墓志铭》中作了这样的描述：“吾邑自宋明以还，名卿硕儒、忠义直谅之彦，代有其人。独文章之学，倡之者既寡，而为之者又囿于见闻，相安孤陋，于古人为文义法，往往莫知其然。故历时绵远，而潮人无寸简见称当世。近十年来，揭阳姚君悋先生始本其所闻马其昶、林畏庐诸老之绪论，以桐城文派倡导学者。而潮安王慕韩先生则孤立崛起，亦以古文为后进启示径途。两先生皆余所私昵者。”① 此文勾勒出了潮州文坛的两个基本构成向度：第一，韩愈刺潮，越八月而去，开启了潮州“海滨邹鲁”的新纪元。潮人祭祀韩公，并在“韩愈崇拜”氛围中积淀了潮汕地区独特而深厚的文化底蕴，形成了膜拜韩文的“集体无意识”。但是，潮人长期热衷科举，揣摩时文，不免出现“尸祝”韩公“决以得失，卜以吉凶”，学韩文却“学无渊源，志趣不大”二弊。民国初年，王慕韩崛起于潮州文坛，大力倡导韩文，在他身边渐渐形成了一个颇具规模的古文创作群体。第二，曾点翰林的吴道镕来潮州主韩山书院、金山书院讲席，京师大学堂首届文科毕业生姚梓芳返潮执教，相继将“桐城文”引入潮州。虽然桐城派在世纪之交迭经经世文派、维新新文体、革命派宣传文、新式报章体等新文体的冲击，已呈强弩之末，但对于相对封闭的潮州文坛而言，毕竟还是比较新奇的，比较容易入手。因此，在吴道镕等领袖式人物的倡导下，潮人出现了“远宗退之而近法桐城”的转向。其实，饶锷在此文中有意回避了第三个构成向度——考据学派文风，这才是饶锷进行学术研究与文学创作的真正基点。众所周知，阮元抚粤督粤十多年，

① 关于宋明以来潮人溺于科举时文的情形，石铭吾《题〈读东观书室诗草〉》一诗作了更为严峻的揭示与批评：“我郡咸同科举里，揣摩时文而已矣。纷纷士人争出头，皆曰舍此无他恃。间有能者涉经史，断无闲情到集子。”见石铭吾著，赵松元等整理：《慵石室诗钞》，北京：线装书局2008年版，第19页。

正值乾嘉学派如日中天之际，他将乾嘉朴学引入广东，建学海堂延请考据名家系统讲授考据学方法。其中，学海堂肄业生温仲和于光绪二十年（1894）至潮州金山书院讲学，后任该书院山长，书院改制中学堂，继续担任总教习。他以一个纯粹意义上的考据学家实施国学教育，直接或间接地影响了两代潮州学人，潮州考据学家群体渐渐形成。温廷敬先从温仲和学，后同受丘逢甲之邀创办岭东同文学堂，成为多年同事，深受温仲和其人其学的影响，走的也是考据学的路子。饶锷、饶宗颐父子又师从温廷敬，接受系统的考据学训练，故一生谨守考据家法，为文朴茂渊雅，不事雕琢，以事理胜，逻辑性很强。

在饶锷的阅读体验与创作体验中，明末清初的潮州文坛实为近世中国文坛的一个“缩影”，能对不同创作阶段、不同风格典范实现有效的转换与融合。饶锷是从旧式私塾和传统大家庭里成长起来的，最初的也是最本真的反应，便是在潮州文坛“韩愈崇拜”的“集体无意识”作用下，本能地选择崇拜与追摩韩文，但是，在此后长期的国学研究过程中，不可避免地出现了“性之所近，有不知其然者”的文体自觉意识，渐渐从“韩愈崇拜”的旧轨中游离出去。关于这一点，郑国藩《〈天啸楼集〉序》总结出了饶文“三变”的情形，作了如下的阐述：

君文前后凡三变：少作刻意模韩而未能至，时有枘凿不相容之处；中年出入唐宋明清诸大家，各有其所似，则志于传世，不忘意匠之经营者也；晚近一变而归于平易，下笔在有意无意之间，则既神明于法而不复以法囿，文境之上乘矣。[1]4

饶锷《与冯印月书》也与此相一致，直可视为“偏嗜”欧体的“自供状”：

大抵古人为文，各有偏好，而不必尽同也。锷于历代文家研读潜索，不一日矣。顾独酷好欧、戴二家之文者，非文舍欧、戴二家皆无当于我意也，又非欧、戴二家之文已尽文之极致，而欧、戴二家之文之外可无求也。盖性之所近，有不知其然者矣。[1]100

饶锷追述了漫长的探究历代文家的体验，最终以性情之所近，终向欧阳修、归有光、戴名世一路。看似出语寻常，实则蕴含了深刻的心灵挣扎，自有不可与外人道的“心曲”。饶宗颐则把乃父的这一“偏嗜”讲得更加生动形象了：

我上过一年中学，后来就不上了，因为学不到东西。但是我的古文教师王慕韩却有一样东西给了我很大影响，那就是作古文要从韩文入手。我父亲跟他搞不来，但我却信服王师这一套。父亲喜欢欧体，大约也跟他后来身体不好有关系。现在我还是要说作文应从韩文入手，先立其大，先养足了一腔子气。[2]6

这一取径“欧体”的追述，从性格层面揭示了饶锷文章学理念的价值取向。而杨光祖《〈天啸楼集〉序》同样也从性格的角度总结了饶锷其人其文的特点：

君循循学者，于书无所不读，而沉浸于考据之学，外虽刻苦，中自愉悦，盖志乎古者也。其为文章，纡徐静正而无怨言；其为人，温恭谨质而无愠色，傥所谓“养其和平以发厥声”者欤？[1]7

粹然醇厚的儒者气度，中和包容的文人情怀，纡徐从容的文章风格，恰是千载以下对欧阳修其人其文认同与皈依的生动体现。

那么，饶锷“六一”情结形成的根本动因是什么呢？不难想象，在“韩愈崇拜”的氛围中研读韩文，总免不了几分仪式化与神圣化的感觉。这恰与少年饶锷生动活泼、性灵飞动的心灵是格格不入的。饶锷通过“欧体”体验获得文体的自觉，几乎可以说是欧阳修成长体验与文体实验的“再现”。欧阳修《记旧本韩文后》追忆十岁时曾得韩文六卷，虽“未能悉究其义”，却被韩文的“深厚雄博”“浩然无涯”深深打动。① 最终，在北宋“向内转”思潮的氛围中，欧阳修采取了“易行易知”的方法论策略，从韩文的“文从字

---

① （宋）欧阳修《记旧本韩文后》：“予少家汉东。汉东僻陋，无学者，吾家又贫，无藏书。州南有大姓李氏者，其子尧辅颇好学，予为儿童时，多游其家。见有蔽筐贮故书在壁间，发而视之，得唐昌黎先生文集六卷，脱落颠倒，无次序，因乞李氏以归。读之，见其言深厚而雄博，然予犹少，未能悉究其义，徒见其浩然无涯，若可爱……举进士及第，官于洛阳。而尹师鲁之徒皆在，遂相与作为古文。因出所藏昌黎集而补缀之，求人家所有旧本而校定之。其后天下学者亦渐趋于古，而韩文遂行于世。至于今盖三十余年矣，学者非韩不学也，可谓盛矣！”见李逸安点校：《欧阳修全集》，北京：中华书局2001年版，第1156页。又，黄震《黄氏日钞》卷六一：“欧阳公起，十岁孤童，得文公遗文六卷于李氏敝麓，酷好而疾趋之，能使古文灿然复兴。”

顺”处入手，实践了一种平易从容、曲尽形容的新文风。① “欧体”的形成过程，是一个“文化孤儿”在黑暗中独自摸索前进所获得的丰饶成果，凸显了孤独的生命体验的创造力。反观饶锷的成长历程，即可发现，他也是在逆境中摸索着前进的，这一经历大大拉近了其与欧阳修的心理距离。据《天啸楼藏书目序》自述，他最初埋首四书五经，涉猎时文，后跟随仲兄阅读小学著作、诗文集，兴之所至，不求宗旨，稍长则循张之洞《书目答问》标示的“门径”有序地阅读清代学者的著作，打下较系统、扎实的国学根基。饶锷与欧阳修的早年体验一样，将书籍的聚集与知识的拓展、眼界的提升、心志的养成等融为一体，获得同步性的成长，在最大限度上涵盖了一个年轻人经由经典阅读体味文体范式，甄别各家优劣的文体自觉的过程。

与此同时，高燮等人的革命家形象与国学家形象，叠加在一起形成了一种特殊的浪漫气质与政治担当，对饶锷产生了极大的吸引力。饶锷早年求学于上海法政学堂，接触了许多新派学人，尤其是与以南社核心人物为主的激进的青年汉族知识分子交往甚密，自觉接受资产阶级民主思想，将高燮、金天翮等视为平生知己。② 高燮等人一方面积极从事“驱逐鞑虏，恢复中华”的民族民主革命，另一方面竭力倡导“新国学”运动，将“国故”视为民族复兴的基石，积极整理国故，刊行古籍，成效显著。饶锷浸淫其中，很快从精神上的膜拜发展到行为上的模仿，将高燮等江南学者特有的敏感的艺术感知力、坚忍不拔的革命意志、细腻绵密的学风、柔婉雅致的文风等叠加在一起，使得革命家、学者、文人三种身份“三而一之”，产生了无法言喻的“浪漫化”效果，在精神气质上更接近高度学者化、文人化与南方化的“欧体”。③

显而易见，个人成长历程、古籍阅读体验等方面的相似性，极易激发思

① （宋）苏洵《上欧阳内翰第一书》对“欧体”作了准确的概括：“执事之文，纡徐委备，往复百折，而条达疏畅，无所间断，气尽语极，急言竭论，而容与闲易，无艰难劳苦之态”，“执事之文，非孟子之文、韩子之文，而欧阳子之文也”。见曾枣庄、金成礼笺注：《嘉祐集》，上海：上海古籍出版社 1993 年版，第 328 页。

② 饶宗颐口述：“父亲曾是上海法政大学学生，也是南社的成员，他的友人高吹万、金天翮等，也是南社中人。”参见饶宗颐口述，胡晓明、李瑞明整理：《饶宗颐学述》，杭州：浙江人民出版社 2000 年版，第 1 页。又，王振泽指出，饶锷“毕业于上海法政学堂，学成后返回潮州，曾任《粤南报》主笔。青年时，自觉接受资产阶级民主思想，1909 年，当陈去病、柳亚子、高旭等人在苏州创立文学团体——南社时，他即积极响应”。参见王振泽：《饶宗颐先生学术年历简编》，香港：香港艺苑出版社 2001 年版，第 14 页；王振泽：《饶锷与南社巨子高吹万》，见曾宪通：《饶宗颐学术研讨会论文集》，香港：香港翰墨轩出版有限公司 1997 年版，第 328 页。

③ 可参拙文《“古雅”：饶锷先生的文化心态与审美境界》（刊《华南理工大学学报》2013 年第 1 期）及《试论饶锷新国学方法论意识的自觉》（刊《江西师范大学学报》2013 年第 5 期）的相关论述。

想感情上的共鸣，审美趣味也随之趋于一致，饶锷就这样在人生成长最关键的时期因着自由阅读的优游、师长教育的熏陶，最终情不自禁地向“欧体”靠拢，也正是在这一转移过程中不知不觉地与潮人的“韩愈崇拜”渐行渐远了。

二

饶锷的文体自觉与实践，折向“欧体”一途，首先是建立在追慕欧阳修其人其文的基础上的。

韩愈曾自比“非常鳞介之品”的“怪物”，不落流俗，犯颜鲠言，刚直倔强，愈挫愈勇。这或许就是饶宗颐先生所说的“一腔子气”吧，但是，这也难免出现如李翱《韩公行状》所言“气厚性通，论议多大体，与人交，始终不易”等小毛病。反观欧阳修之为人与为文，韩琦《祭少师欧阳永叔文》说：“可否明白，襟怀坦易，学贵穷理，言无伪饰。”[3]2630 其子欧阳发《先公事迹》也说乃父“中心坦然”，“接人待物，乐易明白，无有机虑与所疑忌，与人言，抗声极谈，径直明辨，人人以为开口可见肺腑”，“一切出于诚心直道，无所矜饰”。[3]2626 不难看出，欧阳修娴雅冲淡，随性为官；真挚自然，平易和畅；明辨是非，以理服人。可以说，在为人风格上，韩、欧二人是大相径庭的。因此，韩文与“欧体”虽有“先河后海”的渊源关系，但最终呈现在世人面前的文风却是阴阳二极的。何沛雄《欧阳修与韩愈的“古文”关系》就作了很好的鉴识：“欧阳修的古文，虽然源于韩愈，但他深于史学，更得太史公行文的‘逸气’，加上生性娴雅冲和，故为文纡徐委备，容与温醇。姚鼐把文章分为阳刚、阴柔两大类，韩文得阳刚之美，欧文得阴柔之美，堪作学文楷模，垂范千古了。”[4]117 饶锷本是个“温恭谨质而无愠色”的人，在本质上与欧阳修的性格是一致的，因而能“养其和平以发厥声”，“其为文章，纡徐静正而无怨言”，最终选择“欧体”一路就显得非常自然了。

在“文道观”的论述方面，韩、欧取径各有不同，饶锷沿着欧阳修偏于个人性情的路子，在近代文化转型中扬弃了严格意义上的文道观，回归文学本体。韩愈《答李秀才书》“愈之所志于古者，不惟其辞之好，好其道焉尔”的宣言[5]174，充满原始儒家阳刚之气的实践理性，使得公共领域的理论对话与交流重归儒家本位，将政治修辞、道德修辞打入“载道”的文学之中，原本较为纯粹的文学表达因而被人为地提高到政治精英主义者言说的层面。韩愈确立“列天地、立君臣、亲父子、别夫妇、明长幼、浃朋友，六经之旨”的原则，使得文章写作朝着政治伦理的境界转化，“出言居乎中者，圣人之文也；倚乎中者，希圣人之文也；近乎中者，贤人之文也；背而走者，盖庸人之文也”，将作者人为地划分为三六九等，却未彰显出本应有的文艺审美内蕴。与韩愈崇儒的政治话语形态不同，欧阳修生活在一个儒家文化主导的“尚文”时代，一方面撰《新唐书·韩愈传赞》称赞韩愈“以《六经》之文为诸儒倡”，“粹然一出于正，刊落陈言，横骛别驱，汪洋大肆，要之无抵牾圣人者，其道盖自比孟轲”，在学术思想上的“拔衰反正”之功与文起八代之衰映照古今，故而“自愈殁，其言大行，学者仰之如泰山、北斗”。另一方面，极力推动“各由其性而就于道”论所追求的日常化、个性化与诗意化表达的时代思潮，他在《与乐秀才第一书》中说：“古人之学者非一家，其为道虽同，言语文字未尝相似。孔子之系《易》，周公之作《书》，奚斯之作《颂》，其辞皆不同，而各自以为经。子游、子夏、子张与颜回同一师，其为人皆不同，各由其性而就于道耳。”[3]663“道”的自然属性，决定了经典撰作与阐释必然呈现个性化与人性化的样态，这必然也会推衍出自然化、个性化的写作状态，“孟、韩文虽高，不必似之也，取其自然耳”。这一推论从人性本真的层面拓展了文体革新的理论言说的空间。戴名世进而认为，写作要“率其自然”，“文”是“出于心之自然者”，由此推导出“君子之文，淡焉泊焉，略其町畦，去其铅华，无所有，乃其所以无所不有者也”，亦即从文体自觉的体验出发，强调从具体的创作土壤中发掘个性化表述的空间。[6]5但是，在近世文化转型的语境中，国学经典的神圣话语系统被全盘改造为历史性记述及解释（亦即清儒章学诚所标举的“六经皆史”说），严格意义上的“文道观”失去了合理存在的可能性空间，于是，古文理论中标语化、口号化的“卫道”“载道”话语体系消失于无形了。饶锷受这一时代话语体系的影响，自然而然地远离了传统文论中的“文道观”，在散文观念的建构与创作实践上得以摆脱种种羁绊，畅情论文，直指心源。

在创作观念上，饶锷认同韩愈“不平则鸣”的创作论，但更倾向于欧阳修在此基础上有所改进的“自然创作”观。饶锷《天啸楼记》就有这样的“自白”：

> 余穷于世久矣，动与时乖迕，外动于物，内感诸心，情迫时，辄为不平之鸣，而一于文辞诗歌焉发之。故吾之为文与诗，纵怀直吐，不循阡陌，愁思之音多，盛世之辞寡。是虽生际乱世使然，宁非天下之啸欤？[1]88

他在《四十小影自题》中也说：

既遭时之不幸，乃息迹乎海垠。抱丛残以补佚，将闭户而草《玄》。谓殷之夷乎？谓鲁之连？皆非也。而讯其人，则曰：宁遗世以全我真。[1]130

这一自述，分明有着欧阳修的影子，突出了“自然创作”的有为创作观、自然的个性化表达这两个倾向。自司马迁“发愤著书”发端，“有为而作”的创作论就占据了文学主潮，韩愈《送孟东野序》“不平则鸣”论及《荆潭唱和诗序》“欢愉之辞难工，而穷苦之言易好”，大致划分了“羁旅草野”与“王公贵人”两类感发模式。欧阳修是在“六经之所载，皆人事之切于世者”认知的基础上，接受了这一“外感内应”的创作模式理论，认为作家与现实生活有着一一对应的因果关系。他在《梅圣俞诗集序》中说：“凡士之蕴其所有，而不得施于世者，多喜自放于山巅水涯。外见虫鱼草木风云鸟兽之状类，往往探其奇怪，内有忧思感愤之郁积，其兴于怨刺，以道羁臣寡妇之所叹，而写人情之难言，盖愈穷则愈工。”[3]612《徂徕先生墓志铭》说：“其遇事发愤，作为文章，极陈古今治乱成败，以指切当世，贤愚善恶，是是非非，无所讳忌。世俗颇骇其言。由是谤议喧然，而小人尤嫉恶之，相与出力必挤之死。先生安然不惑不变，曰：‘吾道固如是，吾勇过孟轲矣。’”[3]504 遇事而发，意有所指，毫不避讳，这是出于高度的政治自觉、道德自觉与个性觉醒的现实承担。这类解说，从真切的个体生命体验切入，体现与表达出了两种极端的士人生活样态。

饶锷认同这一感发模式，将作家之于社会的个性化反应，归结为“处境使然”，对文学创作进行高度人性化的分析，展现出具体而鲜活的“写实创作语境”的认知。与欧阳修一样，饶锷从来就不是一个“被动”的反映论者。他将自己对于“纵怀直吐，不循阡陌”的自然创作状态的反思，推展到对文学创作的普遍规律的思考，进而审视友人的创作成就，导引出种种“自然创作”的文体样态的描述与评判。如《蛣寄庐诗剩序》称誉潮安林彦卿多才多艺，“举凡词章、若散若骈，下逮丹青、音律、岐黄、星卜之术，靡不习而能焉”，“又性好客，喜与酒徒贱工者游处，当其剧饮六博，酣呼谐谑，旁若无人，而人见之者鲜不以为狂且妄者也”，触类旁通，故所作诗文“并世交游咸敛手，逊谢莫及”。[1]28《南园吟草序》谈到外甥蔡儒兰的创作，“人言甥诗绝肖其为人，吾谓亦其处境使然也”，“观甥之诗，缘情寄兴之词多”，所以，“其造语清而丽、婉以和，无凄怆激楚之音”。[1]31《柯季鹗诗集序》谈到与冯印月的交往：“其后于鮀浦得交吾友冯君印月。印月工吟咏，其为诗渊源家学，出入义山、少陵之间，与余旨趣颇合。昕夕酬唱，往往极酣饮大醉，悲歌呼啸而不能已。人或姗笑之，而印月与余不顾也。”[1]35《郑蕃之墓志铭》

甚至描述了自己沿着故友的足迹，“吾尝浮韩江而下，登桑浦玉简之巅，见乎峰峦盘缪，江水激荡”，认为“岭东山川秀异之气”郁结于郑蕃之的胸臆，变幻为奇妙的个人表述。[1]100饶锷立足于潮州地域文化的特殊性、个体文学创作的差异性，对每个作家所处的时代、社会环境、创作背景等进行了深度剖析，又对每个作家的个性、才情、智能结构、风格特征进行了高度个体化的归纳与总结，在社会激荡与个人反应之间寻找个性化表达的突破口。饶锷从中总结出“性之所近，有不知其然者”的生命体认与艺术呈现的现象，恰得欧阳修“自然观”的神髓。以惊世骇俗的议论、震慑人心的气势、排宕顿挫的感情为主要风格特征的韩文，在人性化的柔性表达上，确乎有所欠缺，渐渐退出了饶锷文体实践与风格选择的视野。

总而言之，饶锷之追摹“欧体”，是一个不争的事实，究其原因则是多方面的，但凡个人性情、阅读体验、治学风格、思想感情、人格追求等多方面的因素扭结在一起，产生了一股强大的“合力”，不断地将饶锷从“韩愈崇拜”推向“六一风神”一途。

三

饶宗颐《〈天啸楼集〉跋》追忆了这样一段极具深意的父子对话：

> 往年，宗颐曾固请将诗文稿分类编刻。先君不可，曰：“学问之道，考据、义理为先，文章其余事耳。吾方钩稽乡先哲遗文，焉有余力从事于此？且吾所为文，皆随笔直书，殊乏深意，其日力又不逮，安敢妄祸枣梨？”[1]158

饶锷的这番解说，基于“当下”语境的体验，对当时尚有一定生命力的乾嘉学派和桐城派进行了整合性思考，试图重构散文评鉴的标准。

众所周知，桐城派与乾嘉学派一直有着良性的互动，共同努力完成了“义理”“考据”“词章”三而一之的“义法”论建构。戴震《与方希原书》说：“古今学问之途，其大致有三：或事于理义，或事于制数，或事于文章。事于文章者，等而末者也。”[7]144求理义，就是求“大道”，故而“考据”“文章”都是围绕着“闻道”（亦即“义理”）展开的。这一表述，可与刘大櫆《论文偶记》“文人者，大匠也。义理、书卷、经济者，匠人之材之论料也”互为表里。[8]3王鸣盛《王憨思先生文集序》对义理、经济、考据、文章四端进行了形象的论说：“天下有义理之学，有考据之学，有经济之学，有词章之学。譬诸木然，义理其根也，考据其干也，经济其条也，而词章乃其花叶也。

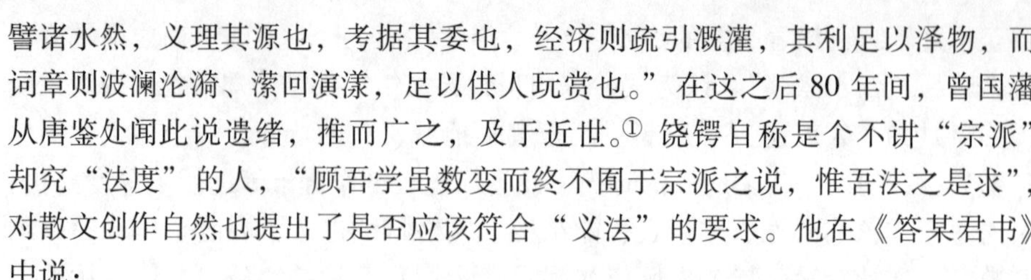

譬诸水然，义理其源也，考据其委也，经济则疏引溉灌，其利足以泽物，而词章则波澜沦漪、潆回演漾，足以供人玩赏也。”在这之后80年间，曾国藩从唐鉴处闻此说遗绪，推而广之，及于近世。① 饶锷自称是个不讲“宗派”却究“法度”的人，“顾吾学虽数变而终不囿于宗派之说，惟吾法之是求”，对散文创作自然也提出了是否应该符合“义法”的要求。他在《答某君书》中说：

> 夫文章之事，盖难言矣……大别言之，不越二端：一曰散文，一曰骈文。是二者，虽宗派各别，旨趣互异，顾其所以为文之法，莫不有一定矩镬存乎其间。故为文章者，首重义法，次论至不至。精于理，工于言，而又深于法，文之至焉者也；深于法而拙于词、疏于理，犹不失为文也。若理精而言工，无法度以运之，则不成文矣，而况于背理而伤词者乎……不识义法之人，又乌足与以论文？[1]77

在近代语境下，饶锷并未固守桐城派藩篱，而是认为这一“义法”论必须有所改造。这与同时代包括桐城派名家在内的许多人的认识是一致的。例如，姚永朴《文学研究法》“所谓‘义’者，有归宿之谓”的说法，就在有意与无意之间淡化了“义”的“儒本”意涵，意在凸显具体技法的美学效应，“所谓法者，有起、有结、有呼、有应、有提缀、有过脉、有顿挫、有勾勒之谓”[9]92。饶锷在既有框架内细化了“三点论”的有机构成及其变化形式，指出与“三点论”相对应的“精于理”“工于言”“深于法”是相辅相成、不可或缺的，要有足够的“协同效应”方可作为全面衡量文章优劣的审美标准。“理”“词”“法”三者的互动关系，实际上可组合成以下四种情形：“精于理，工于言，深于法”者，为“至文”；“深于法而拙于词、疏于理”者，“犹不失为文”；至于“理精”“言工”，却无法度者，是“不成文”的；而“背理而伤词”者则完全可以不予置评了。由此看来，“法”“言”皆剥离了道德附着的因素，提高到了纯粹的文艺美学层次上去了。饶锷进而又在《郑蕃之墓志铭》中列举“左、史、韩、欧、曾、王、归、姚”之文，作为契合“精于理”“工于言”“深于法”标准的典范，基本上已将中国古代散文史上“第一流”的作家作品囊括在内了。

---

① （清）曾国藩“道光二十一年七月十四日”日记：“至唐镜海先生处，问检身之要、读书之法”，“言为学只有三门：曰义理，曰考核，曰文章。考核之事，多求粗而遗精，管窥而蠡测。文章之学，非精于义理者不能至。经济之学，即在义理内。”参见（清）曾国藩：《曾国藩全集 · 日记一》，长沙：岳麓书社1995年版，第92页。

因此，“义法”的彰显，使“欧体”所蕴含的“法度”获得了一种属于“近代性”与“性灵化”意义上的解读，从而指出了具有可操作性的“作文”门径：

首先，“道”与“法”本是一体的两面。在欧阳修的“自然创作观”视野之内，“法”便成为一种“日常之用”，看似寻常，却蕴含至醇的“道”。欧阳修曾应好友尹师鲁家属之请，撰《尹师鲁墓志铭》，于尹的生平行谊叙述颇多，赞誉有加，而于尹的文学成就仅赞一词——“师鲁为文章，简而有法”。这引来了尹氏家人及其他人的不满。实则从欧、尹共事于钱惟演幕算起，二人相知三十年，又曾共撰《五代史》，对《春秋》一书用力极深，欧阳修便以此为切入点，书《论尹师鲁墓志》进行自辩：“述其文则曰：‘简而有法。’此一句，在孔子六经惟《春秋》可当之；其他经，非孔子自作文章，故虽有法而不简也。修于师鲁之文不薄矣。而世之无识者，不考文之轻重，但责言之多少，云：‘师鲁文章不合只着一句道了。’”他并非常人所言吝啬赞辞，实际上把尹师鲁深得《春秋》笔法这一点提升到了常人难以企及的“圣道”高度。这是已臻圣道的“定评”，何须重章叠句反复论说呢？当然，欧阳修最终还是从人之常情出发，补充说明为文的繁简笔法，“《志》言天下之人识与不识，皆知师鲁文学议论才能，则文学之长，议论之高，才能之美，不言可知”，人人皆知，则毋庸费一词了。[4]1045同样的道理，欧阳修《与石推官第二书》谈到书法“虽末事，而当从常法，不可以为怪”[4]992，依然是以“常法”立论，希望在“常法”中显现至深至醇的“道”。欧文运气于“法”，即妙在至深至醇，读来倍觉平易畅达，沁人心脾。

其次，注重协调“气”与“法”的辩证关系。饶锷《与冯印月书》说：“欧阳公自谓得力韩文，今观其文与韩似不类，然按其义法，寻其声调，与韩靡弗合也。盖退之运法于气，永叔运气于法，殊途同归。”“法”多存乎“字句格律篇章”的“形迹”之中，“善学古人者”得其神气，绝不会从“形迹”入手。[1]74从自然创作观念来看，欧体似乎更可亲可爱，更容易接近与模拟。当然，饶锷非常肯定韩文，尤其欣赏韩文不随人短长、自得佳趣，故其《与某君书》说：“韩退之尝为文矣，当其大称意时则人以为大怪，小称意时则人以为小怪，其自审浅薄不足存，则人以为绝佳，是文章之佳者固众人之所不好也。”这种“君子固穷”的姿态，也是个性张扬的另一种体现，亦即以另一种方式达到了“各由其性而就于道”的写作佳境。《与某君书》还以“吾邑某公”学韩“于古人为文义法盖梦然未之见”为例，强调“义法”的重要性，也就是说，当下的义理“活法”，早就给人们抉出了正与变、死与活、深与浅等为文之法，因此，在当前“活”的散文语境中，完全可领悟出韩文的

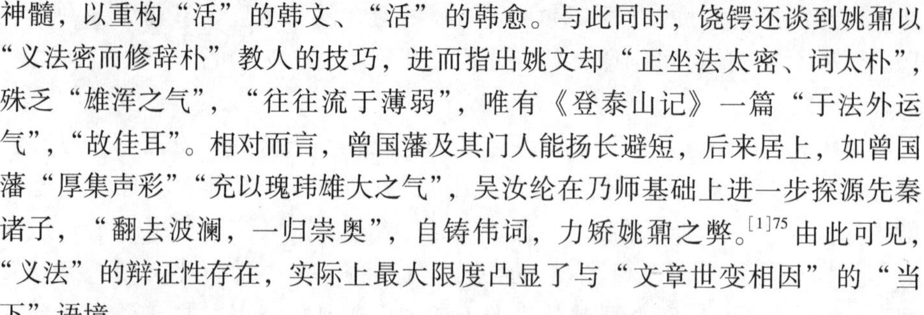

神髓，以重构“活”的韩文、“活”的韩愈。与此同时，饶锷还谈到姚鼐以“义法密而修辞朴”教人的技巧，进而指出姚文却“正坐法太密、词太朴”，殊乏“雄浑之气”，“往往流于薄弱”，唯有《登泰山记》一篇“于法外运气”，“故佳耳”。相对而言，曾国藩及其门人能扬长避短，后来居上，如曾国藩“厚集声彩”“充以瑰玮雄大之气”，吴汝纶在乃师基础上进一步探源先秦诸子，“翻去波澜，一归崇奥”，自铸伟词，力矫姚鼐之弊。[1]75 由此可见，“义法”的辩证性存在，实际上最大限度凸显了与“文章世变相因”的“当下”语境。

再次，深明“辨体”之法。欧阳修特别注意散文文体的本色表达，陈师道《后山诗话》载：“范文正公为《岳阳楼记》，用对语说时景，世以为奇。尹师鲁读之曰：‘传奇体尔。’《传奇》，唐裴铏所著小说也。”[10]310 方苞评欧阳修《真州东园记》云：“范文正公《岳阳楼记》，欧公病其词气近小说家，与尹师鲁所议，不约而同。欧公诸记不少秾丽语而体制自别，其辨甚微。治古文者最宜研究。”[11]986《岳阳楼记》通篇运用“传奇体”刻画人物、描绘景物的笔法，不免辞藻秾丽，篇章繁复，缺乏论说文应有的庄重感，因此，欧阳修主张为文要“精择”“去其繁”，追求“峻洁”的文风，异于范作。[4]2372 又如，林纾《春觉斋论文·述旨》说：“韩昌黎集中无史论。舍《原道》外，议论之文，多归入赠序与书中，至长无过五六百字者。篇幅虽短而气势腾跃，万水回环，千峰合抱。读之较读长篇文字为久，即无烦譬冗言耳。”[8]45 欧阳修长于史学，将其“移植”到史论中，保其真气，去其繁复，使得史论写作水平有了质的飞跃。饶锷素喜欧文，“块坐斗室，取意所尤喜者，抗声哦诵，渺然有千载之思。久之，业乃大进”[1]100，终于窥欧文堂奥，得旷宕隽永之趣，在方志、书序、传记的写作上充分吸收欧文之长，行文喜从大处着手，不拘于细节刻画和景物描摹，“条畅以任气，优柔以怿怀，文明从容”，最终锻冶出了忘却“意匠之经营”的、峻洁清雅的文体风格。

饶锷在散文的文体探索方面，经历了一个相当漫长且相当复杂的心灵挣扎过程。从文体格局转型的层面看，清末民初的西学东渐与国学转型，使得近世文学思潮与文学创作随之出现趋向通俗化、白话化的新变，饶锷先生以纯粹的学者眼光，而非政治家、道德家的眼光，重新打量散文创作及其内在规律，最终选择了“古雅”的文言文书写方式，正是为了接续三千年文脉。从写作范式看，他从“韩愈崇拜”、乾嘉学术、桐城故辙的“复合型”潮州文坛中挣脱出来，在欧阳修式的学者化、文人化“人格投射”的作用下，从人性本真、唯美感知等层面切入，思考文体变革与散文创作的转型问题，努力追求一种理精、法严、雅洁、和缓的文风，以澡雪精神，畅情抒写。这恰是饶锷为回应近代文化转型而作出的适度调整。这一文体创造行为，内涵丰富，心态纾徐，胸襟宽容，有别于同时代的文化守成主义者的板滞的保守态度，又迥异于“新文化运动”的激进与偏执。饶锷尽可能地挣脱业已僵化的创作模式，自由地发抒性灵，这种深度的解放精神以及由此激发出来的生动活泼的文化心态，在创造精神的层面跟上了时代转型的节拍，进而将近世潮州古典文体书写推向了一个新的高度，体现了世纪之交文化更新与创造的基本取向与广阔空间。今天，我们应将这种力量视为从不同层面共同参与新文化建设的“合力”之一，在勇于创新的精神层面确实是与“新文化运动”完全相通的。这一历史定位，应该是符合客观历史事实与文学创作规律的。

参考文献

[1] 潮汕历史文化研究中心编：《饶锷文集》，香港：天马出版有限公司2010 年版。

[2] 胡晓明：《饶宗颐学记》，香港：香港教育图书公司 1996 年版。

[3]（宋）欧阳修：《欧阳修全集》，北京：中华书局 2001 年版。

[4] 何沛雄：《欧阳修与韩愈的“古文”关系》，《社会科学战线》1997年第 3 期。

[5]（唐）韩愈撰，马其昶校注：《韩昌黎文集校注》，上海：上海古籍出版社 1986 年版。

[6]（清）戴名世著，王树民编校：《戴名世集》，北京：中华书局 1998年版。

[7]（清）戴震著，赵玉新点校：《戴震文集》，北京：中华书局 1980年版。

[8] 刘大櫆等：《论文偶记 · 初月楼古文绪论 · 春觉斋论文》，北京：人民文学出版社 1959 年版。

[9] 姚永朴：《文学研究法》，上海：商务印书馆 1916 年版。

[10]（清）何文焕辑：《历代诗话》，北京：中华书局 1981 年版。

[11]（清）姚鼐选纂，宋晶如、章荣注释：《古文辞类纂》，北京：中国书店 1986 年版。

论饶锷的散文艺术

——以《冯素秋女士传》为例①

韩山师范学院中文系　刘文菊②

摘　要：饶锷的散文创作经历了三个不同的发展时期，从年轻时代模仿韩愈，到中年时期学习唐宋明清诸大家，酷好欧阳修、戴名世的文章，最后归于平易，风格浑然天成，渐入佳境。《冯素秋女士传》是1924年饶锷应友人蔡梦香之请，为其亡妻冯素秋即将刊印的诗词稿《秋声》集所作序文。该文体现了饶锷为文之法的思想，兼具序、传、铭的文体特点，骈散结合，详略得当，张弛有度，跌宕起伏，感情深挚，是难得的佳篇名作。

关键词：饶锷　《冯素秋女士传》　赏析

一

饶锷（1891—1932），广东潮州人，是饶宗颐的父亲，本名宝璇，1914年毕业于上海民国法律学校后改名锷，字纯钩，号钝盦。（《钝盦号说》）[1]130 14岁就读于汕头岭东同文学堂，师从温廷敬。1920年与1923年曾两度受聘为省立第二师范学校（韩山师范学院前身）国文教员。1921年创办《粤南报》，1924年创办《国故》月刊。1932年与石铭吾、杨光祖、王显诏等组建“壬社”，为首任社长。著有《慈禧宫词》《潮州西湖山志》《天啸楼集》《法显〈佛国记〉疏证》《饶氏家谱》《潮州艺文志》等，其诗文在潮汕文界有着广泛而深刻的影响。饶锷一生嗜书，其天啸楼为当时粤东最负盛名的藏书楼。[2]98饶锷平生致力于考据之学，对于诗词文章却不刻意用心，故而关于文献史料考据的研究著作远远超过诗词文章。郑国藩称赞饶锷：

① 本文为韩山师范学院潮学院2009年度项目“潮汕女性文学研究”阶段性成果之一。

② 作者简介：刘文菊（1968—　），女，湖北郧西人。韩山师范学院中文系副教授，文学硕士，主要从事现当代女性文学的教学和研究。

君生富家，无纨绔习性，独好古，于书无不窥，尤致力考据之学。（《墓志铭》）[1]153

饶锷认为自己的诗词文章非精诣所在，不加检校整理收藏，故而散佚很多。饶宗颐追忆父亲饶锷：

自少笃志于学，长而从事考据，于词章亦稍稍致力，然未加措意，间有所作，不时检校，故其稿颇凌乱。（《〈天啸楼集〉跋》）[1]157

2010年，由潮汕历史文化研究中心整理出版的《饶锷文集》辑录了饶锷先生的诗文著作，由三个部分组成，包括《天啸楼集》、拾遗卷和《西湖山志》。其中《天啸楼集》是由饶宗颐和其父亲生前师友郑国藩（郑晓屏）、石维岩（石铭吾）、杨光祖、蔡兰生（蔡梦香）选校的饶锷遗文，分文四卷和诗一卷，刊行于1934年，原文集由诗书画家蔡梦香题字、学者郑国藩和诗人杨光祖作序、郑国藩作墓志铭、饶宗颐作跋。收录在《天啸楼集》中的文章，主要是序、跋、铭、诔、记、书。其中，序18篇，跋9篇，书信7篇，杂记7篇，铭文和诔文7篇，序、跋占了半数以上。虽然这些文章大多数是应人之求而作，但因为写于各个不同时期，故而相同的文体却有着不同的写作风格。

郑国藩概述了饶锷的创作情况：

文固非所措意，然已足与古人分一席……君文前后凡三变：少作刻意模韩而未能至，时有枘凿不相容之处；中年出入唐宋明清诸大家，各有其所似，则志于传世，不忘意匠之经营者也；晚近一变而归于平易，下笔在有意无意之间，则既神明于法而不复以法囿，文境之上乘矣。……君之名且随君之文而俱传矣。何也？君之文非今人之文，而古人之文也。（《〈天啸楼集〉序》）[1]4

饶锷的主要造诣虽然不在文章上，但他的文章却能在文学史上占有一席之地。饶锷的创作经历了三个发展变化时期，形成了不同的特征：年轻时期的文章刻意模仿韩愈，形似而神不似，显得生硬不自然；中年时期的文章借鉴唐宋明清诸大家，虽然有些相似，但是刻意追求技巧，尚有雕琢的痕迹；后期的创作归于平易，风格浑然天成，不被某种模式而苑囿，文章渐入佳境，堪为上品。郑国藩盛赞饶锷的散文：

君文无宗派，以桐城义法出入唐宋明清诸大家，无意于古而与古会，当于庐陵（欧阳修）、熙甫（归有光）间别置一席，时贤中罕见其匹也。(《墓志铭》)

饶锷的文章虽无宗派，却能以桐城风格与唐宋明清诸大家相通，甚至可以与欧阳修、归有光相提并论，在当时的潮汕文界罕见能与之匹敌的人。

《冯素秋女士传》收录于《天啸楼集》第三卷，是饶锷于1924年应友人蔡梦香之请，为其亡妻冯素秋即将刊印的诗词稿《秋声》集所作的序文，原文用没有句读的文言文写成，共767个字。[1]116这篇文章虽名为“传”，实则为序，但《天啸楼集》却没有将之收在以序为主的第一卷中，而是收在以铭、诔为主的第三卷中，是否选校者当时将此文视为冯素秋的墓志铭，现在亦不得而知了。撇开文体的特征不谈，从性别的视角来看，在《天啸楼集》中涉及女性的文章共有9篇，分别是《兄女阿圆圹铭》（1911）《亡妻蔡孺人墓志铭》（1918）《冯素秋女士传》（1924）《王母陈太夫人诔》（1925）《家严慈七秩晋一寿述》（1926）《李夫人山水画册题后》（1915）《书王弘愿先生先母行述后》（1929）《温太师母江太孺人九秩开一寿序》（未系年）、《旌表节孝蔡母石太夫人五十寿序》（未系年）。这九位女性都是饶锷的亲友，她们分别是家母郑恭人、亡妻蔡孺人、继室王夫人的父亲王乾初先生的第三任夫人陈太夫人、伯兄笠云侧室石太夫人、4岁夭折的侄女阿圆、温廷敬先生的母亲江太孺人、好友蔡梦香的亡妻冯素秋、柯松坡先生的原配夫人李平香、王弘愿先生之母洪太孺人，主要是称赞她们坚守妇德，持家有方，母仪宗族，是符合贤妻良母标准的传统女性。独有《冯素秋女士传》一文与众不同，介绍了冯素秋其人、其事、其诗，盛赞她的人格品质、才情诗趣、谋略胆识，侧重凸显她作为一代奇女子的巾帼英雄风采。饶锷讲明了代写序文的多重缘由，作为冯素秋的哥哥冯印月和丈夫蔡梦香的挚友，并且与冯素秋相当熟识，既是为情义所重，也是为冯素秋被世人视为离经叛道的女性而正名，更是为现代女性教育的兴起与发展而呐喊助威，鼓励更多的女性像冯素秋一样贞毅磊落、独立自主、勇于追求。饶锷以冯素秋故交知己的身份言之凿凿地介绍了她的短暂生平，站在时代新文化、新思想、新观念发展的立场上，高度称赞她“为人沉毅端重识大义，内谨饬而外矫然。是固不拘牵于小节，而能以道德自绳者”，是“行循中道，贞毅磊落”的高尚女性，堪为同时代女性的楷模。该文不仅为冯素秋著文作传，而且也臧否人物、评点时事、批驳谬论，立场鲜明地发露新思想、新观念，体现了一个思想启蒙者的深刻与警醒。解读该文可以管窥饶锷为文之法的思想，领略他的散文艺术。

二

《冯素秋女士传》作于中年时期，饶锷在这一时期效法于唐宋明清诸大家，比较看重写作技巧。文章开头先简明扼要交代女诗人冯素秋家学渊源的背景，这段文字骈散结合，很是精练：

> 女士氏冯，名菊芳，字素秋，原籍浙江仁和。父孝根先生通儒术，渊博有文。兄印月、弟瘦菊，俱以诗知名当世。女士幼而聪慧，秉承家学，子史百氏，咸造其藩，尤工吟咏。每有作，则好事者辄窃登报章，《岭东日报》载女子诗自女士始。（《冯素秋女士传》）

冯素秋的父亲冯孝根祖籍浙江杭州，出身于书香门第，饱读诗书，知识渊博，富有文才。少年时跟随当幕僚的父亲来到广州，后宦游潮州，饮酒、赋诗、会友、教书，是粤东一带的古文名宿。哥哥冯印月，文弱消瘦，风流潇洒，颇有诗才，为“南社”成员，以教书为生，曾任汕头岭东中学校长，与饶锷是至交，为“壬社”诗社盟员，与石铭吾、许伟余、杨光祖等相互唱酬诗词，诗名甚广，饶锷称赞他：“足下论文具有只眼非同流俗泛泛者。”（《与冯印月书》）[1]73 足见他特立独行、超凡脱俗之气质。弟弟冯瘦菊（字白桦，小名石虎）出生于1902年，狂狷自由，善诗嗜酒，颇有名士派头。与潮汕革命领袖彭湃、杨石魂、李春涛是密友，与郁达夫是诗友，与许美勋一同发起火焰文学社，主编《火焰周刊》。冯氏父子三人在潮汕一带诗名盛传，曾被《岭东日报》主笔许唯心称为“汕头三苏”。冯素秋更是幼年聪慧，秉承家学，遍读子史百家，尤其工于诗词。每当有诗作传出，就常被人私自刊登在报章上，开创了《岭东日报》刊登女子诗词的新纪录。

文章接着叙述冯素秋特立独行的女中豪杰的气概，这段文字写得灵动飞跃，跌宕起伏，极具慷慨豪迈的气势：

> 年十八毕业鮀江女子师范，往来潮汕，恒短服而男装。当清之季世，士怀故国，海宇骚然。其间以女子言革命者，有山阴秋瑾名最著。女士以浙产侨居潮州，读其书，颇韪之。慨然以继起廓清自任，密与其戚卢君青海规划革命，方略甚悉。会武昌首义，清帝逊位，女士闻之，跃然大喜。夙愿既售，则退而温习故籍，向所策划，终自闭不告人。（《冯素秋女士传》）

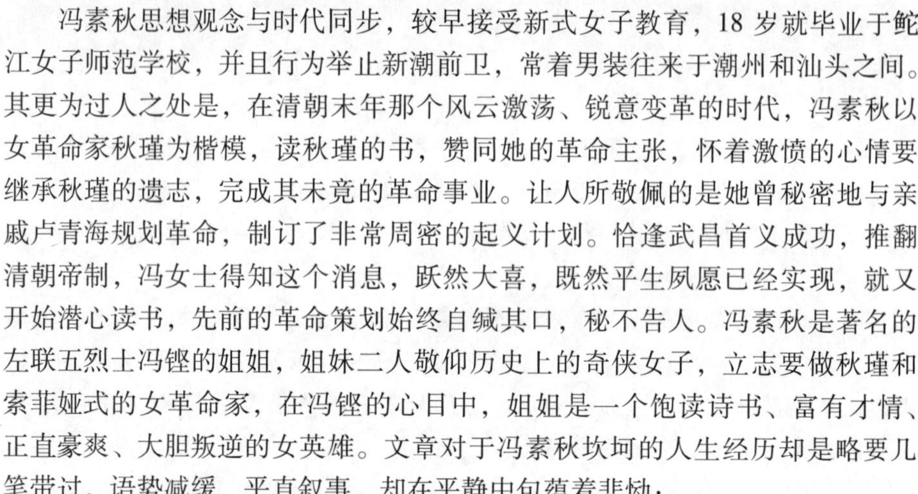

冯素秋思想观念与时代同步，较早接受新式女子教育，18 岁就毕业于鮀江女子师范学校，并且行为举止新潮前卫，常着男装往来于潮州和汕头之间。其更为过人之处是，在清朝末年那个风云激荡、锐意变革的时代，冯素秋以女革命家秋瑾为楷模，读秋瑾的书，赞同她的革命主张，怀着激愤的心情要继承秋瑾的遗志，完成其未竟的革命事业。让人所敬佩的是她曾秘密地与亲戚卢青海规划革命，制订了非常周密的起义计划。恰逢武昌首义成功，推翻清朝帝制，冯女士得知这个消息，跃然大喜，既然平生夙愿已经实现，就又开始潜心读书，先前的革命策划始终自缄其口，秘不告人。冯素秋是著名的左联五烈士冯铿的姐姐，姐妹二人敬仰历史上的奇侠女子，立志要做秋瑾和索菲娅式的女革命家，在冯铿的心目中，姐姐是一个饱读诗书、富有才情、正直豪爽、大胆叛逆的女英雄。文章对于冯素秋坎坷的人生经历却是略要几笔带过，语势减缓，平直叙事，却在平静中包蕴着悲恸：

寻适蔡君兰生，称佳偶。任地方教育者殆十年，所造就颇伙最。后与蔡君浮海授学新加坡，伉俪交勉。在外二年，以勤劳得瘵疾而归。民国十三年二月某日卒，年三十有一，子一人名兰孙。(《冯素秋女士传》)

在相对传统、保守的潮州府城，冯素秋与蔡梦香自由恋爱的传奇故事曾经轰动一时。许美勋在《冯铿烈士》中有一段描述：

姐姐素秋，比冯铿长 10 岁。当她二十岁时闹自由恋爱的事，轰动了整个封建的古老的潮州城。她的叫号和悲歌，她的怒眉谩骂，她那火热的斗争……这些尖锐深刻的印象留在妹妹的脑里永久如新。[3]12 (《冯铿烈士》)

1914 年冯素秋与蔡梦香结婚后一起在潮汕兴办女子教育，培养了大批优秀人才。1922 年夫妇二人前往新加坡任教，在外仅两年，由于过度奔波劳顿，于 1924 年 2 月病逝，年仅 31 岁，英年早逝，令人惋惜。

这篇序文并没有详尽评述冯素秋诗词集《秋声》的内容与技巧，而是别出心裁地侧重渲染夫妇二人的生死情义，盛赞冯素秋完美的人格和品德，这段文字多用长句，语言风格绵密深致，似是冯素秋的墓志铭：

女士既死，蔡君悼之，哀无所为计，则裒其遗诗若干首，署曰《秋声》，将梓以问世。来告其友饶锷，曰：素秋于兰生非寻常夫妇也，其视兰生若兄，兰生亦视之若弟。其归兰生也，实以文字相感召。顾兰生家贫又自惭才弱，终无以副素秋所慕。而素秋与兰生相守以至于死，未尝有一日慊于词色。其为人沉毅端重识大义，内谨饬而外矫然。是固不拘牵于小节，而能以道德自绳者。中间奔走教育，其颠顿劬劳之状一于诗发之。今素秋死矣，年之永不永何足论？独其行事，兰生深惧其泯没，无以慰知己于地下。念平生执友积学能文章者莫吾子若，敢乞一言为之论次，俾书诸卷首。若然，则微特兰生之感焉不既，即素秋虽死可无憾矣……（《冯素秋女士传》）

在《蔡梦香先生书画集》中有三首怀念冯素秋的诗，可见蔡先生对冯素秋情深意长，永念在心。其中有一首《己亥复活节夜困酒假寐，梦与亡室素秋同游白云乡醒后感作》[4]68。

人生忧患始识字，长才短命殆天意！九泉无计寄泪言，此恨绵绵四十年。白头许共竟自老，燕泥落尽空梁倒。销魂今夜梦境奇，卿乘彩鸾我青螭。酒醒客窗对孤影，一灯似豆忆遗诗。

不许人间留只字，残稿罹殃岂料意。天乎天乎复何言？辜负苦吟生之年。芳菊久凋陶潜老，东流去水难西倒。安得返魂仙术奇，一如春雷起蛰螭。岁岁空逢复活节，肠断秋娘折枝诗！

注：素秋，冯氏，字菊芳，能诗。原籍浙之仁和县人，父宦潮，因家焉。十九于归予。年三十而逝，遗稿秋声：二卷。未付梓，日寇陷潮，遭丧失，可惜也！稿中有“今夜夜窗灯似豆，更无魂向此中销”句。

这首诗写于1959年3月22日复活节这一天，是记写梦中与素秋相见的情形，感情醇厚，对素秋的怀念之情四十年来绵绵不绝，并不曾因为岁月的流逝而减弱。这首诗痛惜素秋生前苦心吟咏，不料诗稿全部被毁。慨叹时光不可回转，素秋早已香消玉殒，诗人也是古稀之年。诗人在象征着重生与希望的复活节里，祈祷能有返魂仙术让素秋起死回生，再做神仙俦侣，却是年年空盼，岁岁肠断，只能梦里相见。读之令人肝肠寸断。在这首诗后，蔡梦香做了一个小注，简略介绍了冯素秋的生平，交代了当年准备付梓刊印的《秋声》集，在日寇侵华时，潮州陷落，诗稿丧失，甚是可惜，只是存留“今夜夜窗灯似豆，更无魂向此中销”一句而已。

在行文即将结束之时，饶锷再也无法抑制内心的悲愤，由抒情变为呼告，语势加强，揭露了中国四千年来男尊女卑的落后思想，批驳了反对发展现代女性教育的谬论，旗帜鲜明，直抒己见，以慷慨激昂的气势排闼而来，一泻千里：

嗟乎！吾国女权不振垂四千年矣！古传所称女子懿德，大抵皆偏重于家政伦常，其有涉书史，干外事者，则世以为大悖。自欧风东渐，往时妇德之说稍稍撤其藩篱，然婾娶淫荡者，又扇于自由恋爱，时有越轨逾闲之事。守旧之徒群起诋击，至归咎于女学之不宜兴。得行循中道，贞毅磊落如女士者，著其事以间执言者之口，此自天下之人之有心于扶植女教者皆乐道之。矧余夙习于冯氏，与女士之兄印月尤契，蔡君又余所故善者，其于女士之殁，又乌可默焉无言？宜乎蔡君之欲得余文，而余不能以不文辞也。既应其请，遂传之如右，并为推论，以与世之为女子者勖焉。(《冯素秋女士传》)

饶锷作为当时潮汕地区极具影响力的知识分子，即使是醉心于文献考据，深藏书斋，也仍怀忧国忧民的情怀，为振兴女权，发展女性教育而忧虑。到了现代社会，仍然没有打破传统妇女道德观念的藩篱，仍然把勇于反抗封建婚姻、敢于从事社会活动、长于谈经论史的女性视为离经叛道，甚至还有人把社会上的种种不良行为归咎于现代女性教育，严重违背社会的发展规律。他最后点明为冯素秋写序作传，既是应蔡梦香之请，表达对冯素秋的悼念之情，也是为了找到像冯女士这样一个遵循中正之道、忠贞坚毅、光明磊落的正派女子，为她著文立传，就可以驳斥那些诽谤攻击现代女性教育的言论了，并以此与当今的女子共勉。

三

饶锷从早期崇尚和模仿韩愈的文章风格，到中年时期独好欧阳修和戴名世的文章，尤其深受桐城派文章风格的影响。好友冯印月称赞他的《柯季鹗诗序》一文颇有欧阳修文章的风范，他欣悦受之，并表明他独好欧、戴二家之文的文章观：

印月足下：乡者为柯季鹗诗序，足下谬称有永叔褐夫之风……锷于历代文家研读潜索，不一日矣。顾独酷好欧、戴二家之文者，非文舍欧、戴二家皆无当于我意也，又非欧、戴二家之文已尽文之极致，而欧、戴二家之文之外可无求也。(《与冯印月书》)

经过不同时期的探索和体验，饶锷对于为文之法形成了自己独到的见解：

夫文章之事盖难言矣……大别言之，不越二端：一曰散文，一曰骈文。是二者，虽宗派各别，旨趣互异，顾其所以为文之法，莫不有一定矩矱存乎其间。故为文章者，首重义法，次论至不至。精于理，工于言而又深于法，文之至焉者也；深于法而拙于词、疏于理，犹不失为文也。若理精而言工，无法度以运之，则不成文矣，而况于背理而伤词者乎？[1]77（《答某君书》）

他认为文章分为散文和骈文两大类别，虽然旨趣各异，不过都有各自的规矩和法度，文章首先要讲求“义法”，做到言之有物和言之有序，其次再论是不是优秀的文章。只有做到精于理、工于言、深于法三方面兼顾的文章才是最好的文章，这三者中，“深于法”是最重要的，即便是理精而言工，只要无法度就不能算是好文章。这种看重义法的文章观，是深受桐城派影响的。《冯素秋女士传》一文即体现了这种为文之法的思想，兼具序、铭、传的文体特点，骈散结合，详略得当，张弛有度，跌宕起伏，感情深挚，是难得的佳篇名作。

参考文献

［1］潮汕历史文化研究中心编：《饶锷文集》，香港：天马出版有限公司 2010 年版。

［2］陈贤武：《饶锷》，《韩山师范学院学报》2011 年第 5 期，第 98 页。

［3］许美勋：《冯铿烈士》，广州：广东人民出版社 1957 年版。

［4］蔡梦香先生书画诗集编辑委员会编：《蔡梦香先生书画诗集》，新加坡：南海印务（私人）有限公司 1979 年版。

附　录

冯素秋女士传

女士氏冯，名菊芳，字素秋，原籍浙江仁和。父孝根先生通儒术，渊博有文。兄印月、弟瘦菊，俱以诗知名当世。女士幼而聪慧，秉承家学，子史百氏，咸造其藩，尤工吟咏。每有作，则好事者辄窃登报章，《岭东日报》载女子诗自女士始。

年十八毕业鮀江女子师范，往来潮汕，恒短服而男装。当清之季世，士怀故国，海宇骚然。其间以女子言革命者，有山阴秋瑾名最著。女士以浙产侨居潮州，读其书，颇韪之。慨然以继起廓清自任，密与其戚卢君青海规划革命，方略甚悉。会武昌首义，清帝逊位，女士闻之，跃然大喜。夙愿既售，则退而温习故籍，向所策划，终自闭不告人。

寻适蔡君兰生，称佳偶。任地方教育者殆十年，所造就颇伙最。后与蔡君浮海授学新加坡，伉俪交勉。在外二年，以勤劳得瘵疾而归。民国十三年二月某日卒，年三十有一，子一人名兰孙。

女士既死，蔡君悼之，哀无所为计，则裒其遗诗若干首，署曰《秋声》，将梓以问世。来告其友饶锷，曰：素秋于兰生非寻常夫妇也，其视兰生若兄，兰生亦视之若弟。其归兰生也，实以文字相感召。顾兰生家贫又自惭才弱，终无以副素秋所慕。而素秋与兰生相守以至于死，未尝有一日慊于词色。其为人沉毅端重识大义，内谨饬而外矫然。是固不拘牵于小节，而能以道德自绳者。中间奔走教育，其颠顿劬劳之状一于诗发之。今素秋死矣，年之永不永何足论？独其行事，兰生深惧其泯没，无以慰知己于地下。念平生执友积学能文章者莫吾子若，敢乞一言为之论次，俾书诸卷首。若然，则微特兰生之感焉不既，即素秋虽死可无憾矣，凡蔡君之所以称述其妇者如此。

嗟乎！吾国女权不振垂四千年矣！古传所称女子懿德，大抵皆偏重于家政伦常，其有涉书史，干外事者，则世以为大悖。自欧风东渐，往时妇德之说稍稍撤其藩篱，然媁婴淫荡者，又扇于自由恋爱，时有越轨逾闲之事。守旧之徒群起诋击，至归咎于女学之不宜兴。得行循中道，贞毅磊落如女士者，著其事以间执言者之口，此自天下之人之有心于扶植女教者皆乐道之。矧余夙习于冯氏，与女士之兄印月尤契，蔡君又余所故善者，其于女士之殁，又乌可默焉无言？宜乎蔡君之欲得余文，而余不能以不文辞也。既应其请，遂传之如右，并为推论，以与世之为女子者勖焉。

饶钝盦先生学术年表初编[①]

潮州市慧如图书馆 陈贤武[②]

摘 要：饶锷（1891—1932），字纯钩，自号钝盦，潮州城内人。出身富豪之家而无纨绔陋习。性嗜书，藏书、读书、著书为一生所好。清末民初，潮汕一带的文人群体，大抵以若干深具家学渊源的望族为主体，加上师生同窗，亲戚朋友情谊，实际上已初步形成一个松散的文人群体，钝盦因其超人才华和雄厚实力，往往起着举足轻重乃至独领风骚的作用。本文通过对各类文献爬梳剔抉、相互考索、排比参证，尽可能详尽地勾画谱主一生行迹，反映谱主的思想以及学术发展的道路。同时，试图对当时社会的环境和学术界的空气作些鸟瞰式的观察。而对他如何培育一位国际汉学大家——饶宗颐，亦作了些探讨。

关键词：饶锷 学术 年表 饶宗颐

清光绪十七年辛卯（1891） 一岁

先生名宝璇，小名见宣，又名锷，字纯钩。清光绪辛卯三月廿五日（1891年5月3日）生于潮州城，排行第三。毕业于汕头岭东同文学堂、上海民国法律学校。[③]

饶氏为潮郡显赫大族，几经迁徙，由闽入粤。初居于大埔，后迁居于嘉应州松口铜盘乡；至十二世祖仕保公始来潮州浮洋乌石寨，迨十四世祖显科

---

① 本文为韩山师范学院饶宗颐研究课题“近代潮汕学人与饶宗颐教授学术渊源研究”（项目编号：RV201202）、潮州市哲学社会科学“十二五”规划2012年度项目“家学与传承——以饶锷、饶宗颐父子为例”（项目编号：2012-A-05）阶段性成果之一。

② 作者简介：陈贤武（1971— ），广东潮州人。潮汕历史文化研究中心青年委员会常务委员。

③ 饶锷修撰：《潮安饶氏家谱》（卷三）《世表》。

公（1753—1812）在台湾淡水经商致富后，方“移家郡城长养坊石狮巷口”。先是开设“源发染坊”，因为地方动乱，歇业回到乡下。动乱平息以后，又在城里下水门地方开设“顺发豆店”。①

祖父名良洵（十六世，1822—1898），号少泉，又号质庵，“中岁遭家娄艰，贸易屡蹶，奔走南北，颠顿垂三十年。而公宽洪干济，终以信确见器同业，其后所入渐丰，则力为善举”。在城建宗祠，置立祀铺祭田。“凡遇军需、赈济、海防诸善举，乐为输将，虽千金不少惜。大府奏叙，议奖候选州同，加同知衔，授奉政大夫。……恭遇覃恩，加一级诰封祖考显科公、考协华公皆朝议大夫。”② 擅画。③

父名兴桐（1856—1926），字子梧，拥有潮安银行、荣成油行等产业，“得用是日渐充裕，十余年来颇以微赀见称乡里”，于清光绪三十二年（1906）八月当选为潮州府商会第三任总理，至清光绪三十四年（1908）七月卸任④。清光绪二十八年（1902），潮州城内流行瘟疫，尸体枕藉道路。遂集众资，创办潮州城最大慈善机构——集安善堂（位于潮州城太平路金聚巷），施棺收殓，救治济药，广布德泽，享有众誉。初娶郑氏，继娶吴氏。⑤ 有四子三女。

长子名瑀（1883—1927），小名见钦，字禹初，号墨笠道人，擅画，有《墨笠道人山水花卉画册》。娶蔡氏，继娶林氏，妾陈氏。⑥

---

① 饶锷修撰：《潮安饶氏家谱》（卷七）《家传》。

② 王延康：《少泉老叔台七秩寿言》，饶锷修撰：《潮安饶氏家谱》（卷八）《艺文》。

③ 丘玉卿、丘金峰编著：《潮汕历代书画录·潮州市卷》，汕头：汕头大学出版社1993年版，第109页。

④ 饶兴桐任潮州府商会总理的时间，据潮州市地方志编纂委员会编：《潮州市志》，广州：广东人民出版社1995年版，第1332页；潮州市工商联合会编：《潮州市工商联合会志》，潮州：潮州市工商联合会1986年版，第7页；潮州市商业局编：《潮州市商业志》，潮州：潮州市商业局1985年版，第23页；翁兆荣、许振声：《百年话商会》，见政协潮州市委员会文史编辑组编：《潮州文史资料》（第19辑），潮州：政协潮州市文史委员会1999年版，第51、54～55页，记载著录。然据饶锷《家严慈六旬双寿序略》：“甲寅以耆年硕望，被选为潮州商会总理。”甲寅为1914年，与《潮州市志》诸书异。而诸书所载商会自1902年1月成立潮州府商会（总理），至1912年改为海阳县商会，1914年又改潮安县商会（会长）至1949年10月，十七任正副负责人、助办、所属商号等，均有明确记录，姑录此存疑。又据民国时期潮安县城兆祥金铺少东袁奕光先生（1922—2012）2011年10月忆述，时潮安县城有“邢饶蔡，潮城居一半”之民谚，足见饶氏家族当时的经济地位。邢指以邢裕生银庄为首的邢氏家族，蔡指以蔡泰泉银庄为首的蔡氏家族。

⑤ 饶锷：《家严慈六旬双寿序略》，见潮汕历史文化研究中心编：《饶锷文集》，香港：天马出版有限公司2010年版，第125～128页；饶锷：《家严慈七秩晋一徵言录》，见潮汕历史文化研究中心编：《饶锷文集》，香港：天马出版有限公司2010年版，第167～168页。

⑥ 饶锷修撰：《潮安饶氏家谱》（卷三）《世表》；饶锷、饶宗颐：《潮州艺文志》（子部·艺术类），上海：上海古籍出版社1994年版，第280页。

次子宝球（1887—1921），小名见标，次名孺雄，字次云，晚号二如居士，曾至香港提苑书院习英文，精小学、工丝竹，著有《金刚经答问》。娶黄氏，继娶倪氏。①

三子即先生。以上为郑氏所出。

四子名宝瑚（1891—1945），小名见周，号楚章。生于清光绪辛卯七月二十日。娶邱氏。②

长女适城内甲第巷蔡见六。蔡（1878—1936），掌蔡泰泉银庄，清末资政大夫。1918 年至 1920 年间曾任潮安县商会副会长。书画兼擅。叔父蔡学渊。③

次女瑞云（1882—1942），适城内林笃夫子。林（1871—1945），掌香港林万成纸行。父林镜湖曾任潮安县商会会长。④

季女适枫溪柯仲攀。柯名翮，上海民国法律学校毕业。清末曾任福建候补盐大使。民国后，历任各县教育实业科长、警察分所长、法庭书记官、航政专员、保卫局董事。少随父柯松坡宦游燕秦闽及二吴间，徜徉山水，故为诗多清逸潇洒，得陆放翁之遗。有《乍园诗》五卷，未付梓。平生作画尤佳。其祖柯振捷（斗南）是与澄海高楚香同时代在香港致富的潮商，时有“省城陈李济，枫溪柯成记”之誉。⑤

先生子五：福森、宗栻、宗愈、宗亮、宗震，女：丽春。

清光绪三十年甲辰（1904） 十四岁

本年，先生就读于汕头岭东同文学堂。

《复温丹铭先生书》：

忆曩者，当先生掌教鮀浦时，锷以童稚之年，负笈渡江，尝备门墙之列。⑥

---

① 饶锷修撰：《潮安饶氏家谱》（卷三）《世表》；饶锷：《仲兄次云先生行述》，见潮汕历史文化研究中心编：《饶锷文集》，香港：天马出版有限公司 2010 年版，第 110～113 页。

② 饶锷修撰：《潮安饶氏家谱》（卷三）《世表》；林逸民先生口述资料，2009 年 8 月。

③ 林逸民先生（林笃夫子）口述资料，2009 年 8 月；蔡乌宜女士（蔡儒兰女）口述资料，2009 年 10 月。

④ 林逸民先生（林笃夫子）口述资料，2009 年 8 月。

⑤ 郑国藩：《似园老人佚存文稿汇钞》（卷四）《柯松坡先生家传》，汕头：汕头印务铸字局 1935 年版；红蕖文，《汕头画报》第 7 版，民国二十一年（1932）十月五日。

⑥ 饶锷：《复温丹铭先生书》，见潮汕历史文化研究中心编：《饶锷文集》，香港：天马出版有限公司 2010 年版，第 70～71 页。

吴鸿藻《饶锷传》：

君师事仲兄，朴学得其涂径。穷年屹屹，英华含茹，蓄而不宣。既而游学四方，进岭东同文学堂，又负笈海上，遨游大江南北。时风气大开，知非可徒域以古礼，思探科学新理，有所灌溉，以效忠社会。①

岭东同文学堂是1901年春，由当时杰出的教育家、诗人和爱国志士丘逢甲（1864—1912）联络了粤东开明士绅，在汕头创办的一所著名的民办学校。从学堂创办的动机、教习的聘用，到对学生的要求乃至教学内容、教学方法等，都以崭新的姿态展现在世人眼前。学堂的创办促使了科举制度的废除，并领导了时代潮流，在转移风气、启发民智、传播西方先进文化等方面起了很大的作用，培养了一大批时代人才。“岭东民气蓬勃奋发，国民军起，凡光复郡县，莫不有岭东人参与其间，皆此校倡导之力也。”②

温廷敬（1869—1954），字丹铭，号止斋，早年笔名讷庵，晚岁自号坚白老人，大埔百侯人。先后任韩山师范学堂教习，岭东同文学堂教务，惠潮梅师范学校（现韩山师范学院）校长，金山、回澜等中学及广东高等师范教席。1923年后，任汕头《公言日报》主笔，大埔县修志馆总纂，汕头孔教会会长，广东通志馆总纂兼馆主任，中山大学名誉教授、文史研究所导师、硕士委员会委员，潮州修志馆顾问。著作23种，包括史学、金石及自作诗文；编校辑佚36种，涉及古史、广东史志、潮汕地方文献。③

顽叟（陈梅湖）《故修职郎温丹铭先生传》：

（清光绪）二十九年癸卯，（温仲和）太史监督岭东同文学堂，延先生为教习。学堂设汕头，先生携家寓焉。专意探索中外古今异同，要以中学为体，西学为用。历五年，既靡学风以振，蔚为世用。潮嘉英俊，强半出同文。④

---

① 吴鸿藻选编：《潮州灵光集》（卷六），钞本，1932年。

② 丘复：《仓海先生墓志铭》，见广东丘逢甲研究会编：《丘逢甲集》，长沙：岳麓书社2001年版，第954~955页。

③ 温原：《温丹铭先生生平》，见中国人民政治协商会议广东省汕头市委员会文史资料研究委员会编：《汕头文史》（第三辑），汕头：汕头文史委员会1986年版，第102~116页。

④ 顽叟（陈梅湖）：《故修职郎温丹铭先生传》，抄本（汕头潮汕历史文化研究中心藏）。

清光绪三十四年戊申（1908）　十八岁

是年作《持静斋书目跋》，文见《天啸楼集》卷二。①

丁日昌（1823—1882），字禹生，又字雨生，丰顺人，落籍揭阳。曾以廪贡生参曾国藩幕，又为李鸿章延去主持上海机器局，为“洋务派”中的得力人物。历官至江苏巡抚、福建巡抚兼督船政，在外交事务上亦有建树。好藏书，成《持静斋书目》五卷，世比之范氏天一阁、黄氏百宋一廛。著有《丁禹生政书》《抚吴公牍》《百兰山馆诗集》等。②

清宣统元年己酉（1909）　十九岁

本年，加入南社。③

南社是一个曾经在中国近现代史上产生过重要影响的资产阶级革命文化团体，1909 年成立于苏州，其发起人是柳亚子、高旭和陈去病等。南社受孙中山先生领导的同盟会的影响，取“操南音，不忘本也”之意，鼓吹资产阶级民主革命，提倡民族气节，反对满清王朝的腐朽统治，为辛亥革命作了非常重要的舆论准备。其活动中心在上海。社员总数 1 180 余人。1923 年解体，其后又有新南社和南社湘集、闽集等组织。前后延续 30 余年。④

清宣统二年庚戌（1910）　二十岁

是年迎娶城内甲第巷蔡学渊次女。蔡氏（1893—1918），幼时敏静柔淑，略识文字，善治针黹。事父母颇尽孝道，十八岁适先生，事舅姑亦以谨肃称。

岳父蔡学渊，字紫珊，清光绪十九年（1893）癸巳恩科举人，顺天中式。官承德郎、晋中宪大夫、户部贵州司主事。

岳母柯氏。⑤

---

① 潮汕历史文化研究中心编：《饶锷文集》，香港：天马出版有限公司 2010 年版，第 45 ~ 48 页。

② 赵尔巽等撰：《清史稿》（卷四百四十八）《列传二百三十五 · 丁日昌》，北京：中华书局 1977 年版，第 12513 ~ 12515 页。

③ 先生加入南社时间因资料缺乏，无从考证，仅见其名列。（见郑逸梅：《南社丛谈：历史与人物 · 南社社友姓氏录》，北京：中华书局 2006 年版，第 398 页。）似未亲身到上海参加聚会。

④ 郑逸梅：《南社丛谈：历史与人物》，北京：中华书局 2006 年版。

⑤ （清）卢蔚猷纂修，潮州市地方志办公室、潮州市档案馆编：《海阳县志》（卷十五）《选举表四》，潮州：潮州市档案馆影印本 2001 年版，第 127 页；饶锷：《亡妻蔡孺人墓志铭》，见潮汕历史文化研究中心编：《饶锷文集》，香港：天马出版有限公司 2010 年版，第 113 页。

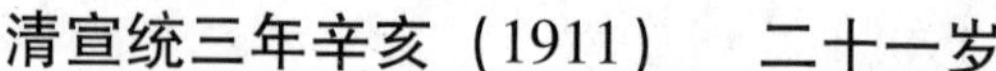

清宣统三年辛亥（1911）　二十一岁

2 月，仲兄次女阿圆（1907—1911）因痘夭折。作《圹铭》。[①]

《天啸楼藏书目序》："辛亥之变，余留滞鮀江，行箧所藏，尽沦兵火。"[②]

《柯季鹗诗集序》："辛亥之秋，清廷鼎革，余避乱家居，从事考据之学。"[③]

是年作《先大父少泉府君行状》《兄女阿圆圹铭》。[④]

民国元年壬子（1912）　二十二岁

开始就读于上海民国法律学校。[⑤]

上海民国法律学校创办于 1912 年，在阐述其办学宗旨时宣称：民国成立，人人得享共和国之幸福，但欲做共和国民，"必先具有完全法治之常识，本校同人有鉴于此，首先组织民国法律学校……广设名额，专以法学知识为目的"，"使我国得备少数之学金，费最短之时间，而能增进各种法科之知识，以之保护私权，恢张公益，于民国前途影响甚大"。学校开办不久，"就学者甚众"，名额很快招满，后又分两次录取新生共 105 人，并于 9 月 1 日开学。但开学后前来报名者仍络绎不绝，至 9 月中旬已有 300 余人，于是学校又"议定以座位为限，满座即行截止"。学校校长为当时刚卸任南京临时政府司法总长伍廷芳（1842—1922）。[⑥]

民国二年癸丑（1913）　二十三岁

4 月，与同学曾清河等同游杭州西湖。

曾氏有诗记其事：

---

① 潮汕历史文化研究中心编：《饶锷文集》，香港：天马出版有限公司 2010 年版，第 115 ~ 116 页。

② 潮汕历史文化研究中心编：《饶锷文集》，香港：天马出版有限公司 2010 年版，第 23 页。

③ 潮汕历史文化研究中心编：《饶锷文集》，香港：天马出版有限公司 2010 年版，第 36 页。

④ 潮汕历史文化研究中心编：《饶锷文集》，香港：天马出版有限公司 2010 年版，第 105 ~ 110、115 ~ 116 页。

⑤ 吴鸿藻选编：《潮州灵光集》（卷六），钞本，1932 年。

⑥ 《民国法律学校》，见《民立报》，1912 年 3 月 7 日；《民国法律学校客满广告》，见《民立报》，1912 年 5 月 19 日；《民国法律学校广告》，见《民立报》，1912 年 9 月 15 日。转引自李学智：《民国初年的法治思潮》，《近代史研究》2001 年第 4 期，第 241、242、246 页。

癸丑孟夏四月初，饶子纯钩与我俱。黄子乐卿亦同志，联袂共乘沪杭车。偕往西湖作游客，梦想游湖匪朝夕。图志携来互研求，选胜探幽随意适。①

忆昔来游西子湖，白云出岫有心无。饱经胜地吴连越，遍涉名园张与愚。海上华洋黄浦隔，江南大小楚山孤。岳王陵庙钱王宅，吊客流连仰壮模。②

曾清河（1875—?），号啸秋，潮州城人。清末附贡生。上海民国法律学校毕业。1922年曾任韩山师范学校法制国文教员，潮安县议会议员。著有《宿云楼诗钞》四卷及《宿云楼笔记》（《潮安敬慎堂曾氏家谱·综传》）。③

民国三年甲寅（1914）　二十四岁

本年，于上海民国法律学校毕业，获法学士。④

《天啸楼藏书目序》："甲寅，屏居海上，于江浙旧藏，复别有所弋获。"⑤

是年改字纯钩为钝盦。

《钝盦号说》：

余于家法行辈，本名宝璇。稍长就学，名字迭更。最后肄业海上，始定名锷，而字之曰纯钩。纯钩，古宝剑也。盖余禀性柔懦，质复孱弱，惴惴然恒恐不足以自拔，故取字于剑，期振励于无形，抑亦欲异于世俗卿臣、山川、草木、泉石之谓以自别也。揭阳周次瞻者，积学笃行君子也。岁之癸丑，始与余定交，见余名字而异之。一日逡巡谓余曰：……子既名锷矣，锷于义为利，而复以古宝剑为字，揆之盈虚消息之理，锋芒得毋太露乎？余闻之，甚韪其言，由是有改字之意。……越明年，余始有钝盦之号。⑥

---

① 曾清河：《杭州西湖吟》，曾清河撰：《宿云楼诗钞》（卷一），稿本。

② 曾清河：《屯庵叠和多章，有我阵已布载已列句，辞气激昂，大有齐桓责楚之意。作此以当屈完乞盟言归于好云尔》，曾清河撰：《宿云楼诗钞》（卷三），稿本。

③ 吴鸿藻选编：《潮州灵光集》（卷七），钞本，1932年。

④ 吴鸿藻选编：《潮州灵光集》（卷六），钞本，1932年。

⑤ 潮汕历史文化研究中心编：《饶锷文集》，香港：天马出版有限公司2010年版，第24页。

⑥ 潮汕历史文化研究中心编：《饶锷文集》，香港：天马出版有限公司2010年版，第130～131页。

是年成《奉天清宫古藏目录》[①] 一书，《序》《祝希哲书修禊序长卷跋》及《远游词钞跋》。[②]

民国四年乙卯（1915）　二十五岁

本年，应妹婿柯仲攀之请，为其母作《李夫人山水画册题后》。[③]

李夫人，名平香，潮安人。柯松坡侧室。柯松坡于1923年有《咏榴为李夫人忌日作》，诗云：

> 廿年陈迹首难回，多子星房亦快哉。金碗玉珠争献奉，西昆阿母笑容开。[④]

《李夫人山水画册题后》言其画："萧洒闲逸，神韵廓然，盖已深得六法之奥矣。始以为古名家之所为也，而不意出之闺阏弱女子之手。以闺阏弱女子而能为古名家之画，是古名家之画，世所争为矜重，当不若闺阏弱女子之可贵难能。虽其生存时无赫赫之名，然其精神之所寄，历风霜水火终莫能掩也。"[⑤]

是年作《南疆逸史跋》[⑥]《李夫人山水画册题后》[⑦]《家严慈六旬双寿序略》[⑧]。

民国五年丙辰（1916）　二十六岁

作《短歌赠潘展鹏》，中有：

---

① 奉天清宫即沈阳故宫，作为清朝迁都北京之后的陪都，与北京故宫、热河行宫（承德避暑山庄）同为清代三大皇家宫廷文物收藏宝库。1913年底，北洋政府决定建立"古物陈列所"，于是下令征调奉天清宫和热河行宫所藏清代文物运至北京。1914年初，沈阳故宫的文物115 199件，全部装箱运到北京。此后，这些宫廷宝藏几经辗转，分处数地，再未入藏沈阳故宫。详见卢立业：《沈阳故宫九成珍宝文物惨遭流失秘闻》，《时代商报》，2006年10月13日。先生《序》仅云："清亡，器出。好事者为录登报章，此卷又余从报钞出，铨次而别录之也。"无法考证成书时间，姑附于此。

② 潮汕历史文化研究中心编：《饶锷文集》，香港：天马出版有限公司2010年版，第55～56页。

③ 潮汕历史文化研究中心编：《饶锷文集》，香港：天马出版有限公司2010年版，第38页。

④ 柯松坡撰：《愚叟诗存》，见广东柯氏追远堂编纂委员会编：《广东柯氏追远堂族谱》，汕头：广东柯氏追远堂2008年版，第782页。

⑤ 潮汕历史文化研究中心编：《饶锷文集》，香港：天马出版有限公司2010年版，第55～56页。

⑥ 先生所跋为1915年由上海国光书局铅印40卷本。因从跋中未能考定作于何时，姑附于此。

⑦ 潮汕历史文化研究中心编：《饶锷文集》，香港：天马出版有限公司2010年版，第55～56页。

⑧ 饶锷修撰：《潮安饶氏家谱》（卷八）《艺文·寿序》。

去年初见韩山隈，已识老骥非驽骀。今年问字频追陪，雄谈不顾傍人咍。广文先生豫章材，蹭蹬岭表绛帐开，欲化边人挽风颓。[①]

潘伯扬（1890—?），号展鹏，广东南海人。清光绪间附生，官国子监典籍，潮阳县承审。曾任汕头商业学堂教员，广州旅汕学堂法政教习，潮安法政讲习所教员。1915 年 1 月为惠潮梅师范学校（今韩山师范学院）国文教员。[②]

民国六年丁巳（1917） 二十七岁

是年 8 月 9 日（农历丁巳六月廿二日），长子福森生。[③]

长子福森出生时，先生期待他能步武北宋理学派开山鼻祖周敦颐（1017—1073），所以又取名“宗颐”，字伯子，一作百子；周敦颐曾在庐山创办濂溪书院，后世称为“濂溪先生”，所以宗颐又字伯濂。后改字固庵，号选堂，是国际著名汉学家，亦是集学术、艺术于一身的大学者。季羡林称，饶宗颐先生在中国文、史、哲和艺术界，以至在世界汉学界，都是一个极高的标尺。学界誉之为“亚洲文明的骄傲”。[④]

饶宗颐《宗颐名说》：

先君为小子命名宗颐，字曰伯濂，盖望其师法宋五子之首周敦颐，以理学勖勉，然伯濂之号始终未用。[⑤]

民国七年戊午（1918） 二十八岁

2 月，为柯季鹗《诗集》作序。

先生识“季鹗姓名并其文章，至今几十年矣”，惜缘悭一面。于“今年春，仲攀折简邀游愚园。愚园者，观察公退居优游之所，季鹗日著书其中也。余以季鹗之故，遂往游焉。至则与季鹗相见，道平生，则皆大喜过望”，“会

① 潮汕历史文化研究中心编：《饶锷文集》，香港：天马出版有限公司 2010 年版，第 145 页。

② 韩山师范学院民国档案“备查”卷三六一“1915 年 11 月广东省惠潮梅师范学校教职员一览”。吴榕青先生提供资料。

③ 饶锷修撰：《潮安饶氏家谱》（卷三）《世表》。

④ 国务院参事室，http：//www. counsellor. gov. cn。

⑤ 饶宗颐：《固庵文录》，沈阳：辽宁教育出版社 2000 年版，第 206 页。

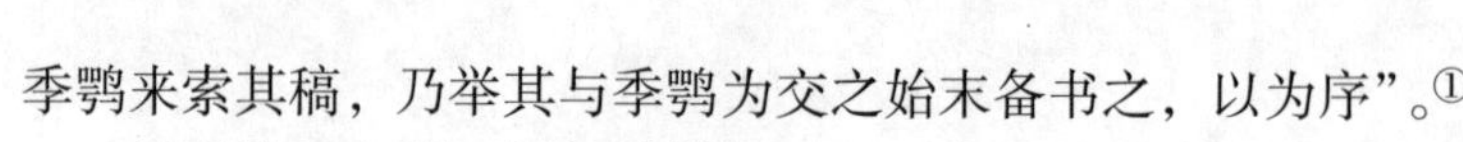

季鹗来索其稿，乃举其与季鹗为交之始末备书之，以为序”。[①]

柯季鹗，名翙，柯松坡第四子。日本明治大学法学士。历任潮安、东莞、顺德分庭监督检察官，潮梅筹饷局咨议，市政厅秘书。[②]

5 月，妻蔡氏病故，年仅二十六岁。附葬于花园乡祖母刘氏墓之侧。[③]

是年作《柯季鹗诗集序》《与陈芷云书》《亡妻蔡孺人墓志铭》。[④]

陈龙庆（1868—1929），字芷云，晚年自号潜园老人。“先世著籍海阳。甲寅之乱，君父避地澄海蓬洲所，因两籍焉。”未弱冠补博士弟子员，曾七上秋闱，以岁贡生任福建府经历之职，未久辞去。与丘逢甲等在汕头合办《岭东日报》，任主笔。1904 年，在家乡创办瀹智两等小学兼师范讲习所、毓智女子师范，名噪一时。办学之余，致力于诗文书画，著有《潜园老人诗稿》《百怀诗集》。郑国藩评曰：“声韵格律近晚唐……君才素捷，每有作援笔立就，时人比之斗酒百篇。”[⑤]

民国八年己未（1919）　二十九岁

本年续娶继室王文伟。氏时二十一岁，潮安庵埠仙溪人。父亲乾初，母亲陈氏。王氏“先世家邑西南之青麻山，乾隆中始迁其居而卜宅于仙溪，传四世有讳德材者，以货殖起其家。有子四人，皆多能善贾。其长尤勤挚，是为乾初先生”[⑥]。

民国九年庚申（1920）　三十岁

本年受聘为广东省立第二师范学校国文教员。

《清诰授武德骑尉翁公墓志铭》：“今年始（与翁辉东）共事惠潮梅师范学校。”[⑦]

翁辉东（1885—1965），字子光，又字梓关，别号止观居士，潮安金石

---

① 潮汕历史文化研究中心编：《饶锷文集》，香港：天马出版有限公司 2010 年版，第 35 ~ 37 页。

② 《似园老人佚存文稿 · 柯松坡先生家传》，汕头：汕头印务铸字局 1935 年版。

③ 饶锷：《亡妻蔡孺人墓志铭》，见潮汕历史文化研究中心编：《饶锷文集》，香港：天马出版有限公司 2010 年版，第 113 ~ 114 页；饶锷修撰：《潮安饶氏家谱》（卷四）《坟茔》。

④ 潮汕历史文化研究中心编：《饶锷文集》，香港：天马出版有限公司 2010 年版，第 35 ~ 37、80 ~ 83、113 ~ 114 页。

⑤ 《似园老人佚存文稿 · 故福建府经历岁贡生陈芷云先生传》，汕头：汕头印务铸字局 1935 年版。

⑥ 饶锷：《王母陈太夫人诔》，见潮汕历史文化研究中心编：《饶锷文集》，香港：天马出版有限公司 2010 年版，第 103 页。

⑦ 翁辉东编：《翁氏家谱》（卷七）《墓志铭》，1926 年。

人。同文师范毕业生。1908 年秘密参加同盟会。与黄人雄合编潮州乡土历史、地理教科书，经清政府核准发行，为各学堂通用。州人自编教科书，他始肇其端。1910 年，赴广州高等农林讲习所深造。次年辛亥革命爆发，出任粤东革命军司令部参议，参加潮汕光复活动。旋任潮州农林试验场场长兼蚕桑所所长。1913 年起，任惠潮梅师范学校（今韩山师范学院）教师、学监、代理校长。1922 年任省立第四中学教员。旋又出任汕头汉英中学校长、潮州红十字会医院附设医专教员。1924 年初，以其系同盟会员被粤军总指挥部委派为大埔县县长，任职仅三个多月，因不屑屈服于当地邪恶势力而断然辞职。1927 年赴江苏海州（今连云港）任职盐务，1929 年任上海医学院生物学教授。抗日战争爆发后，他不为汪伪分子的利诱所动，一心协助叶恭绰编纂屈大均的《皇明四朝成仁录》《屈翁山文集》，保持了民族气节。抗战胜利后，饶宗颐于汕头总纂《潮州志》，函邀他回潮参与编纂工作。1947 年，任潮州文献馆主任。新中国成立后被聘为广东文史馆研究员。在垂暮之年仍致力于地方文献的收集整理与潮汕方言的研究。有《海阳县乡土志》《得闲居士年谱》《翁氏家谱》《燕鲁纪游》《潮汕方言》《潮州风俗志》《潮州文物图志》及校编辑录的《唐明二翁诗集》《稽愆集》等。①

10 月 8 日（农历八月二十七日），于内弟蔡剑秋斋头获观郑雨亭《吾心堂临古帖》四册，为之跋尾云："雨亭临古，今日射雕手也。叹服叹服。"②

郑润，字润之，号雨亭，清海阳（今潮州）人。以书画二绝擅名于世。清乾隆二十九年（1764）大书法家翁方纲任广东学政，督学潮州，在一柄折扇上写诗赠邑中某位绅士，郑润见到后即摹写于扇上。第二天，绅士持郑润摹写的折扇给翁方纲看。翁几乎不能辨认，因即微服访郑润而成为艺友。翁回北京后，逢人说项，大赞郑润的书法。郑的书名随之鹊起。《吾心堂法帖》系其在清乾隆四十七年（1782）临摹《宣示表》《兰亭序》《曹娥碑》《乐毅论》《圣教序》等共 12 篇法书拓本之作，后附翁方纲、孙士毅等人跋，江阴孔瑶山刻板行世。③

是年作《郑蕃之文稿序》《吾心堂法帖跋》《少泉公祠堂后记》《饶氏得

① 潮州市地方志编纂委员会编：《潮州市志》，广州：广东人民出版社 1995 年版，第 1890 ~ 1891 页；陈贤武：《历代校长风采系列之三——翁辉东》，《韩山师范学报》2010 年第 3 期，封三。

② 饶锷、饶宗颐：《潮州艺文志》，上海：上海古籍出版社 1994 年版，第 271 ~ 274 页。

③ 饶锷、饶宗颐：《潮州艺文志》，上海：上海古籍出版社 1994 年版，第 270 ~ 274 页。

姓考》[①]《先祖少泉公像赞》[②]《清诰授武德骑尉翁公墓志铭》[③]。

民国十年辛酉（1921） 三十一岁

2 月 4 日，次子宗栻生。

饶宗栻（1921—2007），先生期待他能步武南宋理学家张栻（1133—1180）。又别名铸，笔名金寿。曾任潮州市戏剧家协会、市音乐家协会、市民间音乐团顾问。[④]

本年，主修兼撰述的《潮安饶氏家谱》由潮安大街斫轮铅印行世。书分九卷：《总纲》、《遗像》、《世表》、《坟茔》、《祠宇》、《蒸业》、《家传》、《艺文》、《丛录》，郑国藩序。[⑤]

郑国藩（1857—1937），字晓屏，号似园老人，祖籍普宁，后迁居潮州城。清光绪十一年（1885）拔贡。曾执教于汕头岭东同文学堂、潮州金山书院等，1918 年出任广东省立金山中学代理校长。历任教席 30 余年，受业者前后千数百人。擅诗文，时人称"郑先生今世儒者，一言之出，学者奉为依归"。有《似园文存》行世。[⑥]

本年，创《粤南报》于潮州。

是年作《心经述义序》《柯季鹗诗集序》《钝盦号说》。[⑦]

民国十一年壬戌（1922） 三十二岁

本年，创立诗社——瀛社于潮州。

高吹万《答饶纯钩书》称："执事奋志天南，中流一柱，学能救国，其道

---

① 潮汕历史文化研究中心编：《饶锷文集》，香港：天马出版有限公司 2010 年版，第 37～39、52～55、96～99、131～135 页。

② 饶锷修撰：《潮安饶氏家谱》（卷八）《艺文·赞》。

③ 翁辉东编：《翁氏家谱》（卷七）《墓志铭》。

④ 汕头市艺术研究室编：《潮州音乐人物传略》，北京：中国戏剧出版社 1999 年版，第 262～263 页；林逸民先生（林笃夫子）口述资料，2009 年 8 月。

⑤ 饶锷修撰：《潮安饶氏家谱》。

⑥《似园老人佚存文稿汇钞》（卷四）《尘外尘居士传》，汕头：汕头印务铸字局 1935 年版；潮汕历史文化研究中心编：《饶锷文集》，香港：天马出版有限公司 2010 年版，第 76 页；陈俊粦主编：《潮州市文化志》，潮州：《潮州市文化志》编写组 1989 年版，第 290 页。

⑦ 潮汕历史文化研究中心编：《饶锷文集》，香港：天马出版有限公司 2010 年版，第 19～20、35～37、130～131 页。

斯宏。瀛社之立，厥功甚伟。”①

先生《壬社序》：“不佞十年前亦尝有瀛社之倡，顾以号召力微，学又不逮，故曾未几时，而应者多皤然引去。”②

蔡起贤《新庵集续卷序》有云：“若黄静夫（揭阳人）者，民国初与郭笃士（揭阳人）、张元敏（潮安人）先生，同参加瀛社诗社，曾驰骋于报界，性秉直，甘于淡泊，傲骨嶙峋，其诗郁拔，有如其人。”③

本年，长子宗颐开始阅读古典小说，特别是武侠小说，并师从蔡梦香习书法。④

饶宗颐《自临碑帖五种后记》：“余髫龄习书，从大字麻姑仙坛入手。父执蔡梦香先生，命参学魏碑。于张猛龙、爨龙颜写数十遍，故略窥北碑途径。欧阳率（询）更尤所酷嗜。复学钟王。”⑤

饶宗颐忆述：

> 我开始学书法是从颜真卿、柳公权入手。我有一个姓蔡的年轻叔父写魏碑，我受他的熏陶，所以我开始写魏碑，学的是《张猛龙碑》，再以后学“二王”，但主要是学“二爨”。我比较中意《爨宝子碑》，受《爨宝子碑》笔法影响较大，有一些书写习惯到现在还摆脱不了。我10岁左右在书法方面已打下比较扎实的基础，12岁就给人写大字，写招牌。20岁时，我写过一点章草，同时喜欢上汉简。我的行楷接近欧体，不过欧阳询的书法只有一两个帖我喜欢，比如《梦奠帖》，我不喜欢欧体的齐整美，过去科举时代的馆阁体讲究齐整美，危害很大，我也写过馆阁体，以后就不再写了。我现在写字喜欢把隶书和行书两种结合起来，以隶入行书。⑥

蔡梦香（1889—1972），又名兰生，潮州城人。上海民国法律学校毕业，后来南渡重洋，先后在马来西亚和新加坡执教。工诗文、擅书画。他的一张山水扇面被同为书画名家的王显诏看到，王以一张墨竹求换，并言“梦老既善山水，予不能不作恽南田之避”，可知其山水画造诣之高。诗亦佳，诗书画

---

① 高铦、高锌、谷文娟编：《高燮集》，北京：中国人民大学出版社1998年版，第427页。

② 潮汕历史文化研究中心编：《饶锷文集》，香港：天马出版有限公司2010年版，第43页。

③ 刘麒子：《新庵集续卷》，香港：天马图书有限公司2003年版，第1页。

④ 王振泽：《饶宗颐先生学术年历简编》，香港：艺苑出版社2001年版，第4页。

⑤ 饶宗颐：《饶宗颐二十世纪学术文集》（卷十三）《艺术（上）》，北京：人民大学出版社2009年版，第105页。

⑥ 张公者：《通境·张公者对话饶宗颐》，http：//artist. artxun. com/29550 - zhanggongzhe/xinwen/1/，2011年6月20日。

融为一体。①

饶宗颐忆述：

伯父是个画家，又是收藏家，收藏的拓本、古钱，数量多达千种。可以想见，我小时候成天就接触这些东西，条件是多么好！现在的大学生，毕业了，都未必有我六七岁时看到的东西多。而且，一般的士绅家庭、书香门第，还不能有这样的条件。……可以玩的东西很多，按理说，似乎可以造就出一个玩物丧志的公子哥儿来，但是我终于还是成了一个学者，其中很重要的一个原因，是我父亲的影响。

六七岁以前，酷嗜武侠神怪书籍，平江不肖生的书都看了。读武侠书不仅可以增加历史知识，而且有助于写作，因为有很多的image。我现在还是认为文学中小说是最难研究的，其中的名物考释远远难于史书。不过最喜欢读的一部书是《封神榜》，怪、力、乱、神四字中，最引我入胜境的正是“神”。这个“神”是神话中的“神”，不是最高主宰的“神”，也不是神仙的“神”。我喜欢历史，也喜欢神话，历史求真的东西，神话求假的东西，这两样东西都给了少年时代的我很大的享受。我的身上一直有追求这两种享受的冲动。七八岁时，我差不多写成了一部小说，叫《后封神》，有点像现在金庸写的这些各路英雄豪杰，可惜没有留下来，不然真是有点意思。②

是年作《浮白山馆记》，文见《天啸楼集》卷三。③

民国十二年癸亥（1923）　三十三岁

本年再度受聘为广东省立第二师范学校国文教员。④

本年，时掌汕头总商会会政、南社成员的蔡竹铭，就结“壶社”偕友轻吟，从游日众，以诗相投者半天下。先生应邀入社。⑤

---

① 蔡梦香先生书画诗集编辑委员会编：《蔡梦香先生书画诗集》，新加坡：南海印务（私人）有限公司1979年版，第4~6、140页。

② 饶宗颐述，胡晓明、李瑞明整理：《饶宗颐学述》，杭州：浙江人民出版社2000年版，第1、2、5页。

③ 潮汕历史文化研究中心编：《饶锷文集》，香港：天马出版有限公司2010年版，第93~94页。

④ 韩山师范学院民国档案卷367，第14页，“教员一览表，民国□□年五月广东省立第二师范学校报告”：“姓名：饶锷，籍贯：潮安，履历：上海民国法律学校毕业，职务：国文教员，薪俸数目：月薪五元，到校年月：民国十二年□月。”

⑤ 吴承烜编：《蔡瀛壶遐龄集》卷首铅印本，1924年。

蔡竹铭（1865—1935），字卓勋，自号瀛壶居士，曾署室名吹万室，澄海西门人。清光绪二十四年（1898）岁贡，曾就读于广州广雅书院。历主澄海县文祠暨其所属之同善祠，1911年为澄海县署文牍长。1920年后，到汕头定居，去儒学贾。1924年冬，其六十寿辰时，广集诗文画，梓有《瀛壶居士六十徵画》《蔡瀛壶遐龄集》。著有《小瀛壶仙馆文钞》《小瀛壶仙馆诗钞》《闲闲录》《小瀛壶仙馆别集》等。①

撰著的《慈禧宫词百首》有印本行世。②

是年作《曾氏家谱序》，文见《天啸楼集》卷一。③

《潮安敬慎堂曾氏家谱》不分卷，为曾清河所修，民国十八年（1929）石印刊行。④

民国十三年甲子（1924）　三十四岁

是年，潮安县商会将换届改选，银行界为争夺会长"宝座"，竞争激烈。当时角逐双方，一是以饶纯钩为代表的饶氏一派，拥有潮安、锦益（址均在东门头）、川英（三家巷）、承安（三家巷口）四家银行的实力。一是以邢叔珩为代表的邢氏一派，拥有邢裕生银行、邢瑞合纸行、邢佑合兴宁行的实力。双方势均力敌，旗鼓相当。遂各自向各中小行业展开拉票活动，世称此届改选为"银牛斗角"。

竞选结果，邢叔珩以多一票的微弱优势，荣任第六任会长，许杰曹为副会长。饶纯钩因一票之差落选，后经地方人士作"鲁仲连"，对双方进行斡旋，补选为商会公断处长。此届因竞选费去时日，延至1925年始克换届。⑤

2月，为友人蔡梦香妻室冯素秋作《传》。⑥

冯素秋（1894—1924），字菊芳，原籍浙江仁和县人，父孝根宦潮，遂落

---

① 芮诒埙：《蔡竹铭小传》，见中国人民政治协商会议广东省汕头市委员会文史资料研究委员会编：《汕头文史》（第十辑），汕头：汕头市文史资料研究委员会1991年版，第51页；陈琳藩：《民国汕头诗社"壶社"主将蔡竹铭》，《潮汕少年周刊》，2007年2月14日。

② 饶锷、饶宗颐：《潮州艺文志》，上海：上海古籍出版社1994年版，第628～630页。

③ 潮汕历史文化研究中心编：《饶锷文集》，香港：天马出版有限公司2010年版，第20～22页。

④ 曾清河修：《潮安曾氏家谱》卷端题《潮安敬慎堂曾氏家谱》，石印本，1929年。

⑤ 详见潮州市地方志编纂委员会编：《潮州市志》，广州：广东人民出版社1995年版，第1329页；潮州市工商联合会编：《潮州市工商联合会志》，潮州：潮州市工商联合会1986年版，第3页；潮州市商业局编：《潮州市商业志》，潮州：潮州市商业局1985年版，第16页；翁兆荣、许振声：《百年话商会》，见政协潮州市委员会文史编辑组编：《潮州文史资料》（第19辑），政协潮州市文史委员会1999年版，第15～16页。

⑥ 潮汕历史文化研究中心编：《饶锷文集》，香港：天马出版有限公司2010年版，第116～119页。

籍潮之庵埠。与长兄印月、弟瘦菊俱以诗知名当世，细妹即“左联五烈士”之一冯铿（1907—1931）。十九岁适蔡梦香，从事教育工作十余年。有遗稿《秋声》二卷，未付梓，日寇陷潮，遭丧失。①

8月7日，汕头蔡竹铭编印壶社《同人姓名录》，先生名列潮安组。②

9月8日，先生早年在岭东同文学堂的老师温丹铭由汕来潮过访，感先生才华出众，遂赠诗并序：

赠饶君纯钩并序

纯钩，余分教同文学堂时学生也。近数年来，见其所作古文辞深合义法。今岁以创《国故》月刊，故来书通问。秋仲之潮，因造访焉。款留深谈，出所著《〈佛国记〉疏证》《王右军年谱》相质，详审精博，盖文人而兼学人矣。喜赠以诗。

义安开郡后，千载得斯人。③
积学金输富，能文璧等珍。
山原无择壤，道岂限传薪。④
老我伤迟暮，摩挲两眼新。

先生亦有《次韵丹铭先生见赠之作》和以五律一首。⑤

先生尝言：

平生所最欣慕心折者二人，于师得大埔温先生丹铭，于友得金山高先生吹万两先生者，皆善为文辞，以学行推重一世。⑥

饶宗颐《〈梵学集〉小引》：

少日趋庭，从先君钝盦先生问业，枕馈书史，独喜涉猎释氏书。……先

---

① 潮汕历史文化研究中心编：《饶锷文集》，香港：天马出版有限公司2010年版，第116～119页；蔡梦香先生书画诗集编辑委员会编：《蔡梦香先生书画诗集》，新加坡：南海印务（私人）有限公司1979年版，第68～69页。

② 吴承烜编：《蔡瀛壶遐龄集》（卷首），铅印本，1924年。

③ 自注：吾潮向但有诗人、文人，而无学人；宋明义理之学，尚可得数人，若考证则绝无矣。

④ 自注：君独学深造，不由师承。

⑤ 温丹铭：《三十须臾吟馆诗续集五》（稿本），汕头市图书馆藏。

⑥ 饶锷：《温太师母江太孺人九秩开一寿序》，见潮汕历史文化研究中心编：《饶锷文集》，香港：天马出版有限公司2010年版，第121页。

君草《佛国记[①]疏证》，小子无状，偶为誊抄，故于显师文字片段，略能上口。[②]

本年，应金山高吹万之约，为其合家欢图作《记》。[③]

高吹万（1878—1958），名爕，字时若，别号吹万居士，晚署葩翁、退密老人，江苏金山（今属上海）人。早年即有攘满兴汉思想。1909 年发起组织“寒隐社”，数月后南社正式成立，“寒隐社”成员绝大多数加入南社，故被人称为“南社三巨头”之一。1918 年，柳亚子辞去南社主任一职，众社员推举为盟主，再三辞谢，方由姚石子担任。但从南社成立之始，到南社解散，始终参与日常活动的主持工作。1912 年夏，发起成立“国学商兑会”，并出版《国学丛选》18 集。一生从事古物保护、地方修志，收集古籍和诗词创作。新中国成立后将自己多年来收藏的数百种《诗经》版本捐献给上海复旦大学。创作和编辑的著作多达百种，代表作有《吹万楼文集》《吹万楼诗集》《吹万楼日记节钞》《诗经大义》《谈诗札记》《庄子通释》《感旧漫录》《愤悱录》《闲闲集》等。[④]

10 月，编著的《潮州西湖山志》十卷 2 册列“天啸楼丛书”之一，由瀛社发刊，潮安梁永昌印刷所承印，青年书店总发行。樊增祥、于右任题签，温丹铭、丘复、王弘愿序，蔡心觉跋。[⑤]

樊增祥（1846—1931），清末民初文学家。字嘉父，号云门、樊山、天琴，湖北恩施人。清光绪三年（1877）进士，官至陕西布政使，权署理两江总督。入民国，曾任参政院参政，兼清史馆事。是近代晚唐诗派代表诗人，

---

① 《佛国记》是东晋高僧法显所撰写的记述其西行至天竺求取佛教经律文本并且返归中土的艰难历程的一部名著。法显在东晋隆安三年（399），与慧景、道整、慧应、慧嵬等僧人，从长安出发，西渡流沙，到天竺寻求戒律原典。于义熙八年（412）归国，前后 14 年，游历 30 余国。《佛国记》以法显西行的历程为线索，以西域以及天竺佛教为记述主体，比较全面地记录了五世纪初中亚、南亚以及东南亚地区的政治、宗教、风俗习惯、经济状况以及地理情况。由于作者写作态度严谨，言必依实，所以，极受中外史学界的重视，是研究古代南亚史、中亚史、佛教史、中外关系史以及历史地理学的不可或缺的历史文献。《佛国记》不仅在中国文化史上具有崇高的地位，在世界文化史上同样具有重要的历史地位。详见章巽：《法显传校注》，上海：上海古籍出版社 1985 年版。其后饶宗颐撰有《金赵城藏本法显传题记》一文（先发表于《中央研究院历史语言研究所集刊》1974 年第 45 卷第 3 期，第 419 ~ 436 页；后收入《饶宗颐二十世纪学术文集》（卷五）《宗教学》，台北：新文丰出版公司 2003 年版，第 278 ~ 285 页），于版本上考订贡献尤大，当与少时这段因缘不无关系。

② 饶宗颐：《梵学集》，上海：上海古籍出版社 1993 年版，第 1 页。

③ 潮汕历史文化研究中心编：《饶锷文集》，香港：天马出版有限公司 2010 年版，第 91 ~ 93 页。

④ 高铦、高锌、谷文娟编：《高爕集》，北京：中国人民大学出版社 1998 年版；张军：《高吹万与〈吹万楼文集〉》，《收藏》2009 年第 9 期，第 114 ~ 116 页。

⑤ 饶锷编著：《潮州西湖山志》，潮安：瀛社 1924 年版。

“生平以诗为茶饭，无日不作，无地不作”，诗稿达3万首。有《樊山全书》。其书法，墨色浓墨丰润，用笔俊朗，自然流畅。①

于右任（1879—1964），原名伯循，字右任，号骚心，以字行，陕西三原人。长期任职于国民党政府，官至监察院院长。但其作为书法家的名声，超过了作为政治家的名声。而书法艺术最引人注目的成就，就是创立“标准草书”，于1932年在上海发起成立了草书研究社。他广泛搜集前人的优秀草书作品，集字编成《标准草书千字文》，而后自己又手写一遍，刊印行世。②

丘复（1874—1950），号荷生，福建上杭人。清光绪二十三年（1899）丁酉科举人，南社诗人。曾发表诗文多篇，鼓吹民主革命，1913年被选为福建省议会议员。1916年选为全国参议院候补议员，1924年初为议员。因不耻曹锟贿选，南返广州孙中山先生大元帅府，任参秘工作。1925年任梅州嘉应大学教授。1941年在家乡创办私立明强中学，任董事长兼校长。著有《念庐诗稿》《念庐文集》等。1918年曾任潮州汀龙会馆福娄纸纲商务，1935年在会馆设立汀龙小学。③

王弘愿（1876—1937），先名师愈，号慕韩，皈依佛法后改名弘愿，号圆五居士，潮州城人。清光绪二十五年（1899）廪生。曾在金山中学堂任教8年，民国初年任校长。不久辞职，与谢安臣同主汕头《汉潮日报》笔政。后又复归金山中学堂任教并兼名誉顾问。40岁时因读《华严经》而开始信佛。1919年译日本权田雷斧大僧正所著《密教纲要》，并寄呈权田雷斧。1924年6月，权田雷斧偕小林正盛等共12人来潮弘传密法，特受两部传法灌顶，得“遍照金刚”密号，绍真言宗第四十九世传灯大阿阇黎职位。同年在居所（今城内义安路新街头圆五居）创“震旦密教重兴会”，招募会员，开坛灌顶，讲演教义，刊行经籍。创办《密教讲习录》（双月刊）。1926年东渡日本，谒权田雷斧。三度在广州六榕寺举行精舍开坛灌顶，受法者颇众。1934年在汕头创办“汕头密教重兴会”，并编行《世灯月刊》。颇有社会影响的《佛教日报》在其入寂后发文，称其“以居士为当代传承密教得阿阇黎位之最初第一人”。被称为“南中国弘密之泰斗”。④

---

① 辞海编辑委员会编纂：《辞海》（第六版缩印本），上海：上海辞书出版社2010年版，第464页。

② 辞海编辑委员会编纂：《辞海》（第六版缩印本），上海：上海辞书出版社2010年版，第2311～2312页；于右任编著：《标准草书》，上海：上海书店1983年版；钟明善编：《于右任书法选》，北京：人民美术出版社1991年版。

③ 丘琼华、丘其宪编译：《丘荷公诗文选》，香港：天马出版有限公司2005年版。

④ 陈历典撰：《圆五居士王弘愿先生之历史》，见王弘愿著述，于瑞华主编：《密教讲习录》，北京：华夏出版社2009年版，第52～54页；郑群辉：《佛教在潮汕》，汕头：潮汕历史文化研究中心2000年版，第87～90页。

饶宗颐《潮汕金石文徵序》：

犹忆曩岁先君撰《西湖山志》，《石刻》一门，尤所用心。曾有绝句云："日日振衣湖上来，芒鞋踏破石间苔。夕阳城外烟波暝，犹为寻碑未忍回。"儿时暗记，老而未忘。……乡国山川，畅然在望，尤不禁为之神往矣。①

本年，为文贺柯松坡先生七十寿序，《镜湖先生蓄须文》有云："季妹之舅柯松坡先生，当寿七十时，其文亦锷为之。"② 文今不传。

柯松坡（1855—1925），原名欣荣，字君锡，以号行，清海阳（今潮州）枫溪人。以附贡生出身，"诰授荣禄大夫，赏戴花翎，钦命二品顶戴，钦加盟军使衔，直隶即补道，福建、湖北补用道，军机处存记，署天津府，权天津道事，直隶尽先补用知府，兵部武选清吏司郎中"。擅书法，能诗词，有《愚园诗存》传世。③

12 月 26 日，由汕头孔教会编辑出版《铎报》第 2 期，刊登先生撰写祝词一首。④

本年，长子宗颐就读于县城城南高等小学。⑤

是年成《〈佛国记〉疏证》《王右军年谱》二稿（未刊）；创《国故》月刊于潮州；作《潮州西湖山志自序》《复温丹铭先生书》《高先生合家欢图后记》《冯素秋女士传》《编辑西湖山志竟漫题绝句四首》，文、诗见《天啸楼集》卷一、二、三、五⑥；《贺蔡瀛壶居士六十寿辰》诗见《蔡瀛壶遐龄集》⑦；《铎报祝词》见《铎报》第 2 期⑧。

---

① 黄挺、马明达：《潮汕金石文徵》（宋元卷），广州：广东人民出版社 1999 年版，饶序第 2 页。

② 吴鸿藻选编：《潮州灵光集》（卷六），钞本，1932 年。

③ 广东柯氏追远堂编纂委员会编：《观察公履历记略》，《广东柯氏追远堂族谱》，汕头：广东柯氏追远堂 2008 年版，第 778 页。

④ 饶锷：《祝词十八》，《铎报》（第 2 期），1924 年 12 月 26 日。《祝词》为《饶锷文集》失收，谨移录之：滔滔禹域，群言纷披。异端邪说，炫尾扬髯。驱人入兽，变夏用夷。礼崩乐坏，裂网绝维。微言日远，大义日支。斯刊出世，皓若朝曦。扶翼圣教，保植民彝。障川挽澜，砺俗砭时。木铎名报，麟笔是规。空言莫补，学贵行随。发辉光大，吾道在兹。

⑤ 王振泽：《饶宗颐先生学术年历简编》，香港：艺苑出版社 2001 年版，第 5 页。

⑥ 潮汕历史文化研究中心编：《饶锷文集》，香港：天马出版有限公司 2010 年版，第 25～27、70～73、91～93、116～119、150 页。

⑦ 蔡竹铭：《蔡瀛壶遐龄集》（卷四）《七律》，1924 年，第 13 页。

⑧ 蔡竹铭：《蔡瀛壶遐龄集》（卷四）《七律》，1924 年，第 13 页。

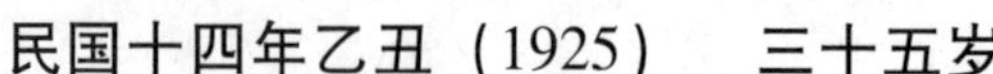

民国十四年乙丑（1925） 三十五岁

先生有感乡邦文献之凋残，又因郡县旧志于先贤著作，虽有载述，但多疏漏舛驳，不足以裨考证而资表彰，于本年始着手大索遗书，钩稽排纂，拟补辑光绪《海阳县志·艺文略》。[①]

本年，友人佃介眉辑录历代所篆印章百余方，自编成《宝籀斋印存》。先生为作二十九韵长歌《题佃介眉宝籀斋印存》代序。[②]

佃介眉（1887—1969），名颐，又名寿年，号荻江居士，潮州城人。潮州金山中学堂首届学生，潜心研读经史诗文，书画篆刻精湛，人称“凤城才子”。从事文学、书画教育50多年，学生遍于海内外。有《亦是集》《佃介眉画集》《宝籀斋印存》等行世，后人佃锐东主编有“佃介眉艺术丛书”16种。[③]

本年，长子宗颐已能阅读《通鉴纲目》《通鉴纪事本末》等古籍，《通鉴辑览》读竣。[④]

是年作《韩社题名录序》《王母陈太夫人诔》《题佃介眉宝籀斋印存》。[⑤]

民国十五年丙寅（1926） 三十六岁

本年，因其父亲子梧、长兄禹初相继病逝，出掌饶氏家族生意。同学胡孔昭来书慰藉，先生有书答之：

先子服未周期，家兄又奄尔下世。数月之间，死丧相接，百务集于一躬，徬徨莫知所措。……自念秉质柔懦，羸躯多病，其能支延至今，不猝填委沟壑者，盖赖家有长君搘柱门户，俾锷小子得以优游岁月，浸润于道艺之林，涵泳乎养生之域。……孰料天降鞠凶，既夺我灵木，复折我荆枝。盖我同母兄弟三人，今惟锷一人存耳。老母今年七十余，吾子吾侄皆孩提幼稺，未克

---

① 饶宗颐：《潮州艺文志序二》，见饶锷、饶宗颐：《潮州艺文志》，上海：上海古籍出版社1994年版，第1～2页。

② 佃锐东：《佃介眉先生年表》，见朱万章、佃锐东编：《佃介眉先生纪念文集》，北京：文物出版社2007年版，第247页。

③ 朱万章、佃锐东编：《佃介眉先生纪念文集》，北京：文物出版社2007年版。

④ 王振泽：《饶宗颐先生学术年历简编》，香港：艺苑出版社2001年版，第6页。

⑤ 潮汕历史文化研究中心编：《饶锷文集》，香港：天马出版有限公司2010年版，第40～42、102～105、142～143页。

成立。……是以自先子即世以来，夙夜兢兢，惟覆𫗧之是惕。手无握，握惟牙筹；目无睹，睹唯簿籍。终日营营，迄无宁晷，欲求如往时之逍遥自适，纵吾意读吾书，不可得矣！①

胡焕然（1880—1929），字孔昭，潮安人。清末秀才。上海民国法律学校毕业。曾任潮安商会坐办，县承审员，兴宁、龙岩等县总务课长，两淮盐运使总务。② 与先生同学，先生言："忆曩者受学沪江，同舍十余人，惟兄于我最厚，扶掖涵育无所不至，亲昵之情有逾骨肉。"③

同学曾清河有《讥纯钩》诗劝之：

两次飞觞没一诗，几番酬唱无一字。埋头子母苦经营，只识银行五寸二。寄语纷心利禄者，内省返观毋犹预。一年又是好秋光，洗尽尘劳明心智。④

先生以《呈宿云兼示梦蝶》答之。⑤

吴鸿藻《饶锷传》：

既受法学得业士矣，旋承潮安商会选任商事公断处处长。人谓君应时干才，而于古学之湛深，莫之知也，君亦未轻以示人。……顾自壮岁而仲兄殁，越数年而发妻殁，父与长兄又未周期而相继殁，君迫于环境，家计商务交集，体益瘦，而神志不衰。⑥

本年，作《镜湖先生蓄须文》，略云："夫年进而须必加长，此生理之固然也。故视其须之短长黑白，可以卜其年之老少盛衰。有老而疏髯者矣，未有须苍苍而不高寿也。故尝私论世之祝难老者，与其颂年，莫若颂须，与其举觞于降诞之辰，莫若称庆于蓄须之日，为较别且趣。锷持是说人，而闻者辄非笑之，独吾二妹之舅林镜湖先生，则深韪余言。先生适于今年蓄须，顷

① 饶锷：《答胡孔昭书》，见潮汕历史文化研究中心编：《饶锷文集》，香港：天马出版有限公司2010年版，第64～65页。

② 吴鸿藻选编：《潮州灵光集》（卷七），钞本，1932年。

③ 饶锷：《答胡孔昭书》，见潮汕历史文化研究中心编：《饶锷文集》，香港：天马出版有限公司2010年版，第64～65页。

④ 曾清河撰：《宿云楼诗钞》（卷三），稿本。

⑤ 曾清河撰：《宿云楼诗钞》（卷三），稿本。

⑥ 吴鸿藻选编：《潮州灵光集》（卷六），钞本，1932年。

命妹夫笃夫来索余序。锷自遭先子之痛，神志颓敝，终身更不为祝寿之文。故于先生命，逊谢再三，而笃夫则固以请。因念锷有异母女兄弟共三人，姊适城南蔡氏，往者尝为其姑石太夫人寿序，而季妹之舅柯松坡先生，当寿七十时，其文亦锷为之，独先生六十称寿，未尝见于余文，且先生今欲余言者，乃蓄须之文，非祝寿之文也。蓄须为文，于古无徵，有之实自锷始。"①

林镜湖（1856—1935），潮安城内人。于东门街经营林洽盛海味行，清末六品官衔，赏戴蓝翎。1912 年至 1918 年间出任潮安县商会首届会长。②

本年，先生将所居之楼名为"天啸楼"。③

本年，长子宗颐已能诵史论多篇，并历阅经史佛典、古代诗文词赋。④

饶宗颐忆述：

我的学术发展是因为我有家庭教育，可以说是家学。我有四个基础是直接来自家学的：一是诗文基础，我是跟父亲、跟家里的老师学习的。家里从小就训练我写诗、填词，还有写骈文、散文；第二个是佛学基础；三是目录学基础；四是乾嘉学派的治学方法。在无拘无束的学习环境下，我从小就养成了独特的学习习惯和方法，这对我以后做各方面的学问研究很有帮助。我 15 岁以前已经培养了这四个基础，以我的经验，家学是学问的方便法门，因为做学问，"开窍"很重要，如果有家学的话，由长辈引入门可以少走弯路。"家学渊源"意味着家里有许多藏书，有世代相传的学问，这其实是一个人的学问系统，如果可以在长辈已有的学问系统上加以扩张和提升，国学功底会更扎实。⑤

我能记住一些东西，还不是小时候给溪籐擊出来的。⑥

---

① 吴鸿藻选编：《潮州灵光集》（卷六），钞本，1932 年。

② 林逸民先生口述资料，2009 年 8 月；潮州市商业局编：《潮州市商业志》，潮州：潮州市商业局 1985 年版，第 23 页。

③ 饶锷：《天啸楼记》，见潮汕历史文化研究中心编：《饶锷文集》，香港：天马出版有限公司 2010 年版，第 87 页。

④ 王振泽：《饶宗颐先生学术年历简编》，香港：艺苑出版社 2001 年版，第 6 页。

⑤ 吴真：《文化名家访谈 · 饶宗颐：一个文化奇迹》，《南方日报》，2003 年 1 月 20 日。

⑥ 曾楚楠：《即之弥近仰之弥高——从饶宗颐教授问学琐记》，见曾楚楠：《拙庵论潮丛稿》，香港：中华诗词出版社 2008 年版，第 345 页。

是年作《昼锦堂诗集序》[1]《家严慈七秩晋一徵言录》《闻王慕韩先生将游海上走笔奉赠兼以志别》[2]《呈宿云兼示梦蝶》[3]《镜湖先生蓄须文》[4]。

民国十六年丁卯（1927）　三十七岁

本年，先生将所藏书籍，重加整理，加以区分位置，而庋一楼，并编撰成《天啸楼藏书目》二册。[5]

是年作《感旧诗存序》《天啸楼藏书目序》《答胡孔昭书》。[6]

民国十七年戊辰（1928）　三十八岁

5月，作自寿诗。

先生《生日戏作效伏敌堂体》："去年初度日，曾作诗自娱。"[7] 诗未寓目。

本年，购得孙诒让《温州经籍志》。因爱其体例详审，遂有编辑潮州府九邑《艺文志》之愿。乃专心网罗潮州历代先贤著述，旨在考究一方学术潮流，表彰乡贤事迹的《潮州艺文志》，计划成书三十二卷，自唐代赵德以下至近代，博采古今潮人著述约千余种。

《与蔡纫秋书》：

> 居今之世而言整理国故，涂径虽不一端，而一邑当务之急则莫先于徵文与考献，其在吾潮尤不容或缓者。……前年购得孙诒让《温州经籍志》，爱其

---

① 《昼锦堂诗集序》言翁子光"近又倡修《翁氏族谱》，皆刊行于世"。《翁谱》成书于1926年，故姑附此。翁承赞，字文尧，闽人。唐乾宁二年（895）登进士第，又擢宏词科，任京兆府参军。天祐元年（904），以右拾遗受诏册王审知为王。梁开平四年（910），复为闽王册礼副使，寻擢谏议大夫、福建盐铁副使，就加左散骑常侍、御史大夫。留相闽卒。有诗一卷。

② 郑国藩《王弘愿〈东游吟草序〉》："丙寅夏仲，复横绝黄海，请益大师。同人多为诗送。"

③ 潮汕历史文化研究中心编：《饶锷文集》，香港：天马出版有限公司2010年版，第27～28、125～128、148页。

④ 吴鸿藻编：《潮州灵光集》（卷六），钞本，1932年。

⑤ 饶锷：《天啸楼藏书目序》，见潮汕历史文化研究中心编：《饶锷文集》，香港：天马出版有限公司2010年版，第22～25页。

⑥ 潮汕历史文化研究中心编：《饶锷文集》，香港：天马出版有限公司2010年版，第17～18、22～25、64～66页。

⑦ 饶锷：《生日戏作效伏敌堂体》，见潮汕历史文化研究中心编：《饶锷文集》，香港：天马出版有限公司2010年版，第144～145页。

详博，于是复有编辑九邑《艺文志》之愿。①

孙诒让（1848—1908），字仲颂，又作仲容、中容，自号籀庼居士，浙江温州瑞安人。与俞樾、黄以周合称清末三先生，有“晚清经学后殿”“朴学大师”之誉。有《墨子间诂》等著述35种，其中“有清一代礼学集大成”的《周礼正义》，《契文举例》则是第一部研究甲骨文的著作。章太炎曾从之学，赞誉他为“三百年绝等双”，其“学术之大，足以上通圣则，旁开物宜者，世人当知之。日月贞观，固非下士所宜赞也”②。

孙诒让的《温州经籍志》，是记载自唐至清道光年间温州人或有关温州之著述的一部目录专著。分类遵照四部，子目参照四库总目，共130余家，收书1 759部。每书之下，采录原书序跋以及前人的评议识语，而后提出自己的见解，以申发其精奥，订正其讹误。全书网罗宏富，体例谨严，作者费时八载，于清光绪五年（1879）才写定，至1921年由浙江省图书馆予以刊印。以后各郡邑纷起撰著地方艺文，实由此书导夫先路，被目录学界称之为“最著名的地方艺文志”。③

本年，长子宗颐师从杨栻习绘画山水、花卉。

饶宗颐《题任伯年〈纨扇集锦册〉》：

忆十二岁时，从金陵杨寿枬先生学山水，其尊人筱亭翁，亦山水名家，最昵于任氏，酬赠至富。杨家藏任画，无虑百十数，皆供余恣意临写。④

饶宗颐忆述：

---

① 潮汕历史文化研究中心编：《饶锷文集》，香港：天马出版有限公司2010年版，第61～62页。蔡秋农（1883—1954），原名蔡鸞云，字纫秋，澄海县城西门人。早年投身反清革命活动，为同盟会会员。曾参加北伐和东征。1919年、1926年，先后任文昌县和饶平县县长。在任期间，整肃政治，深为当地人民拥戴。1923年，在广州参加创建广东大学（中山大学前身），1932年重返中大，任文学院中文系教授，对诸子学素有研究。详见澄海县地方志编纂委员会编：《澄海县志》，广州：广东人民出版社1992年版，第875页。

② 章太炎：《孙诒让传》，见章太炎、刘师培等撰，徐亮工编校：《中国近三百年学术史论》，上海：上海古籍出版社2006年版，第92页；章太炎：《孙仲容先生年谱序》，见章太炎、刘师培等撰，徐亮工编校：《中国近三百年学术史论》，上海：上海古籍出版社2006年版，第97页；姜亮夫：《孙诒让学术检论》，《浙江学刊》1999年第1期，第94～99、145页；李海英：《朴学大师——孙诒让传》，杭州：浙江人民出版社2007年版。

③ （清）孙诒让：《温州经籍志》；（清）孙诒让著，潘猛补点校：《孙诒让全集》，北京：中华书局2011年版；李昕：《〈温州经籍志〉和它的时代》，《兰台世界》2005年第6期，第101～102页。

④ 饶宗颐：《固庵文录》，沈阳：辽宁教育出版社2000年版，第156页。

我现在画的这种人物画，比如说敦煌人物、双钩的佛像等，起因是在我读小学的时候，我们家旁边有一家画佛像的店，暑假没有事的时候我就在那里跟人家学着画，画了一共大约有一两年的时间，从那个时候就打下了这样一个基础。……我的家庭在当地算是很富裕的，在我们的大家庭中，我的大伯父画大青绿山水，对我的绘画创作有一定的影响。后来画山水画，是跟杨栻先生学习，12 岁时拜他为老师，那时候我祖父出了一百块钱作为拜师礼，在当时已经是很高了。他也会写字，我的书法也受过他的影响。这些基础的功夫都是在 10 岁以前做的，也是在学校里学不到的。别人学习书画艺术都是在学校学的，我不是。①

饶宗颐《书画是自我生命的流露》：

我跟一位老师学画，学山水画，老师是写黄庭坚的，大撇大捺，很放得开，很潇洒。跟着老师，我对宋人山水和追摹宋人书法神韵方面下了一点功夫。这些都是十几岁时候的事。②

杨栻（1886—1963），号寿枏，又号梦隐居士，祖籍江苏上元（今南京），生于潮州。诗书画医俱擅。③

是年 4 月作《心经述义序》。④

民国十八年己巳（1929）　三十九岁

本年为外甥蔡儒兰诗集《南园吟草》作序。⑤

蔡儒兰（1903—1970），字楚畹，见六长子，曾任潮安县第三中心小学、培英小学校长，1949 年 12 月后任潮安县商改组筹备委员会副主任、县城关镇工商业联合会筹备委员会（均潮州市工商联前身）秘书长。与妻郭瑞珊

---

① 口述中“那时候我祖父出了一百块钱作为拜师礼”当为“父亲”之误，因其祖少泉翁在去年即 1926 年已病逝。见张公者：《通境 · 张公者对话饶宗颐》，http：//artist. artxun. com/29550 – zhang-gongzhe/xinwen/1/。

② 饶宗颐：《书画是自我生命的流露》，见钱穆等：《明报 · 大家大讲堂》，北京：新星出版社 2008 年版，第 190 页。

③ 陈贤武：《潮籍书画名家杨寿枏事略》，政协潮州市委员会文史编辑组编：《潮州文史资料》（第 19 辑），潮州：政协潮州市文史委员会 1999 年版，第 111 ~ 120 页。

④ 潮汕历史文化研究中心编：《饶锷文集》，香港：天马出版有限公司 2010 年版，第 19 ~ 20 页。

⑤ 潮汕历史文化研究中心编：《饶锷文集》，香港：天马出版有限公司 2010 年版，第 30 ~ 31 页。

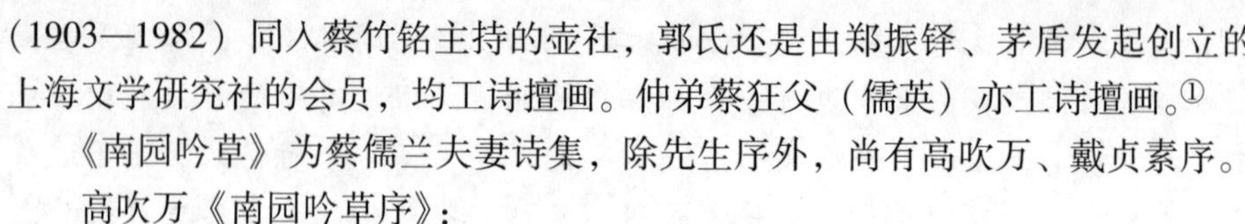

(1903—1982）同入蔡竹铭主持的壶社，郭氏还是由郑振铎、茅盾发起创立的上海文学研究社的会员，均工诗擅画。仲弟蔡狂父（儒英）亦工诗擅画。[①]

《南园吟草》为蔡儒兰夫妻诗集，除先生序外，尚有高吹万、戴贞素序。

高吹万《南园吟草序》：

> 其曰南园者，蔡生夫妇侍其椿萱之小筑也。……今蔡生之刊是集也，不特为闺房之唱随，更以博高堂之欢笑。[②]

11 月，辟建的天啸楼落成了。楼共三层，最顶层书室名为“书巢”，储书十万余卷，成为当时粤东最负盛名的藏书楼。

邱汝宾《蕉窗随笔》：

> 潮州晚近藏书家，推约园王少筠之约园、饶钝盦之蓴园，皆过万卷。[③]

吴鸿藻《饶锷传》：

> 会道丧文敝，时论喧呶，君愍国学凌夷，以求阙文、补漏逸为己任。罄其囊资，网罗群籍，以故藏书富甲一邑。殚精著述，抗志远希，貌癯而心壮。晚辟蓴园，筑天啸楼于左，琳琅满目，谓将乐此不疲。[④]

翌年，延请陈景仁书楼名，郭餐雪撰书楼联：

> 长啸一声横素鹤；重楼百尺卧元龙。[⑤]

陈云秋（1868—1939），字景仁，号俊澜，潮安彩塘金砂陈村人。父敬堂，旅新加坡殷商，创裕丰甘蜜行于怒吻基。景仁曾留学日本，清末附贡生，任刑部贵州司主事。参加康有为的“公车上书”，在汕头创办《汉潮日报》。是新加坡中华商会、端蒙学校创始人之一。晚年归国，以翰墨自娱。自幼广

---

① 蔡乌宜女士（蔡儒兰女）口述资料，2009 年 10 月；潮州市工商联合会编：《潮州市工商联合会志》，潮州：潮州工商联合会 1986 年版，第 24 页。

② 高铦、高锌、谷文娟编：《高燮集》，北京：中国人民大学出版社 1998 年版，第 85 页。

③ 邱汝滨：《瞩云楼诗存》，潮州：潮州诗社 1998 年版，第 198 页。

④ 吴鸿藻选编：《潮州灵光集》（卷六），钞本，1932 年。

⑤ 徐义六编纂：《潮州名胜联话》，见洪波编：《潮州文献汇编·潮汕大事记》，潮州：潮州图书公司 1948 年版，第 69 页。

习诸家名帖，善写各种字体，书法造诣很深，尤以隶书见称，闻名遐迩，康有为很赏识他。传说潮汕有一富商到上海请康有为写字，康笑道："潮州的书法人才甚多，陈景仁的书法就很好，为什么舍近求远，来请我写字呢？"①

郭餐雪（1874—1937），名心尧，字伯陶，号餐雪，以号行，又号半生和尚，一作号半生道人，揭西棉湖镇人。清光绪年间的优贡生。中岁移居潮州城，从事教育工作。诗书画皆擅。②

12月12日，为同邑林焯镕诗集《蛣寄庐诗賸》作《序》。是书为其从弟国史收集遗诗近体歌行三百余篇而成帙。③

林焯镕（1872—1917），字彦卿，号硕高，潮安人。年十二，补博士弟子员。以善为诗名于潮，识者比之唐玉谿生，一时有"诗伯"之号。与人尚编有《同人纪游集》。④

22日冬至日，应王弘愿之请，为其所撰的《先母行述》作《书后》。⑤

本年，席卷全球金融危机波及潮汕，饶氏家族的生意开始衰飒。⑥

是年作《蛣寄庐诗賸序》《南园吟草序》《书王弘愿先生先母行述后》《书巢》《挽陈芷云》《生日戏作效伏敔堂体》，⑦ 天啸楼自题联⑧。

民国十九年庚午（1930）　四十岁

元月，以三十金得研石一枚，邀友人沈简子、金天民、杨慧甫、佃介眉、王显诏等共赏，经沈简子考定，为明米万钟⑨十三石斋旧物，喜赋二十韵，并

---

① 彩塘镇志办公室编：《彩塘镇志》，潮州：彩塘镇志办公室1992年版，第525～526页；丘玉卿、丘金峰编著：《潮汕历代书画录·潮州市卷》，汕头：汕头大学出版社1993年版，第141～142页。

② 陈贤武、吴晓峰：《潮州宿儒郭餐雪事略》，见政协潮州市委员会文史编辑组编：《潮州文史资料》（第24辑），潮州：政协潮州市文史委员会2004年版，第61～75页。

③ 潮汕历史文化研究中心编：《饶锷文集》，香港：天马出版有限公司2010年版，第28～30页。

④ 王弘愿：《林彦卿先生传》；王弘愿著述，于瑞华主编：《密教讲习录（伍）》，北京：华夏出版社2009年版，第46～47页。

⑤ 王弘愿：《先母行述》，文刊于《密教讲习录》二十一卷（1929年11月1日震旦密教重兴会专刊），文后署"中华民国十八年十二月吉旦男弘愿泣述"。

⑥ 林逸民先生口述资料，2009年8月。

⑦ 潮汕历史文化研究中心编：《饶锷文集》，香港：天马出版有限公司2010年版，第28～31、56～57、88～89、140～141、144～145页。

⑧ 徐义六编纂：《潮州名胜联话》，见洪波编：《潮州文献汇编·潮汕大事记》，潮州：潮州图书公司1948年版，第69页。

⑨ 《天啸楼集》卷五《米友石砚山歌》序中"米仲昭"系"米仲诏"之误，详见《畿辅人物志》《无声诗史》《桐阴论画》《画史会要》《书史会要》之米万钟传。

邀在座金佃杨王同作。①

米万钟（1570—1628），字友石，一字仲诏，宛平（今北京）人。明万历二十三年（1595）进士，官至江西按察使、太仆少卿。擅书画。因与宋代米芾同宗，行、草书俱学米芾；又与董其昌齐名，时有“南董北米”之誉。性好石，人谓无南宫（芾）之癫而有其癖。著有《湛园杂咏》《篆隶考伪》。②

沈凷，字简若，又作简子，浙江杭州人。擅诗书。汕头壶社社员。③

金天民（1879—1943），号雨耕，原籍浙江绍兴，童年时避兵乱随双亲辗转到潮州落户。昔年曾与友人到汕头办报，秘密参加同盟会革命活动。后任教于韩山师范学校、省立金山中学，是潮汕民俗学的先驱之一。著有《潮歌》。④

王显诏（1902—1973），原名观宝，字严，又字克，自号居易居主，潮州城人。1923 年在上海大学美术专科毕业后，长期从事教育事业，曾任教韩山师范学校、金山中学。于美术、书法、篆刻、诗词、音乐、文物均有所研究。有《王显诏山水画册》，北京大学校长蒋梦麟在卷首题词誉之“众美集中外，寸毫含古今”⑤。

杨睿聪（1905—1961），字慧甫，笔名杨小绿，潮州人。出身于书香门第，祖立高、父少山、母卢蕴秀均擅诗，合刊有《三渔集约钞》传世。毕业于北京大学。曾任教韩山师范学校、省立金山中学。后移居香港。是潮汕民俗学的先驱之一。编著有《潮州的习俗》《增订潮州俗谜》等。⑥

本年四月，三子宗亮生，先生期待他能步武南宋理学家陈亮（1143—1194）。⑦

---

① 佃介眉：《饶钝庵得米仲诏英石砚山为赋二十韵》，王显诏：《米友石研山歌》，见佃锐东主编：《佃介眉诗文集》，北京：中国文联出版社 2007 年版，第 8 页；王刚、王星编辑：《纪念王显诏先生诞辰一百周年》，香港：天马图书有限公司 2002 年版，第 55 页。王诗中有云：“沈杨金佃皆硕彦，大珠小珠成匹练。高阁传响遏行云，座末祇听徒健羡。”饶宗颐《佃介眉先生书画集序》：佃介眉先生“与先君至交，余家长物，若米万钟研山，先生亦为品题。余未弱冠，追陪先生于尊园觞咏之中，至今思之，犹昨日事”。朱万章、佃锐东编：《佃介眉先生纪念文集》，北京：文物出版社 2007 年版，第 5 页。

② 详见（清）张廷玉等撰：《明史》卷二八八“列传一百七十六《文苑四·董其昌》”附《传》，北京：中华书局 1974 年版，第 7397 页；（清）永瑢等撰：《四库全书总目》卷一九三“集部四十六·总集类存目三”，北京：中华书局 1983 年版，第 1757 页。

③ 蔡竹铭：《蔡瀛壶遐龄集》（卷首），1924 年。

④ 金天民编，金孟迟整理：《潮歌》，2002 年。

⑤ 王刚、王星：《纪念王显诏先生诞辰一百周年》，香港：天马图书有限公司 2002 年版。

⑥ 卢修圣：《一字师——杨睿聪》，广东金山中学汕头区校友网；广东省中山图书馆、汕头图书馆学会编：《潮汕文献书目》，广州：广东人民出版社 1994 年版，第 90 页。

⑦ 饶宗亮口述资料，2009 年 5 月；林逸民先生口述资料，2009 年 8 月。

本年，蓴园（今潮州城下东平路305号）竣工。该园在潮州传统建筑的基础上，融合了西洋建筑形式，又吸收苏州园林的一些特点，园虽大不及亩，但小桥流水，凉亭假山，错落有致，别具洞天，是一座典雅、精致的私家园林。

年方十四的宗颐先生为其中之一景“画中游”撰书楹联：山不在高，洞宜深，石宜怪；园须脱俗，树欲古，竹欲疏。①

为警醒后人，切莫优游沉溺于其中，先生作《蓴园记》，阐明其义：

> 谓之蓴者，蓴即茆，取《诗》：“思乐泮水，薄采其茆”之义也。……余自是将屏人事，绝嗜欲，发楼上藏书而耽玩之。以蕲由学进而知道之味，如《诗》“采茆”之譬。……并命长男宗颐书而镌诸壁，俾时省览知警惕。②

先生并书“焕若”“豁如”匾悬于厅堂两侧偏门上。

佃介眉撰篆书联相贺：“谢公池馆陶公宅；亚字栏干之字桥。”

秋，长子宗颐就读于省立金山中学。③

饶宗颐忆述：

> 我上过一年中学，后来就不上了，因为学不到东西。但是我的古文教师王慕韩（弘愿）却有一种主张给我影响甚大，就是做古文要从韩文入手。我父亲跟他搞不来，而我却信服王师的这一套。父亲喜欧体，大约跟他的气质有关，因为他的身体不好，就不大适合韩文的挥洒淋漓了。现在我还是要说，作文应从韩文入手，先立其大，韩文可以养足一腔子气，然后由韩文入欧，化百炼钢为绕指柔，这确是作文正途。④

又得王弘愿师启迪，于因明及密宗，初窥门径。⑤

是年作《与蔡纫秋书》《蓴园记》《述轩铭》《四十小影自题》《白香山有移家入新宅诗余构蓴园落成移家其间即用白诗题五字为韵作五首》《米友石砚山歌》《郭餐雪为余题蓴园十景诗赋此志谢兼申元夜消寒之约》《蓴园假山

---

① 王振泽：《饶宗颐先生学术年历简编》，香港：艺苑出版社2001年版，第8页。

② 潮汕历史文化研究中心编：《饶锷文集》，香港：天马出版有限公司2010年版，第86页。

③ 王振泽：《饶宗颐先生学术年历简编》，香港：艺苑出版社2001年版，第8页。

④ 饶宗颐述，胡晓明、李瑞明整理：《饶宗颐学述》，杭州：浙江人民出版社2000年版，第4页。

⑤ 饶宗颐：《梵学集》，上海：上海古籍出版社1993年版，第1页。

筑成有作》。①

民国二十年辛未（1931）　四十一岁

本年，四子宗震生，先生期待他能步武南宋理学家朱震（1072—1138）。②

夏，临摹杨遂盦藏品《魏毋丘俭丸都山纪功碑》拓本并作跋：

右魏丸都纪功残石，清光绪三十二年出土于奉天府辑安县之板石岭。初出土时，尚有下卒，未久失去。此石初为县令吴光国携去，今不知流落何方？会稽王孝偁曾就石文，考定丸都即《魏书》之毋丘俭，说甚精审。临拓本至为难得，此乃从杨遂盦藏中钩出也。

庚午夏日钝盦题。③

是年作《报郭辅庭书》《天啸楼记》。④

民国二十一年壬申（1932）　四十二岁

与辜师陶、杨光祖共倡议，于元旦觞集在蓴园盟鸥榭，分题徵咏，喜结诗社，共有16位诗友，因本年为农历壬申年，又“壬之为言任也，义与人心之心同训。而诗为心声。言壬不啻言心”；“壬为北方之位，阴极而阳生，故《易》曰：‘龙战于野。’‘战’者，接也，言阴阳交则物怀妊，至子而萌也。今之世非所谓阴阳交会时耶？然而至子而萌则又有待也。”故命为“壬社”，先生被举为社长。⑤

---

① 潮汕历史文化研究中心编：《饶锷文集》，香港：天马出版有限公司2010年版，第60～63、85～86、128～130、137～142、148、150～151页。

② 饶宗亮口述资料，2009年5月；林逸民先生口述资料，2009年8月。

③ 碑于清光绪三十二年（1906）在辑安县（今吉林省集安市）城西17公里板石岭西北天沟的山坡上出土，碑现藏于辽宁省博物馆。王国维《魏毋邱俭丸都山纪功石刻跋》云：“魏毋邱俭丸都山纪功残石，光绪丙午，署奉天辑安县事吴大令光国，于县西北九十里之板石岭开道得之。石藏吴君所。石存左方一角五十字，隶书。其文曰：正始三年高句丽反（下阙）督七牙门讨句骊五（下阙）复遣寇六年五月旋（下阙）讨寇将军魏乌丸单于（下阙）威寇将军都亭侯（下阙）行裨将军领玄（下阙）裨将军（下阙）云云。”（王国维：《观堂集林》，北京：中华书局1959年版，第981～982页。）饶跋原行楷书于天啸楼玻璃窗上，现拆下另藏。

④ 潮汕历史文化研究中心编：《饶锷文集》，香港：天马出版有限公司2010年版，第66～70、87～88页。

⑤ 潮汕历史文化研究中心编：《饶锷文集》，香港：天马出版有限公司2010年版，第43～44页。

《潮州市志》：诗社成员来自潮梅十五属，除上述三人外，尚有郭餐雪、石维岩、刘仲英、王显诏、杨睿聪、詹安泰、黄海章等。①

石维岩（1878—1961），字铭吾，号慵石，晚号慵叟，潮州城人。弱冠时就学于金山书院，清光绪二十九年（1903）入韩山书院。擅诗，执律师业于汕头，吟咏本属余事，然嗜诗有过人者，每乘轿赴法院庭辩，仍手执《杜少陵集》一卷，不废吟哦，朋侪称其“石律师”为“石律诗”。继钝盦之后任社长，主盟潮州诗坛数十年之久，故饶选堂《慵石室诗钞序》云：“吾乡诗学，至翁堂庑始大。”1949 年后任广东省文史馆馆员。著有《慵石室诗钞》四卷、《词钞》一卷。今人编有《慵石室诗钞》。②

刘仲英，又名选雄，号寅庵，潮安庵埠人。生于 1894 年，20 世纪 60 年代病逝于香港。工诗。生于富家，抗战胜利后移居香港。晚年偃蹇，恃友人资助度日。③

黄海章（1897—1989），字挽波，又名黄叶，梅县人。清末著名诗人黄遵宪兄子。中山大学教授，中国古典文学著名学者。尤精于《文心雕龙》研究，有《中国文学批评论文集》《中国文学批评简史》《明末广东抗清诗人评传》《黄叶楼诗》等。时任教于省立金山中学。④

杨光祖（1901—1942），潮州人。因体弱多病，人称“杨瘦子”。其人多才艺，落拓不羁，诗宗王孟，著有《沙溪吟草》，陈石遗尝选录入《石遗室诗话》，谓其绝似巢经巢。抗战时避难普宁洪阳，因贫病客死异乡。⑤

詹安泰（1902—1967），字祝南，号无庵，饶平人。中山大学教授。10 岁学写诗，13 岁学填词，词作传诵一时，成为当时士林争读的佳作，堪称岭南一大家，有《鷦鷯巢诗集 · 无庵词》《滇南桂瓢集》。中国社会科学院文学研究所编辑的《当代词综》，将其列为十大词人之一。专著有《屈原》《宋词散论》《詹安泰词学论稿》《詹安泰古典文学论集》等。时任教于韩山师范学

---

① 潮州市地方志编纂委员会编：《潮州市志》，广州：广东人民出版社 1995 年版，第 1440 页。

② 石铭吾著，赵松元、杨树彬点注：《慵石室诗钞》，北京：线装书局 2007 年版。

③ 蔡起贤：《潮州诗人三杰——刘仲英》，见潮汕历史文化研究中心编：《缶庵诗文续集》，香港：天马出版有限公司 2008 年版，第 111 ~ 113 页。

④ 黄海章：《漫忆平生》，见北京图书馆《文献》丛书编辑部、吉林省图书馆学会会刊编辑部：《中国当代社会科学家》（第 5 辑），北京：书目文献出版社 1983 年版，第 321 ~ 326 页；陈平原：《花开花落浑闲事——怀念黄海章先生》，见陈平原、夏晓虹：《同学非少年：陈平原夏晓虹随笔》，西安：太白文艺出版社 2005 年版，第 62 ~ 70 页。

⑤ 《历史不会重复》，http：//blog. cntv. cn/9314815 – 3030515. html；石铭吾著，赵松元、杨树彬点注：《慵石室诗钞》，北京：线装书局 2007 年版，第 42 页；广东省中山图书馆、汕头图书馆学会编：《潮汕文献书目》，广州：广东人民出版社 1994 年版，第 77 页。

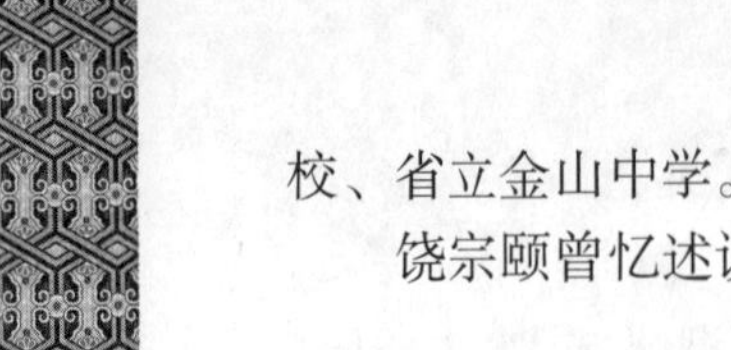

校、省立金山中学。[1]

饶宗颐曾忆述说：

我十一二岁（时应为十六岁）的时候，父亲发起成立诗社，詹安泰先生经常到我家来。我那时也写了很多诗，就经常和他切磋。我是1917年出生，比他小十五岁。年龄差距大了些，但学问是不问年龄的。由于共同的文学爱好，我们成了好朋友，詹安泰先生也帮了我很多忙。[2]

8月25日，编著的《潮州艺文志》尚未完稿，即以病卒。

郑国藩为作《墓志铭》[3]。

壬社全体社员挽于联（石铭吾撰）："一代文章托吾子；九重泉路尽交期。"[4]

吴鸿藻《饶锷传》：

夙憨潮州文献散佚，博稽详考，仿孙诒让《温州经籍志》例，撰《艺文志》。体大思精，十已竣八、九。惟清代未及编而病不起矣。卒年四十有二，民国二十一年七月五日也。[5]

《墓志铭》云：

拟编《潮州艺文志》，自明以上皆脱稿，有清一代仅定书目，而君已病矣！疾笃时，予与吴君子筠临视，君无他语，惟惓惓以是书未成为憾。[6]

长子宗颐年方十六，即披阅群书，详加考核，完成父志。改父拟二十三卷为十九卷，前十七卷按经史子集四类著录书目1 044种，上起唐代，下迄民初；第十八卷为外编，第十九卷为订伪，第二十卷为存疑。一至十三卷后连

① 《詹安泰纪念文集》编辑组编：《詹安泰纪念文集》，广州：广东人民出版社1987年版。

② 见施议对：《中国词学文化学的奠基人——民国四大词人之四：詹安泰（三）》，《文史知识》2011年第4期，第103页。

③ 《天啸楼集》所录诗铭，校之《似园老人佚存文稿汇钞·志铭类》略有不同，兹录郑《铭》如下："铭曰：人患不学，君以学累。铅椠劳劳，神缘是瘁。不朽有三，重在立言。君言既立，修短奚论。载营窀穸，以安君魄。石有泐时，惟名不灭。"

④ 石铭吾著，赵松元、杨树彬点注：《慵石室诗钞》，北京：线装书局2007年版，第83页。

⑤ 吴鸿藻选编：《潮州灵光集》（卷六），钞本，1932年。

⑥ 潮汕历史文化研究中心编：《饶锷文集》，香港：天马出版有限公司2010年版，第153页。

载于1935年、1936年《岭南学报》。[①] 这是研究潮州历代文献的里程碑式的著作，尤其是父子所撰各条案语，以条举往者部次、版本、作者等，或缪而纠之，或简而补之，共得“锷按”195条，“宗颐按”245条。若细加研究，即是粤东学术史、岭东诗学史，故至今仍是潮学研究的重要基石。选堂先生从此崭露头角，以学问文章见重士林。惜卷十四以下稿件中经抗战，兵燹荡尽，令人伤悼。

先生生平著作，除《吴越游草》一卷、《慈禧宫词》一卷、《潮州西湖山志》十卷、《饶氏家谱》八卷、《天啸楼集》五卷、《潮州艺文志》外，另有未付梓者《王右军年谱》一卷、《法显〈佛国记〉疏证》十卷、《天啸楼藏书目》及《奉天清宫古藏目录》，属草稿未完篇者有《〈亲属记〉补注》《潮雅》《淮南子斠证》《瀛故拾遗》《潮州诗徵》[②]《汉儒学案》先成“易学”一卷[③]，《清儒学案》先成“目录”“凡例”四卷；《续章学诚校雠通义》《李元度先正事略》，则有目无书，共计十有七种。[④]

故郑国藩所撰《墓志铭》悲叹曰：

君著作等身，方以立言垂不朽，子贤又克负荷，宜庆君。何以悲君？盖非为君悲，为吾潮学界悲也。[⑤]

曾清河《哭纯钩》：

弱冠爱文翰，赋性成奇特。琳琅书满架，购书无虚日。委心重考据，穷年勤致力。研求古文词，法度尽其极。吟诗得性情，太素没雕饰。与古相为期，浩然崇明德。浮海历沪杭，纵观西子湖。留题鸿雪印，形影相与俱。归来隐廛市，诗酒日欢娱。曾与蔡梦蝶，偶社滥吹竽。蔡君病瘵死，落落非吾徒。嗟君曾著述，立言吐玉珠。宫词至百首，湖志满康衢。稽考祖宗德，家谱壮鸿图。邑乘定体例，冠冕删繁芜。初夏曾过我，析疑夜窗虚。缘何大梦觉，天竟胡为乎。

嗟君有冢子，峥嵘露头角。有产能自守，有书能诵读。殷勤佳子弟，渊

---

① 《岭南学报》1935年第4卷第4期；《岭南学报》1937第6卷第2～3期合刊。

② 潮汕历史文化研究中心编：《饶锷文集》，香港：天马出版有限公司2010年版，第153～154页。

③ 饶宗颐《广东之易学》：“饶锷《汉儒易学案》（存）。先大人锷，字纯钩，潮安人。此书备论汉易宗派，于各家并为之传，陈其学说，仿宋元学案例。今存钞本。”广东文物展览会编：《广东文物》（卷九）《学术文艺门》，上海：上海书店据1940年印本影印本1990年版，第891页。

④ 潮汕历史文化研究中心编：《饶锷文集》，香港：天马出版有限公司2010年版，第154页。

⑤ 潮汕历史文化研究中心编：《饶锷文集》，香港：天马出版有限公司2010年版，第154～155页。

渊与穆穆。玉树复森森，统嗣堪颂祝。新筑天啸楼，佳卉正芬馥。金碧照楼台，菟裘真可卜。年华四十二，未能享清福。春宵听夜漏，无乃太匆促。与君忘形交，于今三十载。佇君成大器，功名引领待。高堂两白发，戏舞斑衣彩。天道何冥冥，一蹶遂不殆。雁行两折翼，乔木凋华彩。一发赖千钧，苞桑磐石磈。时光当荔熟，奇疾令人骇。药石均无灵，如石沉大海。呜呼纯钩子，思君何时解。①

翁一鹤《挽饶钝庵》：

酷意尊前絮语温，谁知一病已离魂。传来噩耗翻疑梦，经过丧庐欲哭门。一代风流追白社，半生踪迹遗莼园。东钓斗酒空凭吊，可有知音到九原。②

本年，吴鸿藻选编《潮州灵光集》稿本杀青，其中卷六选录先生遗文九篇：《慈禧宫词序》《奉天清宫古藏目录序》《柯季鹗诗集序》《蛣寄庐诗賸序》《心经述义序》《仲兄次云先生行述》《与冯印月书》《答胡孔昭书》《镜湖先生蓄须文》。③

是年作《碧海楼诗序》④《壬社序》《魏皇甫骐墓志跋》⑤，文见《天啸楼集》卷一、卷二；⑥ 诗《夜谭》。⑦

---

① 曾清河撰：《宿云楼诗钞》（卷一），稿本。

② 《汕头画报》民国二十一年十月十日（1932），第8版。

③ 吴鸿藻选编：《潮州灵光集》，钞本，1932年。

④ 红蕖文："双柑老人（戴贞素）谓吾潮诗人，犹有晚唐音范者，前有林蛣叟、柯万竹，后有张碧海，可谓能知潮之诗人者矣。红蕖与三君，皆有一面一雅。……碧海则方精壮之年，虽已有《碧海诗》二卷，然前程正未可限量。"刊《汕头画报》民国二十一年（1932）十月五日。而于饶文中难断其撰写时间，暂附于此。

⑤ 《魏皇甫骐墓志》拓本是友人邱汝宾之藏品，高吹万于1938年《题魏皇甫骐墓志》其二："大鹤逸文真足贵，钝盦跋尾尚如新。品题一致称奇品，石墨千秋共绝伦。"自注："有郑叔问及亡友钝盦诸跋，郑跋《大鹤山人全集》内未载，饶跋已刻入《天啸楼集》中。"叔问即清季四大词人之一郑文焯（1846—1918）。因从跋文中无从考定时间，姑附于此。又邱汝宾《蕉窗随笔》："余平生亦颇好收藏书画，迨经离乱，片楮不遗，所最心赏者《魏皇甫骐墓志》……于今思之，真若过眼云烟也。"《魏皇甫骐墓志》，全称《魏故泾雍二州别驾安西平西二府长史新平安定清水武始四郡太守皇甫君墓志铭》。北魏延昌四年（515）刻，楷书，23行，行40字。清咸丰年间于陕西户县出土。

⑥ 潮汕历史文化研究中心编：《饶锷文集》，香港：天马出版有限公司2010年版，第39~40页。

⑦ 曾清河撰：《宿云楼诗钞》（卷一），稿本。

谱 后

民国二十三年甲戌（1934） 先生歿后2年

4月，遗著《天啸楼集》由其哲嗣宗颐等所辑，分文四卷，55篇；诗一卷，20首。郑国藩、杨光祖作序，蔡梦香题签，末附郑国藩《墓志铭》，饶宗颐跋。[①]

饶宗颐跋云：

念此区区者，虽非先君一生学业精诣所在，然亦为其精神所凭寄，终不忍其湮没于无闻，故将其初稿略为编定，别为文四卷，诗一卷。而遵先君临终遗命，请郑晓屏、石维岩、杨光祖、蔡兰生诸乡先生重为选校而梓行之。然则先君之诗若文得流传于世者，实有藉乎数先生之力，此又宗颐所为感戴欣幸无已也。[②]

本年，吴鸿藻应广东通志馆之约，作《广东艺文调查表》，著录了先生已刊行的著述六种，并附生平略历。[③]

民国二十四年乙亥（1935） 先生歿后3年

9月，广州私立岭南大学《岭南学报》第4卷第4期刊发了以“潮安饶锷钝盦辑，长男宗颐补订”的《潮州艺文志》卷一至卷七。[④]

民国二十六年丁丑（1937） 先生歿后5年

9月，《岭南学报》第6卷第2、3期合刊发表了《潮州艺文志》卷八至

① 饶锷：《天啸楼集》（五卷），潮州：潮安饶氏1934年版；潮汕历史文化研究中心编：《饶锷文集》，香港：天马出版有限公司2010年版，第1~158页。

② 潮汕历史文化研究中心编：《饶锷文集》，香港：天马出版有限公司2010年版，第158页。

③ 吴鸿藻撰：《广东艺文调查表》，钞本，广东省立中山图书馆收藏。孙杜平先生提供资料。

④ 饶宗颐：《潮州艺文志》，《岭南学报》，1935年9月。

卷十三。[①]

1978年戊午　先生殁后46年

8月8日，顾颉刚在是日《日记》记载："看饶锷《天啸楼集》。……饶锷为饶宗颐之父，出身商人家庭而酷好读书，所作具有见解，乃未及五十而卒。其藏书不知新中国成立后如何处理，颇念之。"[②]

1987年丁卯　先生殁后55年

9月，由许衍董总编纂，饶宗颐等任编印委员会委员的《广东文徵续编》，由广东文徵编印委员会刊行，精装3巨册。其中第294~298页收录了先生之《潮州西湖山志自序》《感旧诗存序》《天啸楼藏书目序》《永乐大典目录跋》《蓴园记》《重修泗坑友溪公祠碑记》共6篇。[③]

1994年甲戌　先生殁后62年

4月，《潮州艺文志》作为"潮汕文库·潮汕历史文献丛编"一种，由上海古籍出版社出版。[④]

2006年丙戌　先生殁后74年

6月，陈景熙主编《〈潮州艺文志〉索引》（潮学网文献丛刊之二），作为潮学网恭颂饶宗颐教授九十华诞的颂寿礼品，由香港天马出版有限公司出版。[⑤]

10月，陈贤武整理，合先生《西湖山志》，黄仲琴、饶宗颐《金山志》，饶宗颐《韩山志》于一书的《潮州三山志》，由政协潮州市委员会、潮州市

---

① 饶宗颐：《潮州艺文志》，《岭南学报》，1937年9月。

② 顾颉刚：《顾颉刚日记》（第十一卷），台北：台北联经出版事业公司2007年版，第580~581页。关于顾颉刚与饶宗颐的交往，可详见胡孝忠：《大师风范：饶宗颐先生与顾颉刚先生》，见饶宗颐：《饶宗颐与华学国际学术研讨会论文集》，泉州：华侨大学2011年版，第149~161页。

③ 许衍董总编纂：《广东文徵续编》，香港：广东文徵编印委员会1987年版。

④ 饶锷、饶宗颐：《潮州艺文志》，上海：上海古籍出版社1994年版。

⑤ 陈景熙主编：《〈潮州艺文志〉索引》，香港：天马出版有限公司2006年版。

地方志办公室编印出版。①

2010年庚寅　先生殁后78年

1月，陈贤武、黄继澍整理，潮汕历史文化研究中心编，由曾楚楠作前言，陈伟南、高佩璇赞助经费的《饶锷文集》，合《天啸楼集》、“拾遗卷”、《潮州西湖山志》等于一书，作为“潮汕文库·文献类”一种，由香港天马出版有限公司出版。②

2013年10月第六稿

① 陈贤武整理：《潮州三山志》，潮州：政协潮州市委员会、潮州市地方志办公室2010年版。

② 潮汕历史文化研究中心编：《饶锷文集》，香港：天马出版有限公司2010年版。

肆 二十世纪学人研究

钱锺书诗论略

华东师范大学 刘永翔[①]

钱锺书先生在学术和创作上的巨大成就为世所仰，在其生前就已形成的“钱学”，对先生的身世、思想、美学观、创作论、阐释学、小说、散文等各方面进行了“无微不至”的探究，《谈艺录》《管锥编》《宋诗选注》《七缀集》《围城》《人·兽·鬼》《写在人生边上》《石语》《槐聚诗存》诸书无不为人广为捋摭，发为文章。但在这些文字中，详细研究先生旧体诗艺术的，恕我荒陋，一直未曾读到（王辛笛先生的《〈槐聚诗存〉读后》一文，仅论交情；陈声聪先生的《荷堂诗话》盛赞钱诗，然只谈印象而无分析，其他提及此集的，亦意在“以诗证史”，均未及诗艺）。作为平生酷嗜旧诗，平居亦喜吟咏的我，未免情不自禁，愿在这方面为“钱学”拾遗补阙。

一

先生于文言、白话无所轩轾。论著既采文言，亦用白话；小说、散文则纯使白话，不作文言；唯独诗歌创作只吟旧体，不写新诗。那么，先生对新诗的态度究竟如何？

先生自幼好读旧诗，却也不废浏览新诗，其二十三岁时所作的《评曹葆华〈落日颂〉》一文即是一证。虽对其诗艺否定多于肯定，然而并未一笔抹杀新诗这一体裁。《围城》中有两首新诗：苏文纨的一首，据杨绛先生说，“是锺书央求我翻译的，他嘱我不要翻得好，一般就行”（《记钱锺书与〈围城〉》）；曹元朗一首仿爱利恶德体的诗，杨先生未言，当是钱公自作，也许这是他平生作过的唯一一首新诗，以文为戏，意在嘲讽。钱公自言：“我在《围城》中所笑的，是模仿《荒原》体的劣诗，并不是《荒原》本身。”（水晶《两晤钱锺书先生》）这样看来，似乎钱公是瞧不起新诗中的劣作而非新

① 作者简介：刘永翔（1948— ），字寂潮，浙江龙游人。现为华东师范大学终身教授，博士生导师，上海作家协会理事，上海图书公司学术顾问，《中华文史论丛》学术顾问，华东师范大学出版社学术顾问。

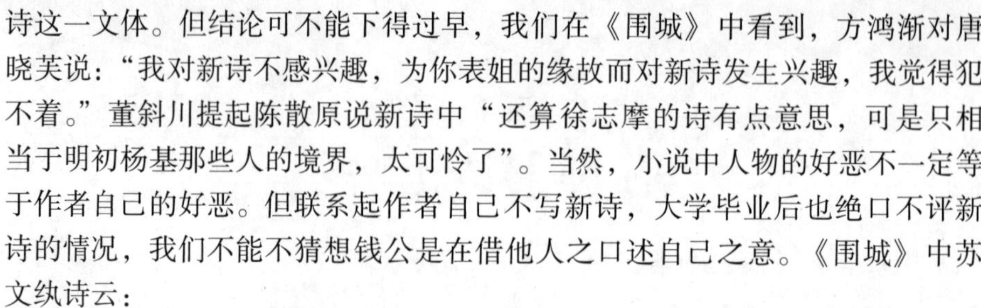

诗这一文体。但结论可不能下得过早，我们在《围城》中看到，方鸿渐对唐晓芙说："我对新诗不感兴趣，为你表姐的缘故而对新诗发生兴趣，我觉得犯不着。"董斜川提起陈散原说新诗中"还算徐志摩的诗有点意思，可是只相当于明初杨基那些人的境界，太可怜了"。当然，小说中人物的好恶不一定等于作者自己的好恶。但联系起作者自己不写新诗，大学毕业后也绝口不评新诗的情况，我们不能不猜想钱公是在借他人之口述自己之意。《围城》中苏文纨诗云：

难道我监禁你？还是你霸占我？你闯进我的心，关上门又扭上锁。丢了锁上的钥匙，是我，也许你自己。从此无法开门，永远，你关在我心里。

这首诗，方鸿渐说是从德国十五六世纪的民歌里偷来的。实际正是如此，如前所述，是钱公请夫人代为翻译的。小说中方鸿渐嚷着要报告捕房捉贼起赃，极尽挖苦讽刺之能事，但钱公自己也将这首德国民歌"攘为己有"，《槐聚诗存》中《当子夜歌》第二首云："妾心如室，欢来居中。键户藏钥，欢出无从。"可见钱公对诗意实是欣赏非常，不然也不会爱不释手，移植到自己的诗中去的，他所不喜欢的只是新诗的形式而已。记得我的朋友徐震曾将自己所作的新诗寄给钱公请求斧正，先生回信说："大作拜读，情感洋溢。我不懂新诗，不知道艺术上是否成熟，请就正于行家。原稿奉还。"钱公在《围城》中曾说："只有做旧诗的人敢说不看新诗，做新诗的人从不肯说不懂旧诗的。"两相比较，钱公本人对诗的这一新的载体的态度虽未明言却也不言自明了。吴组缃先生说钱公"瞧不起白话诗"，当不是诬枉之说（李洪岩《吴组缃畅谈钱锺书》）。据美国人李克、李又安夫妇《解放的囚徒》一书所述，李又安曾对钱公（书中称之为"赵"）提起现代诗，钱公回答说："你说是'现代'诗吗？哼……我认为还不如说是'绝代'诗倒更恰当些（Did you say 'contemporary'? Hmmm, I think 'temporary' would be more appropriate）。50年以后就不会有人再听到这些东西了。"（译文据1958年群众出版社青柯译《两个美国间谍的自述》一书第35页）此条材料可为旁证。

至于词曲，钱公似也从未作过（至少未出以示人）。但著作中征引称赏之处俯拾即是。故疑先生之不为，犹如袁枚所说的"余不耐学词，嫌其必依谱而填之故"，非卑其体，乃是性分不近耳，倚声按谱，以本人看来，亦是苦事。

二

作家成长的过程历来是研究者最为关心之事。入手之始、师法之源、风格之成，皆诗人研究的必涉之题。在此，我想对这一系列问题作一些粗略的探讨。

首先，先生学诗始于何时？对此，钱公自己有两种说法：一是吴忠匡先生披露的夫子自道："余年十九始学为韵语。"（《记钱锺书先生》）一是《槐聚诗存》自序中语："余童时从先伯父与先君读书，经、史、'古文'而外，有《唐诗三百首》，心焉好之。独索冥行，渐解声律对偶，又发家藏清代名家诗集泛览焉。及毕业中学，居然自信成章，实则如鹦鹉猩猩之学人语，所谓'不离鸟兽'者也。"

一说是十九岁，一说是童时。由于钱公有"总记不得自己的出生年月日"的"混沌表现"（《记钱锺书与〈围城〉》），加之我们发现《槐聚诗存》中有不少编年错误，这两种说法就有略加考辨的必要了。据杨绛先生说，钱公学诗是在上苏州桃坞中学时，则时当在1926年之前，年龄当小于十七虚岁，与《序》说相符，三占从二，则学诗始于童时为是。然十九岁想亦非吴氏误记，忖度其意，则钱公所云"十九始学为韵语"者，乃指"居然自信成章"而言耳。

读《槐聚诗存》，发现先生将1933年二十三岁以前的作品都删得一字不存了，原因何在呢？"悔其少作"当然是最方便也绝不会出错的回答。但悔什么呢？是沈休文绮语之悔吗？显然不是。钱公绝不是死后妄想配享孔庙两庑、吃一块冷猪肉的道学先生。何况删存之诗，其中"绮语"亦复不少，如"桃李冰霜怜颊涡"（《秣陵杂诗》）、"妾心如关，守卫严甚。欢竟入来，如无人境"（《当子夜歌》）、"何时铲尽蓬山隔，许傍妆台卜此生"（《古意》）、"捣麝拗莲情未尽，擘钗分镜事难凭"（《古意》）、"缬眼容光忆见初，蔷薇新瓣浸醍醐。不知醋洗儿时面，曾取红花和雪无"（《偶见》）等，均可当艳诗之目。那么，是悔其体卑吗？先生向吴忠匡先生自述，少时"好义山、仲则风华绮丽之体，为才子诗，全恃才华为之"（《记钱锺书先生》）。"同光体"诗人兼理论家陈衍阅先生之诗，觉得"斐然可观"，但又嫌其"多缘情凄婉之作"，说："汤卿谋不可为，黄仲则尤不可为，故愿其多读少作也。"（《石遗室诗话续编》卷一）其实，陈衍之不赞成先生写这种情调的诗，除了诗学观的原因之外，恐其成为"诗谶"，亦如黄仲则等诗人不幸短命也是因素之一（郑朝宗《但开风气不为师》）。这样看来，似是悔其体卑了，是不是

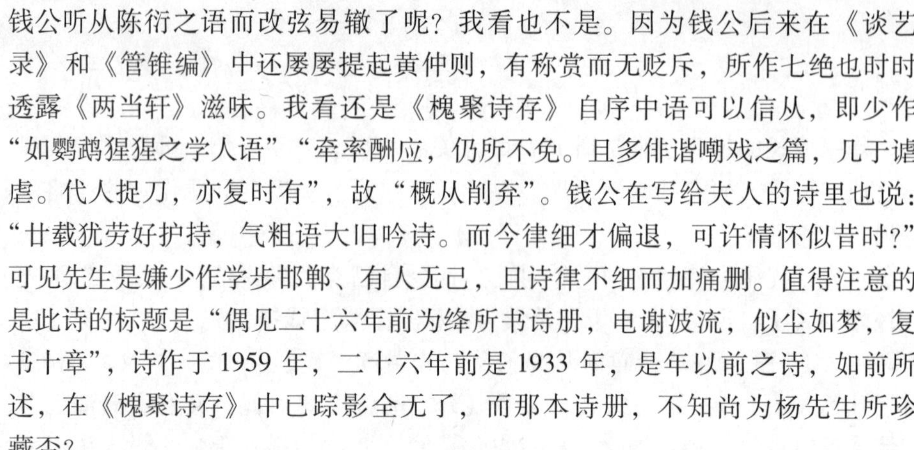

钱公听从陈衍之语而改弦易辙了呢？我看也不是。因为钱公后来在《谈艺录》和《管锥编》中还屡屡提起黄仲则，有称赏而无贬斥，所作七绝也时时透露《两当轩》滋味。我看还是《槐聚诗存》自序中语可以信从，即少作“如鹦鹉猩猩之学人语”“牵率酬应，仍所不免。且多俳谐嘲戏之篇，几于谑虐。代人捉刀，亦复时有”，故“概从削弃”。钱公在写给夫人的诗里也说：“廿载犹劳好护持，气粗语大旧吟诗。而今律细才偏退，可许情怀似昔时?”可见先生是嫌少作学步邯郸、有人无己，且诗律不细而加痛删。值得注意的是此诗的标题是“偶见二十六年前为绛所书诗册，电谢波流，似尘如梦，复书十章”，诗作于 1959 年，二十六年前是 1933 年，是年以前之诗，如前所述，在《槐聚诗存》中已踪影全无了，而那本诗册，不知尚为杨先生所珍藏否?

先生的“壮悔”，据《石语》记载来推测，至迟当在 1938 年，其年先生二十八岁。钱公云：“二十一年春，（石遗）丈点定拙诗，宠之以序。诗既从删，序录于左。”《石语》自序署年为“民国二十七年二月八日”，那时为陈衍点定的诗作已全部删却，即使是在《石遗室诗话续编》中称赏过的诗也不略留以志鸿爪，其故何在？我认为原因有三：

一是钱公当时诗风确已丕变，他对吴忠匡先生说：“其后游欧洲，涉少陵、遗山之庭，眷怀家国，所作亦往往似之。”二是陈衍实际并不赞成钱公少作的风格，这点我们在前面已经提到了，在为钱诗所作的序中，他还告诫钱公：“未臻其境，遽发为牢愁，遁为旷达，流为绮靡，入于僻涩，皆非深造逢源之道也。默存勉之。”最后还鼓励钱公“自成一家”。三是《石遗室诗话》及《石遗室诗话续编》确实如陈衍本人所说，是“于古今人诗，皆献可而绝少替否”的（《石遗室诗话续编》卷一）。石遗老人逢人说好，显得十分世故，与《石语》中所载私下谈话的肆意臧否人物大不相同。先生《论师友诗绝句》于陈衍云：“其雨及时风肆好，匹园广大接随园。”此诗可作两面观之：一方面，将陈氏比作袁枚，是称赞他延接诗人、提携后进不遗余力，有似袁氏当年（舒位《乾嘉诗坛点将录》将袁枚比作及时雨宋江），也是一位广大教化主；另一方面，陈衍在《诗话》中称道达官贵人之诗，亦与袁氏《随园诗话》相似。果真这样，则名登其上、诗录其中便不足为荣，傲兀如钱公，难免有耻与哙伍之感。记得钱公老友苏渊雷先生尝对我说，他在钱家见书房里挂着陈石遗写给钱公的诗轴，当时未曾记下。后来写信给钱公，求其录示，钱公不肯，回信说：“石遗丈赠诗联，乃耆硕奖借后生之盛意，四十年来，三劫曾经，六丁未取，聊悬斋壁，如对老成人，而亦觅我少年心耳。若传录炫示，便迹近标榜借重，非某甲堂堂一个人所愿也。”苏公道及此事，言下颇有怪钱公矫情之意。不过我认为钱公所言实出真心，钱家书房非轻易可入，钱公亦不因人而热，要靠石遗成名。且“五四”新文化运动以来，胡适之、钱玄同辈呼风唤雨，旧式文人如石遗诸公实不能“飞沉出其指顾，荣辱定其一言”，相反，得到他们的称赞，反而会蒙受“骸骨迷恋”之讥，“谬种”“妖孽”之詈。石遗死后，更是“纷纷轻薄溺寒灰”（《叔子寄示读近人集题句》）。新中国成立后则“同光体”几与“反动”二字同义，人们避之若浼。“文革”后则钱公名满天下，何须再引石遗自重呢?《槐聚诗存》中不录石遗点定的少作，正是钱公诗学与诗艺成熟的一种表现。

钱公不但自己对少作“拉杂摧烧”，还反对他人为之搜亡补佚。他在《槐聚诗存》中揶揄潜在的佚诗搜辑者说：“他年必有搜拾弃余，矜诩创获，且凿空索隐，发为弘文，则拙集于若辈冷淡生活，亦不无小补云尔。”有人认为，衡以章学诚“言公”之论，先生所言未免“失言”“失体”，不知先生苦心实是爱惜羽毛，恐“谬种”流传，不愿将自己早年不成熟的作品留给后人而已。“大匠不示人以璞”，先生有焉。钱公不独对诗作如此，对其他述作也莫不如此。他曾多次拒绝旧作的重印，辞不获免时则必千修万改，曾说：“弟于旧作，自观犹厌，敝屣视之。而国内外不乏无聊好事或嗽名牟利之辈，欲借弟为敲门之砖、易米之帖。”“他年弟身后有为此者，弟不能如郑板桥之化厉鬼以击其脑，亦唯衔恨泉下。一息尚存，则掩耳摇手而已。”（黄裳《故人书简》，《学术集林》卷二）话说得更加激烈，而其意是一以贯之的。但是，目前的现实是，辑佚已成显学，学界到处是“诗书发冢”之儒。在这些人的“洛阳铲”下，作家们都是驷不及舌，容不得反悔的。《围城》在钱公生前既已被“变相盗版”，《槐聚诗存》在先生身后只怕也难逃“厄运”，校勘、辑佚都是意料中事。人们会振振有词地说：作家废弃之稿即使没有文学价值，也必然具有历史价值。要阻止他人搜集佚作，无论是作家本人的诅咒还是现行的法律都是无能为力的。我们知道，郑板桥的毒誓并未吓退卞孝萱和郑炳纯，他们整理出了目前为止最为完备的《郑板桥全集》和《郑板桥外集》；我们的法律也仅将作家的著作权维持至其死后五十年。所以，槐聚和板桥二先生在九原亦唯有徒唤奈何而已。

三

钱公自述学诗经历的“夫子自道”还说：“归国以来，一变旧格，炼意炼格，尤所经意，字字有出处而不尚运典，人遂以宋诗目我。实则予于古今诗家，初无偏嗜，所作亦与为同光体以入西江者迥异。倘于宋贤有几微之似，

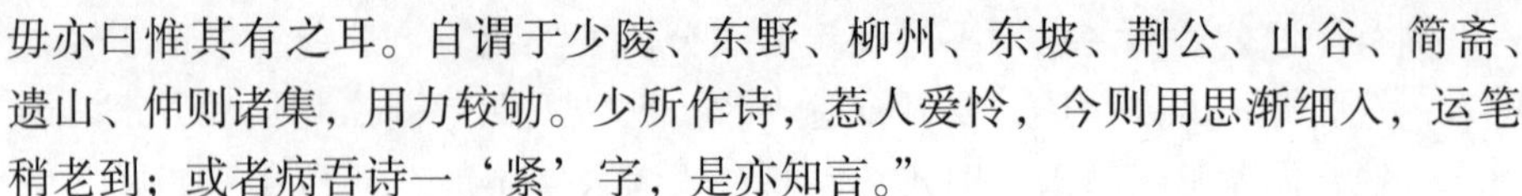

毋亦曰惟其有之耳。自谓于少陵、东野、柳州、东坡、荆公、山谷、简斋、遗山、仲则诸集，用力较劬。少所作诗，惹人爱怜，今则用思渐细入，运笔稍老到；或者病吾诗一‘紧’字，是亦知言。”

这里，钱公已将自己的师承讲得明明白白了。读《谈艺录》与《管锥编》，其用力处，亦可一一与之互相印证。这段话虽是在蓝田师范学院执教时所言，时仅年届而立，而诗格之立亦在此时，且终身以之，至老不变了。所举诸家，我觉得尚可增益长吉、放翁、定庵，甚至还有先生贬多褒少的萚石。总之，先生是转益多师，并不暖姝一先生之言。

那么，既然钱公如此不分唐宋，博采众长，人们为什么还要置之于宋诗派之列呢？原因有二：一是非此即彼的简单逻辑使人们断定旧诗非唐即宋，非宋即唐。钱公之诗既不纯似唐音，那当然就是宗宋了。想来吴组缃先生即属此列（李洪岩《吴组缃畅谈钱锺书》：“他是写宋诗的。”）；二是从师友渊源上来考虑，如钱公说，郑振铎先生因为他曾蒙陈衍先生等的奖誉，就有了一个印象，以为他喜欢宋诗（彦火《钱锺书访问记》），而人们也就进而推断他写的也是宋诗。

这个印象无非基于以下的逻辑：陈衍是宋诗派，得其称赏之诗必是宋诗。这个推理，其误有三：其一，钱公谒见陈衍时，所写的乃是李义山、黄仲则风格之诗，并非宋调。其二，如前所述，《石遗室诗话》及《石遗室诗话续编》所表彰的诗篇未必为陈衍真心所赏，于钱诗陈衍实有微词。其三，陈衍自己并不承认是宋诗派，他说：“余于诗不主张专学某家，于宋人固绝爱坡公七言各体，兴趣音节，无首不佳，五言则具体而已，向所不喜。双井、后山，尤所不喜。日本博士铃木虎雄，特撰《诗说》一卷，专论余诗，以为主张江西派，实大不然。……故时论不尽可凭，若自己则如鱼饮水，较知冷暖矣。”（《石遗室诗话续编》卷三）教人作诗，亦“为选香山诗二三百首、东坡集百十首使阅之”（《石遗室诗话续编》卷一）。值得注意的是，前引钱公自述“予于古今诗家，初无偏嗜”，与石遗老人的“夫子自道”笙磬同音。于此不禁使人兴“人莫不饮食也，鲜能知味也”之叹。

实际上，钱公之诗已唐宋两忘，自成一体，这是开卷即知的。有人认为钱诗是学黄山谷的，还有人说钱诗纯是“二陈汤”，这适足证明其于山谷、二陈及钱公之诗均未深加涵泳，以得其味。钱公是不以山谷、江西诗派、“同光体”为然的，冒效鲁先生曾说：“默存卅九年前与弟同舟时即规以‘看君口吸西江尽，已到机锋转捩时’，早已鉴及此路不通，断潢绝港。”（《致苏渊雷先生书》）自己作诗，哪里会“自蹈其失”呢！

四

通读《槐聚诗存》，总觉得其中充满了一种抑郁之气，杨绛先生所说“《槐聚诗存》的作者是个‘忧世伤生’的锺书”，这话的确是不错的。在集中很少找得到钱公在小说和散文中的幽默语、调侃语和嘲讽语，也就是杨先生所说的旺盛的“痴气”。当然，钱公并不是没有写过“俳谐嘲戏之篇”，这点他在《槐聚诗存》序里也曾承认，并说都“概从削弃”了。其实，删而未尽者尚有《予不好茶酒而好鱼肉戏作解嘲》《肩痛》《戏燕谋》等篇，但均谑而不虐（谑而虐者笔者仅读到钱公与冒效鲁先生互嘲之诗手稿，尊重二公之意，不欲为外人道）。作者之意明是要读者领略他对人生和世界思考沉重的一面，亦即 long-termpessimism 的态度（见夏志清《重会钱锺书纪实》），集中发挥了“诗可以怨”“好音以悲哀为主”的功能。在诗中钱公未能做到古人提倡的“哀而不伤”，却完全做到了“怨而不怒”，这是另一位学术大师陈寅恪先生所做不到的。

将钱公之诗与陈氏之遗诗加以比较，会发现一个较为奇怪的现象：陈氏虽是大史学家，其诗却似多诉诸感情；钱公虽是大文学家，其诗却似多诉诸理性（非形象思维与逻辑思维之谓），联想起陈氏提倡“以诗证史”，以理性产物视文学作品，而钱公则大不以为然之事。二公作起诗来，则偏偏自相悖反。试均取新中国成立后诗为例，陈诗如：

五羊重见九回肠，虽住罗浮别有乡。留命任教加白眼，著书唯剩颂红妆。钟君点鬼行将及，汤子抛人转更忙。为口东坡还自笑，老来事业未荒唐。

——《辛丑七月雨僧老友自重庆来广州承询近况赋此答之》

任教忧患满人间，欲隐巢由不买山。剩有文章供笑骂，那能诗赋动江关。今生积恨应销骨，后世相知倘破颜。疏属汾南何等事，衰残无命敢追攀！

——《壬寅小雪夜病榻作》

这些诗充满了怨怒之情，更甚者，尚有“平生所学供埋骨，晚岁为诗欠斫头”（原作“砍头”，太俗，非寅恪先生语，今正。“斫头”语出《三国志·张飞传》）之句。诗一名三训中所谓“志”“承”“持”中，只发挥了“承君政之善恶，述己志而作诗”的一面，未能做到“持（控制）人之行，使不失队（坠）”（郑玄《诗谱序》，孔颖达疏）。

再看钱诗：

知有伤心写不成，小诗凄切作秋声。晚晴尽许怜幽草，未契应难托后生。且借余明邻壁凿，敢违流俗别蹊行？高歌青眼休相戏，随分虀盐意已平。

——《龙榆生寄示端午漫成绝句即追和其去年秋夕见怀韵》

树喧虫默助凄寒，一掬秋心揽未安。指顾江山牵别绪，流连风月逗忧端。劳魂役梦频推枕，怀远伤高更倚栏。验取微霜新点鬓，可知青女欲饶难。

——《秋心》

这是《槐聚诗存》中新中国成立后写哀愁较为显露的两首。二诗均无自注，细味诗意，第一首似是龙榆生先生作诗抒愁，有老来为年青一辈欺负之叹。钱公则劝其只管余年读书，勿作矫世违俗之举。“至于您对我的期许么，太高了，我这一辈子粗茶淡饭也就心甘情愿了。”怨而不怒，深得“持”字之旨。第二首虽读来满纸凄清，但流露的只是一种个人的无奈，一种自怨自艾，浑不涉“怨灵修之浩荡”“哀民生之多艰”之意，所抒发的情感看上去似乎是属于所有时代的多愁善感文人的。记得丙丁之劫中杨先生烧毁了不少文字材料（《丙午丁未纪事》），而此册《槐聚诗存》则“恐遭劫火，手写三册，分别藏隐”，由此也可知钱诗中无甚触目的违碍字句（今问世《槐聚诗存》有《题新刊聆风簃诗集》一诗，于黄秋岳有怜才之意，“文革”时若为人告发，必致阶祸。想必为其时抄本中所无，而为后来所补入。然而，“欲加之罪，何患无辞”，钱氏夫妇幸未如吴晗、邓拓辈遭“罗织经”耳）。与陈诗相较，钱诗在“承”字上不及陈诗，在“持”字上则远胜陈作，而“持”正是理智战胜感情的结果。顺便说一句，杨绛先生的《丙午丁未纪事》《干校六记》等无不是“善持”的产物，且其善持又远远超过钱诗。钱公之能“持”，当得贤内助之力不少。

再看几乎是先生绝笔的一首七律：

阅世迁流两鬓摧，块然孤唱发群哀。星星未熄焚余火，寸寸难燃溺后灰。对症亦知须药换，出新何术得陈推？不图剩长支离叟，留命桑田又一回。

——《阅世》

此诗尽管情调低沉，但萦绕其中的是对中国前途的冷静思考，有忧世之心，无骂座之意。但如由寅恪先生写来，恐怕就把持不住了。他写出的尽是：

“避秦心苦谁同喻？走越装轻任更贫”“名山讲席无儒士，胜地仙家有劫灰”“吃菜共归新教主，种花真负旧时人”“武陵虚说寻仙境，子夜惟闻唱鬼歌”“一自黄州争说鬼，更宜赤县遍崇神”。这些或悲愤或嘲讽的诗句，未免怒形于色，文字贾祸之惧，似早已置之度外了。

“善持”，非诉诸理性不可；不“善持”，任凭感情泛滥，则其诗“怨以怒”矣。其实，何必“怨以怒”呢？钱公“哀以思”的诗风，不是也足以反映“其民困”的现实么？一个“哀以思”，一个“怨以怒”，读《槐聚诗存》与《陈寅恪诗集》，得出这两个不同的印象。如果真有所谓“诗谶”的话，实际只是文如其人，而人之性格决定命运罢了，观钱、陈二公的不同遭遇就可思过半矣。以中夏文化而论，作为学术界的一代传人，“小不忍则乱大谋”，带来的只能是无可弥补的巨大损失。

五

钱公之诗，皆千锤百炼，苦吟而成。自述“字字有出处而不尚运典”，读之信然。钱公这里将“出处”与“运典”区而为二，窥其意，“出处”当指遣词造句非出杜撰，均有来历，出于古人某诗某文而言；“运典”当指诗中取以类比的故实，如史传小说等。而不尚运典，非不运典之谓，先生之诗，运典实多，然所用多非僻典，万不得已而用之，必加自注。当然，典之僻不僻是相对的，虽说先生少时尝有“南华北史书非僻，辛苦亭林自作笺”之句以讽吴宓（《论师友诗绝句》），晚年却躬自蹈之，当然是因为现在人们的文史修养每况愈下，不注，人将不解甚至会滋生误解。《管锥编》论谢灵运《山居赋》一节对僻典难字的自注加以宽假，也是这个道理。

先生在《宋诗选注》和《管锥编》中皆有赞同钟嵘“吟咏性情，何贵用事”，反对“句无虚语，语无虚字”“文章殆同书抄”之语，但在具体鉴赏和自己的诗歌创作中非常讲究用典贴切和无一字无来历。为什么如此“言行不一”呢？

窃以为“听其言而观其行”，《宋诗选注》和《管锥编》所言不免为下民说法，流为俗谛，未必出自钱公肺腑。钱公实际所持还是他二十四岁时的见解：“在原则上典故无可非议，盖与一切比喻象征，性质相同，皆根据类比推理来。”（《与张君晓峰书》）记得 1985 年春末夏初，我赴京拜谒钱公，蒙先生书赠旧作《暑夜》诗留念。此诗据我所知，钱公还曾写给郑朝宗、陆文虎师弟及《围城》的日译者中岛长文夫妇，显然是其得意之作，诗云：

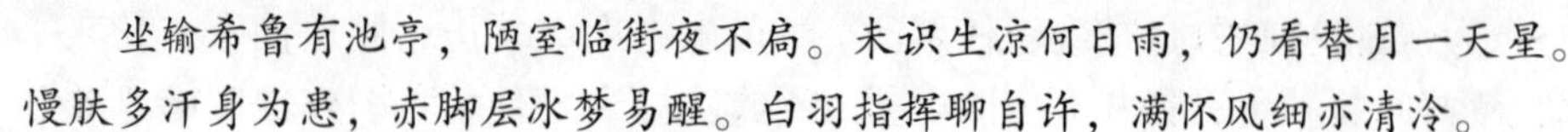

坐输希鲁有池亭，陋室临街夜不扃。未识生凉何日雨，仍看替月一天星。
慢肤多汗身为患，赤脚层冰梦易醒。白羽指挥聊自许，满怀风细亦清泠。

钱公曾对我略述诗意，说颈联上句出自韩愈，下句出自杜甫。先生仅举一隅，请以三隅反之：

首句“坐输希鲁有池亭”，《槐聚诗存》自注引《困学纪闻》卷十五：“蒋堂居姑苏，谓卢秉曰：亭沼初适，林木未就。”考《宋史·卢秉传》，秉字仲甫，“尝谒蒋堂，坐池亭”。则“池亭”二字亦有着落。“夜不扃”似出高适《睢阳酬别畅大判官》诗：“榆关夜不扃。”“未识”句从东坡少时所见无名氏诗“夜凉疑有雨”及徐俯诗“不知何处雨，已觉此间凉”等句变化而来。“替月”出自李商隐《李夫人三首》之一：“惭愧白茅人，月没教星替。”颈联句出自韩愈《郑群赠簟》诗：“慢肤多汗真相宜。”又《道德经》：“吾所以有大患者，为吾有身，及吾无身，吾有何患？”下句出自杜甫《早秋苦热堆案相仍》：“安得赤脚踏层冰。”末联上句出自《殷芸小说》：诸葛亮“持白羽扇指麾，三军随其进止”。下句取李后主《咏扇》诗：“揖让月在手，动摇风满怀。”

先生的善于用典与讲究来历可见一斑。不用典故，则短短五十六字不可能表达这么多的意思；没有出处，则整首诗不可能显得这么整饬高雅。一句话，没有书本子，旧诗，尤其是其中的律诗是写不出来的。即使写得出，也必然流于俚俗。

正因为先生“句无虚语，语无虚字”，一句甚至不止一个出处，读书不多者甚至不能明其诗之意、领其语之妙。

例如《叔子病起寄诗招游黄山》的首联“病余意气尚骞腾，想见花间着语能”，若不知来历，也许会以为冒叔子所寄诗为咏花之什或花下所作，稍知《花间集》名者也许会认定叔子所寄乃香艳之体。实际上，钱公乃是用陈师道《寄晁无斁》诗之“花间着语老犹能”，隐去一“老”字，盖指叔子兴复不浅，老尚能诗耳。又如《大伏过拔可丈》的“抢地竹怜生节直，过枝蝉警举家清”，“抢地”，出自《战国策·魏策四》：“布衣之怒，亦免冠徒跣，以头抢地尔。”又黄庭坚《题伯时顿尘马》：“竹头抢地风不举。”曾几《十二月六日大雪》：“竹头抢地最怜渠。”“竹怜生节直”，出自王安石《华藏院此君亭》：“人怜直节生来瘦。”“过枝”出自方干《旅次洋州寓居郝氏林亭》：“蝉曳残声过别枝。”“蝉警举家清”出自李商隐《蝉》：“烦君最相警，我亦举家清。”每句皆有几个出处，真可谓“无一字无来历”，老辈如李拔可，怎能不击节叹赏呢！

先生用典或用成语，往往并不限于原意，而是或“反而用之”，或“引而申之”。在其小说中用得最为出色的取事物间距离大者相比的方法也时时出现。

比如“胸有成竹”“心花怒放”二语，为人们所常用，钱公为之，则成“才悭胸竹难成节，春好心花尚勒芳”，此所谓“反而用之”。又如《荀子·劝学》有“驽马十驾，功在不舍”，刘禹锡《酬乐天扬州初逢席上见赠》“沉舟侧畔千帆过”，钱公用之，则成“病马漫劳追十驾，沉舟犹恐触千帆”（《答叔子》），此所谓“引而申之”。至于取二物相距远者为喻者，如“睡如酒债欠寻常，无计悲欢付两忘”（《山斋不寐》），用杜甫《曲江二首》之二“酒债寻常行处有”，以欠债比失眠。又“心如红杏专春闹，眼似黄梅乍（原误作‘诈’）雨晴”（《古意》），用宋祁《玉楼春》名句“红杏枝头春意闹”与戴复古《初夏游张园》佳句“熟梅天气半晴阴”构成巧对，喻心之不平静，泪之止而复流、流而复止。又“心事流萤光自照，才华残蜡泪将干”（《刘大杰自沪寄诗问讯和韵》），上句用杜甫《倦夜》“暗飞萤自照”，大约指自己方为“为己之学”；下句用李商隐《无题》“蜡炬成灰泪始干”，谦称已近江郎才尽之年。如此种种，指不胜偻。

有人说，钱公将引文构成了自己的学术著作，我也可以这样说，在某种意义上，钱公将引文构成了自己的诗。但著作是钱公自己的著作，而不是前人的发言纪要，诗也是钱公自己的诗，而不是前人的摘句之图。这里，花已成蜜，米已成酒，完全是另一种形态、另一种化学成分了。

六

《槐聚诗存》中的诗，给人的印象是刻意非凡，字字皆苦吟而出。陈衍尝嫌其“下笔太矜持”，钱公亦谓“丈言颇中余病痛”。但这种“矜持”至老犹然，未曾“改悔”。

先生论诗贵创意，作诗亦然，但对古、近二体要求不同。古体最讲创辟，近体中绝句次之，律诗追求的是对属之工、隶事之切、结构之精，并不斤斤于言语之是否未经人道。

先论古体。五古中有最为夫人欣赏的《游雪窦山》之二、三两首。今即举以为例。第二首云：

我尝观乎山，起伏有水致。蜿蜒若没骨，皺具波涛意。乃知水与山，思各出其位。譬如豪杰人，异量美能备。

喻山为波涛，古已有之，并非创意，如李白有“连山似惊波，合沓出溟海”（《九日登山》）；岑参有“连山若波涛，奔凑似朝东”（《与高适薛据登慈恩寺浮图》）；苏轼也有“山为翠浪涌，水作玉虹流”（《郁孤台》）。而钱诗“乃知”以下的引申则人所未言。由此可见先生的“打通”思想其时早已孕育，借咏山水之机略吐其端。

第三首有云：

山容太古静，而中藏瀑布。不舍昼夜流，得雨势更怒。辛酸亦有泪，贮胸肯倾吐？略似此山然，外勿改其度。

以山藏瀑布而山容仍静来比自己的贮胸有泪而不肯倾洒，就近取譬，亦得未曾有。先生写景多意不在景，而是借题发挥，用以抒情纵议而已。

七古如《遣愁》，有句云：

乾愁顽愁古所闻，今我此愁愁而哑。

“哑愁”何谓？读至此句，人不禁纳闷，然而读下去：

口不能言书不尽，万斛胸中时上下。恍疑鬼怪据肝肠，绝似城狐鼠藏社。鲠喉欲吐终未能，扪舌徒存何为者？

至此便恍然大悟，真觉“愁而哑”三字贴切无比，初起的怪诞之感即刻烟消云散了。

钱公的绝句则有两种：一种刻意，一种自然。刻意的有如将孟郊的五古“译”成七绝，自然的即龚自珍所谓的“平易近人诗”，时有隽语。

刻意的如：

往事成尘欲作堆，直堪墟墓认灵台。旧游昔梦都陈迹，拉杂心中瘗葬来。

——《心》之一

坐看暝色没无垠，襟抱凄寒不可温。影事上心坟鬼语，憧憧齐出趁黄昏。

——《心》之二

前人有“哀莫大于心死”的说法，钱公则进一步将心比作坟墓，前尘影事是心中埋葬之物。这样，往事的浮现自然是鬼魂的夜出了。语奇而不觉突兀，自是千锤百炼，才能使之“蟠屈”诗中的。诗似是孟郊诗与李贺诗嫁接而生的果实。

愁挟诗来为护持，生知愁是赋诗资。有愁宁可无诗好，我愿无愁不作诗。

——《愁》

诗意虽从“诗穷而后工”常语生发出来，但每句皆围着“愁”“诗”二字作缠绕之笔，常语因之而不常，苦语因之而弥苦。但微觉得缚得“紧”了一些，诗“汁”似乎有所流失。

自然的如：

涸阴乡里牢愁客，徙倚空庭耐嫩寒。今夜鄜州同独对，一轮月作两轮看。

——《中秋夜作》之三

鬓毛未改语音存，憔悴京华拙叩门。怪底十觞浑不醉，寒灰心事酒难温。

——《秣陵杂诗》之三

绿水疏林影静涵，秋容秀野似江南。乡愁触拨干何事？忽向风前皱一潭。

——《牛津公园感秋》

细味皆有黄仲则“咽露秋虫，舞风病鹤”的味道。

对于律诗，钱公则将精力集中在对仗用典和结构造句上，这是尊体的表现。长期以来，人们对诗中各体形成了不同的欣赏习惯，律诗中间两联须对，当然会对其妃青俪白十分留意。律诗只有八句，当然对其起承转合的当否难以忽略，对其词语组合的是否妥帖难以放过。人们对于创意的期待被对于偶俪的讲究和通体完善的追求所大大地淡化了。

以《周振甫和秋怀韵再用韵奉答君时为余勘订谈艺录》一诗为例：

伏处喓喓语草虫，虚期金翮健摩空。班荆欲赋来今雨，扫叶还承订别风。
臭味同岑真石友，诗篇织锦妙机工。只惭多好无成就，贻笑兰陵五技穷。

对仗的如：颔联工极切极。“班荆道故”，语出《左传·襄公二十六年》；

“今雨”出自杜甫《秋述》；“扫叶”出自《战国策》鲍彪序附言：“先哲言：校书如尘埃风叶，随扫随有。”“别风”出自《文心雕龙·练字》：“《尚书大传》有‘别风淮雨’，《帝王世纪》云‘烈风淫雨’。”此联意本平常，即谓：“多亏结交了你这位新朋友，可要靠你给我的书订正错字呀！”但一对仗起来，给人的印象就迥然不同了。“荆”“叶”同归植物类，“雨”“风”共属气象类，非工对而何？组成佳对则绝妙好词，译为白话则客套常语，由此亦可见在文学上是绝对不能“得意忘言”的。此理钱公在《谈艺录》论“妙悟与参禅”时曾经拈出。

结构的如：首二句自比草虫伏处，请对方毋以大鹏金翅鸟来相待。“伏处”，出自《庄子·在宥》：“贤者伏处大山嵁岩之下。”“喓喓草虫”，出自《毛诗·召南·草虫》；“金翮”，指金翅鸟，佛经中常见，如《大方广佛华严经》卷五二有云：“譬如金翅鸟王飞行虚空，回翔不去，以清净眼观察海内诸龙宫殿，奋勇猛力，以左右翅鼓扬海水，悉令两辟，知龙男女命将尽者而搏取之。”改“金翅”为“金翮”，则避俗之故，而“金翮”二字，亦经前辈烹炼，李因笃《受祺堂诗》卷五《二李》诗即有“金翮久摩空”句。用字造句，可谓“无一字无来历”了。末二句则远远相承，说自己多好无成（苏轼《次韵子由论书》：“多好竟无成，不精安用夥。”），会像荀子所说的“梧鼠五技而穷”而被人讥笑。这样，四句皆是鸣谦之辞，其余四句被其包围，纵出别意，也不会显得离题，何况“班荆”句表结交之乐，“扫叶”句谢勘订之劳，“臭味”句谈交情之厚，“诗篇”句夸友才之高，皆属题中应有之义。

至于钱公律诗不重创意，还可从其喜用“成语”看出来。以《代拟无题七首》之三为例：

辜负垂杨绾转蓬，又看飞絮扑帘栊。春还不再逢油碧，天远应难寄泪红。炼石镇魂终欲起，煎胶续梦亦成空。依然院落溶溶月，怅绝星辰昨夜风。

一首诗将晏殊的七律《寓意》用了两次：第三句取其“油壁香车不再逢”，第七句用其“梨花院落溶溶月”，毫不避忌。末句出李商隐《无题》之“昨夜星辰昨夜风”，只改两字。整首诗着意的是对仗的配置和情调的营造。至如该诗第五首的警句“休凭后会孤今夕，纵卜他生失故吾”，亦从钱载悼亡之作《追忆诗》的“来生便复生同室，已是何人不是君”变化而来；钱公曾在《谈艺录》中称赏过此诗，誉其为奇作。由此可见钱公对律诗讲究的是整体的贴切浑成，而非一二独创的惊人之句。

先生于律诗对句喜用动词和虚词，有时甚至一句数意，繁音促节，使人觉得“紧”的大概是这个原因吧？再看：

生灭心劳身漫息，住空世促夜偏长。

——《山斋不寐》

声欲宣心词体物，筛教盛水网罗风。

——《少陵自言性僻耽佳句》

乍惊梦断胶难续，渐引愁来剪莫除。

——《沪西村居闻晓角》

药通得处宜三上，酒熟钩来复一中。

——《寻诗》

魂即真销能几剩？血难久热故应寒。

——《代拟无题七首》

这种造句法使用之频，在喜用虚词和动词的宋人中亦为罕见，这样的诗句，不读上几遍确实是难获“的解”的。所以钱诗之难读，往往不是由于典故与来历，而是如吴忠匡先生所说，“由于过分的雕镂，句意不无晦涩”(《记钱锺书先生》)。

以这种创作态度来作诗是不可能“斗酒诗百篇”的，“二句三年得”当亦常事。费时不关构思之迟，而在改易之屡。《代拟无题七首》，杨绛先生《缘起》言，钱公“苦思冥搜者匝月”始成。其实，《辜负垂杨绾转蓬》一首七律实是四十余年前旧作，曾“书应黄裳大才人雅教”的，我曾见过墨迹的复印件。收入《无题》时，修改了一些词句。“愁喉欲斫仍无着”一首的一、二两句本是《春怀昆明作》的首联，只是用换字法“不易其意而造其词”。其余则究为旧作抑为新制不得而知，即使是旧作，也必然经过大改特改，这是可以断言的。所以我认为钱公作诗，费时不在布格，实在修润，而这种勇改不倦的精神，无论是其小说也好，散文也好，论著也好，都是自始至终贯穿其中的。

七

谈到修改，钱公著述中佳例更仆难数，为了不致离题，这里只想集中探

讨一下钱公在诗歌创作上千辟万灌、一字不肯等闲放过的精神。录于《槐聚诗存》者几乎首首皆经涂窜，真可谓“一诗千改始心安”。其改易于人启发实多，而颇亦得失相参，要之得大于失则可断言，下面略加申论。自愧才不能逮于作者，聊妄言而已。

《玉泉山同绛》一首，初稿之一云：

已息人天籁，而无车马音。数铃闻偶语，众窍答还沉。久坐槛生暖，忘言意转深。颠风明日渡，珍取此时心。

定本是：

欲息人天籁，都沉车马音。风铃呶忽语，午塔鬜无阴。久坐槛生暖，忘言意转深。明朝即长路，惜取此时心。

两本除颈联全同外，每句皆有所异。“他人有心，予忖度之”，其更改之由猜测如下：

“已息”改为“欲息”，显然是因为与“数铃闻偶语”联矛盾之故，改“已”为“欲”，则“欲息而未息”，铃声之现不与凿枘矣。“而无车马音”从陶潜《饮酒诗》之“而无车马喧”套来，形于率易，故将“而无”改为“都沉”，“沉”字甚炼。“数铃闻偶语”改为“风铃呶忽语”，使人知铃声并非一直响着，而是清风忽起，铿然一声，与首句“欲息”相呼应而成“未息”。因“沉”字已于次句用过，故第四句整句重写，弃“众窍”而言“午塔”。“鬜”，《说文·髟部》云：“鬓秃也。”韩愈《南山》诗尝用过：“或赤若秃鬜。”（窃以为“鬜”字太僻，不宜用于近体）“颠风明日渡”之所以涂去，亦系从苏轼《大风留金山两日》诗的“塔上一铃独自语，颠风明日当断渡”信手拈来，有拾人牙慧之嫌，只是初稿此句与“风铃”句相承，改易后则其意不属了。“珍”字改为“惜”字，恐怕是因为“惜”字较“珍”字更具感情色彩的缘故。

钱公有时为了诗中一句之不妥，竟将全诗推倒重来，如《空警》初稿云：

惴惴时惊屋打头，六丁帝敕取神州。看遭雷击空般射，坐待天崩甚杞忧。苍鹢退飞徵陨石，金乌下啄有潜虬。平生英气销垂尽，失箸仓皇不自羞。

定本云：

太空滓秽片云浮，惴惴时惊屋打头。雷击忽随殷帝射，天崩合作杞人忧。乍看陨石过飞鹢，疾下金乌啄赤虬。自叹摧藏英气减，尚容失箸解嘲不？

一首本来“仄起”的七律被换成了“平起”。改易之故何在呢？比较二诗，发现除“六丁帝敕取神州”一句改成“太空滓秽片云浮”外，其余诗句声调虽平仄相反，而意义则差异甚微，可知痛改全诗即是为“六丁”一句之故。“六丁”句缘何不妥呢？溯其源出自韩愈《调张籍》的“仙官敕六丁，雷电下取将”，指上帝命仙官派六丁神下凡收取李杜之诗。将空袭比作上帝旨意的体现未免不妥，钱公当是后悟其非，遂将此句改为“太空滓秽片云浮”，其语出《世说·言语》：“司马太傅斋中夜坐，于时天月明净，都无纤翳。太傅叹以为佳。谢景重在坐，答曰：‘意谓乃不如微云点缀。’太傅因戏谢曰：‘卿居心不净，乃复强欲滓秽太清邪？’”钱公用此事以状轰炸机之出现。但此句之力显然不及“六丁”句之强，不足以承“惴惴”句，故移至篇首。这样一来，其余诸句就须重加调度，以就新的平仄了。

有时钱公将一字改至再三，可谓“金入洪炉不厌频”，如《叔子病起寄诗招游黄山》末联云：

欲踏天都酬宿诺，新来筋力恐难胜。

我曾见初稿两种，一种“恐”字作“渐”，一种“恐”字作“亦”，细加体味，均不及“恐”字为佳。作“亦”字，须另有其他不能游山的原因方可，而诗中不见；作“渐”字，则须有经常攀登黄山的经历方可，而先生未曾有过。用“恐”字则有权衡体力，自觉难支之意，不下死语，颇形委婉。此改可谓一字千金，不可复易。顺便说一句，“酬宿诺”，初稿有作“寻旧约”者，二者意亦有别，前者意义更为明确。因作“旧约”则由谁发起不明，人们也许会说安知不是钱公，而“宿诺”则明确表示游山是由冒公提出，而钱公当时允诺的。

这首诗的改易还有得失不易确定之处，如颔联：

老手诗中识途马，壮心酒后脱鞲鹰。

原作：

老手诗中孤竹马，壮心酒后海东鹰。

两稿的意思是差不多的，只是字面变了。“孤竹马”典出《韩非子·说林上》：“管仲、隰朋从于桓公伐孤竹，春往冬返，迷惑失道。管仲曰：‘老马之智可用也。’乃放老马而随之。遂得道。”“海东鹰”指海东青。庄季裕《鸡肋编》卷下云：“鸷禽来自海东，唯青鸡最毒，故号‘海东青’。”将“孤竹马”“海东青”换成“识途马”“脱鞲鹰”，浅显是浅显了，“孤竹”二字诚不足惜，置换之可也。但我个人颇偏爱“海东”字面，能令人眼前浮现沧海无垠、一鹰高举的景象，用以状叔子壮心似更形象。当然，如“海东”不易，“孤竹”也不能改。一孔之见，未必为通人所许，前所谓得失不易确定者以此也。

还有可以商榷的改易，如《渊雷书来告事解方治南华经》。其诗初稿云：

塞雪边尘积鬓斑，居然乐府唱刀镮。心游秋水无涯境，梦越春风不度关。穷验能工诗笔健，狂知因醉酒杯闲。五年逋欠江南睡，瓶钵行看得得还。

定本“涯”作“穷”，颈联作“引咎敢尤人下石，加恩何幸案移山”。“涯”改作“穷”，当因“穷”是动词，“无穷”与“不度”对属更为相称之故。“涯”则是名词，取以对“度”，稍有参差。但我觉得，不必如此五雀六燕，铢两悉称。“涯”字似有稍胜于“穷”字处，因为提到的是“秋水”，则“涯”字水旁，较之“穷”字与“水”具有更大的亲和力。《书·微子》云：“若涉大水，其无津涯。”《庄子·秋水》云：“秋水时至，百川灌河，泾流之大，两涘渚崖（《经典释文》作“涯”）之间，不辨牛马。”张衡《南都赋》云：“贮水渟洿，亘望无涯。”孙楚《为石仲容与孙皓书》云：“三江五湖，浩汗无涯。”是皆其证。至于“无穷境”虽有现成的组合，如孙绰《喻道论》：“游步三界之表，姿化无穷之境。”但与“秋水”配合，则似不如“无涯境”三字来得默契，且“涯”字“麻”韵，“穷”字“东”韵，在音节上前者也比后者来得响亮。未能质之先生，不知以为然否？

还得一提这首诗的创作背景：1958 年苏渊雷先生被陷戴上“右派”帽子，自上海远谪哈尔滨。1962 年始摘帽，将此事告知钱公，钱公为老朋友高兴，为赋此诗（《槐聚诗存》系之于 1959 年，实误。诗中有“五年逋欠江南睡”句，自 1958 年计至 1962 年正是五度春秋。又苏公《霜筋集》卷四所载皆 1962 年诗，中有记摘帽事者，后即附钱公此诗。卷五并有诗云：“秋水春风振采毫，文章妙手偶相遭。十年历尽崎岖路，赢得钱郎两韵高。”均可为证）。但其时形势严酷，故颈联只能写“穷验能工诗笔健，狂知因醉酒杯闲”。以诗穷而后工、杯醉而始闲来劝慰故人。十七年后，钱公将改定旧稿寄予苏公，颈联即如《槐聚诗存》所定。“引咎”句，点明了有人落井下石；“加恩”句则点出了题中“事解”二字。不过“案移山”三字似不甚切，因为右派“摘帽”仍是“摘帽右派”，是赦免而非洗冤。且苏公“摘帽”后亦并未如钱公所希望的那样“瓶钵而还”，而是留滞哈尔滨，历丙午之劫，至1971年被迫退休始回到家乡平阳。故拟改“幸”字为“吝”字，方合当时的实际。

改易一向是文坛佳话，杜甫、李白、白居易、欧阳修、王安石等大家无不在这方面留下可供后人借鉴的轶事，改易也是如今版权法所认可的作者权利之一。但事过境迁后的改易就未免有篡改历史的嫌疑，在作者自己固然是为了精益求精，而对企图“以诗证史”的史学家来说则无疑是设了一连串的陷阱，追改旧文无异于涂改档案。至于我这类于文史不思偏废之人，则妄图邢尹同观、熊鱼兼得，既想领受文辞的高妙，又想洞悉历史的真实。于是既读其定本，又觅其初刊，东食西宿，拆东补西，同时钩稽群籍，兼听众人，如岳飞所言的“运用之妙，存乎一心”，则史可改而实不可改，诗不可征而实可征。读《槐聚诗存》，于此会心正复不少。

八

要读懂钱公之诗虽然费力，但只要深加涵泳，细作考证，大多数还是可以理解的。阅读中我有这样的体会：诗意之明不明系乎诗题之显不显。诗题若显，则诗虽雕镂而其意可明；题若不显，则诗纵平易而其意难解。比如，《槐聚诗存》中“古意”“有感”之类便不易知其所指；而《代拟无题七首》由于有杨绛先生的“缘起”，便能了解其大概。

但近来我发现，钱公有些制题显豁、措辞平易之诗，竟也为人所误解，这在年轻的钱学研究者中往往而有。如《伤张荫麟》诗中的“夙昔矜气隆，齐名心勿喜”，明是钱公自述以前曾耻与张氏齐名，而《钱锺书与近代学人》的作者却看个颠倒，误解为张氏自负，对自己与钱公齐名不服气。年轻人不足为怪，然而误解者中竟会有钱公老友、著名学者，这就有些匪夷所思了。为恐他人尊为“的解”，不能不在此加以一辩。

为人误解之诗为先生写于1959年的《偶见二十六年前为绛所书诗册，电谢波流，似尘如梦，复书十章》，误解之人是替钱公《谈艺录》《管锥编》作责任编辑的周振甫先生，其文题为“钱锺书赠夫人杨绛诗”，载于1997年8

月2日《羊城晚报》，下面逐首注明鄙见与周说的不同，以就正于振甫先生。

廿载犹劳好护持，气粗语大旧吟诗。而今律细才偏退，可许情怀似昔时？

周文说："他跟夫人感情很好。夫人每天听天气预报，倘天气变冷，她就给钱先生准备衣裳，防他着凉，所以钱先生说'廿载犹劳好护持'。"其实，只要和诗题对照，即可知"护持"之物乃指"气粗语大"的"旧吟"之诗，并不指作者自己；如指自己，则"犹劳"二字就大不妥了。只有"自观犹厌"的旧稿才可以用此二字表示"我不珍惜，你倒珍藏"之意。《新唐书·刘禹锡传》记白居易称刘诗"在处应有神物护持"，也指的是诗。"可许"句，周文释为："可以允许他的情怀似旧时吗？""许"诚然可训为"允许"，但在此语境不行，这里当是"许可"之意，即："你还认为我对你的感情像从前一样吗？"

缬眼容光忆见初，蔷薇新瓣浸醍醐。不知靧洗儿时面，曾取红花和雪无？

第二句，周文解释道："认为她当用蔷薇新瓣浸在像酥油样的油脂里搽面的。"此说不妥。这句明是形容夫人面色天然白里透红，根本与化妆品无关。末二句用北齐卢士深妻崔氏春日以桃花靧儿面时所作之诗："取红花，取白雪，与儿洗面作光悦。"意谓：你肤色这么好，是不是小时候用红花和雪洗脸呢？诗意明甚，本不劳词费，但为了求实起见，这里还是作一番小小的考证罢。第一，钱公根本不可能恭维女子善用化妆品，小说《猫》中借傅聚卿的口嘲笑化妆过的女人"全是假的"，《围城》第三章写唐晓芙"天生着一般女人要花钱费时，调脂和粉来仿造的好脸色"，均对女人的傅粉施朱作了调侃。《石语》中所记陈衍语："少年女子自有生香活色，不必涂泽。若浓施朱白，则必其本质有不堪示人者。"显然钱公是赞同的。第二，《记钱锺书与〈围城〉》中杨绛先生写钱公恶作剧，趁她睡着时，"就饱蘸浓墨，想给我画个花脸。可是他刚落笔我就醒了。他没想到我的脸皮比宣纸还吃墨，洗净墨痕，脸皮像纸一样快洗破了"。亦可想见肌肤之白。振老学人，未解风情，致作此煞风景之笺！又周文说，"靧音添"，大概是将"靧"误为"靦"了，"靧"明明读作"诲"。

弄翰然脂咏玉台，青编粉指更勤开。偏生怪我耽书癖，忘却身为女秀才！

周文说：“咏玉台，指吟咏似《玉台新咏》的艳情诗。”“然脂，指夜里照灯写，因白天去工作。”此说又误。从未听说杨先生喜欢吟咏似《玉台新咏》的艳情诗，须知钱公此处乃用徐陵《玉台新咏序》之典：“于是然脂暝写，弄笔晨书。”“玉台”二字乃是牵率而及，非实指也。由于徐陵在序中假托其书是一个“丽人”编录的，所以“然脂”一语后来都指才女。如钱公在向冒效鲁先生提及其贺夫人时也曾说：“然脂才妇长相守，粉竹金松共岁寒。”（《叔子五十览揆》）故“弄翰”句只是指夫人的文字生涯而已。

世情搬演栩如生，空际传神着墨轻。自笑争名文士习，厌闻清照与明诚！

周文说：“‘世情’，指世俗的情事搬演栩栩如生。世人着墨不多像空际传神，把钱先生比作赵明诚，把钱夫人比作李清照。这样比较，好像是争名，是文人的习气，自己笑这种习气，讨厌世情这样比较。”这段话简直不知所云。其实，一、二两句乃夸奖杨先生的剧本，三、四两句则表示自己曾经有点不服气。邹文海《忆钱锺书》云：“犹忆初次见面时，我说厦门大学的朋友盛称季康的剧本上演甚为成功。锺书君作色答：‘你们只会恭维季康的剧本，却不能知道钱锺书《围城》的好处。’”我们知道，赵明诚之才不如其妻李清照远甚，死后只留下一本《金石录》，钱公自然不喜欢人们拟不于伦。

荒唐满纸古为新，流俗从教幻认真。恼煞声名缘我损，无端说梦向痴人。

周文说：“钱先生认为世俗满纸荒唐，以古为新，流俗虚幻地认真。”事实不然。“荒唐满纸”自指《围城》而言，“满纸荒唐言”出自《红楼梦》第一回曹雪芹自题。周文又说：“世俗的人认为钱先生的小说《围城》中的方鸿渐就是钱先生自己。夫人认为这是痴人说梦，非常着恼，所以写文章来对说梦的痴人讲明。从此她的声名因我而有损。”按“痴人说梦”原义是“对痴人说梦”，语出《冷斋夜话》，后来转为痴人自己说梦。钱公在这里用的是原义。《围城》出版后，很多女读者写信来打破砂锅，问他是不是书中的男主角，婚姻生活是否如意等（见水晶《侍钱“抛书”杂记》）。钱公在诗里隐含着的意思说白了就是：“真气人呀，人家把你说成孙柔嘉了，我这可真是向傻瓜说梦话，他们当真啦！”“恼煞”的是钱公，非夫人；“声名损”非关写文章，而是流俗指杨为孙。此诗写于1959年，《记钱锺书与〈围城〉》作于1985年，出版于1986年，故周文说夫人写文章以白其事乃将“后话”拉前了。

雪老霜新惯自支，岁寒粲粲见冰姿。暗香疏影无穷意，桃李漫山总不知。

周文说：“这是指‘文革’中对他夫人的打击说的。”只要拈出此诗写于“文革”七载前的1959年，其余也就不必多说了。

十首诗说错了六首。由此可见诗心理解之大不易，即使是与诗人有数十年交情、同样从事古典文学研究的老友也概莫能外。但亲友不解，不等于旁人不可解；今人不解，不等于后贤不能解。此扬雄之所以寄望于“后世子云”也。相信《槐聚诗存》中的那些难解之诗，能被钱公的异代知音所解，犹如李义山、王荆公、黄山谷、元遗山诸家的一些诗为钱公所解那样。

这篇急就的拙文只限于探索钱公的诗艺，而诗艺亦仅及于“技”而不及于“道”，不欲旁涉其他。至于先生通过“言志”与“缘情”透露出来的车辙之经、志行之洁、朋簪之好、情性之醇及其他遗闻轶事，虽若恍有所窥，终未敢发为文章，“以诗证史”，致为先生的在天之灵所窃笑。只能默而识之，存而不论，待与今贤时彦论及之文相互印证，则余愿足矣。

李叔同人生转向的价值探析

上海交通大学人文学院　朱兴和①

摘　要：李叔同的人生转向是20世纪中国文化史上饶有兴味的话题之一。转向的种种痕迹都保存在出家之前所作的诗文之中。解析这些诗文，可以发现，李叔同出家之前的人生可以分为前期、中期和后期。在价值取向上，前期以政治为本位，中期以艺术为本位，后期则以人生为本位。艺术本位承前启后，是解析李叔同出家之谜的重要关纽。

关键词：李叔同　人生转向　价值取向

李叔同（弘一法师）的人生轨迹尤其是他的出家是20世纪文化史上饶有兴味的话题之一。对此，丰子恺曾经有过著名的三层楼说，即：他是从物质生活（衣食）到精神生活（文艺）再到灵魂生活（宗教）一层一层地爬上三楼的②。这种说法虽富启发性却未必确切（比如，李叔同早期活动的主要目的并非衣食），而且，对于李叔同不断爬楼的原因，丰子恺只能给出“人生欲很强，脚力很大”之类含糊的说法，不足以解答李叔同人生转向之谜。数十年来，林子青、金梅、陈慧剑、陈星、郭长海等专家在李叔同研究上著述丰硕，但这一根本问题仍然没有令人满意的解答。近期，我在研味李叔同诗文时发现，李叔同前半生所作诗文无异于出家前的思想“化石”，如果对这些“化石”进行精细分析，也许能从中解析出李叔同人生转向的微妙心曲，甚至有可能从某个角度加深我们对人生转向之谜的理解。因此，特撰此文，拟请方家指正。

---

① 作者简介：朱兴和，男，文学博士，上海交通大学中文系讲师。

② 丰子恺：《我与弘一法师》，见丰子恺著，丰陈宝、丰一吟编：《丰子恺文集》（第六册），杭州：浙江文艺出版社1992年版，第399～400页。

一

从现存诗文资料来看，1905 年之前（即 25 岁之前），李叔同关注的核心问题并不是丰子恺所说的“物质生活”（即第一层的“锦衣玉食，尊荣富贵，孝子慈孙”），而是如何救亡图存的问题，与此相关的最大的思想动态则是政治观念的位移。

1898 年之前，李叔同有五篇应试文章存世。这些文章一方面对儒家经学表现出浓厚的兴趣（比如，主张格物致知、静心成学），另一方面又表现出强烈的改革诉求（比如，要求改八股为策论、学习西方科技知识、熟知洋务）。所有言论的核心关切是中国如何走向富强。所以，他积极关心时事，支持戊戌变法，并刻“南海康君是吾师”之印以明己志。[①]

在《论废八股兴学论》中出现了“我朝”“我中国以仁厚之朝”“伏读圣谕”等字眼，《行己有耻使于四方不辱君命论》中也有“仁厚之朝”“体君心”“达君意”“不辱君命”等表达[②]，说明此时的李叔同在政治立场上是高度认同清朝皇权的。这种立场直到 1901 年春夏之交仍未改变。《辛丑北征泪墨》中有一首七绝：“子夜新声碧玉环，可怜肠断念家山。劝君莫把愁颜破，西望长安人未还。”[③] 隐隐地透露出了他对庚子事变的憾恨和对光绪皇帝的牵念[④]。《泪墨》中还有“男儿若论收场好，不是将军也断头”的诗句，表现出“尽忠报国”的热情，所报之国也是大清帝国。

但是，自 1901 年秋进入南洋公学开始，因为革命风潮的激荡，李叔同所作诗文出现了一系列与前期迥然不同的主题，说明他的政治观念已经发生了巨大的变革。在《论废八股兴学论》（1897）和《行己有耻使于四方不辱君命论》（1898）中用以指称中国的“我朝”或“仁厚之朝”，到 1905 年《中国语言齐一说》已经被置换为“中国”或“我国”[⑤]，而且，1901 年之后所作诗文中再也没有出现类似于“我朝”之类的语汇。微妙的语词置换暗示着政治认同的改易。这不是捕风捉影，因为同期诗作可以与此相互释证。最有代表性的是组诗《为沪学会撰〈文野婚姻〉新戏册竟，系之以诗》（作于甲

---

① 林子青编著：《弘一法师年谱》，北京：宗教文化出版社 1995 年版，第 11 页。

② 郭长海编：《李叔同集》，天津：天津人民出版社 2006 年版，第 3～5 页。

③ 郭长海编：《李叔同集》，天津：天津人民出版社 2006 年版，第 13 页。

④ 徐正纶认为，“西望长安人未还”是“借指作者尚在旅途”（参见徐正纶：《弘一大师诗词全解》，台北：台湾东大图书公司 2005 年版，第 31 页）。但李叔同北征的目的地是天津而非西安，两地相距数千里。徐说似欠妥当。

⑤ 郭长海编：《李叔同集》，天津：天津人民出版社 2006 年版，第 15 页。

辰年底，即 1904 年底或 1905 年初）：

（一）

床笫之私健者耻，为气任侠有奇女。鼠子胆裂国魂号，断头台上血花紫。

（二）

东邻有女背佝偻，西邻有女犹含羞。蟪蛄宁识春与秋？金莲鞋子玉搔头。

（三）

河南河北间桃李，点点落红已盈咫。自由花开八千春，是真自由能不死。

（四）

誓度众生成佛果，为现歌台说法身。孟旃不作吾道绝，中原滚地皆胡尘。①

《文野婚姻》是李叔同编创的新戏（即话剧），1905 年 2 月 13 日在沪学会春节大会上正式演出，从题词中可以看出法国大革命对它的巨大影响。“断头台”是法国大革命中的暴力图腾，由“断头台上血花紫”一句可以感受到李叔同对暴力革命何等赞叹。“自由”是法国大革命中最振聋发聩的口号，“自由花开八千春”是对自由主义的热情讴歌。组诗中大力赞颂的西方女子，可以断定是法国大革命中被推上断头台的罗兰夫人。第一首诗和第三首诗表明，至迟在 1905 年初，李叔同就已经接受了自由和革命的观念。

第二首诗对缠足的旧俗（所谓“背佝偻”“金莲鞋子”）表露出批判和嘲弄的态度，说明他已经接受了新女性观，其中自然又包含着男女平权的现代观念。李叔同曾在《口占赠李苹香》中说：“子女平分二十周，那堪更作狭邪游？只因第一伤心事，红粉英雄不自由。”② 此诗作于 1903 年到 1904 年之间，也是他接受自由观念和男女平权观念的重要证据。

至于组诗中的第四首尤其是最后一句“中原滚地皆胡尘”，可谓“图穷而匕见”，大胆地暴露出他的排满思想和民族主义倾向。“胡”的本义是指北方少数民族，在清末革命党人那里转变为对满人的蔑称，李叔同正是在此意义上使用这一词汇的。意蕴相同的表达在此期诗作中并不鲜见。比如，作于

① 郭长海编：《李叔同集》，天津：天津人民出版社 2006 年版，第 154 页。下文中所有李叔同出家之前的诗作均引自郭长海编《李叔同集》第 143～175 页。

② 郭长海编：《李叔同集》，天津：天津人民出版社 2006 年版，第 153 页。

1905 年的《喝火令》也说："故国今谁主？胡天月已西。"同期的大量诗作暴露出同样的政治倾向。一个明显的现象是，1904 年之后，李叔同的诗作中充满了诸如杜鹃、故国、陆沉、剩水残山、黍离、麦秀、冬青之类的遗民诗歌意象。比如，《滑稽传题辞四绝》（1904）其三说："婴武伺人工趣语，杜鹃望帝凄春心。太平歌舞且抛却，来向神州忾陆沉。"这组诗发表在革命党人的《醒狮》杂志上，其革命排满倾向不言而喻。在此语境中，"陆沉"是指中国亡于异族（满族）之手，而"杜鹃"则包含着亡国之悲、故国之思和复国（汉人之国）的冲动。同类表达在 1904 年之后所作诗歌中大量存在。比如，"破碎河山谁收拾"（《金缕曲》，1905）、"甚西风吹醒隋堤衰柳，江山非旧……剩水残山故国秋。知否，知否，眼底离离麦秀？……杜鹃啼血哭神州"（《隋堤柳》，1906）、"天津桥上杜鹃啼"（《醉时》，1906）、"故国鸣鷤鴂，垂杨有暮鸦……不管冬青一树属谁家"（《喝火令·哀国民之心死》，1906）等。遗民诗典大多起源于宋明两代覆亡的惨痛历史，在清末革命党人那里，大多含有反清和恢复汉人政权的政治含义。可以说，自 1904 年之后，民族主义和民权革命的思想深刻地影响了李叔同，成为此期诗文创作最重要的主题。

显然，丰子恺的三层楼说并没有注意到李叔同在 1905 年之前的政治关切及其政治观念的重大转变，而政治恰恰是李叔同早期生命中的核心问题。一切迹象表明，1905 年之前，李叔同生命中最关注的问题是如何使中国摆脱积贫积弱的局面从而实现强国强种的问题。这个问题驱使他不断探寻中国的出路，使他逐渐从拥清维新的少年公子（1901 年之前）转变为激进反清的革命青年（1902—1905）。

二

在致力于救亡图存并由此而发生政治观念位移的同时，李叔同的人生问题开始浮现出来，逐渐成为以后若干年诗文作品中最重要的主题。

人生问题由来已久。早在 1894 年，年仅 14 岁的李叔同就吟出了"人生犹似西山日，富贵终如草上霜"的诗句。后人惊其早慧，视此为他的人生自谶。如此联想有其合理性，但大量作品表明，在举业的压力、声色生活的诱惑力和政治磁场的吸引力的综合作用之下，青少年时代的李叔同对于人生问题并没有太多的思考。但是，一旦外力改变，人生问题就会浮现出来。第一次比较明显的表现是浙江乡试失败之后。1902 年秋，他不仅落第而归，还因南洋公学学潮而丧失了求学和保荐的机会。人生何去何从的问题第一次急迫地摆在他的面前。从《重游小兰亭口占》《冬夜客感》《二月望日歌筵赋此叠韵》《赠语心楼主人》等诗中，可以体会到他此时心境之恶劣（他曾自称“心绪殊恶”）和内心的迷茫。他曾独坐在小兰亭中，凭栏沉思，临风叹息，写下了“春来秋去忙如许，未到晨钟梦已阑”的诗句。是年冬天，他的心情凄苦悲凉，有《冬夜客感》为证：“纸窗吹破夜来风，砭骨寒添漏未终。云掩月殢光惨白，帘飘烛影焰摇红。无心难定去留计，有泪常抛梦寐中。烦恼自寻休自怨，待将情事诉归鸿。”[①] 诗意似涉情事，但情事背后透露出的是他在人生道路上的困惑和彷徨。事实上，辍学之后，由于无法消除内心的迷茫，李叔同一度重入歌楼楚馆，想在歌女、歌郎那里寻求安慰。但声色之乐不可能真正消除内心深处的忧郁。他曾作七律一首赠给谢秋云（1904），填《金缕曲》一首赠给歌郎金娃娃（1904），作绝句两首赠语心楼主（1904），填《菩萨蛮》两首怀念杨翠喜（1905），主题都是欢场中的绮情别绪，但风格靡丽柔弱，掩饰不住内心的荒凉。他的秘密被好友高旭一眼看破。高旭曾在《愿无尽庐诗话》拈出李叔同的《高阳台》和《菩萨蛮》，认为两词“尤极哀艳感怨之致”，“虽属绮情，却有无限苍凉意也”。并由“息霜”之字推断他是“厌世之流”[②]。与迷茫感伴生的是生命的漂泊感和倦怠感。比如，他在《二月望日歌筵赋此叠韵》中说：“莽莽风尘窣地遮，乱头粗服走天涯。”在《金缕曲》中说：“奔走天涯无一事，问何如、声色将情寄？休怒骂，且游戏。”在《赠语心楼主人》中又说：“将军已死圆圆老，都在书生倦眼中。”[③] 等等。

但是，必须指出，1902 年南洋公学失学之后到 1905 年之间，李叔同固然有情绪低迷的时候，但生命的主要风貌还是意气飞扬的。热情洋溢的参政实践和急风暴雨般的政治观念变革，主要是在这几年中发生和完成的。总的来说，1905 年之前是政治关切特别突出而人生问题相对潜伏的时期。

1905 年，母亲的去世剪断了李叔同一直吸取营养的生命脐带，彻底改变了他的在世感受。他曾对丰子恺说：“我自二十岁至二十六岁之间的五六年，是平生最幸福的时候。此后就是不断的悲哀与忧愁，直到出家。”[④] 二十岁至二十六岁，正好是 1899—1905 年。幸福时期，一个人可以不遗余力地关怀世事，但不幸降临，人的注意力容易转向生命自身。1905 年之后，李叔同的大量作品情绪哀婉，神魂凄迷，表明他的诗学风味和人生进入了新的境界。

---

① 郭长海编：《李叔同集》，天津：天津人民出版社 2006 年版，第 152 页。

② 高旭著，郭长海、金菊贞编：《高旭集》，北京：社会科学文献出版社 2003 年版，第 548 页。

③ 郭长海编：《李叔同集》，天津：天津人民出版社 2006 年版，第 144～145 页。

④ 丰子恺：《法味》，见夏丏尊、蔡冠洛等：《弘一法师永怀录》，长春：时代文艺出版社 2009 年版，第 81 页。

1905 年 8 月至 1911 年是李叔同的留学时期。居日期间的作品，固然仍有相当多的忧心国事的成分，可是，处处透露出凄迷的生命情致。比如，《醉时》（1906）云："醉时歌哭醒时迷，甚矣吾衰慨凤兮。帝子祠前春草绿，天津桥上杜鹃啼。空梁落月窥华发，无主行人唱大堤。梦里家山渺何处，沉沉风雨暮天西。"主旨仍在忧虑国事，但神情凄惘，包含着非常丰沛的存在感受。《春风》（1906）一诗中，有"春风几日落红堆，明镜明朝白发催""小雅文章凄以哀"和"夕阳如血染楼台"之类的凄词怨语。同期作品中还有"苍茫独立欲无言""剩却穷途两行泪""秋于凉雨燕支瘦""芙蓉开老石家城"等凄迷诗语[①]。最值得注意的是"凤泊鸾飘有所思，出门怅惘欲何之"，"凤泊鸾飘"表达的是在世的孤零感和生命的漂泊感，"出门怅惘"则透露出了内心的迷茫。显然，母亲去世之后，在李叔同的生命中，政治关切逐渐淡出，而生命意义的大问号越描越浓。

1912 年之后，对生命意义的追寻已经完全压倒政治关切，成为李叔同诗歌作品中最重要的主题。比如，《题丁慕琴绘黛玉葬花图》（1912）中表现出的是惆怅、凄怨（所谓"飘零何事怨春归"），《人病》（1912）中表现出的是因疾病而引起的自怜、自伤（所谓"肺枯红叶落，身瘦白衣宽"）和对童年生活的追忆（所谓"昨宵梦王母，猛忆少年欢"）。1912 年开始，绝大部分作品都折射出他对生命的种种沉思。显然，他对生命的感悟越来越深。最突出的现象是对时间的敏感。

李叔同对时间的深刻感悟主要表现在两个方面。第一是伤春和悲秋。表达这一主题的诗作有《咏菊》《早秋》《秋夜（一）》《秋夜（二）》《月夜》《归燕》《长逝》《春夜》《悲秋》《落花》。比如，《长逝》诗云："看今朝树色青青，奈明朝落叶凋零。看今朝花开灼灼，奈明朝落红飘泊。惟春与秋其代序兮，感岁月之不居。老冉冉以将至，伤青春其长逝。"《悲秋》诗云："西风乍起黄叶飘，日夕疏林杪。花事匆匆，梦影迢迢，零落凭谁吊？镜里朱颜，愁边白发，光阴催人老。纵有千金，纵有千金，千金难买年少。"[②] 惜春悲秋的根本原因是对时光流逝的恐惧。上述诗作无一没有此种意味。第二是怀旧。早在 1912 年秋，李叔同就表现出浓重的怀旧情绪。他曾在《西湖夜游记》中说："岁月如流，倏逾九稔。生者流离，逝者不作。坠欢莫拾，酒痕在衣。刘孝标云：'魂魄一去，将同秋草。'吾生渺茫，可喟然感矣。"[③] 此后数年，又反复在《忆儿时》《送别》《梦》和《题梦仙花卉横幅》等诗作当

① 郭长海编：《李叔同集》，天津：天津人民出版社 2006 年版，第 147、155 页。

② 郭长海编：《李叔同集》，天津：天津人民出版社 2006 年版，第 171、173 页。

③ 郭长海编：《李叔同集》，天津：天津人民出版社 2006 年版，第 114 页。

中表达出同样的意绪。如《忆儿时》云："春去秋来，岁月如流，游子伤飘泊。回忆儿时，家居嬉戏，光景宛如昨。茅屋三椽，老梅一树，树底迷藏捉。高枝啼鸟，小川游鱼，曾把闲情托。儿时欢乐，斯乐不可作。儿时欢乐，斯乐不可作。"儿时的温情与此时的伤感形成强烈的反差，折射出的是对生命意义的沉沉追问。在《梦》中，李叔同再次表达出对童年生活的追忆以及对父母的追慕："哀游子茕茕其无依兮，在天之涯。惟长夜漫漫而独寐兮，时恍惚以魂驰。梦偃卧摇篮以啼笑兮，似婴儿时。母食我甘酪与粉饵兮，父衣我以彩衣。哀游子怆怆而自怜兮，吊形影悲。惟长夜漫漫而独寐兮，时恍惚以魂驰。梦挥泪出门辞父母兮，叹生别离。父语我眠食宜珍重兮，母语我以早归。"[①] 此诗写出了生命断根之后的飘零与怆恸，可令天下失慈失怙之人痛哭流涕。《题梦仙花卉横幅》云："人生如梦耳，哀乐到心头。"此诗小序说"回忆曩日，家庭之乐，唱和之雅，恍惚殆若隔世矣"[②] 尤其值得注意。十余年前（城南草堂时期）的欢乐不复存在，义姊宋贞和母亲已经去世，人世沉浮，留下的是无尽的怅惘感伤。至于《送别》，因有"知交半零落"和"夕阳山外山"等名句，百年来在华人圈中传唱不息，足见李叔同时间感念的心灵穿透力。

无论是伤春、悲秋还是怀旧，都与时间的流逝相关，背后的深意是生命的紧迫感以及接踵而来的对于生命意义的追问。这确实是 1912 年之后李叔同诗歌中最重要的主题。人生无常，生命倏忽，令他深感恐惧。意义迷昧，生命飘坠，迫使他感喟再三，寻寻觅觅。幸运的是，他终于找到了生命的真义。这些心迹也若断若续地存留在后期的诗歌之中。1916 年，他在《题陈师曾荷花小幅》中说："一花一叶，孤芳致洁。昏波不染，成就慧业。"表现出对德性生命的礼赞，还透露出一丝佛家的禅意。后期所作歌词中，《幽居》《幽人》《天风》表现出见"道"的愉悦和高处的苍茫，《朝阳》表现出"道"的庄严、伟大和静穆，《晚钟》描述出天界的庄重和慈悲，《落花》则再次透露出证"道"时的禅味。出家前最后的三首诗歌，或表达出求"道"的坚贞信念（如《人与自然界》："严冬风雪擢贞干，逢春依旧郁苍苍。吾人心志宜坚强。历尽艰辛不磨灭，惟天降福俾尔昌。"又如《冬》："岭头不改青葱葱，独有后凋松。"[③]），或描述出上界的神秘与清凉（如《月》），无一不是生命新境的诗性表达。

可以说，李叔同自 1912 年之后的作品，除《大中华》《丰年》和《采

① 郭长海编：《李叔同集》，天津：天津人民出版社 2006 年版，第 168、173 页。
② 郭长海编：《李叔同集》，天津：天津人民出版社 2006 年版，第 157 页。
③ 郭长海编：《李叔同集》，天津：天津人民出版社 2006 年版，第 168、171 页。

莲》之外，都与人生问题息息相关。从 1912 年到 1916 年，李叔同对生命意义的追问越走越深，渐至人迹罕至之境。约在 1916 年之后，他越来越在宗教哲学中体会出了生命的真谛，于是，长期以来的人生迷惘得到了解决，这与 1918 年的出家只有一步之遥。微妙心迹，非细读诗作，不易会得。

三

纵观李叔同出家之前所作诗词，可以发现，前期最大的特征是政治立场的位移，后期最大的特征是人生问题的觉醒。前期以政治为本位，后期则以人生为本位。

前期李叔同关注的核心问题是救亡自强，借用夏中义先生的说法，其价值根基乃是儒生道统本位①。1902 年之前，无论在天津时期、城南草堂时期还是南洋公学时期，李叔同的中心任务是要在科举考试中获得成功。在他那里，致力于举子之业虽不排除有光耀门楣、追求富贵的心理动机，但不可否认，指导思想是已经内化入心的儒家的“内圣外王”学说。从早期的几篇应试习作可以看出，李叔同对宋儒的心性之学相当推崇，标举的人物是周敦颐（1017—1073）、李侗（1093—1163）和朱熹（1130—1200）等宋代大儒。“内圣外王”学说的理路是修、齐、治、平，即内修心性、外务事功。因此，李叔同对科举功名的追求中包含着强烈的救亡图强的政治动机。从他早期的应试习作和课卷中，确实可以感受到浓郁的爱国热情。1902 年之后，他的政治立场虽然由拥清维新转而变为反清革命，但是转变的内驱力仍然是救亡图存的政治关切。他给中国开出了迥然不同的两副“药方”，第一副药性温和，第二副药性猛烈，但背后的价值驱动都是早已种下的儒者的经世情怀。

后期李叔同关注的核心问题是生命的意义。对生命意义的寻根冲动驱使他与时代同人渐行渐远。根源在于，儒家学说无法安抚他内心深处的漂泊感和孤零感，而他恰恰在佛家空观中照见了生命的永恒，体会到证“道”时的绝大自在。佛门证“道”的前提是必须消解功利思想和弃绝世俗生活，因此，他必须从儒家的庭院中破墙而出，皈依于古佛青灯之下。在价值取向上，前后二期背道而驰：前期儒家，后期佛家，前期入世，后期出世，前期忧世，后期忧生（与王国维的人生转向正好相反，意味深永）。

但是，问题接踵而来：如果说，从忧生到寻道到证道到出家之间的内在的逻辑不难理解，那么，从忧世到忧生，即从政治本位转向人生本位，实在

① 夏中义：《九谒先哲书》，上海：上海文化出版社 2000 年版，第 29 页。

令人费解。这是答解李叔同出家之谜的关键。这是因为，前期（政治本位）与后期（人生本位）之间，隐然存在着一个中间过渡期。从时间上说，中期与前期和后期有一定的叠合部分，大致时段在1904—1912年。但在价值层面，中期与前期和后期又有微妙的差别。中期的价值取向是艺术本位。虽然李叔同早年就对各种艺术门类（如书法、篆刻、诗词、戏曲）有过浓厚的兴趣，但在1904年之前，这些爱好还停留在业余娱乐的层面，在生命中的分量不足以与政治关切相抗衡。从1904年底开始，李叔同越来越沉湎于音乐、话剧（所谓“文明新戏”）和绘画等西方艺术之中。在音乐方面，他学唱西洋歌曲，学习西洋乐器、乐理，编写《国学唱歌集》，编纂《音乐小杂志》；在话剧方面，他编创话剧剧本（如《文野婚姻》），组织春柳社，甚至粉墨登场，饰演茶花女等角色；在绘画方面，他考入东京美术学校，潜心研习各种西洋画法，创作了大量作品，撰写了大量文章。因为沉迷于艺术之中，他的生命顿时呈现出姹紫嫣红的万千气象。可以说，在1904—1912年间，艺术是李叔同生命中的第一关键词。

中期大致相当于丰子恺所说的“第二层楼”。“二楼”在楼层换转中非常重要，可惜丰氏似乎没有意识到这个问题，更无进一步的说明。我认为，中期承上启下，恰如人体的腰椎。没有“腰椎”（艺术本位）的支撑，李叔同绝无可能完成从政治本位到人生本位的180度大转身。因此，剖析“腰椎”的内在肌理，对于理解李叔同至关重要。

我认为，从政治本位转向艺术本位以及从艺术本位转向人生本位，是李叔同人生转向中的关键步骤，而关键中的关键则是他对新民启蒙和美育思想的接受。

种种迹象表明，李叔同至迟已在1904年底接受了新民启蒙学说，接受的契机是1902年左右兴起的革命思潮。革命思潮的内在逻辑是：中国要救亡图强必须走暴力革命的道路，革命要成功必须培育新民，培育新民的办法是启蒙大众，启蒙大众的最佳渠道是宣传，亦即通过大众媒体向公众传播现代观念与信息①，而现代文艺无疑是最具感染力的宣传手段。正是在这一理路上，李叔同由救亡走向启蒙，又由启蒙而走向艺术。此种推论可在李叔同现存的诗文中找到大量的论据。

1904年左右，李叔同由传统戏曲转向新戏（话剧），创作了《文野婚姻》新戏，并为剧本题写了四首绝句。同年，他还为《史记·滑稽列传》题写了四首绝句。1905年，两组诗作发表于革命党人的《醒狮》杂志上，宛若同胞

① 夏中义：《九谒先哲书》，上海：上海文化出版社2000年版，第118页。

姊妹，可以相互释证。组诗的中心意蕴是鼓吹革命、推广演剧和启蒙新民。最具代表性的是《文野婚姻》题辞之四："誓度众生成佛果，为现歌台说法身。孟旃不作吾道绝，中原滚地皆胡尘。"所谓孟、旃，即《史记·滑稽列传》中记载的先秦名优优孟和优旃，李叔同将他们看作中国演艺之祖。所谓"歌台说法"，本义是指佛陀为众生说法，在这里则比喻为演员的登台表演。所谓"誓度众生"，是指用现代民权观念启蒙新民。从"中原滚地皆胡尘"一语可知，启蒙新民的目的是"驱除鞑虏，恢复中华"。1905—1907年，演艺在李叔同的生命中占有极重的分量。1905年，他在《美术界杂俎》中向国人介绍英国名优亨利·阿文格[①]。1907年，他在东京饰演茶花女，一时舆论惊若天人，实则思想根基早在两三年前已经深深扎下。同年，李叔同还在《春柳社演艺部专章》中以专论的方式表达了他的演艺思想：

> 报章朝刊一言，夕成舆论。左右社会，为效迅矣。然与目不识丁者接，而用以穷。济其穷者，有演说，有图画，有幻灯。第演说之事迹，有声无形；图画之事迹，有形无声；兼兹二者，声应形成，社会靡然而向风，其惟演戏欤？[②]

演艺之社会功效，甚至还在演说和绘画之上，足见它在李叔同心中的分量。这篇小文还提到："息霜诗曰：'誓度众生成佛果，为现歌台说法身。'愿吾同人共矢兹志也。"[③] 说明前文中笔者关于《文野婚姻》题辞的笺释完全成立，即1904年底，李叔同已将演艺当作启蒙新民的重要手段。

关于音乐的社会功效，李叔同也有较深的认识。1904年春夏，李叔同曾参加沈叔逵在上海主持的速成乐歌讲习班，学习风琴演奏及作曲法[④]。1905年6月，《国学唱歌集》出版。1906年，他在东京创办《音乐小杂志》，发表序言、《乐圣比独芬传》等论文以及一系列的新填歌词。在《〈音乐小杂志〉序》中，他如此论述音乐的社会功效："声音之道，感人深矣。唯彼声音，佥出天然。若夫人为，厥有音乐。天人异趣，效用靡殊……盖琢磨道德，促社会之健全，陶冶性情，感精神之粹美。效用之力，宁有极欤？"[⑤] 看重的正是音乐的启蒙效用。

---

① 郭长海编：《李叔同集》，天津：天津人民出版社2006年版，第22页。
② 郭长海编：《李叔同集》，天津：天津人民出版社2006年版，第45页。
③ 郭长海编：《李叔同集》，天津：天津人民出版社2006年版，第46页。
④ 郭长海编：《李叔同集》，天津：天津人民出版社2006年版，第258页。
⑤ 郭长海编：《李叔同集》，天津：天津人民出版社2006年版，第41页。

李叔同在1904年左右就已接触到西洋音乐和话剧，所以首先关注的是音乐和话剧的社会功效。1905年东渡扶桑之后，他又开始对西洋绘画挚爱成痴，多次撰文介绍绘画的社会功效。数年之内，发表了诸如《美术界杂俎》《图画修得法》《水彩画法说略》《石膏模型用法》《艺术谈》和《释美术》等文章。在《图画修得法》（1905年12月，《醒狮》第三期）的第一章《图画之效力》中，李叔同集中阐明了绘画的功用。他认为，随着社会的演进，人类思想越来越复杂，表达思想的符号也越来越精密，先有语言，后有文字，语言文字之道穷而图画出现，"图画者，为物至简单，为状至明确，举人世至复杂之思想感情，可以一览得之。晚近以还，若书籍、若报章、若讲义，非不佐以图画，匡文字语言之不逮。效力所及，盖有如此。"图画至少在智育、德育、体育三个方面有重要功效："图画者可以养成绵密之注意，锐敏之观察，确实之智识，强健之记忆，着实之想象，健全之判断，高尚之审美心。"这是绘画对于智育的益处；学习图画者可以发展"审美之情操"，"工图画者其嗜好必高尚，其品性必高洁"。这是绘画对于德育的益处；"户外写生，旅行郊野，吸新鲜之空气，览山水之佳境，运动肢体，疏瀹精气，手挥目送，神为之怡"，这是绘画对于体育之益处①。可见，他对绘画的推介不遗余力。

凡斯种种，无不与启蒙新民的理念有关。而驱使李叔同接受启蒙新民理念的根本原因，还是宏观时世积压在他心头的救亡图强的政治渴求。李叔同在向国人推介音乐、新戏和图画时，最大的论据是它们的社会功效。在论证艺术社会功效时，又往往以欧美、日本为范本，潜在的心理动机是强国强种的渴望。比如，在推介演艺时，他举英国人亨利·阿文格为例，说他博学多识，曾在著名大学获得博士学位，在欧美、日本广受尊敬，去世时英国国王和美国总统都曾致辞吊唁，言下之意，演艺一道在西方列强那里极为重要。在《图画之效力》中，他说，1851年英国博览会中英国工艺品品质低劣，后来英国政府定图画为国民教育必修科，"不数稔，而英国制造品外观优美，依然震撼全欧"。同理，法国、美国、日本也因注意图画一科，"美术工艺亦日益进步"②。在介绍音乐的功能时，他也以"欧美风靡，亚东景从"作为强国重视音乐一科的重要论据。各种艺术门类，在他看来，最终都能促进科技的发达，进而有助于实现国家富强的目的。在《艺术谈（一）》中，他说："学科中如理科图画，最宜注重。发展新知识、新技能、新事业，罔不根据于是。是知艺术一部，乃表现人类性灵意识之活泼，照对科学而进行者也。"③ 不难

① 郭长海编：《李叔同集》，天津：天津人民出版社2006年版，第26～27页。

② 郭长海编：《李叔同集》，天津：天津人民出版社2006年版，第26～27页。

③ 郭长海编：《李叔同集》，天津：天津人民出版社2006年版，第48页。

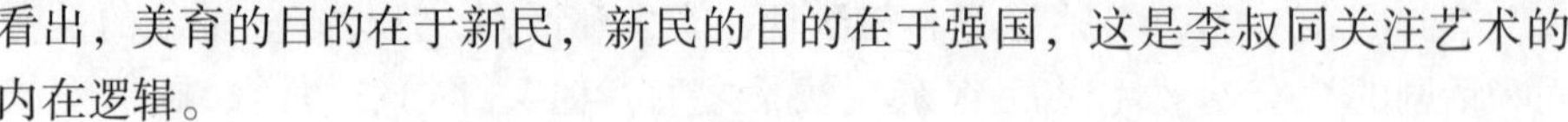

看出，美育的目的在于新民，新民的目的在于强国，这是李叔同关注艺术的内在逻辑。

可见，从政治本位走向艺术本位，其间的关联清晰可见。如果说，胡适从前期到后期的转变是“启蒙者的经世情怀压倒了学术意念”①，那么，李叔同则刚好相反：在他那里，经世情怀转化为启蒙情结，又因启蒙情结而产生了强烈的“学术意念”（在此，“学术”主要是研究各种艺术），其间的联系清晰可见。

四

但是，艺术本位转向人生本位的内在逻辑是什么？答解这一问题仍需从现存文字中寻求蛛丝马迹。

1904年底，李叔同开始接受艺术启蒙的理念，此后数年，在艺术中浸润越深，他对艺术的理解就越来越深入。起初，确如上文所言，从事艺术的目的偏重于觉民、新民、强国，但不知不觉之中，他开始转向艺术研究，进而又慢慢偏向审美和道德。

1907年，他在天津《大公报》上发表《春柳社文艺研究会简章》，开篇即说：“本社以研究文艺为目的。凡辞章、书画、音乐、剧曲等皆隶焉。”②可以说，这是李叔同由艺术启蒙走向艺术研究的表征之一。同年，他还在《春柳社演艺部专章》中宣称，成立春柳社的目的是研习各种艺术，“以开通智识、鼓舞精神为主”。1910年4月，他又于《艺术谈（一）》中宣称：“美术、工艺，二者不可并为一谈。美术者，工艺智识所变幻，妙思所结构，而能令人起一种之美感者也。工艺则注意实科而已。……惟图画之注意，一在应用，一在高尚。故工艺之目的，在实技，美术之志趣，在精神。”③五年之前（1905），他还在《图画修得法》中饶有兴致地论述绘画对于促进一国工艺产业的重要效用。五年之后，艺术价值的天平已悄然从启蒙强国的一侧向审美和道德的一侧倾斜，暗示我们，李叔同关注的重心已发生微妙的挪移。到了1911年7月，他又在《艺术谈（三）》中重新阐释了对美术的理解。在他看来，图画有两种目的，一是随意，二是美感。随意是指画家能随意描摹世界，美感则是指“图画最能感动人之性情，于不识不知间，引导人之性格

① 夏中义：《九谒先哲书》，上海：上海文化出版社2000年版，第118页。

② 郭长海编：《李叔同集》，天津：天津人民出版社2006年版，第45页。

③ 郭长海编：《李叔同集》，天津：天津人民出版社2006年版，第49页。

入于高尚优美之境。近世教育家所谓'美的教育',即此方法也"[①]。显然,审美已从救亡的重负中独立出来,有了更重的分量。强调艺术的审美性,则必然强调趣味的高雅,所以,李叔同在文中对"美丑"之别和"趣味之高雅"再三致意。同年7月,他还发表了《释美术》一文,进一步阐释对"美术"的新理解:"美术之字义,西儒解者众,然多幽玄之哲理。非专门学者,恒苦不解。""美,好也,善也。宇宙万物,除丑恶污秽者外,无论天工、人工,皆可谓之美术。……美术字义,以最浅近之言解释之,美,好也,术,方法也。美术,要好之方法也。……夫万物公例无中立,嗜美嗜恶,必居其一。不重美术,将以丑恶污秽为贵乎,仆知必不然也。"[②] 显然,此时他对审美的理解又有了道德学说的色彩,也就是说,他已经在艺术审美之躯体中,注入了伦理学的意味,而道德和伦理学的核心关切是对人生意义的追寻。如此理解艺术,自然是人生问题不断浮出水面的结果。1912年,李叔同在上海发起文美会,以研究文学美术为目的。1913年又在杭州组织乐石社,主要用意是"游于艺",即以纯粹艺术来发抒性灵、滋润生命。《乐石社记》中谈到组社的目的,不再谈及强国强种的话题,只说"值猖狂颓靡之秋,结枯槁寂寞之侣"[③]。种种迹象表明,李叔同对艺术功能的看法,已经由政治功能转向了人生功能。1913年之后,李叔同也确实越来越圆熟地通过艺术尤其是音乐(主要是后来收入《中文名歌五十曲》中的歌词)的方式,来表达他对人生的种种感悟,本文第二节已有论述,此处不再重复。因此,在中期数年的演变中,隐然存在一个内在的轨迹:艺术—审美—道德—人生。

剖析了中期这一"腰椎"的内在肌理,前期与后期之间的内在逻辑就豁然贯通,也可以用一个图式来表示:救亡图强—启蒙新民—艺术教育—纯粹审美—道德追寻—人生本位。有了这个图式,从政治本位到艺术本位再到人生本位的人生转向虽然如三步上篮,步步惊心,却无不可理解之处。

总之,李叔同由前期到后期的转变有其内在的逻辑:由于探寻中国的出路而接受了启蒙新民学说,由启蒙新民而对艺术产生浓厚兴趣,由于在艺术中浸润甚深而渐渐偏离新民启蒙的功利目的,逐渐倾向于纯粹的审美和道德,审美和道德又激发了沉埋在内心深处的对于人生意义的困惑,并且应和了他自母亲去世之后的在世孤零感和生命的漂泊感,借助艺术的方式,他曾反复表达内心的人生困惑,但艺术不能从根本上解决他的伦理困境,对生命意义的寻根冲动驱使他渐行渐远,最后在宗教体验中摆脱了时间的急迫感和生命

---

① 郭长海编:《李叔同集》,天津:天津人民出版社2006年版,第57页。

② 郭长海编:《李叔同集》,天津:天津人民出版社2006年版,第63~64页。

③ 郭长海编:《李叔同集》,天津:天津人民出版社2006年版,第124页。

的不确定感，体证到生命的庄严与永恒，最终，义无反顾地皈依了佛门。可以说，李叔同在人生问题上的执着与颖悟是其走向佛门的根本驱动力，而中期的艺术本位则是其思想由前期转向后期的重要关纽。